Vicente Blasco Ibáñez

Mare Nostrum

Barcelona 2024
Linkgua-ediciones.com

Créditos

Título original: Mare Nostrum

© 2024, Red ediciones S.L.

e-mail: info@linkgua.comm

Diseño de cubierta: Michel Mallard.

ISBN rústica ilustrada: 978-84-9816-541-8.
ISBN tapa dura: 978-84-1126-561-4.
ISBN ebook: 978-84-9953-329-2.

Sumario

Brevísima presentación

La vida

Vicente Blasco Ibáñez (1867-1928). España.

Nació en Valencia el 29 de enero de 1867. Estudió Derecho pero no ejerció esa profesión y se dedicó a la política y la literatura.

Con veintiún años se inició en la Masonería el 6 de febrero de 1887 y adoptó el nombre simbólico de Danton en la Logia Unión n.º 14 de Valencia y después en la logia Acacia n.º 25.

Allí recibió el encargo del presidente Raymond Poincaré de escribir una novela sobre la guerra: *Los cuatro jinetes del Apocalipsis* (1916), que fue un auténtico éxito de ventas en los Estados Unidos.

Blasco Ibáñez murió en Menton (Francia) el 28 de enero 1928.

Mare Nostrum

Mare Nostrum (1918) es una de las novelas más conocidas de Vicente Blasco Ibáñez. Transcurre sobre todo en el Mediterráneo durante la Primera Guerra Mundial. El capitán Ulises Ferragut, nacido en Valencia, es hijo de un notario. Su padre quiere que sea abogado, pero su padrino le enseña el gusto por el arte. Ulises es un niño soñador, atraído por la emperatriz griega doña Constanza, visita su tumba en la Iglesia del Hospital de Valencia durante misa.

Más tarde, Ulises estudia Derecho por imposición de su padre, pero tras la muerte de este obtiene el título de Piloto naval. Navega por el mundo como piloto, y después como capitán. Naufraga y descansa en Barcelona con su madre y una sobrina de esta con la que se casa. Tras la boda, Ulises se compra un barco mercante al que nombra: Mare Nostrum.

Al principio le cuesta encontrar carga. Cuando estalla la Primera guerra mundial, todo cambia, la guerra exige abastecimiento y el Mare Nostrum navega siempre cargado.

La trama continúa con numerosas peripecias: Ulises se enamora de una mujer misteriosa en Nápoles, recorre el Mediterráneo en plena guerra y se encuentra con veteranos de la batalla de Salónica.

Marsella y Barcelona son también el telón de fondo de sus aventuras.

Mare Nostrum

I. El capitán Ulises Ferragut

Sus primeros amores fueron con una emperatriz.

Él tenía diez años y la emperatriz seiscientos. Su padre, don Esteban Ferragut —tercera cuota del Colegio de Notarios de Valencia—, admiraba las cosas del pasado.

Vivía cerca de la catedral, y los domingos y fiestas de guardar, en vez de seguir a los fieles que acudían a los aparatosos oficios presididos por el cardenal-arzobispo, se encaminaba con su mujer y su hijo a oír misa en San Juan del Hospital, iglesia pequeña, rara vez concurrida en el resto de la semana.

El notario, que en su juventud había leído a Walter Scott, experimentaba la dulce impresión del que vuelve a su país de origen al ver las paredes que rodean el templo, viejas y con almenas. La Edad Media era el período en que habría querido vivir. Y el buen don Esteban, pequeño, rechoncho y miope, sentía en su interior un alma de héroe nacido demasiado tarde al pisar las seculares losas del templo de los Hospitalarios. Las otras iglesias enormes y ricas le parecían monumentos de insípida vulgaridad, con sus fulguraciones de oro, sus escarolados de alabastro y sus columnas de jaspe. Esta la habían levantado los caballeros de San Juan, que, unidos a los del Temple, ayudaron al rey don Jaime en la conquista de Valencia.

Al atravesar un pasillo cubierto, desde la calle al patio interior, saludaba a la Virgen de la Reconquista traída por los freires de la belicosa Orden: imagen de piedra tosca, con colores y oros imprecisos, sentada en un sitial románico. Unos naranjos agrios destacaban su verde ramazón sobre los muros de la iglesia, ennegrecida sillería perforada por largos ventanales cegados con tapia. De los estribos salientes de su refuerzo surgían, en lo más alto, monstruosos endriagos de piedra, carcomida.

En su nave única quedaba muy poco de este exterior romántico. El gusto barroco del siglo XVII había ocultado la bóveda ojival bajo otra de medio punto, cubriendo además las paredes con un revoque de yeso. Pero sobrevivían a la despiadada restauración los retablos medioevales, los blasones nobiliarios, los sepulcros de los caballeros de San Juan con inscripciones góticas, y esto bastaba para mantener despierto el entusiasmo del notario.

Había que añadir además la calidad de los fieles que asistían a sus oficios. Eran pocos y escogidos; siempre los mismos. Unos se dejaban caer en su asiento, flácidos y gotosos, sostenidos por un criado viejo o por la esposa, que iba con pobre mantilla, lo mismo que una ama de gobierno. Otros oían la misa de pie, irguiendo su descarnada cabeza, que presentaba un perfil de pájaro de combate, cruzando sobre el pecho las manos siempre negras, enguantadas de lana en el invierno y de hilo en el verano. Los nombres de todos ellos los conocía Ferragut por haberlos leído en las *Trovas* de Mosén Febrer, métrico relato en lemosín de los hombres de guerra que vinieron al cerco de Valencia desde Aragón, Cataluña, el Sur de Francia, Inglaterra y la remota Alemania.

Al terminar la misa, los imponentes personajes movían la cabeza saludando a los fieles más cercanos. «Buenos días.» Para ellos era como si acabase de salir el Sol: las horas de antes no contaban. Y el notario, con voz melosa, ampliaba su respuesta: «Buenos días, señor marqués». «Buenos días, señor barón.» Sus relaciones no iban más allá; pero Ferragut sentía por los nobles personajes la simpatía que sienten los parroquianos de un establecimiento, acostumbrados a mirarse durante años con ojos afectuosos, pero sin cruzar más que un saludo.

Su hijo Ulises se aburría en la iglesia oscura y casi desierta, siguiendo los monótonos incidentes de una misa cantada. Los rayos del Sol, chorros oblicuos de oro que venían de lo alto iluminando espirales de polvo, moscas y polillas, le hacían pensar nostálgicamente en las manchas verdes de la huerta, las manchas blancas de los caseríos, los penachos negros del puerto, repleto de vapores, y la triple fila de convexidades azules coronadas de espuma que venían a deshacerse con cadencioso estruendo sobre la playa color de bronce.

Cuando dejaban de brillar las capas bordadas de los tres sacerdotes del altar mayor y aparecía en el púlpito otro sacerdote blanco y negro, Ulises volvía la vista a una capilla lateral. El sermón representaba para él media hora de somnolencia poblada de esfuerzos imaginativos. Lo primero que buscaban sus ojos en la capilla de Santa Bárbara era una arca clavada en la pared a gran altura, un sepulcro de madera pintada, sin otro adorno que esta inscripción: *Aquí yace doña Constanza Augusta, Emperatriz de Grecia.*

El nombre de Grecia tenía el poder de excitar la fantasía del pequeño. También su padrino, el abogado Labarta, poeta laureado, no podía repetir este nombre sin que una contracción fervorosa pasase por su barba entre cana y una luz nueva por sus ojos. Algunas veces, al poder misterioso de tal nombre se yuxtaponía un nuevo misterio más oscuro y de angustioso interés: Bizancio. ¿Cómo aquella señora augusta, soberana de remotos países de magnificencia y de ensueño, había venido a dejar sus huesos en una lóbrega capilla de Valencia, dentro de un arcón semejante a los que guardaban retazos y cachivaches en los desvanes del notario?...

Un día, después de la misa, don Esteban le había contado su historia rápidamente. Era hija de Federico II de Suabia, un Hohenstaufen, un emperador de Alemania, pero que estimaba en más su corona de Sicilia. Había llevado en los palacios de Palermo —verdaderas *ruzafas* por sus orientales jardines— una existencia de pagano y de sabio, rodeado de poetas y hombres de ciencia (judíos, mahometanos y cristianos), de bayaderas, de alquimistas y de feroces guardias sarracenos. Legisló como los jurisconsultos de la antigua Roma, escribiendo al mismo tiempo los primeros versos en italiano. Su vida fue un continuo combate con los Papas, que lanzaban contra él excomunión sobre excomunión. Para obtener la paz se hacía cruzado y marchaba a la conquista de Jerusalén. Pero Saladino, otro filósofo de la misma clase, se ponía rápidamente de acuerdo con su colega cristiano. La posesión de una pequeña ciudad rodeada de eriales y con un sepulcro vacío no valía la pena de que los hombres se degollasen durante siglos. El monarca sarraceno le entregaba Jerusalén graciosamente, y el Papa volvía a excomulgar a Federico por haber conquistado los Santos Lugares sin derramamiento de sangre.

—Fue un grande hombre —murmuraba don Esteban—. Hay que reconocer que fue un grande hombre...

Lo decía tímidamente, sintiendo que sus entusiasmos por aquella época remota le obligasen a hacer esta concesión a un enemigo de la Iglesia. Se estremecía al pensar en los libros blasfematorios, que nadie había visto, pero cuya paternidad atribuía Roma al emperador siciliano: especialmente el de *Los tres impostores*, en el que Federico medía con el mismo rasero a Moisés, Jesús y Mahoma. Este escritor coronado era el periodista más antiguo de la Historia: el primero que en pleno siglo XIII había osado apelar al juicio de la opinión pública en sus manifiestos contra Roma.

Su hija la había casado con un emperador de Bizancio, Juan Dukas Vatatzés, el famoso «Vatacio», cuando éste tenía cincuenta años y ella catorce. Era una hija natural, legitimada luego, como casi toda su prole: un producto de su harén libre, en el que se mezclaban beldades sarracenas y marquesas italianas. Y la pobre joven, casada con «Vatacio el Herético» por un padre necesitado de alianzas, había vivido largos años en Oriente con toda la pompa de una basilisa, envuelta en vestiduras de rígidos bordados que representaban escenas de los libros santos, calzada con borceguíes de púrpura que llevaban en las suelas águilas de oro, último símbolo de la majestad de Roma.

Primeramente había reinado en Nicea, refugio de los emperadores griegos mientras Constantinopla estuvo en poder de los cruzados, fundadores de una dinastía latina; luego, cuando, muerto Vatacio, el audaz Miguel Paleólogo reconquistaba Constantinopla, la viuda imperial se veía solicitada por este aventurero victorioso. Durante varios años resistió a sus pretensiones, consiguiendo al fin que su hermano Manfredo, nuevo rey de Sicilia, la devolviese a su patria. Federico había muerto; Manfredo hacía frente a las tropas pontificales y a la cruzada francesa que habían levantado los Papas ofreciendo al rudo Carlos de Anjou la corona de Sicilia. La pobre emperatriz griega llegaba a tiempo para recibir la noticia de la muerte de su hermano en una batalla y seguir la fuga de su cuñada y sus sobrinos. Todos se refugiaban en Lucera dei Pagani, castillo defendido por los sarracenos al servicio de Federico, únicos fieles a su memoria.

El castillo caía en poder de los guerreros de la Iglesia, y la esposa de Manfredo era conducida a una prisión, donde se extinguía su vida al poco tiempo. La oscuridad tragaba los últimos restos de la familia maldecida por Roma. La muerte rondaba en torno de la basilisa. Todos perecían: su hermano Manfredo, su hermanastro el poético y lamentable Encio, héroe de tantas canciones. Su sobrino el caballeresco Coradino iba a morir más adelante bajo el hacha del verdugo al intentar la defensa de sus derechos. Como la emperatriz oriental no representaba ningún peligro para la dinastía de

Anjou, el vencedor la dejaba seguir su destino sola y desamparada, como una princesa de Shakespeare.

Viuda del emperador Juan Dukas, tenía el señorío de tres villas importantes de Anatolia, con una renta de tres mil besantes de oro fino. Pero esta renta lejana, no llegaba nunca. Y casi de limosna se embarcó en una nave que hacía rumbo a las perfumadas orillas del golfo de Valencia. Su sobrina Constanza, hija de Manfredo, estaba casada con el infante don Pedro de Aragón, hijo de don Jaime. La basilisa se instalaba en Valencia, recién conquistada. Su sobrino el futuro Pedro III, que intervenía en el gobierno por la ancianidad de su padre, le ofreció Estados; pero cansada de una vida de aventuras, prefería entrar en el convento de Santa Bárbara.

Última representante del glorioso Federico, ella y su sobrina Constanza transmitían a Pedro III los derechos sobre Sicilia, y el grave y tenaz monarca aragonés los reivindicaba años adelante, apoderándose de la isla luego de las famosas Vísperas Sicilianas. La pobre emperatriz vivió hasta el siglo siguiente en la pobreza de un convento recién fundado, recordando las aventuras de su destino melancólico, viendo con la imaginación el palacio de mosaicos de oro junto al lago de Nicea, los jardines donde Vatacio había querido morir bajo una tienda de púrpura, las gigantescas murallas de Constantinopla, las bóvedas de Santa Sofía, con sus teorías hieráticas de santos y basileos coronados.

De todos sus viajes y sus fortunas esplendorosas solo había conservado una piedra, único equipaje que la acompañó al saltar en la playa de Valencia. Era un fragmento de una roca de Nicodemia que manó agua milagrosamente para el bautismo de Santa Bárbara. El notario mostraba a su hijo el sagrado pedrusco incrustado sobre una pileta de agua bendita. En la misma capilla estaba la tumba de otra princesa, hija del basileo Teodoro Lascaris, que había venido a reunirse con su tía en el lejano destierro.

Ulises, sin dejar de admirar los conocimientos históricos de su padre, los acogía con cierta ingratitud.

—Mi padrino me explicará mejor esto... Mi padrino sabe más.

Cuando miraba la capilla de Santa Bárbara en el transcurso de la misa, sus ojos huían del fúnebre arcón. Le inspiraba repugnancia el pensar en los huesos hechos polvo. Aquella doña Constanza no existía. La que le interesaba era la otra, la que estaba un poco más allá, pintada en un pequeño cuadro. Doña Constanza tuvo lepra —enfermedad que en aquellos tiempos no perdonaba a las emperatrices—, y Santa Bárbara curó milagrosamente a su devota. Para perpetuar este suceso, allí estaba Santa Bárbara en el cuadro, vestida con ancha saya y mangas de farol acuchilladas, lo mismo que una dama del siglo XV, y a sus pies la basilisa con traje de labradora valenciana y gruesas joyas. En vano afirmó don Esteban que este cuadro había sido pintado siglos después de la muerte de la emperatriz. La imaginación del niño saltaba desdeñosamente sobre estos reparos. Así había sido doña Constanza, tal como aparecía en el lienzo, pelirrubia y con enormes ojos negros, guapetona, un poco llena de carnes, como conviene a una mujer acostumbrada a arrastrar mantos regios y que solo por devoción accede a disfrazarse de campesina.

La imagen de la emperatriz llenó su pensamiento infantil. Por las noches, cuando sentía miedo en la cama, impresionado por la enormidad del salón que le servía de alcoba, le bastaba hacer memoria de la soberana de Bizancio para olvidar inmediatamente sus inquietudes y los mil ruidos extraños del viejo edificio. «¡Doña Constanza!...» Se dormía abrazado a la almohada, como si ésta fuese la cabeza de la basilisa. Sus ojos cerrados veían las negras pupilas de la regia señora, maternales y amorosas.

Todas las mujeres, al aproximarse a él, tomaban algo de aquella otra que dormía seis siglos en lo alto de un muro.

Cuando su madre, la dulce y pálida doña Cristina, dejaba por un instante sus labores y le daba un beso, veía en su sonrisa algo de la emperatriz. Cuando Visanteta, una criada de la huerta, morena, con ojos de zarzamora y una piel ardorosa y fina, le ayudaba a desnudarse o le despertaba para llevarle al colegio, Ulises tendía los brazos en torno de ella con repentino entusiasmo, como si le embriagase el perfume de animalidad vigorosa y púdica que exhalaba la muchacha. «¡Visanteta!... ¡Oh, Visanteta!...» Y pensaba en doña Constanza. Así debían oler las emperatrices, así debía ser el contacto de su epidermis.

Estremecimientos misteriosos e incomprensibles atravesaban su cuerpo como ligeros vapores, como débiles burbujas del légamo que duerme en el fondo de toda infancia y se remonta a la superficie con las fermentaciones de la juventud.

Su padre adivinaba una parte de esta vida imaginativa al ver sus juegos y lecturas.

—¡Ah, comediante!... ¡Ah, historiero!... Eres igual a tu padrino.

Decía esto con una sonrisa ambigua en la que entraban igualmente su menosprecio por los idealismos inútiles y su respeto a los artistas; un respeto semejante a la veneración que sienten los árabes por los locos, viendo en su demencia un regalo de Dios.

Doña Cristina ansiaba que este hijo único, objeto de mimos y cuidados como un príncipe heredero, fuese sacerdote. ¡Verle cantar la primera misa!... Luego canónigo; luego prelado. ¡Quién sabe si, cuando ella no existiese, otras mujeres le admirarían precedido de una cruz de oro, arrastrando el manto rojo de cardenal-arzobispo, rodeado de un estado mayor de sobrepellices, y envidiarían a la madre que había dado a luz este magnate eclesiástico!...

Para guiar las aficiones de su hijo había instalado una iglesia en uno de los salones inútiles del caserón. Los compañeros de colegio de Ulises acudían en las tardes libres, atraídos doblemente por el encanto de «jugar a los curas» y por la merienda generosa que preparaba doña Cristina para dejar satisfecho a todo el clero parroquial.

La solemnidad empezaba por el furioso volteo de unas campanas montadas en una puerta del salón. Los clientes del notario, sentados en el entresuelo en espera de los papeles que acababan de garrapatear a toda prisa los escribientes, levantaban la cabeza con asombro. El metálico estrépito hacía temblar aquel edificio, cuyos rincones parecían repletos de silencio, y conmovía la calle, por la que solo de tarde en tarde pasaba un carruaje.

Mientras unos encendían las velas del altar y desdoblaban los sagrados manteles con primorosas randas, obra de doña Cristina, el hijo y sus amigos más íntimos se revestían a la vista de los fieles, cubriéndose con albas y doradas casullas, colocando en sus cabezas graciosos bonetes. La madre, que espiaba detrás de una puerta, tenía que hacer esfuerzos para no entrar y comerse a besos a Ulises. ¡Con qué gracia imitaba los gestos y genuflexiones del sacerdote principal!...

Hasta aquí todo iba perfectamente. Cantaban a pleno pulmón los tres oficiantes junto a la pirámide de luces, y el coro de fieles respondía desde el fondo de la pieza con temblores de impaciencia. De pronto surgía la protesta, el cisma, la herejía. Ya habían hecho bastante de capellanes los que estaban en el altar. Debían ceder las casullas a los que miraban, para que, a su vez, ejerciesen el sagrado ministerio. Esto era lo tratado. Pero el clero se resistía al despojo con la altivez y la majestad de los derechos adquiridos, y las manos impías tiraban de las santas vestiduras, profanándolas hasta rasgarlas. Gritos, coces, imágenes y cirios por el suelo, escándalo y abominación, como si ya hubiese nacido el Anticristo. La prudencia de Ulises ponía término a la lucha. «¿Si fuésemos a jugar al *pòrche*?...»

El *pòrche* era el inmenso desván del caserón. Todos aceptaban con entusiasmo. ¡Se acabó la iglesia! Y como una bandada de pájaros, volaban escalera arriba, sobre unos peldaños de azulejos multicolores con redondeles de barniz saltado que mostraban la roja pasta del ladrillo. Los ceramistas valencianos del siglo XVIII los habían ornado con galeras berberiscas y cristianas, aves de la cercana Albufera, cazadores de blanca peluca que ofrecían flores a una labradora, frutas de todas clases y briosos jinetes cabalgando en caballos como la mitad de su cuerpo ante casas y árboles que apenas llegaban a las rodillas del corcel.

Se esparcía el ruidoso grupo por el último piso como las más horrendas invasiones de la Historia. Gatos y ratas huían por igual a los rincones. Los pájaros, despavoridos, salían como flechas por los tragaluces del techo.

¡Pobre notario!... Jamás había vuelto con las manos vacías cuando era llamado fuera de la ciudad por la confianza de los labriegos ricos, incapaces de creer en otra ciencia jurídica que no fuese la suya. Era el tiempo en que los comerciantes de antigüedades no habían descubierto aún la rica Valencia, donde la gente popular se vistió de seda durante siglos, y muebles, ropas y cacharros parecían impregnarse de la luz de un Sol siempre igual, del azul de un ambiente siempre sereno.

Don Esteban, que se creía obligado a ser anticuario en su calidad de individuo de varias sociedades regionales, iba llenando su casa con los restos del pasado adquiridos en los pueblos o que le ofrecían espontáneamente sus clientes. No encontraba ya para los cuadros paredes libres, ni espacio en sus salones para los muebles. Por esto las nuevas adquisiciones tomaban el camino del *pòrche*, provisionalmente, en espera de una instalación definitiva. Años después, cuando al retirarse de la profesión pudiera construir un castillo medioeval —todo lo medioeval que fuese posible— en las costas de la Marina, junto al pueblo donde había nacido, colocaría cada objeto en un lugar digno de su importancia.

Lo que el notario iba dejando en las habitaciones del primer piso aparecía misteriosamente en el desván, como si le hubiesen salido patas. Doña Cristina y sus sirvientas, obligadas a vivir en continua pelea con el polvo y las telarañas de un edificio que se desmenuzaba poco a poco, sentían un odio feroz contra todo lo viejo.

Arriba no eran posibles las desavenencias y batallas de los muchachos por falta de disfraces. No tenían mas que hundir sus manos en cualquiera de los arcones que latían con sordo crepitamiento de carcoma, y cuyos hierros, calados como encajes, se desclavaban de la madera. Unos blandían espadines de puños de nácar o largas tizonas, luego de envolverse en capas de seda carmesí oscurecidas por los años. Otros se echaban en hombros colchas de brocado venerables, faldas de labradora con gruesas flores de oro, guardainfantes de rico tejido que crujían como papel.

Cuando se cansaban de imitar a los cómicos con ruidoso choque de espadas y caídas de muerte, Ulises y otros amantes de la acción proponían el juego de «ladrones y alguaciles». Los ladrones no podían ir vestidos con ricas telas, su uniforme debía ser modesto. Y revolvían unos montones de trapos de colores apagados que parecían arpilleras. En las diversas manchas de su tejido se adivinaban piernas, brazos, cabezas, ramajes de un verde metálico.

Don Esteban había encontrado estos fragmentos rotos ya por los labradores para tapar tinajas de aceite o servir de mantas a las mulas de labor. Eran pedazos de tapices copiados de cartones del Ticiano y de Rubens. El notario los guardaba únicamente por respeto histórico. El tapiz carecía entonces de mérito, como todas las cosas que abundan. Los roperos de Valencia tenían en sus almacenes docenas de paños de la misma clase, y al llegar la fiesta del Corpus cubrían con ellos las vallas de los terrenos sin edificar en las calles seguidas por la procesión.

Otras veces, Ulises repetía el mismo juego con el título de «indios y conquistadores». Había encontrado en los montones de libros almacenados por su padre un volumen que relataba, a dos columnas, con abundantes grabados en madera, las navegaciones de Colón, las guerras de Hernán Cortés, las hazañas de Pizarro.

Este libro influyó en el resto de su existencia. Muchas veces, siendo hombre, encontró su imagen latente en el fondo de sus actos y sus deseos. En realidad, solo había leído algunos fragmentos. Para él lo interesante eran los grabados, más dignos de su admiración que todos los cuadros del desván.

Con la punta de su estoque trazaba en el suelo una línea, lo mismo que Pizarro en la isla del Gallo ante sus desalentados compañeros, prontos a desistir de la conquista. «Que todo buen castellano pase esta raya...» Y los buenos castellanos —una docena de pilluelos con largas capas y tizonas, cuya empuñadura les llegaba a la boca— venían a agruparse en torno del caudillo, que imitaba los gestos heroicos del conquistador. Luego surgía el grito de guerra: «¡Sus, a los indios!».

Estaba convenido que los indios debían huir: para eso iban envueltos modestamente en un trozo de tapiz y llevaban en la cabeza plumas de gallo. Pero huían traidoramente, y al verse sobre vargueños, mesas y pirámides de sillas, empezaban a disparar volúmenes contra sus perseguidores. Venerables libros de piel con dorados suaves, infolios de blanco pergamino, se abrían al caer en el suelo, rompiéndose sus nervios, esparciendo una lluvia de páginas impresas o manuscritas, de amarillentos grabados, como si soltasen la sangre y las entrañas, cansados de vivir.

El escándalo de estas guerras de conquista atrajo la intervención de doña Cristina. Ya no quiso admitir más a unos diablos que preferían las gritonas aventuras del desván a las delicias místicas de la abandonada capilla. Los indios eran los más dignos de execración. Para compensar la humildad de su papel con nuevos esplendores, habían acabado por meter sus tijeras pecadoras en tapices enteros, cortándose varias dalmáticas de modo que les cayese sobre el pecho una cabeza de héroe o de diosa.

Ulises, al quedar sin compañeros, encontró un nuevo encanto a la vida en el desván. El silencio poblado de chasquidos de maderas y correteos de animales invisibles, la caída inexplicable de un cuadro o de unos libros apilados, le hacían paladear una sensación de miedo y de misterio nocturnos bajo los chorros de Sol que entraban por los tragaluces.

En esta soledad se encontraba mejor. Podía poblarla a su capricho. Le estorbaban los seres reales, como los inoportunos ruidos que despiertan de un ensueño hermoso. El desván era un mundo con varios siglos de existencia, que le pertenecía por entero y se plegaba a todas sus fantasías.

Metido en un cofre sin tapa, lo hacía balancearse, imitando con la boca los rugidos de la tempestad. Era una carabela, un galeón, una nave, tal como los había visto en los viejos libros: las velas con leones y crucifijos pintados, un castillo en la popa y un figurón tallado en el avante, que se hundía en las olas para reaparecer chorreando.

El cofre, en fuerza de empujones, abordaba la costa tallada a pico de un arcón, el golfo triangular de dos cómodas, la blanda playa de unos fardos de telas. Y el navegante, seguido de una tripulación tan numerosa como irreal, saltaba a tierra tizona en mano, escalando unas montañas de libros, que eran los Andes, y agujereaba varios volúmenes con el regatón de una lanza vieja para plantar su estandarte. ¿Por qué no había de ser conquistador?...

Inútilmente acudían a su memoria fragmentos de conversación entre su padrino y su padre, según los cuales todo era conocido en la superficie de la tierra. Algo, sin embargo, quedaría por descubrir. Él era el punto de encuentro de dos líneas de marinos. Los hermanos de su madre tenían barcos en la costa de Cataluña. Los abuelos de su padre habían sido valerosos y oscuros navegantes, y allá en la Marina estaba su tío el médico, un verdadero hombre de mar.

Al fatigarse de estas orgías imaginativas, contemplaba los retratos de diversas épocas almacenados en el desván. Prefería los de mujeres: damas de melena corta y rizada, con un lazo en una sien, como las que pintó Velázquez, caras largas del siglo siguiente, con boca de cereza, dos lunares en las mejillas y una torre de pelo blanco. El recuerdo de la basilisa parecía esparcirse por estos cuadros. Todas las damas tenían algo de ella.

Entre los retratos de hombres había un obispo que le molestaba por su edad absurda. Era casi de sus años; un obispo adolescente, con ojos imperiosos y agresivos. Estos ojos le inspiraban cierto pavor, y por lo mismo decidió acabar con ellos: «¡Toma!». Y clavó su espada en el viejo cuadro, añadiendo a sus desconchados dos agujeros en el lugar de las pupilas. Todavía, para mayor remordimiento, añadió unas cuantas cuchilladas... En la misma noche, estando su padrino invitado a cenar, el notario habló de cierto retrato adquirido meses antes en las inmediaciones de Játiva, ciudad que miraba con interés por haber nacido los Borgia en una aldea cercana. Los dos hombres eran de la misma opinión. Aquel prelado casi infantil no podía ser otro que César Borgia, nombrado arzobispo de Valencia, por su padre el Papa, cuando tenía dieciséis años. Un día que estuviesen libres examinarían con detenimiento el retrato... Y Ulises, bajando la cabeza, sintió que se le atragantaban los bocados.

Ir a casa del padrino representaba para él un placer más intenso y palpable que los juegos solitarios del desván. El abogado don Carmelo Labarta se mostraba ante sus ojos como la personificación de la vida ideal, de la gloria de la poesía. El notario hablaba de él con entusiasmo, compadeciéndole al mismo tiempo.

—¡Ese don Carmelo!... El primer civilista de nuestra época. A espuertas podría ganar el dinero, pero los versos le atraen más que los pleitos.

Ulises entraba en su despacho con emoción. Sobre las filas de libros multicolores y dorados que cubrían las paredes veía unas cabezotas de yeso, con frentes de torre y ojos huecos que parecían contemplar la nada inmensa.

El niño repetía sus nombres como un pedazo de santoral, desde Homero a Víctor Hugo. Después buscaba con su vista otra cabeza igualmente gloriosa, aunque menos blanca, con las barbas rubias y entrecanas, la nariz rubicunda y unas mejillas herpéticas que en ciertos momentos echaban a volar las películas de su caspa. Los ojos dulces del padrino, unos ojos amarillos moteados de pepitas negras, acogían a Ulises con el amor de un solterón que se hace viejo y necesita inventarse una familia. Él era quien le había dado en la pila bautismal su nombre, que tanta admiración y risa despertaba en los compañeros de colegio; él quien le había contado muchas veces las aventuras del navegante rey de Itaca con la paciencia de un abuelo que relata a su nieto la vida del santo onomástico.

Luego, el muchacho consideraba con no menos devoción todos los recuerdos de gloria que adornaban la casa: coronas de hojas de oro, copas argentinas, desnudeces marmóreas, placas de diversos metales sobre fondo de peluche, en las que brillaba imperecedero el nombre del poeta Labarta. Todo este botín lo había conquistado a punta de verso en los certámenes, como guerrero incansable de las letras.

Al anunciarse unos Juegos Florales temblaban los competidores, temiendo que al gran don Carmelo se le ocurriese apetecer alguno de los premios. Con asombrosa facilidad se llevaba la flor natural destinada a la oda heroica, la copa de oro del romance amoroso, el par de estatuas dedicadas al más completo estudio histórico, el busto de mármol para la mejor leyenda en prosa, y hasta el «bronce de arte» recompensa del estudio filológico. Los demás solo podían aspirar a las sobras.

Por fortuna, se había confinado en la literatura regional, y su inspiración no admitía otro ropaje que el del verso valenciano. Fuera de Valencia y sus pasadas glorias, solo la Grecia merecía su admiración. Una vez al año le veía Ulises puesto de frac, con el pecho constelado de condecoraciones y una cigarra de oro en la solapa, distintivo de los felibres de Provenza.

Era que se iba a celebrar la fiesta de la literatura lemosina, en la que desempeñaba siempre un primer papel: vate premiado, discurseante, o simple ídolo, al que tributaban sus elogios otros poetas, clérigos dados a la rima, encarnadores de imágenes religiosas, tejedores de seda que sentían perturbada la vulgaridad de su existencia por el cosquilleo de la inspiración; toda una cofradía de vates populares, ingenuos y de estro casero, que recordaban a los Maestros Cantores de las viejas ciudades alemanas.

Labarta, después de transcurridos doscientos años, no había llegado a perdonar a Felipe V, déspota francés que reemplazó a los déspotas austriacos. Él había suprimido los fueros de Valencia. «¡Borbón, maldito seas!...» Pero se lo decía en verso y en lemosín, circunstancias atenuantes que le permitían ser partidario de los sucesores de Felipe el Maldito y haber figurado por unos meses como diputado mudo del gobierno.

Su ahijado se lo imaginaba a todas horas con una corona de laurel en las sienes, lo mismo que aquellos poetas misteriosos y ciegos cuyos retratos y bustos ornaban la biblioteca. Veía perfectamente su cabeza limpia de tal adorno, pero la realidad perdía todo valor ante la firmeza de sus concepciones. Su padrino debía llevar corona cuando él no estaba presente. Indudablemente la llevaba a solas, como un gorro casero.

Otro motivo de admiración eran los viajes del grande hombre. Había vivido en el lejano Madrid —escenario de casi todas las novelas leídas por Ulises—, y cierta vez hasta había pasado la frontera, lanzándose audazmente por un país remoto titulado el Mediodía de Francia, para visitar a otro poeta que él llamaba «mi amigo Mistral». Su imaginación, pronta e ilógica en sus decisiones, envolvía al padrino en un halo de interés heroico semejante al de los conquistadores.

Al sonar las campanadas de las doce, Labarta, que no admitía informalidades en asuntos de mesa, se impacientaba, cortando el relato de sus viajes y triunfos.

—¡Doña Pepa!... Aquí tenemos al convidado.

Doña Pepa era el ama de llaves, la compañera del grande hombre, que llevaba quince años atada al carro de su gloria.

Se entreabría un cortinaje, y avanzaba una pechuga saliente sobre un abdomen encorsetado con crueldad. Después, mucho después, aparecía un rostro blanco y radiante, una cara de Luna. Y mientras saludaba al pequeño Ulises con su sonrisa de astro nocturno, seguía entrando y entrando el complemento dorsal de su persona, cuarenta años carnales, frescos, exuberantes, inmensos.

El notario y su esposa hablaban de doña Pepa como de una persona familiar, pero el niño nunca la había visto en su casa. Doña Cristina elogiaba sus cuidados con el poeta, pero desde lejos y sin deseos de conocerla. Don Esteban excusaba al grande hombre.

—¡Qué quieres!... Es un artista, y los artistas no pueden vivir como Dios manda. Todos, por serios que parezcan, son en el fondo unos perdidos. ¡Qué lástima! Un abogado tan eminente... ¡El dinero que podría ganar!...

Las lamentaciones del padre abrieron nuevos horizontes a la malicia del pequeño. De un golpe abarcó el móvil principal de nuestra existencia, que hasta entonces solo había columbrado envuelto en misterios. Su padrino tenía relaciones con una mujer; era un enamorado como los héroes de las novelas. Recordó muchas de sus poesías valencianas, todas dirigidas a una dama; unas veces cantando su belleza con la embriaguez y la noble fatiga de una reciente posesión; otras quejándose de su desvío, pidiéndole la entrega de su alma, sin la cual no es nada la limosna del cuerpo.

Ulises se imaginó una gran señora, hermosa como doña Constanza. Cuando menos, debía ser marquesa. Su padrino bien merecía esto. Y se imaginó igualmente que sus encuentros debían ser por la mañana, en uno de los huertos de fresas inmediatos a la ciudad, adonde le llevaban sus padres a tomar chocolate después de oír la primera misa en los amaneceres dominicales de abril y mayo.

Mucho después, cuando sentado a la mesa del padrino sorprendió cruzándose sobre su cabeza las sonrisas de éste y el ama de llaves, llegó a sospechar si doña Pepa sería la inspiradora de tanto verso lacrimoso y entusiástico. Pero su buena fe se encabritaba ante tal suposición. No, no era posible; forzosamente debía existir otra.

El notario, que llevaba largos años de amistad con Labarta, pretendía dirigirle con su espíritu práctico, siendo el lazarillo de un genio ciego. Una renta modesta heredada de sus padres bastaba al poeta para vivir. En vano le proporcionó su amigo pleitos que representaban enormes cuentas de honorarios. Los autos voluminosos se cubrían de polvo en la mesa, y don Esteban había de preocuparse de las fechas, para que el abogado no dejase pasar los términos del procedimiento.

Su hijo, su Ulises, sería otro hombre. Le veía gran civilista, como su padrino, pero con una actividad positiva heredada del padre. La fortuna entraría por sus puertas como una ola de papel sellado.

Además, podía poseer igualmente el estudio notarial, oficina polvorienta, de muebles vetustos y grandes armarios con puertas alambradas y cortinillas verdes, tras de las cuales dormían los volúmenes del protocolo envueltos en becerro amarillento, con iniciales y números en los lomos. Don Esteban sabía bien lo que representaba su estudio.

—No hay huerto de naranjos —decía en los momentos de expansión—, no hay arrozal que dé lo que da esta finca. Aquí no hay heladas, ni vendaval, ni inundaciones.

La clientela era segura; gentes de Iglesia, que llevaban tras de ellas a los devotos, por considerar a don Esteban como de su clase, y labradores, muchos labradores ricos. Las familias acomodadas del campo, cuando oían hablar de hombres sabios, pensaban inmediatamente en el notario de Valencia.

Le veían con religiosa admiración calarse las gafas para leer de corrido la escritura de venta o el contrato dotal que sus amanuenses acababan de redactar. Estaba escrito en castellano y lo leía en valenciano, sin vacilación alguna, para mejor inteligencia de los oyentes. ¡Qué hombre!...

Después, mientras firmaban las partes contratantes, el notario, subiéndose los vidrios a la frente, entretenía a la reunión con algunos cuentos de la tierra, siempre honestos, sin alusiones a los pecados de la carne, pero en los que figuraban los órganos digestivos con toda clase de abandonos líquidos, gaseosos y sólidos. Los clientes rugían de risa, seducidos por esta gracia escatológica, y reparaban menos en la cuenta de honorarios. ¡Famoso don Esteban!... Por el placer de oírle habrían hecho una escritura todos los meses.

El futuro destino del príncipe de la notaría era objeto de las conversaciones de sobremesa en días señalados, cuando estaba invitado el poeta.

—¿Qué deseas ser? —preguntaba Labarta a su ahijado.

Los ojos de la madre imploraban al pequeño con desesperada súplica: «Di arzobispo, rey mío». Para la buena señora, su hijo no podía debutar de otro modo en la carrera de la Iglesia.

El notario hablaba, por su parte, con seguridad, sin consultar al interesado. Sería un jurisconsulto eminente; los miles de duros rodarían hacia él como si fuesen céntimos; figuraría en las solemnidades universitarias con una esclavina de raso carmesí y un birrete chorreando por sus múltiples caras la gloria hilada del doctorado. Los estudiantes escucharían respetuosos al pie de su cátedra. ¡Quién sabe si le estaba reservado el gobierno de su país!...

Ulises interrumpía estas imágenes de futura grandeza:

—Quiero ser capitán.

El poeta aprobaba. Sentía el irreflexivo entusiasmo de todos los pacíficos, de todos los sedentarios, por el penacho y el sable. A la vista de un uniforme, su alma vibraba con la ternura amorosa del ama de cría que se ve cortejada por un soldado.

—¡Muy bien! —decía Labarta—. ¿Capitán de qué?... ¿De artillería?... ¿De Estado Mayor?

Una pausa.

—No; capitán de buque.

Don Esteban miraba el techo, alzando las manos. Bien sabía él quién era el culpable de esta disparatada idea, quién metía tales absurdos en la cabeza de su hijo.

Y pensaba en su hermano el médico, que vivía retirado en la casa paterna, allá en la Marina, un hombre excelente pero algo loco, al que llamaban el *Dotor* las gentes de la costa y el poeta Labarta apodaba el *Tritón*.

II. Mater Anfitrita

Cuando de tarde en tarde aparecía el *Tritón* en Valencia, la hacendosa doña Cristina modificaba el régimen alimenticio de la familia.

Este hombre solo comía pescado. Y su alma de esposa económica temblaba angustiosamente al pensar en los precios extraordinarios que alcanza la pesca en un puerto de exportación.

La vida en aquella casa, donde todo marchaba acompasadamente, sufría graves perturbaciones con la presencia del médico. Poco después de amanecer, cuando sus habitantes saboreaban los postres del sueño, oyendo adormecidos el rodar de los primeros carruajes y el campaneo de las primeras misas, sonaban rudos portazos y unos pasos de hierro hacían crujir la escalera. Era el *Tritón*, que se echaba a la calle incapaz de permanecer entre cuatro paredes así que apuntaba la luz. Siguiendo las corrientes de la vida madrugadora llegaba al Mercado, deteniéndose ante los puestos de flores, donde era más numerosa la afluencia femenina.

Los ojos de las mujeres iban hacia él instintivamente, con una expresión de interés y de miedo. Algunas enrojecían al alejarse, imaginando contra su voluntad lo que podría ser un abrazo de este coloso feo e inquietante.

—Es capaz de aplastar una pulga sobre el brazo —decían los marineros de su pueblo para ponderar la dureza de sus bíceps.

Su cuerpo carecía de grasa. Bajo la morena piel solo se marcaban rígidos tendones y salientes músculos; un tejido hercúleo del que había sido eliminado todo elemento incapaz de desarrollar fuerza. Labarta le encontraba una gran semejanza con las divinidades marinas. Era Neptuno antes de que le blanquease la cabeza; Poseidón tal como le habían visto los primeros poetas de Grecia, con el cabello negro y rizoso, las facciones curtidas por el aire salino, la barba anillada, con dos remates en espiral que parecían formados por el goteo del agua del mar. La nariz algo aplastada por un golpe recibido en su juventud, y los ojos pequeños, oblicuos y tenaces, daban a su rostro una expresión de ferocidad asiática. Pero este gesto se esfumaba al sonreír su boca dejando visibles los dientes unidos y deslumbrantes, unos dientes de hombre de mar, habituado a alimentarse con salazón.

Caminaba los primeros días por las calles desorientado y vacilante. Temía a los carruajes; le molestaba el roce de los transeúntes en las aceras. Se quejaba del movimiento de una capital de provincia, encontrándolo insufrible, él, que había visitado los puertos más importantes de los dos hemisferios. Al fin emprendía instintivamente el camino del puerto en busca del mar, su eterno amigo, el primero que le saludaba todas las mañanas al abrir la puerta de su casa allá en la Marina.

En estas excursiones le acompañaba muchas veces su sobrino. El movimiento de los muelles tenía para él cierta música evocadora de su juventud, cuando navegaba como médico de trasatlántico; chirridos de grúas, rodar de carros, melopeas sordas de los cargadores.

Sus ojos recibían igualmente una caricia del pasado al abarcar el espectáculo del puerto: vapores que humeaban, veleros con sus lonas tendidas al Sol, baluartes de cajones de naranjas, pirámides de cebollas, murallas de sacos de arroz, compactas filas de barricas de vino panza contra panza. Y saliendo al encuentro de estas mercancías que se iban, los rosarios de descargadores alineaban las que llegaban: colinas de carbón procedentes de Inglaterra; sacos de cereales del mar Negro; bacalaos de Terranova, que sonaban como pergaminos al caer en el muelle, impregnando el ambiente de polvo de sal; tablones amarillentos de Noruega, que conservaban el perfume de los bosques resinosos.

Naranjas y cebollas caídas de los cajones se corrompían bajo el Sol, esparciendo sus jugos dulces y acres. Saltaban los gorriones en torno de las montañas de trigo, escapando con medroso aleteo al oír pasos. Sobre la copa azul del puerto trenzaban sus interminables contradanzas las gaviotas del Mediterráneo, pequeñas, finas y blancas como palomas.

El *Tritón* iba enumerando a su sobrino las categorías y especialidades de los buques. Y al convencerse de que Ulises era capaz de confundir un bergantín con una fragata, rugía escandalizado:

—Entonces, ¿qué diablos os enseñan en el colegio?...

Al pasar junto a los burgueses de Valencia sentados en los muelles caña en mano, lanzaba una mirada de conmiseración al fondo de sus cestas vacías. Allá en su casa de la costa, antes de que se elevase el Sol ya tenía él en el fondo de la barca con qué comer toda una semana. ¡Miseria de las ciudades!

De pie en los últimos peñascos de la escollera, tendía la vista sobre la inmensa llanura, describiendo a su sobrino los misterios ocultos en el horizonte. A su izquierda —más allá de los montes azules de Oropesa que limitaban el golfo valenciano— veía imaginativamente la opulenta Barcelona, donde tenía numerosos amigos; Marsella, prolongación de Oriente clavada en Europa; Génova, con sus palacios escalonados en colinas cubiertas de jardines. Luego su vista se perdía en el horizonte abierto frente a él. Este camino era el de la dichosa juventud.

Marchando en línea recta encontraba a Nápoles, con su montaña de humo, sus músicas y sus bailarinas morenas de pendientes de aro. Más allá, las islas de Grecia; en el fondo de una calle acuática, Constantinopla; y a continuación, bordeando la gran plaza líquida del mar Negro, una serie de puertos donde los argonautas olvidaban sus orígenes, sumidos en un hervidero de razas, acariciados por el felinismo de las eslavas, la voluptuosidad de las orientales y la avidez de las hebreas.

A su derecha estaba África. Veía los puertos egipcios, con su corrupción tradicional que empieza a removerse y croquear como un pantano fétido apenas desciende el Sol; Alejandría, en cuyos cafetuchos bailan las falsas almeas sin más ropas que un pañuelo en la mano, y cada mujer es de una nación diferente, y suenan a coro todos los idiomas de la tierra...

Los ojos del médico se apartaban del mar para convergir en su aplastada nariz. Recordaba una noche de calor egipcio, aumentado por los ardores del *whisky*; el roce de las mercenarias desnudeces; la pelea con otros navegantes rojos y septentrionales; el boxeo a oscuras, y él, con la cara ensangrentada, huyendo al buque, que afortunadamente zarpaba al amanecer. Como todos los hombres mediterráneos, no bajaba a tierra sin llevar el aguijón oculto en el talle, y había pinchado para abrirse paso.

«¡Qué tiempos!», pensaba el *Tritón*, con más nostalgia que remordimiento. Y añadía como excusa: «¡Ay, entonces tenía yo veinticuatro años!».

Estos recuerdos le hacían volver los ojos a una mole que avanzaba en el mar, azuleada por la distancia, despegada de la tierra a la simple vista, como un islote enorme. Era el promontorio coronado por el Mongó, el gran promontorio Ferrario de los geógrafos antiguos, la punta más avanzada de la Península en el Mediterráneo inferior, que cierra por el Sur el golfo de Valencia.

Tenía la forma de una mano cuyas falanges fuesen montañas, pero le faltaba el pulgar. Los otros cuatro dedos se tendían sobre las olas, formando los cabos de San Antonio, San Martín, La Nao y Almoraira. En una de sus ensenadas estaba su pueblo natal y la casa de los Ferragut, cazadores de piratas moros en otros siglos, contrabandistas a ratos en los tiempos modernos, navegantes en todas las épocas, tal vez desde que los primeros caballos de madera aparecieron saltando sobre las espumas que hierven en el promontorio, desde que llegaron los griegos de Marsella para fundar Artemisión, la ciudad de la divina Artemis que los latinos llamaron Diana y tomó definitivamente el nombre de Denia.

En esta casa quería vivir y morir, sin deseos de ver más tierras, con la repentina inmovilidad que acomete a los vagabundos de las olas y les hace fijarse sobre un escollo de la costa, lo mismo que un molusco a una cabellera de algas.

Pronto se cansaba el *Tritón* de sus paseos al puerto. El mar de Valencia no era un mar para él. Lo enturbiaban las aguas del río y de las acequias de riego. Cuando llovía en las montañas de Aragón, un líquido terroso desaguaba en el golfo, tiñendo las olas de encarnado y las espumas de amarillo. Además, le era imposible entregarse al placer diario de la natación. Una mañana de invierno, al empezar a desnudarse en la playa, la gente corrió como atraída por un fenómeno. El pescado del golfo tenía para él un sabor insoportable a légamo.

—Me voy —acababa por decir al notario y su esposa—. No comprendo cómo podéis vivir aquí.

En una da esas retiradas a la Marina se empeñó en llevarse a Ulises. Empezaba el estío, el muchacho estaba libre del colegio por tres meses, y el notario, que no podía alejarse de la ciudad, veraneaba con su familia en la playa del Cabañal, cortada por acequias malolientes, junto a un mar despreciable. El pequeño se mostraba paliducho y débil por sus estudios y cavilaciones. Su tío le haría fuerte y ágil como un delfín. Y a costa de rudas porfías, pudo arrancárselo a doña Cristina.

Lo primero que admiró Ulises al entrar en la casa del médico fueron tres fragatas que adornaban el techo del comedor: tres embarcaciones maravillosas, en las que no faltaban vela, garrucha, cuerda ni ancla, y que podían hacerse al mar en cualquier momento con una tripulación de liliputienses.

Eran obra de su abuelo el patrón Ferragut. Deseoso de libertar a sus dos hijos de la servidumbre marina que pesaba largos siglos sobre la familia, los había enviado a la Universidad de Valencia para que fuesen señores de tierra adentro. El mayor, Esteban, apenas terminada su carrera, obtenía una notaría en Cataluña. El menor, Antonio, se hizo médico por no contrariar al viejo, pero una vez conseguido el título, entró a prestar sus servicios en un trasatlántico. Su padre le había cerrado la puerta del mar, y él entraba por la ventana.

Fue envejeciendo el patrón, completamente solo. Cuidaba de sus bienes, unas cuantas viñas escalonadas en la costa, a la vista de la casa. Estaba en frecuente correspondencia con su hijo el notario. De tarde en tarde llegaba una carta del menor, del predilecto, desde remotos países que solo conocía de oídas el viejo navegante mediterráneo. Y las largas inercias a la sombra de su emparrado, frente al mar azul y luminoso, las entretenía construyendo sus pequeños buques. Todos ellos eran fragatas de gran porte y atrevido velamen. Así se consolaba el patrón de no haber mandado en su vida mas que pesados y robustos laúdes, iguales a las naves de otros siglos, en los que llevaba vino a Cette o cargaba cosas prohibidas en Gibraltar y la costa de África.

Ulises no tardó en darse cuenta de la rara popularidad que gozaba su tío el *Dotor*, una popularidad compuesta de los más antagónicos elementos. Las gentes sonreían al hablar de él, como si le tuviesen por loco; pero estas sonrisas solo osaban desplegarse cuando estaba lejos, pues a todos les inspiraba cierto miedo. Al mismo tiempo lo admiraban como una gloria local. Había corrido todos los mares, y además tenía su fuerza, su desordenada y tempestuosa fuerza, terror y orgullo de sus convecinos.

Los mocetones, al ensayar el vigor de sus puños pulseando con los tripulantes de los buques ingleses que venían a cargar pasas, evocaban el nombre del médico como un consuelo en caso de derrota.

—¡Si estuviese aquí el *Dotor*!... Media docena de ingleses son pocos para él.

No había empresa poderosa, por disparatada que fuese, de que no le creyeran capaz. Inspiraba la fe de los santos milagrosos y los capitanes audaces. En algunas mañanas de invierno serenas y asoleadas, corrían las gentes a la orilla, mirando con ansiedad el mar solitario. Los veteranos que se calentaban al Sol, junto a las barcas en seco, al tender su vista, habituada al sondeo de los dilatados horizontes, alcanzaban a ver un punto casi imperceptible, un grano de arena danzando a capricho de las olas.

Todos emitían a gritos sus conjeturas. Era una boya o un pedazo de mástil, restos de un lejano naufragio. Para las mujeres era un ahogado, un cadáver que la hinchazón hacía flotar lo mismo que un odre, luego de haber permanecido muchos días entre dos aguas...

De pronto surgía una suposición que dejaba perplejos a todos. «¡Si será el *Dotor*!» Largo silencio... El pedazo de madera tomaba la forma de una cabeza; el cadáver se movía. Muchos llegaban a distinguir el burbujeo de la espuma en torno de su busto, que avanzaba como una proa, y las vigorosas palas de sus brazos... ¡Sí que era el *Dotor*! Se prestaban unos a otros los viejos catalejos para reconocer sus barbas hundidas en el agua, su rostro contraído por el esfuerzo o dilatado por los bufidos.

Y el *Dotor* pisaba la orilla seca, desnudo y serenamente impúdico como un dios, dando la mano a los hombres, mientras chillaban las mujeres llevándose el delantal a un solo ojo, espantadas y admiradas a la vez de su monstruosidad colgante que esparcía a cada paso una rociada de gotas.

Todos los cabos del promontorio le inspiraban el deseo de doblarlos a nado, como los delfines; todas las bahías y ensenadas necesitaba medirlas con sus brazos, como un propietario que duda de la mensura ajena y la rectifica para afirmar su derecho de posesión. Era un buque humano que había cortado con la quilla de su pecho las espumas arremolinadas en los escollos y las aguas pacíficas, en cuyo fondo chisporrotean los peces entre ramas nacaradas y estrellas movedizas como flores.

Se había sentado a descansar en las rocas negras con faldellines de algas que asoman su cabeza o la hunden, al capricho de la ola, esperando la noche y el buque ciego que venga a romperse como una cáscara. Había penetrado lo mismo que un reptil marino en ciertas cuevas de la costa, lagos adormecidos y glaciales iluminados por misteriosas aberturas, donde la atmósfera es negra y el agua diáfana, donde el nadador tiene el busto de ébano y las piernas de cristal. En el curso de estas nataciones comía todos los seres vivientes que encontraba pegados a las rocas o moviendo antenas y brazos. El roce de los grandes peces que huían medrosos, con una violencia de proyectil, le hacía reír.

En las horas nocturnas pasadas ante los barquitos del abuelo, Ulises le oyó hablar del *Peje Nicolao*, un hombre-pez del estrecho de Mesina, citado por Cervantes y otros autores, que vivía en el agua manteniéndose de las limosnas de los buques. Su tío era algo pariente del *Peje Nicolao*.

Otras veces mencionaba a cierto griego que, para ver a su amante, pasaba a nado todas las noches el Helesponto. Y él, que conocía los Dardanelos, quería volver allá como simple pasajero, para que no fuese un poeta llamado Lord Byron el único que hubiese imitado la legendaria travesía.

Los libros que guardaba en su casa, las cartas náuticas clavadas en las paredes, los frascos y bocales llenos de bestias y plantas de mar, y más que todo esto sus gustos, que chocaban con las costumbres de sus convecinos, le habían dado una reputación de sabio misterioso, un prestigio de brujo.

Todos los que estaban sanos le tenían por loco, pero apenas sentían cierto quebranto en su salud, respiraban la misma fe que las pobres mujeres que permanecían largas horas en casa del *Dotor*, viendo a lo lejos su barca, esperando que volviese del mar para enseñarle los niños enfermos que llevaban en brazos. Tenía sobre los otros médicos el mérito de no cobrar sus servicios; antes bien, muchos enfermos salían de su casa con monedas en las manos.

El *Dotor* era rico, el más rico de todo el país, ya que no sabía qué hacer de su dinero. Diariamente, su criada —una vieja que había servido a su padre y conocido a su madre— recibía de sus manos la pesca necesaria para la manutención de los dos, con una generosidad regia. El *Tritón*, que había izado su vela al amanecer, desembarcaba antes de las once, y la langosta crujía purpúrea sobre las brasas, esparciendo un perfume azucarado; la olla burbujeaba, espesando su caldo con la grasa suculenta de la *escòrpa*; cantaba el aceite en la sartén, cubriendo la piel rosada de los salmonetes; chirriaban bajo el cuchillo los erizos y las almejas, derramando sus pulpas todavía vivas en el hervor de la cazuela. Además, en el corral mugía una vaca de repletas ubres y cacareaban docenas de gallinas de incansable fecundidad.

La harina amasada por la sirviente y el café espeso como barro era todo lo que el *Tritón* adquiría con su dinero. Si buscaba la botella de aguardiente de caña a la vuelta de una natación, era para emplear su contenido en frotaciones.

Una vez al año el dinero entraba por sus puertas. Las muchachas de la vendimia se extendían por la escalinata de sus viñas, cortando los racimos de grano pequeño y apretado. Luego los tendían a secar en unos cobertizos llamados *riurraus*. Así se producía la pasa menuda, preferida por los ingleses para la confección de sus *puddings*. La venta era segura: del mar del Norte venían los buques a buscarla. Y el *Tritón*, al ver en sus manos cinco o seis mil pesetas, quedaba perplejo, preguntándose interiormente qué puede hacer un hombre con tanto dinero.

—Todo esto es tuyo —dijo a su sobrino al mostrarle la casa.

Suyos también la barca, los libros y los muebles antiguos, en cuyos cajones estaba disimulado el dinero con disfraces cándidos que atraían la atención.

A pesar de verse proclamado dueño de todo lo que le rodeaba, un despotismo cariñoso y rudo pesó sobre Ulises. Estaba muy lejos su madre, aquella buena señora que cerraba las ventanas a su paso y no le dejaba salir sin haberle anudado la bufanda con acompañamiento de besos.

Cuando dormía mejor, creyendo que aún le quedaban muchas horas a la noche, sentíase despertado por un tirón de pierna violento. Su tío no podía tocar de otro modo. «¡Arriba, grumete!» En vano protestaba, con la profunda somnolencia de su juventud... ¿Era o no era el «gato» de la embarcación que tenía al médico por capitán y único tripulante?...

Las zarpas del tío lo exponían de pie ante las bocanadas de aire salitroso que entraban por la ventana. El mar estaba oscuro y velado por una leve neblina. Brillaban las últimas estrellas con parpadeos de sorpresa, prontas a huir. En el horizonte plomizo se abría un desgarrón, enrojeciéndose por momentos, como una herida a la que afluye la sangre. Abajo, en la cocina, humeaba el café entre dos galletas de marinero. El «gato» de barca cargaba con varios cestos vacíos. Delante de él marchaba el patrón como un guerrero de las olas, llevando los remos al hombro. Sus pies marcaban en la arena una huella rápida. A sus espaldas, el pueblo empezaba a despertar. Sobre las aguas oscuras se deslizaban como sudarios las velas de los pescadores huyendo mar adentro.

Dos paladas vigorosas separaban su barca del pequeño muelle de rocas. Luego iba por las bordas desatando la vela, preparando las cuerdas, haciendo acostarse la embarcación sobre un flanco bajo sus férreas plantas. La lona subía chirriante y se hinchaba con blanca convexidad. «Ya estamos; ahora a correr.»

El agua empezaba a cantar, deslizándose por ambas caras de la proa. Entre ésta y el borde de la vela veíase un pedazo de mar negro, y asomando poco a poco sobre su filo, una gran caja roja. La ceja se convertía en un casquete, luego en un hemisferio, después en un arco árabe estrangulado por abajo, hasta que al fin se despegaba de la masa líquida lo mismo que una bomba, derramando fulgores de incendio. Las nubes cenicientas se ensangrentaban, los peñascos de la costa empezaban a brillar como espejos de cobre. Se extinguían por la parte de tierra las últimas estrellas. Un enjambre de peces de fuego coleaba ante la proa, formando un triángulo con el vértice en el horizonte. La espuma de los promontorios era sonrosada, como si su blancura reflejase una erupción submarina.

—¡*Bòn día*! —gritaba el médico a Ulises, ocupado en calentar sus manos, ateridas por el viento.

Y enternecido por la alegría pueril del amanecer, lanzaba su voz de bajo a través del marítimo silencio, entonando unas veces romanzas sentimentales que había oído en su juventud a una tiple de zarzuela vestida de grumete; repitiendo otras las salomas en valenciano de los pescadores de la costa, canciones inventadas mientras tiraban de las redes, en las que se reunían las palabras más indecentes al azar de la rima. En ciertos recovecos de la costa amainaba la vela, quedando la barca sin otro movimiento que una lenta rotación en torno de la cuerda del ancla.

Al mirar Ulises el espacio oscurecido por la sombra del casco, encontraba el fondo tan inmediato, que casi creía alcanzarlo con la punta de su remo. Las rocas eran como de vidrio. En sus intersticios y oquedades, las plantas se agitaban con una vida animal y las bestias tenían la inmovilidad de los vegetales y las piedras. La barca parecía flotar en el aire, y a través de la atmósfera líquida que envolvía a este mundo del abismo iban bajando los anzuelos, y un enjambre de peces nadaba y coleaba al encuentro de la muerte.

Era un chisporroteo de fuegos amarillos, de lomos azules, de aletas rosadas. Salían de las cuevas plateados y vibrantes como relámpagos de mercurio; otros nadaban lentamente, panzudos, casi redondos, con una cota de escamas de oro. Por las pendientes se arrastraban los crustáceos sobre su doble fila de patas, atraídos por esta novedad que alteraba la calma mortal de las profundidades submarinas, donde todos persiguen y devoran, para ser a su vez devorados. Cerca de la superficie flotaban las medusas, sombrillas vivientes de un blanco opalino, con borde circular lila o rojo tostado. Debajo de su cúpula gelatinosa se agitaba la madeja de filamentos que les sirve para la locomoción, la nutrición y el amor.

No había mas que tirar de los sedales y una nueva presa caía en la barca. Los cestos se iban llenando. El *Tritón* y su sobrino acababan por fatigarse de esta pesca fácil... El Sol estaba próximo a lo más alto de su curva: cada ondulación marina se llevaba un pedazo de la faja de oro que partía la inmensidad azul. La madera de la barca parecía arder.

—Hemos ganado nuestro jornal —decía el *Tritón* mirando al cielo y luego a los cestos—. Ahora un poco de limpieza.

Y despojándose de sus ropas, se arrojaba al mar. Ulises le veía descender por el centro del anillo de espumas abierto con su cuerpo. Ahora se daba cuenta de la profundidad de este mundo fantástico, compuesto de rocas vidriosas, plantas-animales y animales-piedras. El cuerpo moreno del nadador tomaba, al descender, las transparencias de la porcelana. Parecía de cristal azulado: una estatua fundida con pasta de espejo de Venecia, que iba a romperse apenas tocase el fondo.

Caminaba como un dios de la profundidad, arrancando plantas, persiguiendo con sus manos los relámpagos de bermellón y oro que se ocultaban en las grietas de las peñas. Transcurrían minutos enteros; se iba a quedar para siempre abajo; no subiría. El muchacho pensaba con inquietud en la posibilidad de tener que guiar la barca él solo hasta la costa. De pronto, el cuerpo de blanco cristal se coloreaba de verde, creciendo y creciendo. Luego pasaba a ser moreno cobrizo, y aparecía sobre la superficie la cabeza del nadador dando bufidos, levantando los brazos, que ofrecían al pequeño toda su cosecha submarina.

—Ahora tú —ordenaba con voz imperiosa.

Resultaban inútiles sus intentos de resistencia. El tío le insultaba con las peores palabras o le inducía con promesas de seguridad. No supo ciertamente si fue él quien se arrojó al agua o si le arrancaron de la barca los zarpazos del médico. Pasada la primera sorpresa, experimentó la impresión del que recuerda algo olvidado. Nadaba instintivamente, adivinando lo que debía hacer antes de que se lo aconsejase su maestro. Despertaba en su interior la experiencia ancestral de una serie de marinos que habían luchado con el mar y algunas veces se quedaron para siempre en sus entrañas.

El recuerdo de lo que existía más allá de la blandura golpeada por sus pies le hacía perder de pronto su serenidad. La imaginación tiraba de él con la pesadumbre de una bala de artillería.

—¡Tío... tío!

Y se agarraba convulsivamente a la dura isla de músculos barbuda y sonriente. El tío emergía inmóvil, como si clavase en el fondo sus pies de piedra. Era igual al promontorio cercano que oscurecía y enfriaba el agua con su sombra de ébano.

Así pasaban las mañanas, dedicados a la pesca y la natación. Luego, en las tardes, eran las expediciones a pie por los acantilados de la costa.

El *Dotor* conocía lo mismo las alturas del promontorio que sus profundidades. Por senderos de cabra salvaje subían a las cumbres, desde las que se alcanzaba a ver la isla de Ibiza. A la salida del Sol, la lejana tierra balear parecía una llama de color de rosa surgiendo de las olas. Otras veces caminaban casi a ras del agua. El *Tritón* mostró a su sobrino cavernas olvidadas, en las que se introducía el Mediterráneo con lentas ondulaciones. Eran a modo de cuadras marítimas, donde podían anclar los buques, permaneciendo ocultos a todas las miradas. Allí habían escondido muchas veces sus galeras los berberiscos, para caer inesperadamente sobre un pueblo cercano.

En una de estas cuevas, sobre un zócalo de peñascos, vio Ulises un montón de fardos.

—Vámonos —dijo el *Dotor*—. Cada hombre se gana la vida como puede.

Cuando tropezaban con el carabinero solitario que contempla el mar apoyado en su fusil, el médico le ofrecía un cigarro o le daba consejos si estaba enfermo. ¡Pobres hombres! ¡Tan mal pagados!... Pero sus simpatías iban a los otros, a los enemigos de la ley. Él era hijo de su mar, y en el Mediterráneo, héroes y nautas todos habían tenido algo de piratas o de contrabandistas. Los fenicios, que difundían con sus navegaciones las primeras obras de la civilización, se cobraban este servicio llenando sus barcos de mujeres raptadas, mercancía rica y de fácil transporte.

La piratería y el contrabando formaban el pasado histórico de todos los pueblos que visitaba Ulises, amontonados unos al abrigo de un promontorio coronado por un faro, abiertos otros en la concavidad de una bahía moteada de islotes con cinturas de espuma. Las viejas iglesias tenían almenas en sus muros y troneras junto a las puertas, para el disparo de culebrinas y trabucos. El vecindario se refugiaba en ellas cuando las humaredas de los vigías avisaban un desembarco de piratas de Argel. Siguiendo las sinuosidades del promontorio, existía una fila de torres rojizas, cada una de ellas con otras dos iguales a la vista. Esta fila se prolongaba por el Sur hasta el estrecho de Gibraltar y por el Norte llegaba a Francia.

El médico las había visto iguales en todas las islas del Mediterráneo occidental, en las costas de Nápoles y en Sicilia. Eran las fortificaciones de una guerra milenaria, de una pelea de diez siglos entre moros y cristianos por el dominio del mar azul; lucha de piratería, en la que los hombres mediterráneos —diferenciados por la religión, pero idénticos en el alma— habían prolongado hasta principios del siglo XIX las aventuras de la *Odisea*.

Ferragut había alcanzado a conocer en su pueblo muchos viejos que en sus mocedades fueron esclavos en Argel. Las ancianas cantaban aún romances de cautivas en las noches de invierno y hablaban con pavor de los bergantines berberiscos. Los ladrones del mar tenían pacto con el demonio, que les avisaba las buenas ocasiones. Si en un monasterio acababan de profesar hermosas novicias, se conmovían sus puertas a medianoche bajo los hachazos de los demonios barbudos que avanzaban tierra adentro, dejando a sus espaldas la galera preparada para recibir su flete de carne femenil. Si se casaba una muchacha de la costa, célebre por su belleza, a la salida de la iglesia surgían los impíos, disparando sus trabucos y acuchillando a los hombres sin armas, para llevarse las mujeres con sus ropas de fiesta.

De todo el litoral solo temían a los navegantes de la Marina, tan audaces y belicosos como ellos. Cuando osaban atacar sus caseríos, era porque los marineros estaban en el Mediterráneo y habían ido a su vez a saquear e incendiar alguna aldea de la costa de África.

El *Tritón* y su sobrino cenaban bajo el emparrado en los largos crepúsculos estivales. Después de levantados los manteles, Ulises manejaba las fragatas de su abuelo, aprendiendo la nomenclatura de las diversas partes del aparejo y la maniobra del velamen. Algunas veces permanecían los dos hasta una hora avanzada en el rústico atrio, contemplando el mar luminoso bajo los esplendores de la Luna o con un tenue regleteo de luz sideral en las noches lóbregas.

Todo lo que los hombres habían escrito o soñado sobre el Mediterráneo lo tenía el médico en su biblioteca, y lo repetía a su oyente. El *Mare Nostrum* de los latinos era para Ferragut una especie de bestia azul, poderosa y de gran inteligencia, un animal sagrado como los dragones y las serpientes que adoran ciertas religiones, viendo en ellos manantiales de vida.

Los ríos que se arrojaban en su seno para renovarlo eran pocos y de escaso caudal. El Ródano y el Nilo parecían tristes arroyos comparados con los cursos fluviales de otros continentes que desaguan en los océanos.

Perdiendo por evaporación tres veces más líquido que el que le aportan los ríos, este mar asoleado se habría convertido en una extensión de sal, de no enviarle el Atlántico una rápida corriente de renovación que se precipitaba por el estrecho de Gibraltar. Debajo de esta corriente superficial existía otra en sentido opuesto, que devolvía una parte del Mediterráneo al Océano, por ser más saladas y densas las aguas mediterráneas que las atlánticas. La marea apenas se hacía sentir en sus riberas. Su cuenca estaba minada por fuegos subterráneos, que buscaban salidas extraordinarias por el Vesubio y el Etna y respiraban continuamente por la boca del Stromboli. Alguna vez estos hervores plutónicos elevaban el suelo, haciendo surgir, como tumores de lava, nuevas islas sobre las olas.

En su seno existía doble cantidad de especies animales que en los otros mares, aunque menos numerosas. El atún, cordero juguetón de sus praderas azules, saltaba sobre la superficie o pasaba en rebaño bajo el lomo de las olas. El hombre le tendía la trampa de sus almadrabas en las costas de España y de Francia, en Cerdeña, el estrecho de Mesina y las aguas del Adriático. Pero esta carnicería apenas aclaraba sus compactos escuadrones. Luego de vagar por los recovecos del archipiélago griego, pasaban los Dardanelos, pasaban el Bósforo, conmoviendo con el hervor de su galopada invisible los dos callejones acuáticos, y dando la vuelta a la copa del mar Negro, volvían, diezmados pero impetuosos, a las profundidades del Mediterráneo.

Formaba el coral rojos bosques inmóviles en el zócalo submarino de las islas Baleares y en las costas de Nápoles y África. El ámbar gris se encontraba en los acantilados de Sicilia. Las esponjas crecían en las aguas tranquilas al abrigo de los peñascos de Mallorca y de las islas griegas. Hombres desnudos, sin aparato alguno, conteniendo su respiración, descendían a la profundidad, como en los tiempos primitivos, para arrancar estos tesoros.

El médico abandonaba su descripción geográfica. Le atraía más la historia de su mar, que había sido la historia de la civilización. Primeramente, tribus miserables y escasas vagaban por las costas, buscando el alimento de los crustáceos arrojados por las olas: una vida semejante a la de los pueblos rudimentarios que Ferragut había visto en las islas del Pacífico. Cuando la herramienta de piedra ahuecaba los troncos de los árboles y los brazos humanos se atrevían a tender el primer cuero ante las fuerzas atmosféricas, se poblaban rápidamente las costas.

Los templos del interior se reconstruían en los promontorios, y apuntaban las ciudades marítimas, primeros núcleos de la civilización presente. En este mar interior habían aprendido los hombres el arte de navegar. Todos miraban a las olas antes que al cielo. Por el camino azul habían llegado las maravillas de la vida y de sus entrañas nacían los dioses. Los fenicios —judíos metidos a navegantes— abandonaban sus ciudades en el fondo del saco mediterráneo, para esparcir los conocimientos misteriosos de Egipto y de las monarquías asiáticas por todas las orillas del mar interior. Luego les reemplazaban los helenos de las repúblicas marítimas.

Para Ferragut, el honor más grande de Atenas era haber sido una democracia de nautas. Los ciudadanos servían a la patria como remeros. Todos sus grandes hombres eran oficiales de marina.

—Temístocles y Pericles —añadía— fueron jefes de escuadra, que luego de mandar buques gobernaron a su país.

Por eso la civilización griega se había esparcido y hecho inmortal, en vez de achicarse y desaparecer sin fruto, como otras de tierras adentro. Luego, Roma, la terrestre Roma, para no morir bajo la superioridad de los navegantes semitas de Cartago, tenía que enseñar el manejo del remo y el combate en las olas a los labradores del Lacio, legionarios de mejillas endurecidas por las carrilleras del casco, que no sabían cómo mover sobre las tablas resbaladizas sus pies de hierro dominadores del mundo.

Las divinidades del *Mare Nostrum* inspiraban al médico una devoción amorosa. Sabía que no habían existido, pero creía en ellas como poéticos fantasmas de las fuerzas naturales.

El mundo antiguo solo conocía en hipótesis el inmenso Océano, dándole la forma de un cinturón acuático en torno de la tierra. Océano era un viejo dios de luengas barbas y cornuda la cabeza, que vivía en una caverna submarina con su mujer Tetis y sus trescientas hijas las Oceánidas. Ningún argonauta se atrevía a ponerse en contacto con estas divinidades misteriosas. Solo el grave Esquilo había osado representar a las Oceánidas, vírgenes verdes y sombrías, llorando en torno del peñón en que estaba encadenado Prometeo.

Otras deidades más asequibles eran las del mar interno, en cuyos bordes estaban asentadas las ciudades opulentas de la costa siria, las ciudades egipcias, que enviaban a Grecia destellos de su civilización ritual; las ciudades helénicas, hogares de claro fuego que fundían todos los conocimientos, dándoles una forma eterna; Roma, dominadora del mundo; Cartago, la de los audaces descubrimientos geográficos; Marsella, que hizo participar a la Europa occidental de la civilización de los griegos, derramándola costa abajo, de factoría en factoría, hasta el estrecho de Gades.

Un hermano de las Oceánidas, el prudente Nereo, reinaba en las profundidades mediterráneas. Este hijo de Océano era de barbas azules y ojos verdes, con haces de juncos marinos en las cejas y el pecho. Cincuenta hijas suyas, las Nereidas, llevaban sus órdenes a través de las olas o jugueteaban en torno de las naves, enviando al rostro de los remeros la espuma levantada por sus brazos. Pero los hijos del Tiempo, al vencer a los gigantes, se repartían el mundo, jugándolo a la suerte. Zeus quedaba dueño de la tierra, el fatídico Hades reinaba en los abismos plutónicos, y Poseidón se enseñoreaba de las llanuras azules.

Nereo, monarca desposeído, huía a una caverna del mar helénico, para vivir la calmosa existencia del filósofo, dando consejos a los hombres, y Poseidón se instalaba en los palacios de nácar con sus blancos corceles de cascos de bronce y crines de oro.

Sus ojos amorosos se fijaban en las cincuenta princesas mediterráneas, las Nereidas, que tomaban sus nombres de los colores y aspectos de las olas: la Glauca, la Verde, la Rápida, la Melosa... «Ninfas de los verdes abismos, de rostros frescos como el botón de rosa; vírgenes aromáticas que tomáis las formas de todos los monstruos que nutre el mar», cantaba el himno orfeico en la ribera griega. Y Poseidón distinguía entre todas a la nereida de la espuma, la blanca Anfitrita, que se negaba a aceptar su amor.

Conocía al nuevo dios. Las costas estaban pobladas de cíclopes como Polifemo, de monstruos espantables, producto de sus copulaciones con diosas olímpicas y con simples mortales. Un delfín complaciente iba y venía llevando recados entre Poseidón y la nereida, hasta que, rendida por la elocuencia de este proxeneta saltarín de olas, aceptaba Anfitrita ser esposa del dios, y el Mediterráneo parecía adquirir nueva hermosura.

Ella era la aurora que asoma sus dedos de rosa por la inmensa rendija entre el cielo y el mar; la hora tibia del mediodía que adormece las aguas bajo un manto de oros inquietos; la bifurcada lengua de espuma que lame las dos caras de la proa rumorosa; el viento cargado de aromas que hincha la vela como un suspiro de virgen; el beso piadoso que hace adormecerse al ahogado, sin cólera y sin resistencia, antes de bajar al abismo.

Su marido —Poseidón en las costas griegas y Neptuno en las latinas— despertaba las tempestades al montar en su carro. Los caballos de cascos de bronce creaban con su pataleo las olas que tragan a los navíos. Los tritones de su cortejo lanzaban por sus caracolas los mugidos atmosféricos que tronchan los mástiles como cañas.

¡Oh, madre Anfitrita!... Ferragut la describía lo mismo que si hubiese pasado ante sus ojos. Algunas veces, cuando nadaba en torno de los promontorios, como los hombres primitivos, sintiéndose envuelto por la fuerza ciega de las potencias naturales, había creído ver a la diosa desembocando entre dos rocas, con todo su risueño cortejo, luego de haber descansado en una cueva marina.

Una concha de nácar era su carroza, y seis delfines tiraban de ella con jaeces de purpúreo coral. Los tritones, sus hijos, llevaban las riendas. Las náyades, sus hermanas, golpeaban el mar con las escamosas colas, irguiendo sus troncos de mujer envueltos en la magnificencia de una cabellera verde, entre cuyos bucles asomaban las copas de los senos con una gota temblona en el vértice. Unas gaviotas blancas y arrulladoras como las palomas de Afrodita aleteaban sobre las caricias y los encuentros amorosos de esta parentela inmortal entregada al sereno incesto, privilegio de los dioses. Y ella, la soberana, los contemplaba desnuda desde su movible trono, coronada de perlas y estrellas fosforescentes extraídas del fondo de sus dominios, blanca como la nube, blanca como la vela, blanca como la espuma, sin más alteración en su alba majestad que un rubor de rosa húmedo, igual al barniz de las caracolas, que coloreaba su boca y sus calcañares, el pétalo final de sus pechos y el botón convexo de su vientre, mar de nacarada tersura, en el que se borraban las huellas de la maternidad con la misma rapidez que los círculos en el agua azul.

Toda la historia del hombre europeo —cuarenta siglos de guerras, emigraciones y choques de razas— la explicaba el médico por el deseo de poseer este mar de marco armonioso, de gozar la transparencia de su atmósfera y la vivacidad de su luz.

Los hombres del Norte, que necesitan el tronco ardiente y la bebida alcohólica para defender su vida de las mandíbulas del frío, pensaban a todas horas en las riberas mediterráneas. Todos sus movimientos belicosos o pacíficos eran para descender de las orillas de los mares glaciales a las playas del mar tibio. Ansiaban la posesión de los campos donde el sagrado olivo alterna su ancianidad severa con la alegre viña, donde el pino extiende su cúpula y el ciprés yergue su minarete. Querían soñar bajo la nieve perfumada de los interminables bosques de naranjos; ser dueños de los valles abrigados donde el mirto y el jazmín embalsaman el aire salitroso; de los volcanes mudos que dejan crecer entre sus rocas el áloe y el cacto; de las montañas de mármol que descienden sus blancas aristas hasta el fondo del mar y refractan el calor africano emitido por la costa de enfrente.

A las invasiones del Norte había contestado el Sur con guerras defensivas que llegaban hasta el centro de Europa. Y así continuaría la Historia, con el mismo flujo y reflujo de oleadas humanas, peleando los hombres millares de años por dominar o conservar la copa azul de Anfitrita.

Los pueblos mediterráneos eran para Ferragut la aristocracia de la humanidad. El clima poderoso había templado al hombre como en ninguna otra parte del planeta, dándole una fuerza seca y resistente. Curtidos y bronceados por una absorción profunda del Sol y de la energía del ambiente, sus navegantes pasaban al estado del metal. Los hombres del Norte eran más fuertes, pero menos robustos, menos aclimatables que el marino catalán, el provenzal, el genovés y el griego. Los nautas del Mediterráneo se establecían en toda tierra como si fuese su casa. Sobre este mar era donde el hombre había desarrollado sus más altas energías. La Grecia antigua había convertido en acero la carne humana.

Una exacta semejanza de paisajes y razas aproximaba a los dos litorales. Las montañas y las flores de ambas orillas eran idénticas. El catalán, el provenzal y el italiano del Sur tenían más parecido con los habitantes de la costa africana y del archipiélago griego que con los connacionales que vivían a sus espaldas, tierra adentro. Esta fraternidad se había mostrado instintivamente en la guerra milenaria. Los piratas berberiscos, los marinos genoveses y españoles y los caballeros de Malta se degollaban implacables sobre las cubiertas de las galeras, y al ser vencedores respetaban la vida del prisionero, tratándolo caballerosamente. Barbarroja, almirante de ochenta y cuatro años, llamaba «mi hermano» a Doria, su eterno rival, que tenía cerca de noventa. El gran maestre de Malta estrechaba la mano del terrible Dragut al verle cautivo.

El hombre mediterráneo, fijo en las orillas que le vieron nacer, aceptaba todos los cambios de la Historia, como los moluscos aguantan las tempestades adheridos al peñasco. Para él, lo único importante era no perder de vista su mar azul. Español, batía el remo en las liburnas romanas; cristiano, tripulaba las naves sarracenas en la Edad Media; súbdito de Carlos V, pasaba, por un azar guerrero, de las galeras de la cruz a las de la media Luna, y llegaba a ser *reis* de Argel, rico capitán de mar, haciendo famoso su nombre de renegado.

Los habitantes de la costa valenciana iban con los moros andaluces, en el siglo VIII, a llevar la guerra al fondo del Mediterráneo, y se apoderaban de la isla de Creta, dándole el nombre de Candía. Desde este nido de piratas eran el terror de Bizancio, tomando por asalto a Salónica y vendiendo como esclavos a los patricios y las damas más principales del Imperio. Años después, cuando desalojados de Candía regresaban a sus costas de origen, los aventureros valencianos creaban una población en un valle feraz, dándole el nombre de la isla lejana, que se transformaba en Gandía.

Todos los tipos del vigor humano habían surgido de la raza mediterránea, fina, aguzada y seca como el sílex, haciendo el bien y haciendo el mal siempre en grande, con la exageración de un carácter ardiente que desconoce la medida y salta de la doblez a los mayores extremos de generosidad. Ulises era el padre de todos, el héroe cuerdo y prudente, y al mismo tiempo malicioso y complicado. También lo era el viejo Cadmo, con su mitra de fenicio y su barba anillada, gran ladrón de mar, que iba esparciendo, de fechoría en fechoría, el arte de escribir y las primeras nociones del comercio.

En una de sus islas nacía Hannibal, y veinte siglos después, en otra de ellas, el hijo de un abogado falto de pleitos se embarcaba para Francia, sin otro equipaje que un pobre uniforme de cadete, para hacer famoso su nombre de Napoleón.

Sobre sus olas había navegado Roger de Lauria, caballero andante de las llanuras marítimas, que pretendía vestir a los peces con los colores aragoneses. Un visionario de origen oscuro, llamado Colón, reconocía por su patria a la República de Génova. Un contrabandista de las costas de Liguria llegaba a ser Massena, el mariscal amado de la Victoria. Y el último personaje de esta estirpe de héroes mediterráneos que se perdía en los tiempos fabulosos era un marinero de Niza, simple y romántico, un guerrero de todos los mares y todos los continentes, llamado Garibaldi, tenor heroico que proyectaba sobre su siglo el reflejo de su camisa roja, repitiendo en la costa de Marsala la remota epopeya de los argonautas.

Ferragut resumía los méritos y defectos de los hombres de su raza. Unos habían sido bandidos y otros santos, pero ninguno mediocre. Sus empresas más audaces tenían mucho de reflexivo y práctico. Cuando se dedicaban al negocio, servían al mismo tiempo a la civilización. En ellos, el héroe y el mercader se mostraban tan unidos, que era imposible discernir dónde terminaba el uno y empezaba el otro. Habían sido piratas y crueles; pero los navegantes de los mares brumosos, al imitar los descubrimientos mediterráneos en otros continentes, no se mostraban más dulces y leales.

Después de estas conversaciones sentía Ulises mayor estimación por los cacharros viejos y las figurillas borrosas que adornaban el dormitorio de su tío.

Eran objetos vomitados por el mar: ánforas recubiertas de valvas de molusco, por un enterramiento submarino de siglos. Las aguas profundas habían cincelado estos adornos pétreos con extraños arabescos que hacían pensar en el arte de otro planeta. Y revueltos con los cacharros que habían guardado el vino y el agua dulce de una liburna naufragada, había pedazos de maroma endurecida por los infusorios calcáreos, garras de ancla cuyo hierro se quebraba en láminas rojizas. Varias estatuillas roídas por la sal marina inspiraban al muchacho tanta admiración como las fragatas del abuelo. Reía y temblaba ante estos kabiros procedentes de las birremes fenicias o cartaginesas, dioses grotescos y terribles que contraían sus carátulas con un gesto de lujuria y ferocidad.

Algunas de las divinidades marinas, musculosas y barbudas, tenían un aire de parentesco con su tío. Así debía ser en determinados momentos. Ulises había escuchado ciertas conversaciones de los pescadores. Veía además el apresuramiento de las mujeres, sus ojos de inquietud cuando se encontraban con el médico en un lugar solitario de la costa. Solamente la presencia del sobrino les hacía recobrar la tranquilidad y contener su paso.

El mar le enloquecía de vez en cuando con una ráfaga de furor amoroso. Era Poseidón surgiendo inesperadamente en las riberas para voltear diosas y mortales. Las hembras corrían asustadas, como corren las princesas griegas en los vasos pintados, sorprendidas, mientras lavan su ropa, por la aparición de un tritón en celo. Odiaba el amor entre cuatro paredes. Necesitaba la Naturaleza libre como fondo de su voluptuosidad; la persecución y el asalto, lo mismo que en los tiempos primitivos; sentir en sus pies la caricia de la ola muerta mientras se agitaba sobre su presa rugiendo de pasión, lo mismo que un monstruo marino.

Algunas noches, a la hora en que los faros empezaban a perforar la sombra naciente con sus primeras puñaladas de fuego, sentíase melancólico, y olvidando la diferencia de edad, hablaba a su sobrino como si fuese un compañero de navegación.

Lamentaba no haberse casado... Ya tendría un hijo como Ulises. Había conocido mujeres de todos los colores, blancas, rojas, amarillas, verdes... pero solo una vez había tropezado con el amor, muy lejos, al otro lado del planeta, en el puerto de Valparaíso.

Veía aún con la imaginación a su gentil chilena envuelta en un manto negro, lo mismo que las damas del teatro calderoniano, mostrando uno solo de sus ojos oscuros y húmedos, pálida, menuda, hablando con una voz que parecía un quejido.

Gustaba de romanzas y versos, siempre que fuesen «con mucha tristeza»; y Ferragut se la comía con los ojos mientras ella pulsaba la guitarra entonando la canción de Malek-Adhel y otras romanzas de «rosas, suspiros y moros de Granada» que el médico había oído de niño a los barberos de su país. El simple intento de tornar una de sus manos provocaba en ella una resistencia poderosa. «Eso, luego...» Estaba pronta a casarse con el *godo*; quería ver España... Y el médico hubiese cumplido sus deseos, de no avisarle una buena alma que a altas horas de la noche entraban por turno otros del país a oír las romanzas a solas... ¡Ah, las mujeres! Ferragut encontraba agradable su celibato al acordarse del final de este idilio trasoceánico.

Bien entrado el otoño, tuvo el notario que ir en persona a la Marina para conseguir que su hermano soltase a Ulises. El muchacho era de la misma opinión de su tío. ¡Perder las pescas del invierno, las mañanas frías de Sol, el espectáculo de los grandes temporales, por el fútil motivo de que el Instituto había comenzado sus cursos y él debía estudiar el bachillerato!...

Al año siguiente, doña Cristina quiso evitar que el *Tritón* raptase a su hijo. Solo malas palabras y arrogancias matonescas podía aprender en la vieja casa de los Ferragut. Y pretextando la necesidad de ver a su familia, dejó al notario solo en Valencia, yendo a veranear con su hijo en la costa de Cataluña, cerca de la frontera de Francia.

Fue el primer viaje importante de Ulises. En Barcelona conoció a su tío el rico, el talento financiero de la familia

Blanes, un hermano de su madre, propietario de una gran tienda de ferretería situada en una de las calles húmedas, estrechas y repletas de gentío que desembocan en la Rambla. Luego conoció a los otros tíos maternos en un pueblo inmediato al cabo de Creus. Este promontorio con sus costas bravas le recordó el otro donde vivía el *Tritón*. También aquí habían fundado una ciudad los primeros nautas helénicos; también arrojaba el mar ánforas, estatuillas y hierros petrificados.

Los Blanes habían navegado mucho. Amaban el mar como su tío el médico, pero con un amor silencioso y frío, apreciándolo menos por su belleza que por las ganancias que ofrece a los afortunados. Sus viajes habían sido a América en bergantines de su propiedad, trayendo azúcar de La Habana y maíz de Buenos Aires. El Mediterráneo solo era una puerta que atravesaban distraídamente a la salida y a la vuelta. Ninguno de ellos conocía a Anfitrita ni de nombre.

Además, no tenían el aspecto desordenado y romántico del solitario de la Marina, pronto a vivir en el agua como un anfibio. Eran señores de la costa que, retirados de la navegación, confiaban sus buques a capitanes que habían sido sus pilotos; burgueses que no abandonaban la corbata y la gorra de seda, símbolos de su alta posición en el pueblo natal.

El lugar de tertulia de los ricos era el *Ateneo*, sociedad que, a pesar de su título, no ofrecía otras lecturas que dos periódicos en catalán. Un largo anteojo montado ante la puerta sobre un trípode enorgullecía a los socios. Les bastaba a los tíos de Ulises aplicar una ceja al ocular para decir al momento la clase y la nacionalidad del buque que se deslizaba por la lejana línea del horizonte. Estos veteranos del mar solo hablaban de fletes, de miles y miles de duros ganados en otros tiempos con solo un viaje redondo, y de la terrible competencia de la marina a vapor.

Ulises esperaba en vano que aludiesen alguna vez a las nereidas y demás seres poéticos que el médico Ferragut adivinaba en torno de su promontorio. Los Blanes no habían visto jamás estos seres extraordinarios. Sus mares solo contenían peces. Eran hombres fríos, de pocas palabras, económicos, amigos del orden y de la jerarquía social. Su sobrino adivinaba en ellos el coraje del hombre de mar, pero sin jactancia ni acometividad. Su heroísmo era el de los mercaderes, capaces de toda clase de resignaciones mientras su mercancía no corre riesgo, pero que se convierten en fieras si alguien atenta contra sus riquezas.

Los socios del *Ateneo*, todos viejos, eran los únicos seres masculinos del pueblo. Aparte de ellos, solo quedaban los carabineros instalados en el cuartelillo y varios calafates que hacían resonar sus mazos sobre el casco de una goleta encargada por los hermanos Blanes.

Todos los hombres estaban en el mar. Unos navegaban hacia América tripulando los bergantines y bric-barcas de la costa catalana. Los más tímidos e infelices pescaban. Otros, más valientes, ansiosos de rápida fortuna, hacían el contrabando por la frontera francesa que empezaba a desarrollar su litoral al otro lado del promontorio.

En el pueblo solo había mujeres, mujeres por todas partes: sentadas ante las puertas, haciendo encaje con un colchoncillo cilíndrico sobre las rodillas, a lo largo del cual tejían los bolillos la tira de primorosos calados; agrupadas en las esquinas, frente al mar solitario donde estaban sus hombres, hablando con una nerviosidad eléctrica que estallaba de pronto en ruidosas tempestades.

Mosén Jòrdi, el cura párroco, era víctima de este mujerío desbordante, que amargaba su existencia con rivalidades y peleas. El hombre de Dios amaba la soledad tranquila del mar, y despachaba aprisa su misa para instalarse cuanto antes en un lugar favorable de la costa con sus cañas y sus redes.

Nadie como él conocía el motivo de la irritabilidad femenil que revolucionaba al pueblo. Solas y teniendo que vivir en incesante contacto, acababan todas ellas por odiarse, como los pasajeros encerrados en un buque durante largos meses. Además, sus hombres las habían acostumbrado al uso del café, bebida de navegantes, y buscaban engañar su tedio con sendas tazas del espeso líquido.

Todas tenían los ojos empañados por un vapor histérico. Sus labios temblaban en ciertos instantes con una agitación que parecía reflejar otros estremecimientos inferiores y ocultos. Las manos se hacían ganchudas, acompañando con movimientos agresivos las vibraciones de una voz aguda y cortante. Casi todos los días las vecinas de media calle se peleaban con el resto de la calle, las de medio pueblo contra el resto del pueblo. Y el buen Mosén Jòrdi, que tenía la libertad de lenguaje de los castos, la descarada franqueza de los simples, lamentaba a gritos la locura de estas furias sometidas a su cayado espiritual.

—¡Cuándo volverán los que están en el mar, para que tengamos paz!... ¡Cuándo dormirán los hombres en sus casas, para que os hartéis!...

La sabiduría hablaba por su boca. Una tras otra iban desembarcando las tripulaciones al terminar su viaje redondo. Las calles quedaban limpias de grupos. Todas las mujeres permanecían ocultas en sus casas o se mostraban luego en las puertas, sonriendo, algo flácidas, con la delgadez placentera del que acaba de salir de un baño caliente. Y el viejo sacerdote, durante unas semanas, podía pescar en paz, sin tener que separar a tirones los racimos femeninos, que salían de la pelea con las greñas revueltas, los ojos amarillos de cólera y la cara chorreando sangre.

Un interés común ponía milagrosamente de acuerdo a este mujerío cuando vivía solo. Los carabineros registraban las casas, buscando los fardos de contrabando traídos por los hombres, y las amazonas empleaban su acometividad nerviosa en el ocultamiento de las mercancías ilegales, haciéndolas pasar de un escondrijo a otro con astucias de salvaje.

Cuando los soldados del fisco llegaban a sospechar que los fardos habían ido a refugiarse en el cementerio, solo encontraban unas fosas vacías y en el fondo de ellas unos cuantos cigarros entre calaveras que asomaban empotradas en la tierra. El jefe del cuartelillo no se atrevía a registrar la iglesia, pero miraba de reojo a Mosén Jòrdi, un bendito capaz de permitir que escondiesen el tabaco en los altares a trueque de que le dejasen pescar en paz.

Los ricos vivían con la espalda vuelta al pueblo, contemplando la extensión azul sobre la cual se arriesgaban las casas de madera que eran toda su fortuna. En el verano, la vista del Mediterráneo terso y brillante les hacía recordar los peligros del invierno. Hablaban con un terror religioso del viento de tierra, el viento de los Pirineos, la «tramontana», que arrancaba edificios de cuajo y había volcado en la estación próxima trenes enteros. Además, al otro lado del promontorio empezaba el temible golfo del León. Sobre su fondo, que no iba más allá de noventa metros, se alborotaban las aguas a impulsos del vendaval, levantando tantas olas y tan apretadas, que al chocar unas con otras, no encontrando espacio para caer, se remontaban formando torres.

Este golfo era el rincón más temible del Mediterráneo. Los trasatlánticos, al regreso de un viaje feliz al otro hemisferio, se estremecían con la sensación del peligro, y algunas veces volvían atrás. Los capitanes que acababan de atravesar el Atlántico fruncían el ceño con inquietud.

Desde la puerta del *Ateneo*, los expertos señalaban las barcas de vela latina que se disponían a doblar el promontorio. Eran laúdes como los que había mandado el patrón Ferragut, embarcaciones de Valencia que llevaban vino a Cette y frutas a Marsella. Al ver al otro lado del cabo la superficie azul del golfo sin más accidentes que una ondulación larga y pesada prolongándose en el infinito, los valencianos decían alegremente:

—*Pasem de presa, que'l lleó dòrm.*[1]

Ulises tenía un amigo, el secretario del Ayuntamiento, único habitante que guardaba en su casa algunos libros. Tratado por los ricos con cierto menosprecio, buscaba al muchacho, por ser el único que le oía atentamente.

Adoraba el *Mare Nostrum* lo mismo que el médico Ferragut, pero su entusiasmo no prestaba atención a las naves fenicias y egipcias que con sus quillas habían arado por primera vez estas olas. Igualmente saltaba distraído sobre las trirremes griegas y cartaginesas, las liburnas romanas y las monstruosas galeras de los tiranos de Sicilia, palacios a remo con estatuas, fuentes y jardines. A él solo le interesaba el Mediterráneo de la Edad Media, el de los reyes de Aragón, el mar catalán. Y como si temiese molestar el orgullo regionalista de su juvenil oyente, el pobre secretario daba explicaciones.

La llamada marina catalana no era solo de Cataluña: pertenecía a los monarcas aragoneses, y entraban en ella todos sus Estados marítimos. Cuando los reyes formaban una flota, se componía de tres escuadras: catalana, mallorquina y valenciana. Las atarazanas de Valencia eran célebres por sus construcciones navales. De ellas salían los mejores navíos de la costa española. «Galera genovesa y navío catalán», decían

1 Pasemos deprisa, que el león duerme.

los navegantes de la Edad Media como última expresión del arte naval.

Desde las riberas aragonesas al fondo del mar Negro, todo el Mediterráneo se veía surcado por los buques de la marina catalana, que recibían los más diversos nombres. Los ligeros, que se ayudaban con remos, se llamaban galeas y galiotas, leños, corcias, burcias, taridas, fustas mancas, xuseres y saetias. Unos eran de *ligna alsata*, o sea con altas bandas; otros, de *ligna plana*, o cubierta corrida. Para las navegaciones largas a Berbería y Oriente estaban los guarapos, xalandros, buscios, nizardos, bajeles y cocas. La cabida de estos buques se marcaba por salmas, botas y cántaros, que equivalían a las modernas toneladas. La coca era el navío de línea para los grandes combates y los cargamentos importantes. Las había de dos o tres cubiertas, y las armadas en guerra se llamaban encastilladas, por sus dos castillos a proa y a popa. Además, cubrían su casco sobre la línea de flotación con cueros vacunos, excelente coraza para evitar el «fuego griego», botes de materias inflamables que eran la artillería de entonces.

Roger de Lauria y Conrado Lanza habían venido de la Italia aragonesa a formarse como hombres de mar en la marina catalana.

Génova y Venecia, enriquecidas por las Cruzadas y dueñas de numerosas factorías en Oriente, veían nacer con inquietud esta tercera potencia mediterránea. La coca catalana anclaba junto a sus naves en los puertos de Egipto, en la marina de Trebisonda, en el frío mar de Azof. Sus mercaderes eran audaces para la navegación, ásperos para la ganancia, prontos para la pelea. Tal vez por ser los genoveses de igual carácter y sus vecinos más inmediatos, rompían con ellos. Los astutos venecianos, para arruinar a Génova, ajustaban un tratado en Perpiñán con la marina de Cataluña, y empezaba en el Mediterráneo una de las guerras más crueles de la Historia, guerra de escuadras numerosas y odio implacable, en la que eran pasadas a cuchillo tripulaciones enteras y los capitanes vencidos morían pendientes de una antena de su buque.

Los choques iniciados frente a Italia iban a terminarse en la costa de Asia. Todo el Mediterráneo servía de palenque.

Catalanes y venecianos buscaban a los genoveses en Negroponto; pero éstos, sintiéndose inferiores, volaban a refugiarse en el Bósforo. Ante las cúpulas de Santa Sofía, a la vista de los aterrados vecinos de Constantinopla, todos estos mediterráneos de la cuenca occidental libraban la llamada batalla de Pera, carnicería marítima en el estrecho brazo de mar que tiene por orillas los dos continentes. Moría Poncio de Santapáu, el almirante catalán; moría después el almirante valenciano Bernardo Ripoll, y la pérdida de estos jefes daba la victoria a los de Génova.

Pero, un año después, la marina catalana tomaba el desquite en las costas de Cerdeña, sorprendiendo a la flota genovesa que favorecía la insurrección del juez de Arborea contra los monarcas de Aragón, señores de la isla. Ocho mil genoveses quedaban en el fondo del mar, y las naves vencedoras volvían a Barcelona con tres mil quinientos prisioneros y cuarenta y una galeras enemigas.

Con este desastre se iniciaba la decadencia marítima de Génova. Los catalanes expulsaban a sus mercaderes de Egipto, monopolizando el comercio de África. Alfonso V de Aragón, el único rey marino de España, empleaba años después el resto de su existencia en expediciones contra Génova. Sus principios eran desgraciados.

Ulises se acordó de su padrino Labarta al oír cómo este amigo del pasado hablaba del combate naval de la isla de

Ponza. Aún no había llegado a consolarse de una derrota ocurrida en 1435.

El rey y todos sus feudatarios aragoneses y sicilianos iban con armaduras de hierro, lo mismo que para un combate terrestre, y la pesada superioridad de sus armas les hacía ser vencidos por la ligereza y la táctica de las galeras genovesas. Alfonso V, su hermano el rey de Navarra y todo el cortejo de magnates quedaban prisioneros de la República. Asustada ésta por la importancia de su presa, confiaba los cautivos a la guarda del duque de Milán... Pero los monarcas se entienden fácilmente para engañar a los gobiernos democráticos, y el soberano milanés daba suelta al rey de Aragón con todo su acompañamiento. Luego, éste bloqueaba a Génova con una enorme flota. La marina provenzal iba en ayuda de sus vecinos y el rey aragonés forzaba el puerto de Marsella, llevándose como trofeo las cadenas que cerraban su entrada.

Ulises hacía gestos afirmativos. El rey navegante las había depositado en la catedral de Valencia. Su padrino el poeta se las había enseñado en una capilla gótica formando una guirnalda de hierro sobre los negros sillares.

Cuando Génova, agotada, iba a entregarse, moría Alfonso el Magnánimo, y sus sucesores olvidaban las rivalidades con la República, para dedicarse a las guerras por el dominio de Nápoles.

La marina catalana aún siguió dominando el Mediterráneo comercialmente. A sus antiguos buques agregó las galeras gruesas y las galeras sutiles, las tafureyas, panfiles, rampines y carabelas.

—Pero Colón —añadía tristemente el catalán— descubrió las Indias, dando un golpe de muerte a la riqueza marítima del Mediterráneo. Además, Aragón y Castilla se juntaron, y la vida y el poder fueron contrayéndose al centro de la Península, lejos de todo mar.

De ser Barcelona la capital de España, ésta habría conservado la dominación mediterránea. De serlo Lisboa, el imperio colonial español habría resultado algo orgánico, sólido, con vida robusta. Pero ¿qué podía esperarse de una nación que había puesto su cabeza en la almohada de las amarillas estepas interiores, lo más lejos posible de los caminos del mundo, y solo enseñaba sus pies a las olas?...

El catalán terminaba hablando tristemente de la decadencia de la marina mediterránea: combates aislados con los berberiscos de galera a galera; expediciones inútiles a la costa de África; hazañas de Barceló, el marino mallorquín; navegaciones comerciales en polacras, tartanas, pingües, londros, laúdes y canarios.

Todo lo que daba placer a sus gustos lo hacía remontar a los buenos tiempos de la dominación del Mediterráneo por la marina catalana. Un día ofreció a Ulises un vino dulce y perfumado.

—Es malvasía. Las primeras cepas las trajeron los almogávares de Grecia.

Luego dijo, para halagar al muchacho:

—Vecino de Valencia fue Ramón Muntaner, el que escribió la expedición de catalanes y aragoneses a Constantinopla.

Se entusiasmaba con el recuerdo de esta novelesca aventura, la más inaudita de la Historia, admirando de paso al almogávar cronista, Homero rudo en el contar, Ulises y Néstor en el consejo, Aquiles en la dura acción.

La impaciencia de doña Cristina por reunirse con su marido y devolverle las comodidades de una casa bien gobernada arrancó a Ulises de esta vida de la costa.

Durante varios años no vio otro mar que el del golfo valenciano. El notario se opuso con diversos pretextos a que el médico se llevase otra vez a su sobrino. Y el *Tritón* menudeó los viajes a Valencia, arrostrando todos los inconvenientes y peligros de estas aventuras terrestres, a impulsos de su desorientada paternidad de célibe.

Él y Labarta, al ocuparse del porvenir de Ulises, tomaban cierto aire de bondadosos regentes encargados del gobierno de un pequeño príncipe. El muchacho parecía pertenecerles a ellos más que al padre. Sus estudios y su futuro destino ocupaban las conversaciones de sobremesa cuando el médico estaba en la ciudad.

Don Esteban sentía cierta satisfacción en molestar a su hermano haciendo el elogio de una existencia sedentaria y fructuosa.

Allá en las costas de Cataluña vivían sus cuñados los Blanes, unos verdaderos lobos de mar. Esto último no lo podría contradecir el médico. Pues bien; sus hijos estaban en Barcelona, unos como dependientes de comercio, otros plumeando en el despacho de su tío el rico. Todos eran hijos de marinos, y sin embargo se habían emancipado del mar. En tierra firme estaban los negocios. Solo las cabezas locas podían pensar en barcos y aventuras.

El *Tritón* sonreía humildemente ante estas alusiones y cruzaba miradas con su sobrino.

Un secreto existía entre los dos. Ulises, que terminaba su bachillerato, asistía al mismo tiempo en el Instituto a los cursos de pilotaje. Dos años le bastaban para completar estos estudios. El tío le había facilitado las matrículas y los libros, recomendándolo además a uno de los profesores, antiguo compañero de navegación.

III. Pater Oceanus

Cuando murió casi repentinamente don Esteban Ferragut, su hijo tenía dieciocho años y estudiaba en la Universidad.

En sus últimos tiempos, el notario llegó a sospechar que Ulises no iba a ser el jurisconsulto célebre que él había soñado. Huía de las clases, para pasar la mañana en el puerto ejercitándose en el remo. Si entraba en la Universidad, los bedeles le vigilaban, temiendo la largura de sus manos. Él se creía un marino, e imitaba a los hombres de mar, que, acostumbrados a medirse con los elementos, consideran poca cosa reñir con un hombre.

Con violentas alternativas de estudio y de holganza se aproximaba trabajosamente al término de su carrera, cuando una angina de pecho acabó de pronto con el notario.

Doña Cristina, al salir de la estupefacción de su dolor, miró en torno de ella con extrañeza. ¿Por qué seguir en Valencia?... Quiso reunirse con los suyos al verse sin el hombre que la había trasplantado a este país. El poeta Labarta cuidaría de sus bienes, que no eran tan cuantiosos como lo hacía esperar el rendimiento de la notaría. Don Esteban había sufrido grandes pérdidas en negocios extravagantes aceptados por bondad; pero aun así, dejaba fortuna suficiente para que la esposa viviese una desahogada viudez entre sus parientes de Barcelona.

La pobre señora no sufrió otra contrariedad en el arreglo de su nueva existencia que la rebeldía de Ulises. Se negaba a continuar su carrera: quería embarcarse, alegando que para esto se había hecho piloto. En vano doña Cristina impetró el auxilio de parientes y amigos, prescindiendo del *Tritón*, pues adivinaba su respuesta. El hermano rico de Barcelona fue breve y afirmativo: «¿Si eso le da dinero?...». Los Blanes de la costa mostraron un sombrío fatalismo. Era inútil oponerse si el muchacho sentía vocación. El mar agarra bien a sus elegidos, y no hay poder humano que logre desasirlos. Por eso ellos, que ya eran viejos, no oían a sus hijos que les llamaban a las comodidades de la capital. Necesitaban vivir junto a la costa, en agradecido contacto con el monstruo oscuro y pesado que les había mecido maternalmente, cuando con tanta facilidad podía haberlos hecho pedazos.

El único que protestó fue Labarta. «¿Marino?... Sea en buen hora; pero marino de guerra, oficial de la Real Armada.» Y el poeta veía su ahijado revestido de los esplendores de una bélica elegancia: levita azul con botón de oro todos los días, y en las fiestas casaca de galones y vueltas rojas, sombrero de picos, sable...

Ulises levantó los hombros ante tales grandezas. Tenía demasiados años para entrar en la Escuela Naval. Además, quería navegar por todos los océanos, y aquellos marinos solo tenían ocasión de ir de un puerto a otro, como las gentes de cabotaje, o pasaban años y años sentados en un ministerio. Para envejecer como un oficinista, era preferible reconquistar la notaría de su padre.

Al verse doña Cristina bien instalada en Barcelona, con una corte de sobrinos que adulaban a la tía rica de Valencia, su hijo se embarcó como aspirante en un trasatlántico que hacía viajes regulares a Cuba y los Estados Unidos. Así empezaron las navegaciones de Ulises Ferragut, que solo habían de terminar con su muerte.

El orgullo de su familia le colocó en un vapor de lujo, un buque-correo lleno de pasajeros, un hotel flotante, en el que los oficiales tenían algo de gerentes de «Palace» y la verdadera importancia correspondía a los maquinistas, que andaban siempre por abajo y al volver a la luz quedaban modestamente en segundo término, por una ley de jerarquías anterior a los progresos de la mecánica.

Pasó por el Océano varias veces como se pasa ante un paisaje terrestre a toda la velocidad de un tren expreso. La calma augusta del mar se borraba con el batir de las hélices y el ruido sordo de las máquinas. Por azul que fuese el cielo, siempre lo empañaba un crespón flotante salido de las chimeneas. Envidiaba a los buques veleros que el trasatlántico dejaba atrás. Eran iguales a los caminantes reflexivos, que se saturan del paisaje y entran en largo contacto con su alma. Las gentes del vapor vivían como los viajeros terrestres que contemplan adormecidos desde las ventanillas de los vagones una sucesión de vistas pálidas y vertiginosas rayadas por los hilos telegráficos.

Terminadas sus pruebas de aspirante, fue segundo piloto de una fragata que iba a la Argentina para cargar trigo en Bahía Blanca. Las lentas singladuras en días de poco viento, las largas calmas ecuatoriales, le permitieron penetrar un poco en los misterios de la inmensidad oceánica, amarga y oscura, que había sido para los pueblos antiguos la «noche del abismo», el «mar de las tinieblas», el dragón azul que diariamente se traga al Sol.

Ya no vio en el padre Océano el dios caprichoso y tiránico de los poetas. Todo funcionaba en sus entrañas con una regularidad vital, sujeto a las leyes generales de la existencia. Hasta las tempestades rugían dentro del cuadriculado de una reglamentación.

Los dulces vientos alisios empujaban al buque hacia el Sudoeste, manteniendo una serenidad paradisíaca en el cielo y en el mar. Ante la proa chisporroteaban las alas de tafetán de los peces voladores, abriéndose sus enjambres como escuadrillas de diminutos aeroplanos.

Sobre la arboladura cubierta de lonas trazaban largos círculos los albatros, águilas del desierto atlántico, extendiendo en el purísimo azul el enorme velamen de sus alas. De tarde en tarde encontraba el buque praderas flotantes, extensos campos de algas despegadas del mar de los Sargazos. Tortugas enormes dormitaban hundidas en estas hierbas, sirviendo de isla de reposo a las gaviotas posadas en su caparazón. Unas algas eran verdes, nutridas por el agua luminosa de la superficie; otras tenían el color rojo de las profundidades, adonde llegan mortecinos y enfriados los últimos rayos del Sol. Como frutos de la pradera oceánica, flotaban apretados racimos de uvas oscuras, cápsulas coriáceas repletas de agua salobre.

Al aproximarse a la línea ecuatorial, la brisa iba cayendo y la atmósfera se hacía sofocante. Era la zona de las calmas, el Océano de aceite oscuro, en el que permanecen los buques semanas enteras con el velamen rígido, sin que lo haga estremecer un suspiro atmosférico.

Nubes de color de hulla reflejaban en el mar su lento arrastre; lluvias azotantes se derramaban sobre la cubierta, seguidas de un Sol incendiario que a los pocos minutos era borrado por un nuevo aguacero. Estas nubes preñadas de cataratas, esta noche tendida en pleno Sol sobre el Atlántico, habían sido el terror de los antiguos. Y sin embargo, merced a tales fenómenos podían los navegantes pasar de un hemisferio a otro sin que la luz los hiriese de muerte, sin que el mar quemase como un espejo de fuego. El calor de la Línea, elevando el agua en vapores, formaba una banda sombría en torno de la tierra. Desde los otros mundos debía verse con un cinturón de nubes, casi semejante a los anillos siderales.

En este mar sombrío y caliente estaba el corazón del Océano, el centro de la vida circulatoria del planeta. El cielo era un regulador que, absorbiendo y devolviendo, equilibraba la evaporación. De allí se expedían las lluvias y los rocíos a todo el resto de la tierra, modificando sus temperaturas favorablemente para el desarrollo de animales y vegetales. Allí se cambiaban los vapores de dos mundos, y el agua del hemisferio Sur —el hemisferio de los grandes mares, sin otros relieves que los triángulos extremos de África y América y las gibas de los archipiélagos oceánicos— iba a reforzar, convertida en nubes, los ríos y arroyos del hemisferio Norte, ocupado en su mayor parte por la tierras habitadas.

De esta zona ecuatorial, corazón del globo, partían dos ríos de agua tibia, que iban a calentar las costas del Norte. Eran dos corrientes que arrancaban del golfo de México y del mar de Java. Su enorme masa líquida, huyendo sin cesar del Ecuador, determinaba un vasto llamamiento de agua de los polos que venía a ocupar su espacio. Y estas corrientes frías y más dulces se precipitaban en el hogar eléctrico de la Línea, que las calentaba y salaba de nuevo, renovando la vida mundial con su sístole y su diástole.

El Océano comprimía en vano a los dos ríos cálidos, sin llegar a confundirse con ellos. Eran torrentes de un intenso azul, casi negro, que corrían a través de las aguas verdes y frías. Antes que admitir a éstas, el río azul se acumulaba en su curso formando un dorso, una bóveda, con dos pendientes por las que resbalaban los cuerpos.

La corriente atlántica, al llegar a Terranova, se abría de brazos, enviando uno de ellos al mar del Polo. Con el otro, débil y rendido por el largo viaje, modificaba la temperatura de las islas Británicas, entibiando dulcemente las costas de Noruega. La corriente indiánica, que los japoneses llamaban «el río negro» a causa de su color, circulaba entre las islas, manteniendo más tiempo que la otra sus potencias prodigiosas de creación y agitación, lo que le permitía trazar sobre el planeta una enorme cola de vida.

Su centro era el apogeo de la energía terrestre en creaciones vegetales y animales, en monstruos y pescados. Uno de sus brazos, escapando al Sur, formaba el mundo misterioso del mar de Coral. En un espacio grande como cuatro continentes, los pólipos, fortalecidos por el agua tibia, levantaban millares de atolones, islas anilladas, bancos y arrecifes, pilares submarinos, terror de la navegación, que, al ligarse entre sí con un trabajo milenario, iban a crear una nueva tierra, un continente de recambio, por si la especie humana perdía en un cataclismo su zócalo actual.

El pulso del dios azul eran las mareas. La tierra se volvía hacia la Luna y los astros con una rotación simpática igual a la de las flores que se vuelven hacia el Sol. Todo lo que en ella hay de más móvil —la masa fluida de la atmósfera— se dilataba dos veces diariamente, hinchado su seno, y esta succión atmosférica, obra de la atracción universal, se reflejaba en las aguas, conmoviéndolas. Los mares cerrados como el Mediterráneo apenas sentían sus efectos. Las mareas se detenían a su puerta. Pero en las costas oceánicas la pulsación marina alborotaba el ejército de las olas, lanzándolas diariamente al asalto de los acantilados, haciéndolas rugir con babeos de furor entre islas, promontorios y estrechos, impulsándolas a tragarse extensas tierras, que devolvían horas después.

Este mar salado, como nuestra sangre, que tiene un corazón, un pulso y una circulación de dos sangres distintas, renovadas y transformadas incesantemente, se encolerizaba lo mismo que una criatura orgánica cuando a las corrientes horizontales de su seno venían a añadirse las corrientes verticales descendidas de la atmósfera. Las violencias pasajeras de los vientos, las crisis de la evaporación, las oscuras fuerzas eléctricas, producían las tempestades.

No eran mas que estremecimientos cutáneos. La tormenta mortal para los hombres solo contraía la epidermis marina, mientras la masa profunda de sus aguas permanecía en lóbrega calma, para cumplir la gran función de amamantar y renovar los seres. El padre Océano desconocía la existencia de los infusorios humanos que osaban deslizarse por su superficie en microscópicos cascarones. No se enteraba de los incidentes que podían desarrollarse en el techo de su vivienda. Su vida continuaba equilibrada, calmosa, infinita, engendrando millones de millones de seres por milésima de segundo.

La majestad del Atlántico en las noches tropicales hacía olvidar a Ulises las cóleras de sus días negros. Bajo la Luna, era una pradera inmensa de plata viva cortada por serpenteos de sombra. Sus ondulaciones pastosas, repletas de vida microscópica, iluminaban las noches. Los infusorios, estremecidos de amor, ardían con azulada fosforescencia. El mar era de leche luminosa. Las espumas, al romperse contra la proa, brillaban como fragmentos de globos eléctricos agonizantes.

Cuando la tranquilidad era absoluta y el buque se mantenía inmóvil, con las velas caídas, pasando lentamente las estrellas de un lado a otro de sus mástiles, las delicadas medusas, que la más leve ola puede desgarrar, subían a la superficie, flotando entre dos aguas en torno de la isla de madera. Eran miles de sombrillas que desfilaban lentamente: verdes, azules, rosadas, con una coloración vagorosa semejante a la de las luces de aceite; una procesión japonesa vista desde lo alto, que se perdía por un lado en el misterio de las aguas negras y llegaba incesantemente por el lado opuesto.

El joven piloto amaba la navegación a vela, las luchas con el viento, la soledad de las calmas. Estaba más cerca del Océano que en el puente de un trasatlántico. La fragata no levantaba espumarajos de rabioso paleteo. Se deslizaba discretamente en el silencio marítimo que guarda el secreto de los primeros milenarios de la tierra recién nacida. Los habitantes oceánicos se aproximaban a ella confiadamente al verla cabecear como un cetáceo mudo e inofensivo.

En seis años cambió Ulises muchas veces de buque. Había aprendido el inglés, lengua universal de los dominios azules, y se recreaba con el estudio de las cartas de Maury, el Evangelio de los navegantes a vela, obra paciente de un genio oscuro que arrancó por primera vez al Océano y a la atmósfera el secreto de sus leyes.

Deseoso de conocer nuevos mares y nuevas tierras, no reparaba en la longitud de los viajes ni en los puertos de destino. Los capitanes británicos, noruegos y norteamericanos acogían con gusto a este oficial de buenas maneras, poco exigente en la retribución. Así vagó Ulises sobre los océanos, como el rey de Itaca sobre el Mediterráneo, guiado por una fatalidad que lo alejaba de su patria con rudo empellón cada vez que se proponía regresar a ella. La vista de un buque anclado junto al suyo y próximo a partir con lejano destino era para él una tentación que le hacía olvidar la vuelta a España.

Navegó en barcos sucios, viejos y alegres, donde los tripulantes soltaban todas las velas al temporal y luego de embriagarse se dormían confiados en el diablo, amigo de los bravos, que los despertaría a la mañana siguiente. Vivió en buques blancos, silenciosos y limpios como una casa holandesa, cuyos capitanes llevaban con ellos a la esposa y los hijos. Unas camareras de albos delantales cuidaban de la cocina y el aseo de este hogar flotante, compartiendo los peligros de los marineros rojos y tranquilos, exentos de las tentaciones que provoca el roce de la mujer. Los domingos, bajo el Sol de los trópicos o a la luz cenicienta de los cielos septentrionales, el contramaestre leía la Biblia. Los hombres escuchaban reflexivos, con la cabeza descubierta. Las mujeres se habían vestido de negro, con una cofia de puntillas y las manos enmitonadas.

Fue a Terranova a cargar bacalao. Allí era donde la corriente cálida del golfo de México se encontraba con la fría del Polo. En el choque de estos dos ríos marinos, los infinitos seres que arrastra el *Gulf Stream* desde los mares tropicales morían súbitamente helados. Una lluvia de pequeños cadáveres descendía a través de las aguas. Los bacalaos se aglomeraban para nutrirse con este maná, y era tan espeso, que gran parte de él, librándose de las ávidas mandíbulas, iba a depositarse en el fondo como una nevada caliza.

En Islandia —la «última Thule» de los antiguos— le enseñaron trozos de caoba que la corriente ecuatorial había arrastrado desde las Antillas. En las costas de Noruega admiró la fecundidad formidable del mar viendo los arenques en marcha.

De su refugio en las tenebrosas profundidades subían a la superficie, agitados por la primavera, deseosos de tomar su parte en la alegría del universo. Nadaban unos contra otros, oprimidos, compactos, formando bancos, como pedazos de playa que se hubiesen soltado a navegar. Parecían una isla que emerge o un continente que empieza a hundirse. En los pasajes estrechos eran tantos, que las aguas se solidificaban, dificultando el avance a remo. Su número escapaba a los límites de todo cálculo, como las arenas y las estrellas.

Hombres y peces carnívoros caían sobre ellos abriendo anchos surcos de destrucción. Pero las brechas se cerraban instantáneamente, y el banco viviente seguía su camino cada vez más denso, como si desafiase a la muerte. Cuantos más destruían los enemigos, más numerosos eran. Las columnas en marcha, espesas y profundas, copulaban y se reproducían sin detenerse. El amor era para ellos una navegación, y en su ruta iban derramando torrentes de fecundidad. El agua desaparecía bajo la abundancia del flujo materno, en el que nadaban racimos de huevos. Al surgir el Sol, el mar aparecía blanco hasta perderse de vista: blanco de jugo masculino. Las olas eran grasientas y viscosas, repletas de vida que fermentaba rápidamente. En un espacio de centenares de leguas, el salado Océano era de leche.

La fecundidad de estas tierras animales ponía en peligro al mundo. Cada individuo podía producir hasta sesenta mil huevos. Pocas generaciones bastaban para llenar el Océano, hacerlo sólido, pudrirlo, suprimiendo los demás seres, despoblando el globo... Pero la muerte se encargaba de salvar la vida universal. Los cetáceos se hundían en este espesor viviente y con sus bocas insaciables absorbían el alimento a toneladas. Peces infinitamente pequeños secundaban a los gigantes marinos, atracándose de huevos de arenque. Los pescados más glotones, la merluza y el bacalao, perseguían a estas praderas de carne, empujándolas hacia las costas y acabando por dispersarlas.

Se multiplicaba el bacalao hartándose de merluzas, y otra vez reaparecía el peligro para el mundo. El Océano podía convertirse en una masa de bacalaos: cada uno llegaba a dar hasta nueve millones de huevos... Los hombres habían caído sobre el más fecundo de los peces, y el bacalao mantenía flotas inmensas, creando además colonias y ciudades. Se agotaban las generaciones humanas sin llegar a vencer esta monstruosa reproducción. Los grandes devoradores marinos eran los que restablecían el equilibrio y el orden. El esturión, estómago insaciable, intervenía en el banquete oceánico, encontrando en el bacalao la substancia concentrada de ejércitos de arenques. Pero este devorador ovíparo, de amplia reproducción, continuaba el peligro mundial, hasta que intervenía otro monstruo tan ávido en sus apetitos como pobre en sus procreaciones, cortando de golpe la fecundidad siempre renaciente del Océano.

Era el tiburón, boca con aletas, intestino natatorio, que traga con indiferencia muertos y vivos, carnes y maderos, limpiando las aguas de vida, dejando la soledad detrás de su coleo. Este destructor solo elaboraba en sus entrañas un tiburón único, que nacía armado y feroz, dispuesto desde el primer momento a continuar las hazañas paternas, como un heredero feudal.

Solo en los raros momentos de amor acallaban su hambre y su crueldad estos ásperos guerreros, despobladores del mar. Las parejas se abstenían de devorarse. Se encontraban apetecibles, pero sus triples dientes y sus aletas de sierra se limitaban a una ruda caricia. La hembra se dejaba dominar por el compañero que enganchaba en ella sus instrumentos de presa. Por primera vez el macho no devoraba: era ella la que lo absorbía, arrastrándolo. Y confundidos los dos monstruos rodaban en las olas semanas enteras, sufriendo los tormentos de un hambre sin fin a cambio de las delicias del amor, dejando escapar a las víctimas asustadas, resistiendo a las tempestades con su áspero abrazo de colmillos y epidermis de lija, corriendo centenares de leguas entre el principio y el fin de uno de sus espasmos de placer.

La vida errante del piloto Ferragut abundó en dramáticas aventuras. Algunas quedaron vivas para siempre en su memoria, donde empezaban a confundirse tantos recuerdos de tierras exóticas y mares interminables.

En Glasgow se embarcó como segando de una fragata vieja que iba a Chile para descargar carbón en Valparaíso y cargar salitre en Iquique. La travesía del Atlántico fue buena; pero a partir de las islas Malvinas, el buque tuvo que hacer frente a la furia austral que le cerraba el acceso al Pacífico. El estrecho de Magallanes es para los vapores, que pueden disponer a su voluntad de una fuerza propulsora. El velero busca mar amplia y viento favorable para doblar el cabo de Hornos, punta avanzada del mundo, lugar de tempestades interminables y gigantescas.

Mientras ardía el verano en el otro hemisferio, el terrible invierno austral salió al encuentro de los navegantes. El buque necesitaba hacer rumbo al Oeste, y precisamente los vientos soplaban del Oeste, cortándole la ruta. Ocho semanas pasaron bregando con el mar y con la atmósfera. El viento se llevó un velamen completo. El buque, de madera, algo descoyuntado por esta lucha interminable, comenzó a hacer agua, y la tripulación tuvo que mover día y noche las bombas. Nadie llegaba a dormir varias horas seguidas. Todos estaban enfermos. La voz ruda y los juramentos del capitán apenas podían sostener la disciplina. Algunos marineros se acostaban deseando morir, y había que levantarlos a golpes.

Ulises conoció por primera vez lo que son las olas. Vio montañas de agua, verdaderas montañas, avanzando sobre el cascarón del buque. Su misma enormidad las hacía formar por ambos lados larguísimas pendientes. Cuando alguna derrumbaba su cresta sobre la fragata, el piloto Ferragut podía darse cuenta de la monstruosa pesadez del agua salada. Ni la piedra ni el hierro tenían el golpe brutal de esta fuerza líquida, que al derrumbarse huía en raudales o se elevaba hecha polvo. En ciertos momentos había que abrir brechas en la obra muerta para dar salida a su masa abrumadora.

Una penumbra lívida y brumosa era el día austral, repitiéndose semanas y semanas sin el menor rayo de claridad, como si el Sol se hubiese alejado para siempre de la tierra. El color blanco no existía en este esfumamiento tempestuoso; todo era gris: el cielo, la espuma, las gaviotas, las nieves... De tarde en tarde, los velos plomizos de la tormenta se rasgaban para dejar visible una pavorosa aparición. Una vez eran las montañas negras con sudarios de ventisqueros del estrecho de Beagle. Y el buque viraba, huyendo de este pasadizo acuático lleno de escollos. Otra vez surgieron ante la proa los peñascos de Diego Ramírez, el punto más extremo del cabo, y también viró la fragata, huyendo de este cementerio de navíos. Capeando el viento llegaron a ver los primeros *icebergs*, e igualmente hicieron rumbo atrás para no perderse en las soledades del polo Sur.

Ferragut llegó a creer que no doblarían nunca el cabo, quedando para siempre en plena tempestad, lo mismo que el navío errante y maldito de la leyenda. El capitán, un salvaje del mar, taciturno y supersticioso, mostraba el puño al promontorio, maldiciéndolo como a una divinidad infernal. Estaba convencido de que no conseguiría doblarlo hasta que lo ablandase con un tributo humano. Ulises vio en este inglés a los argonautas primitivos, que aplacaban con sacrificios la cólera de las deidades marinas.

Una noche, las olas se llevaron a un tripulante; al día siguiente cayó desde lo alto de la arboladura un gaviero, sin que nadie pensase en una salvación imposible. Y como si el demonio austral solo esperase este tributo, cesó el viento Oeste, el buque no tuvo ante su proa la infranqueable barrera de un mar hostil, y pudo entrar en el Pacífico, anclando doce días después en Valparaíso.

Ulises se explicó el grato recuerdo que deja este puerto en la memoria de los navegantes. Era el descanso después de la pelea por doblar el cabo, la alegría de existir luego de haber sentido el soplo de la muerte, la vida en los cafés y las casas alegres, comiendo y bebiendo hasta la hartura, con el estómago lastimado aún por la alimentación salitrosa y la piel martirizada por los furúnculos del mar.

Siguió el paso gracioso de las tapadas de negro manto, que le hicieron recordar a su tío el médico. En las noches de *remolienda* apartaba su vista muchas veces de los beldades morenas y jóvenes que danzaban la zamacueca en medio del salón. Le interesaban las matronas envueltas en velos de luto que hacían sonar el piano y el arpa, acompañando la danza con cánticos suspirantes. Tal vez alguna de estas damas sentimentales y bigotudas había podido ser su tía.

Mientras la fragata completaba en Iquique su cargamento, estuvo en contacto con la muchedumbre trabajadora de las salitreras, *rotos* chilenos, obreros de todos los países, que no sabían cómo derrochar sus valiosos jornales en la monotonía de unas poblaciones nuevas. Su embriaguez se recreaba con las más disparatadas magnificencias. Unos hacían correr el vino de todo un tonel para llenar un solo vaso. Otros empleaban como blanco de su revólver las botellas de champaña alineadas en las anaquelerías de los cafés, pagando las roturas al contado.

De este viaje guardó Ferragut un sentimiento de orgullo y confianza que le hizo despreciar los peligros. Conoció después los tornados de Asia, las horribles tormentas circulares, que en el hemisferio boreal ruedan de derecha a izquierda y en el austral de izquierda a derecha. Eran accidentes rápidos, de horas, o de días cuando más. Él había doblado el cabo de Hornos en pleno invierno, después de una lucha contra los elementos que duró dos meses. Podía atreverse a todo: el Océano había agotado en él todas sus sorpresas... Y sin embargo, la peor de sus aventuras ocurrió estando el mar en calma.

Siete años llevaba de navegante, y se disponía una, vez más a volver a España, cuando en Hamburgo aceptó puesto de piloto en un velero que iba a hacer rumbo al Camerón y al África oriental alemana. Un marino noruego quiso disuadirle de este viaje. Era un buque viejo y lo habían asegurado por el cuádruplo de su valor. El capitán estaba asociado con el propietario, que había hecho quiebra varias veces... Y precisamente porque era irracional este viaje, Ulises se apresuró a embarcarse. La prudencia era para él una vulgaridad.

Todo lo absurdo suponía obstáculos y peligros, tentando de un modo irresistible su atrevimiento.

Una tarde, a la altura de Portugal, cuando estaban lejos de la ruta seguida por la navegación regular, una columna de humo y de llamas se elevó sobre la cubierta, rompiendo las escotillas y devorando el velamen. Mientras el piloto, al frente de unos negros, pretendía dominar el fuego, el capitán y los tripulantes alemanes escaparon del buque en dos balleneras preparadas. Ferragut tuvo la seguridad de que los fugitivos se reían de él al verle correr por la cubierta, que empezaba a combarse echando fuego por sus resquebrajaduras.

Se vio, sin saber cómo, en el bote más pequeño, rodeado de varios negros y diversos objetos amontonados con la precipitación de la fuga: un barril de galleta medio vacío, otro de agua que solo contenía unos pocos litros.

Remaron toda una noche, teniendo a sus espaldas, como astro de desgracia, el buque ardiente, que enviaba sobre las olas sus resplandores sangrientos. Al amanecer se marcaron en el disco del Sol unas ligeras ondulaciones negras. Era la tierra... ¡pero tan lejos!

Dos días vagaron sobre las crestas móviles y los valles sombríos del desierto azul. Ferragut se sumió varias veces en un letargo mortal, con los pies hundidos en el agua que llenaba el fondo del bote. Los pájaros de mar trazaban espirales en torno de este ataúd flotante, y huían después con vigorosos golpes de ala, lanzando un graznido de muerte. Las olas se elevaban lentas y mansas sobre los escasos centímetros de la borda, como si quisieran contemplar con sus ojos glaucos este amasijo de cuerpos blancos y oscuros. Remaban los náufragos con nerviosa desesperación; luego yacían inertes, reconociendo la ineficacia de su esfuerzo perdido en la inmensidad.

El piloto, al adormecerse en la dura popa, acababa por sonreír con los ojos cerrados. Todo era un mal ensueño. Estaba seguro de despertar en la cama, rodeado de las comodidades familiares de su camarote. Y cuando abría los ojos, la realidad le hacía prorrumpir en órdenes desesperadas, que obedecían los africanos maquinalmente, como si estuviesen dormidos.

«¡No quiero morir!... ¡no debo morir!», clamaba en su interior una voz de bronce.

Gritaron e hicieron inútiles señales a buques lejanos, que se perdían en la inmensidad sin verles. Dos negros murieron de frío. Sus cadáveres flotaron largas horas junto al bote, como si no pudieran despegarse de él. Luego se hundieron con invisible tirón. Varias aletas triangulares pasaron sobre el agua, cortándola como cuchillos, al mismo tiempo que la profundidad se ensombrecía con veloces sombras de ébano.

Cuando al fin se aproximaron a la tierra, Ferragut vio la muerte más de cerca que en alta mar. La costa se elevaba como una muralla inmensa. Vista desde el bote, parecía cubrir la mitad del cielo. La larga ondulación oceánica se convertía en ola rabiosa al encontrar los baluartes avanzados de sus islotes, al desplomarse en el vacío de sus abismos, formando cascadas de espuma que rodaban de abajo a arriba, levantando furiosas columnas de polvo con estampido de cañonazo.

Una mano irresistible agarró la quilla, poniendo la embarcación verticalmente. Ferragut salió despedido como un proyectil, cayendo en los espumosos remolinos, y al caer tuvo la percepción de que rodaban igualmente, llovidos en el mar, hombres y toneles.

Vio blancuras burbujeantes y simas negras. Se sintió empujado por fuerzas contradictorias. Unas tiraban de su cabeza y otras de sus pies en sentido inverso, haciéndole voltear como la saeta de un reloj. Su pensamiento se hizo doble. «Es inútil resistir», murmuraba en su cerebro el desaliento. Y la otra mitad de su persona afirmaba con desesperación: «¡Yo no quiero morir!... ¡no debo morir!».

Así vivió unos segundos, que fueron horas. Sintió el roce brutal de ocultas asperezas; luego un choque en el abdomen, que detuvo su arrastre entre dos aguas. Y agarrándose a las anfractuosidades de la roca, emergió la cabeza y pudo respirar. La ola se retiraba, pero otra le sumergió de nuevo, despegándolo de la peña con su espumoso mazazo, haciéndole dejar en las pétreas aristas la piel de sus manos, de su pecho, de sus rodillas.

La succión oceánica le arrastró, a pesar de sus desesperados braceos. «¡Todo es inútil, voy a morir!», decía una mitad de su pensamiento. Y a la vez, el otro hemisferio mental evocaba con sintético relampagueo su vida entera. Vio la barbuda cara del *Tritón* en este supremo instante, vio al poeta Labarta lo mismo que cuando contaba a su ahijado las aventuras del viejo Ulises, su lucha de náufrago con los peñascos y las olas.

De nuevo la dilatación marina le arrojó contra una roca, anclándose en ella con el agarreo instintivo de sus manos. Pero antes de que esta ola se retirase, avanzó desesperadamente hasta otra piedra, pasándole el tirón del reflujo por debajo del vientre. Así bregó largo tiempo, pegándose a las peñas cuando el mar lo cubría, arrastrándose sobre las desoladas conyunturas cuando su cabeza quedaba al aire libre, expeliendo agua por todos sus orificios.

Al verse sobre un saliente de la costa, libre ya de la absorción de las olas, se extinguió de golpe su energía. El agua que goteaba su cuerpo era roja, cada vez más roja, esparciéndose en regueros por las verdes anfractuosidades de la piedra. Sintió un dolor inmenso, como si todo su organismo hubiese perdido el amparo de su envoltura, quedando expuesta al aire la carne viva.

Quiso seguir su camino, pero sobre su cabeza se elevaba la costa formando un muro cóncavo e inabordable. Imposible salir de allí. Se había salvado del mar, para morir emparedado frente a él. Su cadáver no flotaría hasta una playa habitada. Los únicos que iban a conocer su muerte eran los cangrejos enormes que remontaban los peñascos buscando su alimento en la resaca; las gaviotas que se dejaban caer verticalmente, con las alas tendidas, desde lo alto del acantilado. Hasta los más pequeños crustáceos eran superiores a él.

Sintió de golpe toda su debilidad, toda su miseria, mientras la sangre seguía tiñendo de púrpura los minúsculos lagos de las rocas. Al cerrar los ojos para morir, vio en la oscuridad una cara pálida, unas manos que tejían sutiles encajes, y antes de que la noche cayese definitivamente sobre sus párpados, murmuró con balido infantil:

—¡Mamá!... ¡mamá!...

Tres meses después, al llegar a Barcelona, encontró a su madre tal como la había visto durante su agonía en la costa portuguesa... Unos pescadores le recogieron cuando su vida iba a extinguirse. Durante su permanencia en el hospital escribió varias veces a doña Cristina con un tono alegre y confiado, pretextando importantes ocupaciones en Lisboa.

Al verle entrar, la buena dama abandonó su eterna labor de encajes, lívida, con las manos trémulas y las pupilas vidriosas. Debía saber toda la verdad; y si no la sabía, se la avisaba su instinto de madre viendo a Ulises convaleciente, enflaquecido, vacilando entre la arrogancia y el quebranto físico, lo mismo que los bravos cuando salían de la cámara del tormento.

—¡Oh, hijo mío!... ¡Hasta cuándo!...

Era hora de que terminase su rabia de aventuras, su deseo loco de tentar lo imposible, arrostrando los peligros más absurdos. Si quería ser marino, podía serlo, pero en buques respetables, al servicio de una gran Compañía, siguiendo una carrera de escalas determinadas, y no rodando caprichosamente por todos los mares, mezclado con el bandidaje internacional que se ofrece en los puertos para reforzar las tripulaciones. Lo mejor de todo sería permanecer quieto en su casa. ¡Qué felicidad si se quedase al lado de su madre!...

Y Ulises, con asombro de doña Cristina, adoptó esta última resolución. La buena señora no estaba sola. Una sobrina vivía con ella, como si fuese su hija. El marino tuvo que rebuscar en el fondo de su memoria para acordarse de una chicuela de cuatro años que andaba a gatas por la playa del pueblo de su madre mientras él, con una gravedad de hombrecito, oía contar al viejo secretario del Municipio las pretéritas grandezas de la marina catalana.

Era hija de un Blanes —el único pobre de la familia— que mandaba los buques de sus parientes y había muerto de la fiebre amarilla en un puerto de la América central. Ferragut no podía explicarse cómo la criatura-reptil de la arena, con una eterna perla verde colgando de sus narices, era aquella misma joven esbelta, de un moreno pálido de arroz, que ostentaba su abultada cabellera semejante a un casco de ébano, con dos pequeñas espirales ante las orejas. Sus ojos parecían tener las tintas cambiantes del mar: negros a unas horas, azules a otras, verdes y profundos cuando reflejaba la luz del Sol como un punto de oro.

Se sintió atraído por su sencillez, por la gracia tímida de sus palabras y sonrisas. Era algo de irresistible novedad para este ruedamundo que solo había conocido cobrizas de carcajada bestial, asiáticas amarillentas de gestos felinos o europeas de los grandes puertos, que a las primeras palabras piden de beber y cantan sobre las rodillas del invitante, poniéndose su gorra como testimonio de amor.

Cinta —este era su nombre— parecía conocerle toda su vida. Había sido el objeto de sus conversaciones con doña Cristina cuando ambas entretenían las monótonas horas tejiendo encajes al uso de su pueblo. Al pasar Ulises ante el cuarto de ella, vio unos retratos suyos de la época en que era simple agregado a bordo de un trasatlántico. Cinta los había sustraído indudablemente de las habitaciones de su tía. Admiraba a aquel primo aventurero desde mucho antes de conocerlo.

Una tarde, contó el marinero a las dos mujeres cómo se había salvado en la costa de Portugal. La madre le escuchó volviendo la vista, temblándole las manos al mover los bolillos de su encaje. De pronto sonó un alarido. Era Cinta, que no podía escuchar más. Y Ulises agradeció sus lágrimas, sus lamentos convulsivos, sus ojos agrandados por una expresión de terror.

La madre de Ferragut se preocupaba del porvenir de esta sobrina pobre. Su única salvación era el matrimonio, y la buena señora había fijado sus miras en cierto pariente que andaba más allá de los cuarenta, necesitando el aporte de esta juventud para refrescar su vida de solterón maduro. Era el sabio de la familia. Doña Cristina lo admiraba porque no podía leer sin el auxilio de unos lentes y porque ingería en la conversación palabras latinas, lo mismo que los clérigos. Enseñaba retórica y latín en el Instituto de Manresa, y hablaba de ser trasladado algún día a Barcelona, término glorioso de una carrera ilustre. Todas las semanas se escapaba a la capital para hacer largas visitas a la viuda del notario.

—Por mí no viene —decía la buena señora—. ¿Quién se molesta por una vieja?... Te digo que quiere a Cinta, y para la chica será una suerte casarse con este hombre tan sabio, tan serio.

Escuchándola, Ulises empezó a pensar qué hueso podría romperle un marino a un catedrático de retórica sin incurrir en responsabilidad.

Un día, Cinta buscó por toda la casa un dedal opaco y gastado que le servía muchos años. De pronto cesó en sus rebuscas, se puso encarnada y bajó los ojos. Su mirada había encontrado la mirada fugitiva de su primo. Lo tenía él. En el cuarto de Ulises se veían cintas, madejas de hilo, un abanico viejo, depositados sobre papeles y libros, por el mismo reflujo misterioso que había arrastrado sus retratos del dormitorio de su madre al de su prima.

El marino gustaba de quedarse en casa. Pasaba largas horas meditando con los codos en la mesa, pero atento al mismo tiempo a un susurro de ligeros pasos que podía sonar de un momento a otro en el corredor inmediato. Todo lo sabía: la trigonometría esférica y rectilínea, la cosmografía, las leyes de vientos y tempestades, los últimos descubrimientos oceanográficos. Pero ¿quién podría enseñarle la forma de hablar a una señorita sin asustarla?... ¿Dónde diablos se aprendía el arte de declararse a una persona decente?...

En él las dudas no eran nunca largas ni dolorosas. ¡Adelante! Cada uno sale del paso como puede. Y una tarde, cuando Cinta iba del salón al dormitorio de su tía para traerle un libro piadoso, tropezó en el pasillo con Ulises.

De no conocerle, hubiese temblado por su existencia. Se sintió agarrada por unas manos poderosas que la despegaron del suelo. Luego una boca ávida estampó en la suya dos besos agresivos. «¡Toma, y toma!...» Ferragut se arrepintió al ver a su prima temblando contra la pared, con una palidez de muerte, los ojos lacrimosos.

—Te he hecho daño. Soy un bruto... ¡un bruto!

Casi se puso de rodillas, implorando su perdón; cerraba los puños como si fuera a golpearse, castigando su atrevimiento. Pero ella no le dejó seguir... «¡No, no!...» Y mientras gemía esta protesta, sus brazos se cerraron formando un anillo en torno del cuello de Ulises. Su cabeza se inclinó hacia él, buscando el abrigo de su hombro. Una boca húmeda se unió modestamente a la boca del marino, al mismo tiempo que la barba de éste se mojaba con un rocío de lágrimas.

Y no se dijeron más.

Cuando, semanas después, escuchó doña Cristina la petición de su hijo, su primer movimiento fue de protesta. Una madre oye con anticipada benevolencia toda pretensión sobre una hija, pero es ambiciosa y exigente cuando se trata de un hijo. Ella había soñado algo más brillante. Pero su indecisión fue corta. Aquella muchacha tímida era tal vez la mejor compañera para Ulises. Además, estaba preparada, por lo que había visto en su infancia, para ser la mujer de un marino... ¡Adiós al catedrático!

Se casaron. Luego, Ferragut, que no podía vivir inactivo, volvió al mar, pero como primer oficial de un trasatlántico que hacía viajes regulares a la América del Sur. Para él, equivalía esto a ser empleado en una oficina flotante, visitando los mismos puertos, repitiendo invariablemente iguales trabajos. Su madre se mostraba satisfecha al verle con uniforme. Cinta fijaba su vista en el almanaque como la esposa de un empleado la fija en el reloj. Tenía la certeza de que, transcurridos dos meses, le vería aparecer de nuevo viniendo del otro lado de la tierra, cargado de regalos exóticos, lo mismo que un marido que vuelve de la oficina con un ramo comprado en la calle.

Al regreso de los dos primeros viajes fue a esperarle en el muelle, buscando con la vista su gorra de galón de oro y su levita azul entre los pasajeros trasatlánticos que se agitaban en las cubiertas con la alegría de la llegada a Europa.

En el viaje siguiente, doña Cristina la obligó a quedarse en casa, temiendo que la emoción y las aglomeraciones del puerto perjudicasen su próxima maternidad. Luego, en cada una de sus arribadas, vio Ferragut un hijo nuevo, aunque siempre era el mismo; primeramente, un envoltorio de batistas y blondas sostenido por una nodriza endomingada; luego —cuando ya era capitán del trasatlántico—, un chicuelo con faldillas, mofletudo, de cabeza redonda cubierta de sedosa pelusa, tendiendo hacia él los bracitos; finalmente, un muchacho que empezaba a ir a la escuela y al ver a su padre agarraba su dura diestra, admirándolo con ojos profundos, como si contemplase en su persona la concreción de todas las fuerzas del universo.

Don Pedro el catedrático siguió visitando la casa de doña Cristina, aunque con menos asiduidad. Tenía el gesto resignado y fríamente colérico del hombre que cree haber llegado demasiado tarde y está convencido de que su desgracia es obra de su descuido... ¡Si él hubiese hablado antes! La certeza de su importancia no le permitía dudar que la joven le habría aceptado con júbilo.

A pesar de esta convicción, no podía contener en ciertos momentos una agresividad irónica, que se desahogaba inventando apodos clásicos. La joven esposa de Ulises, inclinada sobre su labor de encajera, era Penélope esperando la vuelta del errabundo marido.

Doña Cristina aceptaba este sobrenombre, por saber vagamente que era el de una reina de buenas costumbres. Pero el día en que el catedrático, por una deducción lógica, llamó Telémaco al hijo de Cinta, la abuela protestó.

—Se llama Esteban, como su abuelo... Eso de Telémaco es nombre de teatro.

En uno de sus viajes aprovechó Ulises una escala de unas cuantas horas en el puerto de Valencia para ver a su padrino. Recibía de tarde en tarde cartas del poeta, cada vez más breves y más tristes, con letras temblorosas que delataban su decadencia.

Al entrar en el despacho sintió la misma impresión de los durmientes de las leyendas, que creen despertar después de unas horas de sueño y han dormido docenas de años. Todo estaba igual que en su infancia: los bustos de los grandes poetas en la cumbre de las librerías, las coronas en sus encierros de vidrio, las joyas y estatuas ganadas a fuerza de consonantes en sus vitrinas y pedestales, los libros de fulgurante lomo formando apretados batallones a lo largo de los estantes. Pero la blancura de los bustos había tomado un color de chocolate; los bronces estaban enrojecidos por el óxido, los oros eran verdes, las coronas se deshojaban. Parecía que hubiese llovido ceniza sobre la inmovilidad de las cosas.

Las personas ofrecían igual aspecto de abandono y decadencia. Ulises encontró al poeta flaco y amarillento, sumido en un sillón, con la barba luenga y blanca, un ojo casi cerrado y el otro enormemente abierto. Al ver al marino, ancho de pecho, forzudo, bronceado, Labarta se echó a llorar con un hipo infantil, como si llorase sobre la miseria de las ilusiones humanas, sobre la brevedad de una vida engañosa que necesita el oleaje de la continua renovación.

Más trabajo le costó todavía a Ferragut reconocer a una señora pequeña y encogida que estaba junto al poeta. Colgaban de su esqueleto flácidas adiposidades, como harapos de un pasado esplendor. La cabeza era exigua; su rostro tenía el arrugamiento de las manzanas invernizas, de las ciruelas, de todas las frutas que se contraen y momifican, perdiendo su líquido. «¡Doña Pepa!...» Los dos viejos se tuteaban ahora en presencia de Ulises, con la tranquila amoralidad de los que se ven próximos a la muerte y olvidan los temores y escrúpulos de una vida que se va derrumbando a sus espaldas.

El marino vio en esta miseria física el triste final de un régimen alimenticio absurdo, alegre y pueril: los dulces sirviendo de base de nutrición, los grandes arroces como plato diario, las sandías y melones llenando el intermedio entre las comidas, los helados servidos en copas enormes, esparciendo el perfume de su nieve melosa.

Los dos le hablaron suspirando de sus enfermedades, que juzgaban incomprensibles, atribuyéndolas a ignorancia de los médicos. Era la consunción que ataca de pronto a las gentes de los países abundantes. Su vida se fundía en un chorreo de azúcar líquido... Y todavía adivinaba Ferragut las desobediencias de los dos viejos a las disciplinas del régimen, sus ocultamientos infantiles, sus astucias para gustar a solas las frutas y los jarabes, encanto de su existencia.

Fue corta la entrevista. El capitán debía volver al Grao, donde le esperaba su trasatlántico, pronto a zarpar para la América del Sur.

El poeta lloró otra vez, besando a su ahijado. Ya no vería más a este coloso que parecía repeler sus débiles abrazos con el fuelle de su respiración.

—Ulises, ¡hijo mío!... piensa siempre en Valencia... Haz por ella todo lo que puedas... Ya lo sabes. ¡Siempre Valencia!

Juró todo lo que quiso el poeta, sin comprender qué es lo que Valencia podía esperar de él, simple marino errante por todos los mares. Labarta quiso acompañarle hasta la puerta, pero se hundió en su asiento, obediente al cariñoso despotismo de su compañera, que temía para él las mayores catástrofes.

¡Pobre doña Pepa!... Ferragut sintió deseos de reír y de llorar al recibir un beso de su boca arrugada, cuyo vello se había convertido en púas. Fue un beso de beldad vieja que se recuerda al contacto de un buen mozo; un beso de mujer infecunda que acaricia al hijo que pudo tener.

—¡El infeliz Carmelo!... Ya no escribe; ya no lee... ¡Ay! ¿qué será de mí?...

Hablaba de la decadencia de su poeta con la conmiseración de un ser fuerte y sano. Se aterraba al pensar en los años que podría sobrevivir a su señor. Ocupada en cuidarle, no se miraba a ella misma.

Un año después, el capitán encontró en Port-Said, a la vuelta de las Filipinas, una carta de su padrino. Doña Pepa había muerto, y Labarta, sacudiendo la modorra lacrimosa de su abatimiento, la despedía con un largo cántico. Ulises pasó los ojos por el recorte de periódico que iba dentro de la carta conteniendo los últimos versos del poeta. Eran versos en castellano. ¡Malo!... Después de esto, resultaba indudable su próximo fin.

No tuvo ocasión de verle otra vez: murió estando él de viaje. Al desembarcar en Barcelona, su madre le entregó una carta escrita casi en su agonía. «Valencia, hijo mío; ¡siempre Valencia!» Y luego de repetir varias veces esta recomendación, le hacía saber que era su heredero.

Los libros, las estatuas, todos los recuerdos gloriosos de Labarta, pasaron a Barcelona para adornar la casa del marino. El pequeño Telémaco pudo entretenerse rompiendo las viejas coronas del trovador, arrancando estampas a los volúmenes, con la inconsciencia de un niño fogoso que tiene a su padre muy lejos y vive sometido a dos señoras que le adoran. Además, el poeta dejó a su ahijado una casa vieja en Valencia, varias tierras y cierta cantidad en valores cotizables. Total: treinta mil duros.

El otro tutor de su infancia, el vigoroso *Tritón*, permanecía insensible al paso de los años. Ferragut le encontró varias veces, al llegar a Barcelona, instalado en su casa, en sorda hostilidad con doña Cristina, dedicando a Cinta y a su hijo una parte del cariño que antes era solo para Ulises.

Deseaba que el pequeño Esteban conociese la casa de los bisabuelos.

—¿Me lo dejarás?... Ya sabes que allá en la Marina los hombres se hacen fuertes como el bronce. ¿De veras que me lo dejarás?...

Dudaba de su influencia ante el gesto indignado de la suave doña Cristina. ¿Confiar su nieto al *Tritón*, para que le infundiese el amor a las aventuras marítimas, lo mismo que a Ulises?... ¡Atrás, demonio azul!

El médico vagaba desorientado por el puerto de Barcelona... Demasiado ruido, demasiado movimiento. Marchaba al lado de Ulises orgullosamente, haciéndole relatar las aventuras de sus años de marino vagabundo y cosmopolita. Veía en él al más grande de los Ferragut: hombre de mar como sus abuelos, pero con título de capitán; aventurero de todos los océanos como él lo había sido, pero con un sitio en el puente, revestido del mando absoluto que confieren la responsabilidad y el peligro.

Al reembarcarse Ulises, se alejaba el *Tritón* hacia sus dominios.

—Será la próxima vez —decía para consolarse al partir sin el hijo de su sobrino.

Y pasados unos meses reaparecía, cada vez más grande, más feo, más curtido, con una sonrisa silenciosa que estallaba en palabras ante Ulises, lo mismo que una nube tempestuosa estalla en truenos.

A la vuelta de un viaje al mar Negro, doña Cristina anunció a su hijo:

—Tu tío ha muerto.

La piadosa señora lamentaba cristianamente la desaparición de su cuñado, dedicándole una parte de sus rezos, pero insistió con cierta crueldad en el relato de su triste fin. No podía perdonarle su fatal intervención en el destino de Ulises. Había muerto como había vivido, en el mar, víctima de su temeridad, sin confesión, lo mismo que un pagano.

Otra herencia que caía sobre Ferragut... Su tío se había lanzado a nadar en una mañana asoleada de invierno, y no había vuelto. Los viejos de la costa explicaban a su modo el accidente: un desmayo, un choque con las rocas. El *Dotor* era aún vigoroso, pero los años no pasan sin dejar huella. Algunos creían en una lucha con un «cabeza de olla» u otro pez carnívoro de los que cazan en las aguas mediterráneas. En vano los pescadores llevaron sus barcas por todas las angulosidades entrantes y salientes del promontorio, explorando las cuevas sombrías y los bajos fondos de cristalina transparencia. Nadie pudo encontrar el cadáver del *Tritón*.

Ferragut recordó el cortejo de Afrodita que el médico le había descrito tantas veces en las noches estivales, viendo a lo lejos las luces de los faros. Tal vez había tropezado con la alegre comitiva de las nereidas, uniéndose a ella para siempre.

Esta suposición absurda que Ulises formuló mentalmente, con incrédula y triste sonrisa, se repitió al mismo tiempo en el pensamiento simple de muchas gentes de la Marina.

Se negaban a creer en su muerte. Un brujo no se ahoga. Habría encontrado abajo algo muy interesante, y cuando se cansase de vivir en las verdes profundidades volvería nadando a su casa.

No; el *Dotor* no había muerto.

Y durante muchos años, las mujeres que seguían la costa al anochecer apresuraron el paso, persignándose, al distinguir en las aguas oscuras un madero o un paquete de algas. Temían que surgiese de pronto el *Tritón*, barbudo, lúbrico,

chorreante, volviendo de su correría por las misteriosas entrañas del mar.

IV. Freya

El nombre de Ulises Ferragut empezó a ser famoso entre los capitanes de los puertos españoles. Las aventuras náuticas de su primera época entraban por muy poco en esta popularidad. Los más de ellos habían arrostrado mayores peligros, y si le apreciaban, era por el instintivo respeto que sienten los hombres enérgicos y simples ante una inteligencia que consideran superior. Sin otras lecturas que las de su carrera, hablaban con asombro de los numerosos libros que llenaban el camarote de Ferragut, muchos de ellos sobre materias que les parecían misteriosas. Algunos hasta hacían afirmaciones inexactas para completar el prestigio de su camarada:

—Sabe mucho... Además de marino, es abogado.

La consideración de su fortuna contribuía igualmente al aprecio general. Era accionista importante de la compañía naviera a la que prestaba sus servicios. Los compañeros calculaban con orgullosa exageración la riqueza de su madre, tasándola en millones.

Encontraba amigos en todo buque que ostentase a popa la bandera española, fuese cual fuese su puerto de origen y el regionalismo de sus tripulantes.

Todos le querían: los capitanes vascos, sobrios en palabras, rudos y de tuteo confianzudo; los capitanes asturianos y gallegos, enamoradizos y derrochadores, que desmienten con su carácter la avaricia y la tristeza de tierra adentro; los capitanes andaluces, que parecen llevar en su gracioso lenguaje un reflejo de la blanca Cádiz y sus vinos luminosos; los capitanes valencianos, que hablan de política en el puente, imaginando lo que podrá ser la marina de la futura República; los capitanes de Cataluña y de Mallorca, conocedores de los negocios tan a fondo como sus armadores. Siempre que les unía la necesidad de defender sus derechos, pensaban inmediatamente en Ulises. Ninguno escribía como él.

Los viejos pilotos venidos de abajo, hombres de mar que habían empezado su carrera en las barcas de cabotaje y a duras penas ajustaban sus conocimientos prácticos al manejo de los libros, hablaban de Ferragut con orgullo:

—Dicen que los del mar somos gente bruta... Ahí tienen a don Luis, que es de los nuestros. Pueden preguntarle lo que quieran... ¡Un sabio!

El nombre de Ulises les hacía titubear. Lo creían apodo, y no queriendo incurrir en una falta de respeto, habían acabado por transformarlo en don Luis. Para algunos de ellos, el único defecto de Ferragut era su buena suerte. Aún no se había perdido un buque mandado por él. Y todo buen marino que navega sin descanso debe tener en su historia una de estas desgracias para ser un capitán completo. Solamente los labradores no pierden barcos.

Cuando murió su madre, Ulises quedó indeciso ante el porvenir, no sabiendo si continuar su vida de navegante o emprender otra completamente nueva. Sus parientes de Barcelona, mercaderes de ágil entendimiento para la evaluación de una fortuna, sumaban lo que habían dejado el notario y su esposa, y añadiendo lo de Labarta y el médico, casi llegaban a un millón de pesetas... ¿Y un hombre con tanto dinero iba a seguir viviendo lo mismo que un pobre capitán que necesita el sueldo para mantener a su familia?...

Su primo Joaquín Blanes, dueño de una fábrica de géneros de punto, le instó repetidas veces a que siguiese su ejemplo. Debía quedarse en tierra y emplear su capital en la industria catalana. Ulises era del país, por su madre y por haber nacido en la vecina tierra de Valencia. Se necesitaban hombres de fortuna y energía para que interviniesen en el gobierno.

Blanes hacía política regionalista con el entusiasmo de un burgués que se lanza en aventuras novelescas.

Cinta no dijo una palabra para decidir a su esposo. Era hija de un marino y había aceptado ser la esposa de otro. Además, entendía el matrimonio con arreglo a la tradición familiar: la mujer dueña absoluta del interior de la casa, pero confiada en los asuntos exteriores a la voluntad del señor, del guerrero, del jefe del hogar, sin permitirse pensamientos ni objeciones sobre sus actos.

Fue Ulises el que adoptó por sí mismo la decisión de abandonar la vida de navegante. Trabajado por las sugestiones de sus primos, le bastó una pequeña disputa con uno de los directores de la casa armadora para ofrecer su renuncia, sin que lograsen hacerle retroceder los ruegos y explicaciones de los otros consocios.

En los primeros meses de su existencia terrestre, extrañó la inmovilidad desesperante de las cosas. El mundo era de una rigidez y una dureza antipáticas. Sintió algo semejante a un principio de mareo al ver que todo permanecía allí donde él lo dejaba, sin permitirse el menor vaivén, la más leve fantasía dinámica.

Por las mañanas, al entreabrir sus ojos, experimentaba la dulce sensación de la libertad irresponsable. Nada le importaba la suerte de aquella casa. Las vidas de los que dormían en los otros pisos, encima y debajo de él, no estaban confiadas a su vigilancia... Pero a los pocos días sintió que le faltaba algo que era una de las mayores satisfacciones de su existencia: la voluntad del poder, el gusto del mando.

Dos criadas de aire azorado acudían a sus voces y sus repiqueteos de timbre. Esto era todo para él, que había mandado docenas de hombres de áspera dureza que infundían terror al bajar en los puertos.

Nadie le consultaba ahora, mientras que en el mar todos buscaban su consejo y muchas veces necesitaban interrumpir su sueño. La casa podía existir sin que él la visitase diariamente desde las cuevas al tejado, revisando hasta el último grifo. Las mujeres que hacían la limpieza por las mañanas le obligaban a refugiarse en el despacho con sus terrestres escobazos. No le era permitido formular observaciones, no podía extender un brazo galoneado, lo mismo que cuando reñía a la grumetería descalza y despechugada, exigiendo que la cubierta quedase limpia como un salón. Se sentía empequeñecido, exonerado. Pensaba en Hércules vestido de mujer, hilando su rueca. El amor a la familia le había hecho renunciar a su vida de varón poderoso.

Solo el trato de su esposa, que le rodeaba de asiduos cuidados, como si quisiera compensarse con esto de las largas separaciones, le hizo llevadera la situación. Además, sentía satisfecha su conciencia al hacer de padre «terrestre», preocupándose de su hijo, que empezaba a prepararse para ingresar en el Instituto, repasando sus libros, ayudándole en la comprensión de los textos.

Pero tampoco estos placeres fueron de larga duración. Le aburrían las tertulias de familia en su casa y en la de sus parientes; las conversaciones con tíos, primos y sobrinos sobre ganancias y negocios o sobre los defectos de la tiranía centralista. Según ellos, todas las calamidades del cielo y de la tierra procedían de Madrid. El gobernador de la provincia era el «cónsul de España».

Estos mercaderes solo interrumpían sus críticas para oír con religioso silencio la música de Wagner golpeada en el piano por las niñas de la familia. Un amigo con voz de tenor cantaba *Lohengrin* en catalán. El entusiasmo hacía rugir a los más exaltados: «¡El himno... el himno!». No era posible equivocarse. Para ellos solo existía un himno. Y acompañaban con una canturria a media voz la música litúrgica de *Los segadores.*

Ulises recordaba con nostalgia su vida de comandante de trasatlántico: una vida amplia, mundial, de incesantes y variados horizontes, de muchedumbres cosmopolitas. Se veía detenido en las cubiertas por grupos de muchachas elegantes que le pedían nuevos bailes en la semana. Salían a su paso faldas de blanco revoloteo, velos que ondulaban como nubes de colores, risas y trinos parlantes en un español que parecía puesto en música; todo el estrépito juguetón de una jaula de pájaros del Trópico.

Los ex presidentes de República —generales o doctores que iban a descansar a Europa— le contaban en el puente, con una gravedad napoleónica, los principales hechos de su historia. Los hombres de negocios, al dirigirse a América, le confiaban sus planes estupendos: ríos cambiados de cauce, ferrocarriles a través de la selva virgen, monstruosas fuerzas eléctricas extraídas de cascadas de varios kilómetros de anchura, ciudades vomitadas por el desierto en unas semanas; todas las maravillas de un mundo en la pubertad, que desea realizar cuanto concibe su joven imaginación. Era el demiurgo del pequeño mundo flotante; disponía a su antojo de la alegría y del amor.

En las tardes calurosas de la Línea, le bastaba dar una orden para sacudir la embrutecida modorra de las cosas y los seres. «Que suba la música y que sirvan refrescos.» Y a los pocos minutos giraban las parejas a lo largo de la cubierta, sonreían las bocas, se iluminaba en los ojos un punto brillante de ilusión y de deseo. A sus espaldas sonaba el elogio. Las matronas le encontraban muy distinguido. «Se ve que es persona *bien.*» Camareros y tripulantes hacían una relación exagerada de su riqueza y sus estudios. Algunas jóvenes que navegaban hacia Europa con la imaginación en pleno hervidero novelesco, se contraían decepcionadas al saber que el héroe era casado y tenía un hijo. Las damas solitarias, tendidas en una *chaise longue*, con un volumen en la mano, arreglaban, al verle, la corola de sus faldas, tapándose las piernas con tanta precipitación, que siempre las dejaban más al descubierto. Luego, fijando en él una mirada profunda, iniciaban el diálogo, siempre del mismo modo:

—¿Cómo ha llegado usted a capitán, siendo tan joven?

¡Ah, miseria!... El que había convivido varios años, de un extremo a otro del Atlántico, con un mundo rico, alegre, perfumado, resistiéndose unas veces por prudencia a los caprichos femeniles, entregándose otras con un recato de marino discreto, se veía ahora sin otros admiradores que la vulgarota tribu de los Blanes, sin otras ilusiones que las que le sugería su primo el fabricante, entusiasmado porque los grandes apóstoles del partido se fijaban con cierta simpatía en el capitán.

Todas las mañanas, al despertar, sufría un rudo choque en sus gustos. Lo primero que contemplaba era una habitación «sin personalidad», una vivienda que nada tenía de él, arreglada por las sirvientas con limpieza prolija y falta de lógica, que cambiaba incesantemente el emplazamiento de las cosas.

Recordaba con nostalgia su camarote reducido y ordenado, donde no había un mueble que escapase a su vista ni un cajón cuyo contenido no estuviera en su memoria. Su cuerpo se deslizaba, con el desembarazo de la costumbre, por los desfiladeros del mobiliario. Se había adaptado a todos los ángulos entrantes y salientes, como la carne del molusco se adapta a las sinuosidades internas de sus valvas. El camarote parecía formado con secreciones de su ser: era un caparazón, una concha que iba con él de un extremo a otro de los océanos, caldeándose con las altas temperaturas del

Trópico, cerrándose con un calafateo de cabaña esquimal al aproximarse a los mares fríos.

Le inspiraba un amor semejante al que siente el fraile por su celda; pero esta celda era mundial, y al entrar en ella, después de una noche de tormenta pasada en el puente o de una bajada a tierra en los puertos más diversos, la veía siempre lo mismo, con los papeles y los libros inmóviles sobre la mesa, las ropas colgadas de las perchas, las fotografías fijas en las paredes. Cambiaba el diario espectáculo de mares y tierras, cambiaba la temperatura y el curso de los astros; las gentes, arrebujadas en gabanes invernales, vestían de blanco una semana después y buscaban en el cielo las nuevas estrellas del opuesto hemisferio... y su camarote siempre igual, como si fuese un rincón de un planeta aparte, insensible a las variaciones de este mundo.

Por las mañanas, al despertar en él, se veía envuelto en una atmósfera, verdosa y suave, lo mismo que si hubiese dormido en el fondo de un lago encantado. El Sol trazaba sobre la blancura del techo y de las sábanas una red inquieta de oro, cuyas mallas se sucedían incesantemente: era el reflejo del agua invisible. En la inmovilidad de los puertos entraban por el ventano el chirrido de las grúas, los gritos de los cargadores, las conversaciones de los que ocupaban los botes en torno del trasatlántico. En alta mar era el silencio fresco y rumoroso de la inmensidad lo que llenaba su dormitorio. Un viento de infinita pureza, que venía tal vez del otro lado del planeta, deslizándose miles de leguas por los desiertos salados sin tocar una sola corrupción, resbalaba en la garganta de Ferragut como un vino de gaseosa embriaguez. Su duro costillaje iba dilatándose a impulsos de este trago de vida, mientras sus ojos parpadeaban ante el azul luminoso del horizonte.

En su casa, lo primero que veía al despertar era un edificio catalán, rico y monstruoso, semejante a los palacios que dibujan los hipnotizados en sus ensueños: una amalgama de flores persas, columnas góticas, troncos de árboles con cuadrúpedos, reptiles y caracoles entre follajes de cemento. El adoquinado le enviaba por sus respiraderos la fetidez de unas alcantarillas solidificadas por la escasez de agua; los balcones esparcían el polvo de las alfombras sacudidas; el palacio-quimera se tragaba con una insolencia de rico novel todo el cielo y el Sol que correspondían a Ferragut.

Una noche sorprendió a sus parientes haciéndoles saber que volvía al mar. Cinta asintió con un silencio doloroso a esta resolución, como si la hubiese adivinado mucho antes. Era algo inevitable y fatal que debía aceptar. El fabricante Blanes tartamudeó de asombro. ¡Volver a su vida de aventuras cuando los grandes señores del partido se ocupaban de su persona!... Tal vez en las primeras elecciones le hiciesen concejal.

Ferragut rió de la simpleza de su primo. Quería mandar otra vez un barco, pero suyo, sin tener que sufrir las imposiciones de los armadores. Él podía permitirse este lujo. Sería como un yate enorme, pronto a hacer rumbo a su gusto o su conveniencia y proporcionándole al mismo tiempo cuantiosas ganancias. Tal vez su hijo llegase a ser director de compañía marítima, al convertirse con los años este primer vapor en una flota enorme.

Conocía todos los puertos del mundo, todos los caminos del tráfico, y sabría adivinar los lugares faltos de buques, donde se pagan fletes altos. Hasta ahora había sido un asalariado valeroso y ciego. Iba a empezar su vida de explotador del mar.

Dos meses después escribió desde Inglaterra diciendo que había comprado el *Fingal*, vapor-correo de tres mil toneladas, que hacía el servicio dos veces por semana entre Londres y un puerto de Escocia.

Ulises se mostraba entusiasmado por la baratura de su adquisición. El *Fingal* había sido propiedad de un capitán escocés, que, a pesar de sus largas dolencias, no quiso abandonar nunca el mando, muriendo a bordo de su buque. Los herederos, hombres de tierra adentro, cansados de una larga espera, ansiaban deshacerse de él a cualquier precio.

Cuando el nuevo propietario entró en el salón de popa, rodeado de camarotes —único lugar habitable en este buque de carga—, los recuerdos del muerto salieron a su paso. En los planos de las entrepuertas estaban pintados los héroes de la Ilíada escocesa: el bardo Ossián y su arpa; Malvina la de los redondos brazos y sueltas crenchas de oro; los guerreros bigotudos, con cascos de aletas y salientes bíceps, que se daban cuchilladas en los broqueles, despertando los ecos de los lagos verdes.

Un sillón mullido y profundo abría sus brazos ante una estufa. Allí había pasado sus últimos años el dueño del buque, enfermo del corazón, con las piernas hinchadas, dirigiendo desde su asiento un rumbo que se repetía todas las semanas, a través de las nieblas, a través de las olas invernales que arrastraban pedazos de hielo arrancados a los *icebergs*. Cerca de la estufa había un piano, y sobre su tapa un rimero de partituras amarilleadas por el tiempo: *La sonámbula*, *Lucía*, romanzas de Tosti, canciones napolitanas, melodías fáciles y graciosas que esparcían las viejas cuerdas del instrumento con el timbre frágil y cristalino de una caja de música. El pobre nauta de piernas de piedra tendía su corazón enfermo hacia el mar de la luz. Esta música hacía surgir en medio de los cielos brumosos las colinas de Sorrento, cubiertas de naranjos y limoneros, las costas de Sicilia, perfumadas por una flora ardorosa.

Ferragut tripuló el buque con gente amiga. Su segundo fue un piloto que había empezado su carrera en las barcas de pesca. Era del mismo pueblo de los abuelos de Ulises, y se acordaba del *Dotor* con respeto y admiración. Había conocido a su capitán actual cuando éste era pequeño e iba a pescar con su tío. En dicha época, Tòni era ya marinero en un laúd de cabotaje, superioridad de años que le había autorizado para tutear a Ulises.

Al verse ahora bajo sus órdenes, quiso modificar el tratamiento, pero el capitán no lo consintió. Tòni y él eran tal vez parientes lejanos. Todos los de aquel pueblo de la Marina estaban unidos por largos siglos de existencia aislada y peligros comunes. La tripulación, desde el primer maquinista a los últimos marineros, se mostraba igualmente familiar en su respeto. Unos eran de la misma tierra del capitán, otros habían navegado largamente a sus órdenes.

Ulises conoció como armador un sinnúmero de preocupaciones que no había sospechado antes. Se verificó en él la angustiosa transformación del artista que se convierte en empresario, del literato que se desdobla en editor, del ingeniero dedicado a la fantasía de los inventos que pasa a ser dueño de fábrica. Su amor romántico por el mar y sus aventuras fue acompañado ahora de preocupaciones sobre el precio y el consumo del carbón, sobre la concurrencia rabiosa que hacía bajar los fletes, y la busca de puertos nuevos con carga pronta y remuneradora.

El *Fingal*, que había sido rebautizado por su nuevo propietario con el nombre de *Mare Nostrum*, en memoria de su tío, resultaba una compra dudosa a pesar de su bajo precio. Ulises se había entusiasmado como navegante al ver su proa alta y afilada dispuesta a afrontar los peores mares, su esbeltez de buque veloz, sus máquinas sobradamente poderosas para un vapor de carga, todas las condiciones que le habían hecho servir de correo durante varios años. Consumía demasiado combustible para dedicarse con ganancia al transporte de mercancías. El capitán, durante sus navegaciones, solo pensaba ahora en el alimento de las calderas. Siempre le parecía que *Mare Nostrum* marchaba con excesiva rapidez.

—¡Media máquina! —gritaba por el tubo a su primer mecánico.

Pero a pesar de esta precaución y de otras, el gasto de combustible resultaba enorme al hacer el arqueo de un viaje. El buque consumía todas las ganancias. Su velocidad era insignificante comparada con la de un trasatlántico, pero resultaba absurda en relación con la de los vapores mercantes de gran casco y pequeña máquina que iban solicitando carga a cualquier precio por todos los puntos.

Esclavo de la superioridad de su buque y en continua lucha con ella, Ferragut se esforzó por seguir navegando sin grandes pérdidas. Todas las aguas del planeta vieron a *Mare Nostrum* dedicado a los transportes más raros. Gracias a él ondeó la bandera española en puertos que no la habían visto nunca.

Hizo viajes por los mares solitarios de Siria y Asia Menor, ante costas donde la novedad de un buque con chimenea hacía correr y aglomerarse a las gentes de los aduares. Realizó desembarcos en puertos fenicios y griegos cegados por la arena, que solo conservaban unas cuantas chozas al pie de montones de ruinas. Algunas columnas de mármol se erguían aún como troncos de palmeras desmochadas. Ancló junto a temibles rompientes de la costa occidental de África, bajo un Sol que hacía arder la cubierta, para recibir caucho, plumas de avestruz y colmillos de elefante traídos en largas piraguas por remeros negros. Salían siempre de un río poblado de cocodrilos e hipopótamos, en cuyas orillas alzaba la factoría los conos pajizos de sus techumbres.

Cuando faltaban estos viajes fuera de las rutas ordinarias, *Mare Nostrum* hacía rumbo a América, resignándose a luchar en baratura con ingleses y escandinavos, que son los arrieros del Océano. Su tonelaje y su calado le permitían remontar los grandes ríos de la América del Norte, llegando hasta las ciudades del remoto interior que hacen humear las filas de chimeneas de sus fábricas al borde de un lago dulce convertido en puerto.

Navegó por el rojizo Paraná hasta Rosario y Colastiné, para cargar trigo argentino; fondeó en las aguas de ámbar de Uruguay, frente a Paysandú y Fray Ventos, recibiendo cueros destinados a Europa y carne salada para las Antillas. En el Pacífico remontó el Guayas a través de una vegetación ecuatorial, en busca del cacao de Guayaquil. Su proa cortó la infinita lámina del Amazonas, apartando los troncos gigantescos arrastrados por las inundaciones de la selva virgen, para anclar frente a Pará o frente a Manaos, tomando cargamentos de tabaco y café. Hasta llevó de Alemania pertrechos de guerra para los revolucionarios de una pequeña República.

Estos viajes, que en otro tiempo entusiasmaban a Ferragut, tenían ahora como final una decepción. Después de pagados los gastos y de haber vivido con rabiosa economía, apenas quedaba algo para el armador. Cada vez eran más numerosos los buques de carga y el flete más barato. Ulises, con su elegante *Mare Nostrum*, no podía luchar contra los capitanes septentrionales, alcoholizados y taciturnos, que aceptaban a cualquier precio el llenar sus buques sórdidos, emprendiendo una marcha de tortuga a través de los océanos.

—No puedo más —decía con tristeza a su segundo—. Voy a arruinar a mi hijo. Si me compran *Mare Nostrum*, lo vendo.

En una de sus expediciones infructuosas, cuando sentía mayor desaliento, una noticia inesperada cambió su situación. Acababan de llegar a Tenerife con maíz de la Argentina y fardos de alfalfa seca. Tòni volvió a bordo después de haber legalizado los papeles del buque.

—¡*La guèrra, che!* —gritó en valenciano, la lengua de su intimidad.

Ulises, que se paseaba por el puente, acogió la noticia con indiferencia. «¿La guerra?... ¿Qué guerra era esa?...» Pero al saber que Alemania y Austria habían roto las hostilidades contra Francia y Rusia, y que Inglaterra acababa de intervenir en defensa de Bélgica, el capitán se lanzó a calcular las consecuencias políticas de esta conflagración. No veía otra cosa.

Tòni, menos desinteresado, habló de la suerte futura del buque... ¡Terminada la miseria! Los fletes a trece chelines tonelada de un hemisferio a otro iban a ser en adelante un recuerdo vergonzoso. No tendrían ya que solicitar carga de puerto en puerto como quien pide una limosna. Ahora les tocaba darse importancia, viéndose solicitados por los consignatarios y comerciantes desdeñosos. *Mare Nostrum* iba a valer como si fuese de oro.

Tales predicciones, que Ferragut se resistía a aceptar, empezaron a cumplirse al poco tiempo. Escasearon los barcos en las rutas del Océano. Unos se refugiaban en los puertos neutrales más próximos, temiendo a los cruceros enemigos. Los más eran movilizados por sus gobiernos para los enormes transportes de material que exige la guerra moderna. Los corsarios alemanes, valiéndose de astucias, aumentaban con sus presas el pánico de la marina mercante.

Saltó el precio del flete de trece chelines la tonelada a cincuenta; luego a sesenta, y a los pocos días a ciento. Ya no podía subir más, según el capitán Ferragut.

—Aún subirá —afirmaba el segundo con una alegría cruel—. Veremos la tonelada a ciento cincuenta, a doscientos... ¡Vamos a hacernos ricos!

Y Tòni empleaba el plural al hablar de la futura riqueza, sin que se le ocurriese por un momento pedir a su capitán unos céntimos más sobre los cuarenta y cinco duros que recibía al mes. La fortuna de Ferragut y del buque la consideraba como suya. Se tenía por dichoso siempre que no le faltase el tabaco y pudiera enviar su sueldo íntegro a la mujer y los hijos, que vivían allá en la Marina.

Su ambición era la de todos los navegantes modestos: comprar un pedazo de tierra y hacerse labrador en su vejez. Los pilotos vascos soñaban con praderas y manzanos, una casita en una cumbre, y muchas vacas. Él se imaginaba una viña en la costa, una vivienda blanca con emparrado, a cuya sombra fumaría su pipa, y toda la familia, hijos y nietos, extendiendo la cosecha de pasa sobre los cañizos.

Le unía a Ferragut una admiración familiar, igual a la del antiguo escudero por su paladín, a la de un sargento viejo por un oficial de genio. Los libros que llenaban el camarote del capitán le hacían recordar sus angustias al examinarse en Cartagena para adquirir el título de piloto. Los graves señores del tribunal le habían visto palidecer y balbucear como un niño ante los logaritmos y las fórmulas trigonométricas. A él que le preguntasen sobre casos prácticos, y su pericia de patrón de barca, habituado a todos los peligros del mar, le haría responder con el aplomo de un sabio.

En los trances difíciles —días de tormenta, bajos tortuosos, vecindad de costas traidoras—, Ferragut solo se decidía a descansar cuando Tòni le reemplazaba en el puente. Con él no había miedo a que entrase por descuido la ola de través que barre la cubierta y apaga las máquinas, o que el escollo invisible clavase su colmillo de piedra en el vientre del buque. Seguía junto al timonel el rumbo indicado, inmóvil y silencioso, como si durmiese de pie; pero en el momento oportuno dejaba caer la breve palabra de mando.

Era enjuto de carnes, con la recocida delgadez de los mediterráneos bronceados. El viento salino más que los años había curtido su rostro, frunciéndolo con profundas arrugas. Una coloración caprichosa hacía negro el fondo de estas grietas, mientras que la parte expuesta al Sol parecía lavada por la luz, con tonos más claros. La barba corta y dura se extendía por los surcos y lomas de su piel. Además, tenía pelo en las orejas, pelo en las fosas nasales, anchas y respingadas, prontas a estremecerse en los momentos de cólera o de admiración... Pero esta fealdad disminuía bajo la luz de sus ojos pequeños, con las pupilas entre verdes y aceitosas; unos ojos que miraban dulcemente, con expresión canina de resignación, cuando el capitán se burlaba de sus creencias.

Tòni era «hombre de ideas». Ferragut solo le conocía cuatro o cinco, pero duras, cristalizadas, inconmovibles, como los moluscos que, adheridos a la roca, acaban por convertirse en una excrecencia pétrea. Las había adquirido en veinticinco años de cabotaje mediterráneo, leyendo todos los periódicos de un radicalismo lírico que le salían al encuentro en los puertos. Además, al final de sus viajes estaba Marsella, y en una de sus callejuelas un salón rojo adornado de columnas simbólicas, donde se encontraba con navegantes de todas las razas y todas las lenguas, entendiéndose fraternalmente por medio de signos misteriosos y palabras rituales.

Cuando entraba en un puerto de la América del Sur, después de larga ausencia, admiraba los rápidos adelantos de los pueblos jóvenes: muelles enormes construidos en un año, calles interminables que no existían en el viaje anterior, parques frondosos y elegantes sobre antiguas lagunas desecadas.

—Es natural —afirmaba rotundamente—. Por algo son República.

Al entrar en los puertos españoles, la menor contrariedad en el amarre del buque, una discusión con los empleados oficiales, la falta de espacio para un buen fondeo, le hacían sonreír con amargara. «¡Desgraciado país!... Todo era obra del altar y el trono.»

En el río de Londres o ante los muelles de Hamburgo, el capitán Ferragut se burlaba de su subordinado.

—¡Aquí no hay República, Tòni...! Y sin embargo, esto es algo.

Pero Tòni no se daba por vencido. Contraía el peludo rostro, haciendo un esfuerzo mental para dar forma a sus vagas ideas, vistiéndolas de palabras. En el fondo de estas grandezas presentía una afirmación de sus mismos pensamientos. Al fin se entregaba, desarmado, pero no convencido.

—No sé explicarme: me faltan palabras... Son las gentes las que hacen todo eso.

Al recibir en Tenerife la noticia de la guerra, resumió todas sus doctrinas con el laconismo de un triunfador.

—Hay en Europa demasiados reyes... ¡Si todos los pueblos fuesen Repúblicas!... Esta calamidad había de llegar forzosamente.

Y Ferragut no se atrevió a burlarse esta vez de la simpleza de su segundo.

Toda la gente de *Mare Nostrum* se mostraba entusiasmada por el nuevo aspecto de los negocios. Los marineros, taciturnos en las navegaciones anteriores, como si presintiesen la ruina o el cansancio de su capitán, trabajaban ahora alegremente, lo mismo que si fuesen a participar de las ganancias.

En el rancho de proa se entregaban muchos de ellos a cálculos comerciales. El primer viaje de la guerra equivalía a diez de los anteriores; el segundo tal vez proporcionase ganancia como veinte. Y se alegraban por Ferragut, con el mismo desinterés que su primer oficial, acordándose de los malos negocios de antes. Los maquinistas ya no eran llamados al camarote del capitán para idear nuevas economías de combustible. Había que aprovechar el tiempo, y *Mare Nostrum* iba a todo vapor, haciendo catorce millas por hora, como un buque de pasajeros, deteniéndose únicamente cuando le cerraba el paso un destroyer inglés a la entrada del Mediterráneo, enviándole un oficial para convencerse de que no llevaba a bordo súbditos de los Imperios enemigos.

La abundancia reinaba igualmente entre el puente y la proa, donde estaban la cocina y el alojamiento de los marineros, espacio del buque respetado por todos como dominio incontestable del tío *Caragòl*.

Este viejo apodado «Caracol» —otro amigo antiguo de Ferragut— era el cocinero de a bordo, y aunque no se atrevía a tutear al capitán, como en otros tiempos, la expresión de su voz daba a entender que mentalmente seguía usando de esta familiaridad. Había conocido a Ulises cuando huía de las aulas para remar en el puerto, y él, por el mal estado de sus ojos, acababa de retirarse de la navegación de cabotaje, descendiendo a ser simple lanchero. Su gravedad y su corpulencia tenían algo de sacerdotal. Era el mediterráneo obeso, de cabeza pequeña, cuello voluminoso y triple mentón, sentado en la popa de su barca de pesca como un patricio romano en el trono de la trirreme.

Su talento culinario sufría eclipses cuando no figuraba el arroz como tema fundamental de sus composiciones. Todo lo que este alimento puede dar de sí lo conocía perfectamente. En los puertos del Trópico, los tripulantes, hastiados de bananas, piñas y aguacates, saludaban con entusiasmo la aparición de la gran sartén de arroz con bacalao y patatas o de la cazuela de arroz al horno, con la dorada costra perforada por la cara roja de los garbanzos y el lomo negro de las morcillas. Otras veces, el cocinero, bajo el cielo plomizo de los mares septentrionales, les hacía evocar el recuerdo de la lejana patria dándoles el monástico arroz con acelgas o el mantecoso arroz con nabos y judías.

En los domingos y fiestas de santos valencianos, que eran los primeros del cielo para el tío *Caragòl* —San Vicente Mártir, San Vicente Ferrer, la Virgen de los Desamparados y el Cristo del Grao—, aparecía la humeante *paella*, vasto redondel de arroz, sobre cuya arena de hinchados granos yacían despedazadas varias aves. El cocinero sorprendía a su gente repartiendo cebollas crudas, voluminosas, de acre perfume que arrancaba lágrimas y una blancura de marfil. Eran un regalo de príncipe mantenido en secreto. No había mas que quebrarlas de un puñetazo para que soltasen su viscosidad, y luego se perdían en los paladares como bocados crujientes de un pan dulce y picante, alternando con las cucharadas de arroz. El buque estaba a veces cerca del Brasil, a la vista de Fernando de Noroña, distinguiéndose las chozas cónicas de los negros instalados en la isla bajo un Sol ecuatorial, y los tripulantes creían comer en una barraca de la huerta de Valencia, pasándose de mano en mano el porrón de vino fuerte de Liria.

Cuando anclaban en puertos de pesca abundante, acometía la magna obra de guisar un arroz *abanda*. Los marmitones llevaban a la mesa del capitán la olla donde habían hervido los pescados mantecosos, revueltos con langostas, almejas y toda clase de mariscos. Él se reservaba el honor de ofrecer la gran fuente con su pirámide de arroz dorado y suelto.

Hervido aparte (*abanda*), cada grano estaba repleto del suculento caldo de la olla. Era un arroz que contenía en sus entrañas la concentración de todas las substancias del mar. Como si cumpliese una ceremonia litúrgica, iba entregando medio limón a cada uno de los que ocupaban la mesa. El arroz solo debe comerse luego de humedecerlo con este rocío perfumado, que evoca la imagen de un jardín oriental. Únicamente desconocían esta voluptuosidad los infelices de tierra adentro, que llaman a cualquier rancho arroz a la valenciana.

Ulises asentía a las reflexiones del cocinero, llevándose a la boca la primera cucharada con gesto interrogante... Luego sonreía, sumiéndose en gastronómica embriaguez. «¡Magnífico, tío *Caragòl*!» Su buen humor le hacía afirmar que los dioses solo se alimentaban con arroz *abanda* en su hotel del Olimpo. Lo había leído en los libros. Y *Caragòl*, presintiendo en esto un elogio, contestaba gravemente: «Así es, mi capitán». Tòni y los otros oficiales masticaban con la cabeza baja, interrumpiéndose únicamente para lamentar que el viejo se hubiese quedado corto al medir la ambrosía.

El aceite era para él tan precioso como el arroz. En la época de la navegación miserable, cuando el capitán hacía esfuerzos por conseguir nuevos ahorros, *Caragòl* vigilaba especialmente la gran alcuza de su cocina. Sospechaba que los marmitones y los marineros jóvenes se atusaban el pelo para hacer el majo empleando el aceite como pomada. Toda cabeza que se ponía al alcance de su vista turbia la sujetaba entre sus brazos, llevando a ella las narices. El más lejano perfume del licor de oliva despertaba su cólera. «¡Ah, *lladre!*...» Y dejaba caer su manaza enorme, blanda y pesada como un guantelete de esgrima.

Ulises le creía capaz de subir al puente declarando que la navegación no podía continuar por haberse agotado los odres del líquido color de amatista procedente de la sierra de Espadán.

Sus ojos cegatos reconocían inmediatamente en los puertos la nacionalidad de los buques que fondeaban a ambos costados del *Mare Nostrum*. Su nariz sorbía con tristeza el ambiente. «¡Nada!...» Eran barcos insípidos, barcos del Norte, que hacían su comida con manteca: tal vez barcos protestantes.

Otras veces avanzaba por la borda con lentitud, siguiendo un rastro embriagador, hasta que se colocaba enfrente de la cocina del buque vecino, aspirando su rico perfume. «¡Hola, hermanos!...» Imposible equivocarse. Eran españoles; y si no, procedían de Marsella, de Génova o de Nápoles; en suma, compatriotas que comían y vivían bajo todas las latitudes lo mismo que si estuviesen en su pequeño mar interior. Pronto se entablaban pláticas en el idioma mediterráneo, mezcla de español, de provenzal y de italiano inventada por los pueblos híbridos de la costa de África, desde Egipto a Marruecos. Unas veces se enviaban presentes como los que se cruzan entre tribu y tribu: frutos del lejano país. Otras, enemistados de pronto sin saber por qué, avanzaban los puños sobre las bordas, gritándose insultos en los que reaparecían metódicamente, a cada dos palabras, la Virgen y su santo hijo.

Esta era la señal para que el tío *Caragòl*, alma religiosa, volviese con altivo silencio a su cocina. Tòni, el segundo, se burlaba de sus entusiasmos devotos. La gente de proa, materialista y tragona, le escuchaba en cambio con deferencia, por ser él quien medía el vino y los mejores bocados. El viejo les hablaba del Cristo del Grao, cuya estampa ocupaba el sitio más visible de la cocina, y todos oían como un relato nuevo la llegada por el mar de la santa imagen, tendida sobre una escalera, dentro de un buque que se hizo humo luego de soltar su milagroso cargamento.

Había sido esto cuando el *Grau* no era mas que un grupo de chozas lejos de las murallas de Valencia y amenazado por los desembarcos de los piratas moros. Durante muchos años, *Caragòl* había sacado en hombros y descalzo la sagrada escalera el día de la fiesta. Ahora, otros hombres de mar disfrutaban de tal honor, y él, viejo y cegato, aguardaba entre el público de la procesión para lanzarse sobre la enorme reliquia, pasando sus ropas por la madera.

Todo cuanto llevaba encima estaba santificado por dicho contacto. En realidad, no era gran cosa, pues andaba por el buque ligero de ropa, con el impudor de un hombre que ve mal y se considera más allá de las preocupaciones humanas.

Una camisa con el faldón siempre flotante y unos pantalones de sucio algodón o de bayeta amarilla, según las estaciones, eran su vestimenta. El pecho de la camisa estaba abierto en todo tiempo, dejando ver un matorral de pelos blancos. Los pantalones se sostenían invariablemente con un solo botón, y cuando el viento levantaba la camisa, salía a la luz un nuevo triángulo peludo y blanco, con el vértice hacia arriba, que era continuación del triángulo enmarañado del pecho, con el vértice hacia abajo. Un sombrero de palma cubría su cabeza hasta cuando trabajaba en sus cacerolas.

El *Mare Nostrum* no podía naufragar ni sufrir daño alguno mientras le llevase a él. En días de tormenta, cuando las olas barrían la cubierta de proa o popa y los marineros avanzaban recelosos, temiendo que se los llevase un golpe de mar, *Caragòl* sacaba la cabeza por la puerta de la cocina, despreciando un peligro que no podía ver.

Las trombas de agua pasaban sobre él, yendo a apagar sus fogones, pero esto enardecía su fe. «¡Animo, muchachos!» El Cristo del Grao se ocupaba en protegerles, y nada malo podría ocurrirle al baque... Unos marineros callaban; otros, irritados, se hacían esto y aquello en la imagen y su santa escala, sin que el devoto se indignase. Dios, que envía los peligros al hombre de mar, sabe que sus malas palabras carecen de malicia.

Su religiosidad se extendía a las profundidades. Nada quería decir de los peces del Océano. Le inspiraban la misma indiferencia que aquellos buques fríos y sin perfume que ignoraban el aceite y todo lo guisaban con «pomada». Debían ser herejes.

A los peces del Mediterráneo los conocía mejor, y llegaba a tenerlos por buenos católicos, ya que proclamaban a su modo la gloria de Dios. De pie junto a la borda, en las tardes cálidas del Trópico, contaba, para honra de los habitantes del lejano mar, el portentoso milagro del barranco de Alboraya.

Un sacerdote vadeaba a caballo su desembocadura para llevar el Viático a un moribundo, cuando tropezó la bestia, y abriéndose el copón cayeron las hostias, siendo arrastradas por la corriente. Desde entonces brillaron todas las noches luces misteriosas en el mar, y a la salida del Sol un enjambre de pececillos venía a situarse frente al barranco, emergiendo sus cabezas del agua para mostrar la hostia que cada uno de ellos llevaba en la boca. En vano quisieron los pescadores quitárselas. Huían mar adentro con su tesoro. Solo cuando llegó el clero con cruz alzada y el mismo sacerdote se metió en el barranco hasta las rodillas, se decidieron a acercarse, y uno tras otro fueron depositando su hostia en el copón, retirándose luego, de ola en ola, moviendo graciosamente sus colitas.

A pesar de la vaga esperanza de un porrón de vino extraordinario que animaba a los más de los oyentes, un murmullo de incredulidad surgía al final del relato. El devoto *Caragòl* era iracundo y malhablado como un profeta cuando consideraba en peligro su fe. «¿Quién era el hijo de pulga que se atrevía a dudar de lo que él había visto?...» Y lo que él había visto era la fiesta de los *peixets*, que se celebraba todos los años, oyendo a doctísimos varones el relato del milagro en la capilla conmemorativa edificada al borde del barranco.

Este prodigio de los pescaditos iba seguido casi siempre de lo que él llamaba el milagro del *peixòt*, pretendiendo con el peso del tal pescadote aplastar las dudas de la impiedad.

La galera de Alfonso V de Aragón —el único rey marino de España— chocaba al salir del golfo de Nápoles con un peñasco oculto, cerca de la isla de Capri. Se partía un costado de la nave, sin que ésta hiciese agua, y seguía navegando a velas desplegadas, con el rey, las damas de su corte y el séquito de barones cubiertos de hierro. Veinte días después llegaban a Valencia sanos y salvos, como todo navegante que en momentos de peligro pide auxilio a la Virgen del Puig. Al registrar los maestros calafates el casco de la galera, veían a un pescado enorme desprenderse de su fondo con la tranquilidad de una persona honrada que ha cumplido su deber. Era un delfín enviado por la Santísima Señora para que pegase su lomo a la brecha abierta. Y así, como un tapón, había navegado de Nápoles a Valencia, sin dejar pasar una gota de agua.

El cocinero no admitía críticas y protestas. Este milagro era innegable. Él lo había visto con sus ojos cuando estaban buenos; lo había visto en un cuadro antiguo del monasterio del Puig, y todo aparecía en la tabla con el relieve de la verdad: la galera, el rey, el *peixòt*, y la Virgen en lo alto dándole la orden.

La brisa levantaba el faldón del narrador, apareciendo su abdomen partido en dos hemisferios por la tirantez del botón único.

—Tío *Caragòl*, ¡que se le escapa! —avisaba una voz burlona.

El santo hombre sonreía con la calma seráfica del que se ve más allá, de las pompas y vanidades de la existencia.

—Déjalo: ya no vuela.

Y emprendía el relato de un nuevo milagro.

Ferragut asimilaba estas exaltaciones del cocinero a su ligereza de ropa en todo tiempo. Ardía en su interior un fuego incesantemente renovado. En los días brumosos subía al puente con unos vasos de bebida humeante que él llamaba *calentets*. Nada mejor para los hombres que habían de pasar largas horas a la intemperie, en inmóvil vigilancia. Era café mezclado con aguardiente de caña, pero en desiguales proporciones, siendo más el alcohol que el líquido negro. Tòni bebía rápidamente todos los vasos ofrecidos. El capitán los rechazaba, pidiendo café puro.

Su sobriedad era la del antiguo nauta: la sobriedad del padre Ulises, que mezclaba el vino con agua en todas sus libaciones. Las divinidades del viejo mar no amaban las bebidas alcohólicas. Anfitrita y las nereidas solo aceptaban en sus altares frutos de la tierra, sacrificios de palomas, libaciones de leche. Tal vez a causa de esto los marineros del Mediterráneo, siguiendo una preocupación hereditaria, veían en la embriaguez el más vil de los rebajamientos. Los que no eran sobrios evitaban emborracharse francamente como los marineros de otros mares, disimulando la rudeza del brebaje alcohólico con el café o con el azúcar.

Caragòl era el encargado de beberse todos los «calentitos» despreciados por el capitán, con otros más que se dedicaba a sí mismo en el misterio de la cocina. En los días calurosos confeccionaba *refresquets*, y estos «refrescos» eran vasos enormes, mitad de agua, mitad de caña, sobre un grueso lecho de azúcar, mixtura que hacía pasar fulminantemente, sin gradaciones, de la vulgar serenidad a una angélica embriaguez.

El capitán le reñía al ver sus ojos inflamados y enrojecidos. Iba a quedarse ciego... Pero él no se conmovía ante la amenaza. Necesitaba celebrar a su modo la prosperidad del buque. Y de esta prosperidad, lo más interesante para él era poder abusar del aceite y de la caña, sin miedo a recriminaciones en el momento de las cuentas. ¡Cristo del Grao, que durase siempre la guerra!...

El tercer viaje de la América del Sur a Europa vino a terminarlo el *Mare Nostrum* en Nápoles, donde desembarcó trigo y cueros. Una colisión a la entrada del puerto con un buque-hospital inglés que iba a los Dardanelos abolló su popa, rompiéndole además una aleta de la hélice.

Tòni rugió de impaciencia al enterarse de que tendrían que permanecer cerca de un mes en forzosa inmovilidad. Italia no había intervenido aún en la guerra, pero sus precauciones defensivas acaparaban todas las industrias navales. No era posible hacer antes la reparación. Ferragut calculó lo que representaba para sus negocios esta pérdida de tiempo. Le esperaban valiosos fletes en Marsella y Barcelona. Pero queriendo tranquilizarse a sí mismo y aplacar a su segundo, repetía muchas veces:

—Inglaterra nos indemnizará... Los ingleses son generosos.

Y para adormecer su impaciencia, se trasladaba a tierra.

Nápoles no le parecía gran cosa al compararla con otras ciudades célebres italianas. Su verdadera belleza era el golfo inmenso, entre colinas de naranjos y pinos, con un segundo marco de montañas, una de las cuales extendía sobre el azul del cielo su eterna cimera de vapores volcánicos.

El caserío no abundaba en edificios famosos. Los monarcas de Nápoles habían sido las más de las veces extranjeros que residían lejos y gobernaban por delegación. Las mejores calles, los palacios, las fontanas monumentales, procedían de los virreyes españoles. Un soberano de origen mixto. Carlos III, castellano de nacimiento y napolitano de corazón, había hecho lo mejor de la ciudad. Sus entusiasmos de constructor embellecían aún los barrios antiguos con obras semejantes a las que había levantado años después en España al ocupar su trono.

Luego de admirar en los museos la estatuaria griega y los objetos desenterrados que revelaban la vida íntima de los antiguos, corrió Ulises las arterias tortuosas y muchas veces sombrías de los barrios populares.

Eran calles en pendiente, formando rellanos, flanqueadas de casas estrechas y altísimas. Todos los huecos tenían balcones, y de una baranda a la de enfrente se tendían cuerdas, empavesadas con ropas de diversos colores puestas a secar. La fecundidad napolitana hacía hervir de gentío estas callejuelas. En torno de las cocinas al aire libre se agolpaban los clientes, comiendo de pies los macarrones hervidos o los pedazos de carne.

Anunciaban los vendedores sus géneros con pregones melódicos semejantes a romanzas, y de los balcones bajaban a su encuentro cordeles rematados por castillos. Los regateos y compras eran desde el fondo de la calle-zanja a los séptimos pisos. En cambio, los rebaños de cabras subían las escaleras tortuosas, con la agilidad de la costumbre, para dejarse vaciar las ubres en todas las mesetas.

Los muelles de la Marinela atraían al capitán por su «color» de puerto mediterráneo. La unidad italiana había derribado y reconstruido mucho, pero aún quedaban en pie varias filas de casitas, bajas de techo, con la fachada blanca o rosada, las puertas verdes y el piso bajo más avanzado que el superior, sirviendo de sostén a una galería con balaustres de madera. Todo lo que en ellas no era ladrillo era carpintería gruesa, igual al trabajo de los calafates. El hierro no existía en estas construcciones terrestres que recordaban el buque de vela. Las piezas eran oscuras como camarotes. Por las ventanas se veían grandes caracolas de mar sobre las cómodas, cuadros de pintura dura y pueril representando fragatas, conchas multicolores traídas de lejanos mares.

Estas viviendas se repetían en todos los puertos del Mediterráneo, como si fuesen obra de la misma mano. Ferragut las había visto de niño en el Grao de Valencia, y todavía las encontraba en la Barceloneta, en los suburbios de Marsella, en la Niza vieja, en los puertos de las islas occidentales, en las marinas de la costa africana ocupadas por malteses y sicilianos.

Sobre el caserío alineado a lo largo de la Marinela, las iglesias de Nápoles asomaban sus cúpulas y torres con tejas barnizadas, verdes y amarillas. Más que techos de templos cristianos, parecían remates de baños orientales.

Ya no existía el *lazarone* descalzo y con gorro rojo, pero la muchedumbre —vestida como los trabajadores de todos los puertos— se aglomeraba aún en torno del cartelón pintarrajeado que representaba un crimen, un milagro o un específico prodigioso, escuchando en silencio el relato del narrador o el charlatán. Los viejos recitantes populares declamaban con heroicos manoteos las octavas épicas del Tasso. Sonaban arpas y violines acompañando la última romanza que Nápoles había puesto de moda en el mundo entero. Los puestos de los ostricarios esparcían un perfume orgánico de ola muerta. En torno de ellos, las conchas vacías de las ostras destacaban sobre el barro los redondeles de su cal nacarada.

Junto a la antigua Capitanía del puerto —palacete de Carlos III, blanco y azul, con una imagen de la Inmaculada— se aglomeraban los carros del desembarque. Ferragut los encontraba lo mismo que años antes, con sus tiros de híbrida originalidad. Las varas estaban ocupadas por un buey blanco, lustroso, con cuernos enormes y muy abiertos, un animal semejante a los que figuraban en las ceremonias religiosas de los antiguos. A su derecha iba enganchado un caballo, a su izquierda un asno grande y enjuto. Y este triple y discordante enganche se repetía en todos los carros inmóviles ante los buques a lo largo de los muelles o volteando sus pesadas ruedas por la pendiente que conduce a la ciudad alta.

A los pocos días, el capitán se sintió fatigado de Nápoles y su bullicio. En los cafés de la calle de Toledo y de la Galería de Humberto I tenía que defenderse de unos mozos inquietantes, con chaleco de gran escote, corbata de mariposa y un pequeño fieltro ladeado sobre las guedejas, que le proponían en voz baja espectáculos inauditos organizados para recreo de los extranjeros.

Bastante había visto también las pinturas y objetos domésticos de las ciudades antiguas desenterradas. Las lubricidades del gabinete secreto acababan por irritarle. Le parecía un recreo de invertido contemplar tantas fantasías pueriles de la escultura y la pintura teniendo el falo como personaje principal...

Una mañana tomó el tren, y luego de faldear la montaña humeante del Vesubio, pasando entre pueblos de color de rosa circundados de viñas, bajó en una estación: Pompeya.

De los hoteles y restoranes, en fúnebre soledad, surgieron los guías como un enjambre de avispas súbitamente despertadas. Se lamentaban de la guerra, que había cortado la circulación de viajeros. Él era tal vez el único que iba a llegar en todo el día. «¡Señor, a cualquier precio!...» Pero el marino siguió adelante. Siempre, al acordarse de Pompeya, había formulado el deseo de volver a verla solo, absolutamente solo, para recibir una impresión directa de la vida antigua.

Su primera visita había sido diecisiete años antes, cuando era piloto de un velero catalán, surto en el puerto de Nápoles, aprovechando la baratura de precios de un domingo. Todo lo había visto confundido en un grupo que se empujaba y pisaba por escuchar al guía de más cerca.

Al frente de la expedición iba un sacerdote joven y elegante, un monseñor romano vestido de seda, y con él dos damas extranjeras y guapetonas, que se plantaban en los lugares más altos, teniendo sus faldas algo levantadas por miedo a las salamanquesas que serpenteaban en las ruinas. Ferragut, con la humildad de la admiración, se quedaba siempre abajo, viéndolo todo al través de sus piernas. «¡Ay! ¡veintidós años!...» Luego, cuando oía hablar de Pompeya, se verificaba en su memoria una superposición de imágenes: «Muy hermoso, muy interesante». Veía las calles, los palacios, los templos, pero en segundo término, como un fondo esfumado, mientras se destacaban en primera línea cuatro piernas magníficas, una columnata humana de fustes esbeltos forrados en seda negra que transparentaba la blancura de la carne.

La soledad tantas veces deseada para su segunda visita le salió al encuentro. La ciudad muerta no tenía otros ruidos que el aleteo de los insectos sobre las plantas, que empezaba a vestir la primavera, y el correteo invisible de los reptiles bajo las capas de hiedra.

En la Puerta Herculana, el guardián del pequeño museo dejó que Ferragut examinase en paz los vaciados de los cadáveres seculares: varios pompeyanos de yeso en la actitud del terror en que los había sorprendido la muerte. No abandonó la silla para molestarle con sus explicaciones; apenas levantó los ojos del diario que tenía delante. Le absorbían las noticias de Roma, las intrigas de los diplomáticos alemanes, la posibilidad de que Italia entrase en la guerra.

Luego, en las calles solitarias, el marino tropezó con la misma preocupación. Retumbaban sus pasos bajo la luz del Sol con una sonoridad igual a la de los subterráneos de huecas tumbas. Al detenerse, renacía el silencio: «un silencio de dos mil años», según pensaba Ferragut. Y en este silencio antiguo sonaban voces lejanas con la violencia de una agria discusión. Eran los guardianes y los empleados de las excavaciones, que, faltos de trabajo, gesticulaban y se insultaban en sus asientos de veinte siglos, profundamente separados por el entusiasmo patriótico o el miedo a los horrores de la guerra.

Ferragut, con el plano en la mano, pasó ante estos grupos, sin que nadie se levantase para guiarle. Durante dos horas pudo creerse un vecino de la antigua Pompeya que había quedado solo en la ciudad en un día de fiesta dedicado a las divinidades campestres. Su mirada iba hasta el último extremo de las rectas calles, sin tropezar con personas ni cosas que le recordasen los tiempos modernos.

Pompeya le pareció más pequeña en esta soledad. Era un cruzamiento de vías estrechas con altas aceras pavimentadas de bloques poligonales de lava azul. En sus intersticios formaba la fecundidad primaveral apretados cordones de hierba moteados de florecillas. Carruajes milenarios, de los que no quedaba ni el polvo, habían abierto con sus ruedas profundos relejes en este pavimento. En todas las encrucijadas se encontraba una fuente pública con un mascarón que había arrojado agua por su boca.

Ciertos letreros rojos de las paredes eran anuncios de elecciones verificadas en los principios de la era actual: candidaturas de edil o de diunviro que se recomendaban a los electores pompeyanos. Unas puertas ostentaban el falo, para conjurar el mal de ojo; otras un par de serpientes enroscadas, símbolo de la vida familiar. En los rincones de las callejuelas, un verso latino grabado en el muro rogaba al transeúnte que se abstuviese de sucios desahogos. Vivían aún en las paredes de estuco caricaturas y monigotes, obra de los pilluelos del siglo de César.

Las casas estaban construidas a la ligera sobre un suelo en el que se habían sucedido los temblores, hasta la llegada de la catástrofe final. Solo tenían de ladrillos o de cemento el piso bajo. Los otros eran de maderas, y habían sido devorados por el fuego volcánico, quedando únicamente las escaleras.

En esta ciudad graciosa, de vida amable y fácil, más griega que romana, todos los pisos bajos de las casas plebeyas habían estado ocupados por pequeños comercios. Eran tiendas con la puerta del mismo tamaño que el establecimiento: cuevas cuadradas, iguales a las de los zocos árabes, que dejan ver hasta sus últimos rincones al comprador detenido en la calle. Muchas guardaban aún sus mostradores de piedra y sus tinajas de barro. Los edificios particulares carecían de fachada. Sus muros exteriores eran lisos, inabordables, con algún que otro tragaluz enrejado y alto, lo mismo que en los palacios de Oriente. La puerta se asemejaba a un portillo de escape; toda la vida estaba vuelta hacia el interior, afluyendo las riquezas y magnificencias al patio central, adornado con piscinas, estatuas y arriates de flores.

El mármol era raro. Las columnas, construidas con ladrillos, estaban cubiertas de un estuco que ofrecía su superficie a la pintura. Pompeya había sido una ciudad policroma. Todas las columnas, rojas o amarillas, tenían capiteles de diversos colores. Predominaba en los muros el negro charolado con el rojo y el ámbar, ocupando su centro un pequeño cuadro, las más de las veces erótico. En los frisos cabalgaban amores y tritones entre emblemas campestres y marítimos.

Cansado de su excursión por la muerta ciudad, Ferragut se sentó en un banco de piedra entre las ruinas de un templo. Miraba el plano puesto sobre sus rodillas, saboreando los títulos con que habían sido designadas las construcciones más interesantes a causa de un mosaico o de una pintura: villa de Diómedes, casa de Meleagro, de Adonis herido, del Laberinto, del Fauno, del Muro Negro. Los nombres de las calles no eran menos interesantes: vía de las Termas, vía de las Tumbas, vía de la Abundancia, vía de los Teatros.

Un ruido de pasos hizo levantar la cabeza al marino. Dos señoras marchaban precedidas por un guía. Eran de alta estatura y andar firme. Llevaban el rostro cubierto con el velo del sombrero y otro velo más grande cruzaba sus espaldas, sostenido por los brazos a guisa de chal. Ferragut adivinó una diferencia importante en las edades de las dos. La más gruesa se movía con disimulada pesadez. Su paso era vivo, pero apoyaba en el suelo con cierta autoridad sus pies voluminosos, calzados ampliamente y con tacones bajos. La joven, más alta y esbelta, caminaba a pequeños saltos, como un ave que solo sabe volar, contoneándose sobre sus empinados talones.

Las dos miraron con inquietud a este hombre que surgía inesperadamente entre las ruinas. Mostraban el aire preocupado y temeroso del que va a un lugar prohibido o medita una mala acción. Su primer movimiento fue de retroceso; pero el guía continuó impasible su camino, y acabaron por seguirle.

Ferragut sonrió. Sabía adónde iban. La callejuela de los Lupanares estaba próxima. El guardián abriría una puerta, quedándose luego en acecho, con dramática ansiedad, como si expusiera su empleo por esta complacencia a cambio de una propina. Y las dos señoras iban a ver unas pinturas borrosas que demuestran cómo no hay nada nuevo y original en este mundo: figuras amarillentas y desnudas, iguales a primera vista, sin otra novedad que el exagerado abultamiento del sexo diferencial.

Media hora después, Ulises abandonó su banco con las ojos fatigados por la inmovilidad severa de las ruinas. En la calle de las Termas volvió a visitar la casa del poeta trágico; luego admiró la de Pansa, la más grande y lujosa de la ciudad. Este Pansa había sido, indudablemente, el burgués más ostentoso de Pompeya. Su vivienda ocupaba toda una ínsula. El *xystos*, jardín adosado a la casa, había sido replantado con una vegetación griega de cipreses y laureles entre cuadros de rosas y violetas.

Al seguir el muro exterior del jardín, Ferragut encontró a las dos señoras. Contemplaban las flores a través de los barrotes de una puerta. La más joven expresaba en inglés su admiración por unas rosas que balanceaban su púrpura en torno del pedestal de un viejo fauno.

Ulises experimentó un irresistible deseo de mostrarse intrépido y galante. Quiso interesar a las dos extranjeras con un homenaje teatral. Sintió esa necesidad de llamar la atención con algo gallardo y atrevido que agita a todo español lejos de su patria.

Con una agilidad de trepador de arboladuras, salvó de un salto la tapia del jardín. Las dos señoras dieron un grito de sorpresa, como si presenciasen algo inaudito. Esta audacia pareció trastornar las ideas de la más vieja, acostumbrada a la vida en pueblos disciplinados que respetan duramente todas las prohibiciones establecidas. Su primer movimiento fue de fuga, para no verse complicadas en el atentado de este desconocido. Pero a los pocos pasos se detuvieron. La más joven sonreía mirando a la tapia, y al reaparecer sobre ella el capitán, casi palmoteó de entusiasmo, como si celebrase una arriesgada suerte de gimnasia.

El marino las creía inglesas, y habló en su idioma al entregarlas las dos rosas que llevaba en la mano. Eran unas flores como todas, nacidas en una tierra igual a las otras tierras; pero el marco de las tapias milenarias, la vecindad de los cubículos y *taberne* de la casa edificada por Pansa en tiempo de los primeros Césares, les daban el mismo interés que si fuesen rosas de dos mil años, milagrosamente conservadas.

La más grande y lozana se la dio a la joven, y ella la aceptó sonriendo, como algo que le correspondía indiscutiblemente. Su compañera, una vez pasada la primera impresión del regalo, mostró impaciencia por alejarse de este desconocido. «¡Gracias... gracias!» Y empujó a la otra, que aún no había terminado su sonrisa, marchándose las dos precipitadamente. Una esquina adornada con una fuente las ocultó a los pocos pasos.

Cuando Ulises, después de un ligero almuerzo en el restorán Diómedes, llegó corriendo a la estación, el tren iba a partir. Deseaba ver Salerno, célebre en la Edad Media por sus médicos y sus navegantes, y a continuación los templos ruinosos de Pestum. Al subir en el primer vagón que encontró al paso, le pareció ver los velos de las dos señoras desapareciendo detrás de una portezuela que se cerraba.

En la estación de Salerno volvió a columbrarlas ocupando un carruaje de alquiler que se perdía en una calle próxima. Luego, en el resto de la tarde, se tropezó con ellas forzosamente, por la atracción que sufren los viajeros dentro de una ciudad pequeña.

Se encontraron en el puerto, mortalmente amenazado por las barras de movible arena; se vieron en los jardines cercanos al mar, junto al monumento de Pisicane, el romántico duque de San Juan, un precursor de Garibaldi, muerto en plena juventud por la libertad de Italia.

La joven sonreía al encontrarle. Su compañera pasaba adelante, con la mirada vaga, queriendo ignorar su presencia.

En la noche se vieron a más corta distancia. Vivían en el mismo hotel, un alojamiento igual a todos los de los pequeños puertos, con excelente comida y dormitorios inmundos. Sus mesas estaban próximas, y Ferragut, después de un saludo fríamente contestado, pudo contemplar a las dos señoras, que hablaban poco y en voz baja, temiendo ser escuchadas por el vecino.

Al ver a la de más edad con el rostro libre de velos, no sufrió ninguna decepción. Su enemiga tal vez habría perturbado en otro tiempo la tranquilidad de los hombres, pero ahora podía continuar impunemente sus gestos hostiles y alojadores: el capitán no pensaba entristecerse por ello.

Debía estar más allá de los cuarenta años. Sus carnes abundantes guardaban cierta frescura, obra de los cuidados higiénicos y los ejercicios gimnásticos. En cambio, su rostro, de blanca piel, transparentaba una inundación subcutánea amarillenta, que parecía formada con olas de salvado.

Sobre la antigua cabellera, de un tono rojo, se amontonaban los rizos artificiales ocultando calvicies y canas. Sus pupilas, verdes, tenían la opacidad calmosa de los ojos bovinos cuando quedaban libres de unos lentes de miope. Pero apenas estos cristales montados en oro se interponían entre ella y el mundo exterior, las dos gotas glaucas tomaban una agudeza perforadora de personas y objetos. Otras veces esparcían en torno un vacío altivo y glacial, semejante al círculo que traza una espada.

La joven era menos adusta. Parecía sonreír con las comisuras de sus ojos, mientras estaba medio vuelta de espaldas a Ferragut, agradeciendo su admiración muda y escrutadora. Llevaba la cabellera en desorden, como una mujer que no teme las indiscreciones de su peinado y deja que surjan bajo el sombrero las mechas serpenteantes con toda su rebeldía natural.

Era de un rubio ceniciento y suave; un color discreto que desentonaba con el resto de su persona, hecha de rudos contrastes. Los ojos, negros, grandes, abiertos en forma de almendra, parecían de una bailarina oriental, y aún estaban prolongados por hábiles retoques de sombra, que aumentaban la seductora desarmonía con el oro apagado de su cabellera.

La blancura de su cutis se delataba al avanzar un brazo fuera de la manga o al entreabrirse el escote; pero esta blancura estaba borrada en el rostro por una máscara rojiza. Su belleza vigorosa arrostraba sin miedo el Sol y el hálito del mar. Un triángulo escarlata cortaba la dulce curva de su pecho, marcando el escote del vestido. Sobre esta carne algo tostada por el Sol una fila de perlas extendía sus gotas de luz lunar. Más arriba, en el rostro oscurecido por la intemperie, entreabría la boca sus dos valvas de escarlata con una sonrisa audaz y serena, dejando escapar el reflejo de los dientes, hermosos y agresivos.

Ferragut, al mirarla, repasó su pasado, sin encontrar una sola mujer que pudiera compararse con ella. El lejano perfume de su persona y su elegante gallardía le recordaban a ciertas señoras que viajaban solas cuando él era capitán de trasatlántico. ¡Pero habían sido tan rápidos estos conocimientos y estaban tan lejanos!... Nunca, en su historia de vagabundo mundial, tendría la fortuna de conseguir una mujer como ésta.

Al cruzarse una vez más la mirada de ella con la de Ferragut, éste creyó sentir el golpe en el corazón y el relampagueo en el cerebro que acompañan a un descubrimiento fulminante e inesperado... Conocía a aquella mujer; no recordaba dónde la había visto, pero estaba seguro de conocerla.

El rostro no decía nada a su memoria, pero aquellos ojos se habían encontrado otras veces con los suyos. En vano reflexionó, concentrando su pensamiento. Y lo más bizarro fue que, por una misteriosa percepción, tuvo la certeza de que ella había hecho a la vez la misma descubierta. También le había reconocido, y se esforzaba visiblemente por darle un nombre y un lugar en su memoria. No había mas que ver la frecuencia con que volvía hacia él los ojos; su nueva sonrisa, más confiada y espontánea, como si fuese dedicada a un amigo antiguo.

De no estar presente la compañera, se habrían aproximado sin esfuerzo, instintivamente, como dos curiosidades inquietas que necesitan una explicación. Pero los lentes de oro brillaban autoritarios y hostiles, interponiéndose entre los dos. Varias veces habló la gruesa señora en un idioma que llegaba a Ferragut confusamente, y que no era el inglés. Y apenas terminada la comida desaparecieron, lo mismo que en la calle de Pompeya: la mayor imponiendo su voluntad a la otra.

Volvieron a encontrarse a la mañana siguiente en la estación de Salerno, dentro de un vagón de primera clase. Iban, sin duda, con el mismo destino. Al iniciar Ferragut un saludo, la dama hostil se dignó contestarle, mirando luego a su compañera con expresión interrogante. El marino adivinó que durante la noche habían hablado de su persona, mientras él, bajo el mismo techo, pugnaba inútilmente antes de dormirse por concentrar sus recuerdos.

No supo con certeza cómo se inició la conversación. Se vio de pronto hablando con la más joven en inglés, lo mismo que en la mañana anterior. Ella, con la audacia del que desea terminar pronto una situación equívoca, le preguntó si era marino. Y al recibir una respuesta afirmativa, preguntó de nuevo para saber si era español.

—Sí, español.

La contestación de Ferragut fue seguida de una mirada de triunfo de la joven a su acompañante. Esta pareció dilatarse a impulsos de la confianza, perdiendo su encogimiento hostil. Y sonrió por primera vez al capitán, con su boca de un rosa azulado, con sus mejillas blancas espolvoreadas de amarillo y sus cristales de fosforescente resplandor.

Mientras tanto, la joven hablaba y hablaba, satisfecha de la potencia extraordinaria de su memoria.

Había viajado por todo el mundo, sin olvidar uno solo de los lugares vistos; podía repetir los títulos de los ochenta grandes hoteles en que se alojan los que dan la vuelta a la tierra. Al encontrarse con un antiguo compañero de viaje reconocía inmediatamente su rostro, por corta que hubiese sido la visión, y muchas veces recordaba su nombre. Esto último era lo que la hacía reflexionar, frunciendo las cejas y contrayéndose con un esfuerzo mental.

—¿Usted se llama capitán...? ¿usted se llama...?

Y de pronto sonrió, dando fin a sus dudas.

—Usted se llama —dijo resueltamente— el capitán Ulises Ferragut.

Paladeó con largo y risueño silencio el asombro del marino. Luego, como si se apiadase de su estupefacción, dio nuevas explicaciones. Había hecho un viaje de Buenos Aires a Barcelona en el trasatlántico mandado por él.

—Esto fue hace seis años —añadió—. No; hace siete.

Ferragut, que había sido el primero en presentir un conocimiento anterior, no llegaba a dar un nombre y un estado a esta mujer entre las innumerables pasajeras que llenaban su recuerdo. Sin embargo, creyó necesario mentir por galantería, afirmando que se acordaba de ella.

—No, capitán; usted no puede acordarse de mí. Yo iba con mi marido y usted no me miró nunca. Todas sus atenciones eran en aquel viaje para una viuda brasileña muy hermosa.

Dijo esto en español, un español suave, de tono cantante, aprendido en América, al que comunicaba cierto atractivo infantil su acento extranjero. Luego añadió con coquetería:

—Le conozco, capitán. ¡Siempre el mismo!... Lo de la rosa de Pompeya estuvo muy bien... Fue digno de usted.

Al verse olvidada la grave señora de los lentes, sin poder entender una palabra del nuevo idioma empleado en la conversación, habló en voz alta, mostrando las córneas de sus ojos vueltas hacia arriba por el entusiasmo.

—¡Oh, España! —dijo en inglés—. ¡Tierra de caballeros!... ¡Cervantes!... ¡Lope!... ¡El Cid!...

Se detuvo, buscando algo más. De pronto agarró un brazo del marino y le gritó con energía, como si acabase de hacer un descubrimiento por la portezuela del coche: «¡Calderón de la Barca!». Ferragut saludó. «Sí, señora.» La joven, después de esto, creyó necesario presentar a su compañera.

—La doctora Fedelmann... Una sabia en filología y en letras.

Ferragut, luego de estrechar la gruesa mano de la doctora, se lanzó indiscretamente a pedir informes.

—¿La señora es alemana? —dijo a la joven en español.

Los lentes de oro parecieron adivinar la pregunta, enviando un brillo inquieto a su acompañante.

—No —dijo ésta—. Mi amiga es rusa; mejor dicho, polaca.

—¿Y usted, también es polaca? —continuó el marino.

—No; yo soy italiana.

A pesar de la seguridad con que dijo esto, Ferragut sintió la tentación de gritar: «¡Mentira!...». Luego se quedó contemplando sus ojos audaces, rasgados y negros, fijos en él. Empezó a dudar... Tal vez decía verdad.

Otra vez se sintió atraído por el palabreo de la doctora. Hablaba en francés, repitiendo sus elogios a la patria de Ferragut. Podía leer el castellano en las obras clásicas, pero no se atrevía a hablarlo. ¡Ah, España! ¡País de nobles tradiciones!... Y como si necesitase dar relieve a estos elogios con un rudo contraste, torció el gesto, hasta tomar una expresión colérica.

El tren corría por la costa, teniendo a un lado el desierto azul del golfo de Salerno y al otro las montañas rojas y verdes, manchadas de blanco por aldeas y caseríos. Todo lo abarcó la doctora con sus vidrios fulgurantes.

—¡País de bandidos! —dijo mostrando el puño—. ¡Tierra de mandolinistas, sin palabra y sin gratitud!...

La joven rió de esta cólera, con el regocijo de un pensamiento ligero en el que no son durables las impresiones y que considera sin importancia todo lo que no atañe directamente a su egoísmo.

Por algunas palabras de las dos señoras sacó Ulises en consecuencia que vivían antes en Roma y hacía poco tiempo que estaban en Nápoles, tal vez contra su voluntad. La joven conocía el país, y su compañera aprovechaba este viaje forzoso para ver lo que tantas veces había admirado en los libros.

Bajaron los tres en la estación de Battipaglia para tomar el tren de Pestum. Era una espera algo larga, y el marino las invitó a entrar en el restorán, barracón de madera impregnado de un doble olor de resina y de vino.

Esta vivienda evocó en la memoria de Ferragut y de la joven el recuerdo de las casas improvisadas en los desiertos de la América del Sur, y otra vez volvieron a hablar de su viaje oceánico. Ella quiso al fin satisfacer la curiosidad del capitán.

—Mi marido era un profesor, un sabio como la doctora... Estuvimos un año en Patagonia haciendo exploraciones científicas.

Había arrostrado el viaje por un océano de llanuras desiertas que se iba dilatando así como avanzaba la expedición; había dormido en ranchos cuyos techos derramaban insectos sanguinarios; había pasado a caballo por remolinos de tierra que la sacaban de la silla; había sufrido el tormento de la sed y del hambre en un extravío de ruta y pasado las noches a la intemperie, sin otra cama que el poncho y los arreos de la cabalgadura. Así llegaron a explorar los lagos de los Andes, entre Argentina y Chile, que guardan en su intacta soledad el misterio de los primeros tiempos de la creación.

Los vagabundos de estas tierras vírgenes, pastores y bandidos, hablaban de gigantescos animales entrevistos al anochecer en las orillas de los lagos, devorando de un golpe praderas enteras; y el doctor, como otros muchos sabios, había creído en la posibilidad de encontrar un superviviente prehistórico, una bestia de los rebaños monstruosos anteriores al hombre retardada en este paraje inexplorado del planeta.

Vieron esqueletos de docenas de metros de longitud en los desmoronamientos de la Cordillera, agitada frecuentemente por cataclismos volcánicos. Los guías les enseñaron en las inmediaciones de los lagos pieles de reses devoradas, enormes montones de materia seca que parecían excrementos de monstruo. Pero por más que batieron las soledades, no pudieron encontrar ningún descendiente vivo de la fauna prehistórica.

El marino la escuchó distraídamente, pensando en algo que atenaceaba su curiosidad.

—¿Y usted cómo se llama? —dijo de pronto.

Las dos mujeres rieron de esta pregunta, que resultaba cómica por lo inesperada.

—Llámeme Freya. Es un nombre de Wagner. Significa la Tierra y al mismo tiempo la Libertad... ¿Le gusta a usted Wagner?

Y antes de que pudiera contestar, añadió en español, con un acento criollo y entornando los ojos:

—Llámeme, si quiere, «la viudona»... El pobre doctor murió apenas volvimos a Europa.

Tuvieron que correr los tres hacia el tren de Pestum, próximo a partir. El paisaje cambió a ambos lados de la vía, que atravesaba ahora terrenos pantanosos. En las blandas praderas chapoteaban y rumiaban rebaños de búfalos, rudos animales que parecían tallados a hachazos.

La doctora habló de Pestum, la antigua Poseidonia, ciudad de Neptuno, fundada por los griegos de Sybaris seis siglos antes de Jesucristo.

Su prosperidad comercial dominaba toda la costa. El golfo de Salerno era llamado golfo de Pestum por los romanos. Y esta ciudad de monumentos iguales a los de Atenas, poseedora de inmensas riquezas, se extinguía repentinamente sin que el mar se la tragase, sin que un volcán la cubriera con el sudario de sus cenizas.

La fiebre, el miasma de los pantanos, había sido la lava mortal de esta Pompeya. El aire venenoso ahuyentaba a los habitantes, y los pocos que insistían en vivir a la sombra de sus antiguos templos tenían que escapar de las invasiones sarracenas, fundando en las montañas vecinas una patria nueva: el humilde pueblo de Capaccio Vecchio. Luego, los reyes normandos, precursores de Federico II —el padre de doña Constanza, la emperatriz amada por Ferragut—, explotaban la ciudad desierta y entera, arrancándole columnas y esculturas.

Todas las construcciones medioevales del reino de Nápoles tenían despojos de Pestum. La doctora recordaba la catedral de Salerno, vista en la tarde anterior, donde estaba enterrado Hildebrando, el más tenaz y ambicioso de los papas. Sus columnas, sus sarcófagos, sus bajos relieves, procedían de la ciudad griega olvidada siglos y siglos, y que únicamente en la época presente volvía a recobrar su fama, gracias a los anticuarios y los artistas.

En la estación de Pestum, la esposa del único empleado miró con curiosidad a este grupo que llegaba cuando la guerra había cortado la corriente de viajeros.

Freya la habló, interesada por su aspecto enfermizo y resignado. Todavía estaban en el buen tiempo. El Sol primaveral caldeaba estas tierras bajas lo mismo que un Sol de verano, pero aún podía resistirse. Luego, en los meses de estío, huían a sus casas de la montaña los guardianes de las ruinas, los jornaleros de las excavaciones, cediendo el campo a los reptiles e insectos de los campos pantanosos.

El matrimonio albergado en la pequeña estación era la única muestra de la especie humana que se mantenía en esta soledad, temblando de fiebre, haciendo frente al aire corrompido, a la picadura envenenada del mosquito, al fuego solar que sacaba del barro vapores de muerte. Cada dos años, esta humilde estación, por donde pasaban los bienaventurados de la tierra, millonarios de los dos hemisferios, damas bellas y curiosas, gobernantes de naciones, grandes artistas, cambiaba de jefe.

Pasaron los tres viajeros junto a los restos de un acueducto y un pavimento antiguos. Luego atravesaron la Puerta de la Sirena —arco de entrada del olvidado recinto de la ciudad— y siguieron un camino, teniendo a un lado la tierra pantanosa de exuberante vegetación y al otro la larga tapia de una granja, en cuya argamasa asomaban fragmentos de lápidas y columnas. Al doblar la esquina final se mostró de golpe el imponente espectáculo de la ciudad muerta sobreviviéndose en las magníficas proporciones de sus templos.

Eran tres, y alzaban sus columnatas como mástiles de navíos encallados en un mar de verdura. La doctora, guía en mano, los iba designando con su autoridad magistral: el de Neptuno, el de Ceres, y el llamado Basílica sin motivo alguno.

Su grandeza, su solidez, su elegancia, hacían olvidar los edificios de Roma. Solo Atenas podía comparar los monumentos de su Acrópolis con estos templos del más severo dórico. El de Neptuno elevaba sus altas y gruesas columnas tan juntas como los árboles de un plantel: troncos enormes de piedra que sostenían aún el alto entablamento, la cornisa saliente y los dos frontones triangulares de sus fachadas. La piedra tenía el color rojizo de los países serenos, donde tuesta el Sol libremente, sin que la lluvia venga a superponer su pátina sucia.

La doctora evocaba las bellezas desaparecidas: la vieja vestidura de estos esqueletos colosales, la capa fina y compacta de estuco que había cubierto los poros de la piedra, dándola una superficie lisa como el mármol; los vivos colores de sus acanalados y sus frontones, que hacían de la antigua ciudad griega una masa de monumentos policromos. Esta alegre decoración se había volatilizado con los siglos. Sus colores se habían hecho viento o caído como lluvia de polvo en una tierra de ruinas.

Siguiendo a un viejo guardián, subieron las gradas de azulados bloques del templo de Neptuno. Arriba, entre las cuatro filas de columnas, estaba el verdadero santuario, la *cella*. Sus pasos sobre las losas del pavimento, separadas por hondas grietas cubiertas de hierba, despertaron todo un mundo animal que sesteaba al Sol.

Corrieron en todas direcciones los actuales habitantes de la ciudad: lagartos enormes con el dorso verde cubierto de negras verrugas. En su fuga chocaron ciegamente con los pies de los visitantes. La doctora se levantaba las faldas para evitar su contacto, lanzando al mismo tiempo risas nerviosas que disimulaban su terror.

De pronto, Freya gritó, señalando con un dedo la base del antiguo altar. Una culebra de color de ébano, con el lomo moteado de manchas rojas, desenroscaba sus anillos sobre las piedras lenta y solemnemente. El marino levantó su bastón, pero antes de que pudiera lanzarlo se sintió con el brazo inmovilizado por dos manos nerviosas. Freya se apretaba contra él, con el rostro pálido y los ojos dilatados por el miedo y la súplica.

—¡No, capitán!... ¡Déjala!

Ulises se estremeció al sentir el firme contacto global de este pecho femenil, al aspirar el soplo de su respiración, brisa tibia cargada de lejanos perfumes. Por su gusto habría permanecido mucho tiempo en esta actitud; pero Freya se despegó de él para avanzar hacia el reptil runruneando y extendiendo sus manos, lo mismo que si pretendiese acariciar a un animal doméstico. La negra cola de la serpiente acababa de deslizarse y desaparecer entre dos baldosas. La doctora, que había huido gradas abajo ante esta aparición, obligó a descender a Freya con sus repetidos llamamientos.

El gesto agresivo del capitán despertó en su acompañante un nervioso rencor. Creía conocer a este reptil. Era, indudablemente, la divinidad del templo muerto, que había cambiado de forma para vivir sobre sus ruinas. Esta culebra debía tener veinte siglos. Por culpa de Ferragut no había podido tomarla entre sus manos... La habría hablado... Estaba acostumbrada a conversar con otras...

Ulises iba a exponer rudamente sus dudas sobre el equilibrio mental de la enfurruñada viuda, cuando les interrumpió la doctora.

Contemplaba la palúdica llanura de acantos y helechos vibrante bajo la estridencia de las cigarras, y este espectáculo de verde desolación la hizo evocar el recuerdo de las rosas de Pestum cantadas por los poetas de la antigua Roma. Hasta recitó unos versos latinos, traduciéndolos, para hacer saber a sus oyentes que los rosales de esta tierra florecían dos veces al año.

Freya desarrugó su ceño, volviendo a sonreír. Había olvidado el disgusto reciente, para desear uno de los rosales maravillosos. Y Ferragut, ante este capricho de una vehemencia infantil, habló al guía con autoridad. Necesitaba enseguida un rosal de Pestum, costase lo que costase.

El viejo hizo un gesto malicioso. Todos pedían lo mismo, y él, que era del país, jamás había visto una rosa en Pestum... Algunas veces, para satisfacer el deseo de las viajeras, traía rosales de Capaccio Vecchio y otros pueblos de la montaña; rosales iguales a los demás, sin otra diferencia que la del precio... Pero él no quería engañar a nadie. Estaba triste: le preocupaba la posibilidad de la guerra.

—Tengo ocho hijos —dijo a la doctora, por parecerle la más digna de recibir sus confidencias—. Si movilizan el ejército, se me irán seis.

Y añadió con resignación:

—Así debe ser, para que acabemos de una vez con nuestro eterno enemigo el *tedesco*. Mis hijos pelearán contra él como peleó mi padre.

La doctora se alejó con altivez. Luego dijo a media voz a sus acompañantes que el viejo guardián era un imbécil.

Vagaron dos horas por el antiguo recinto de la ciudad, viendo el trazado de sus calles, las ruinas del anfiteatro, la Puerta Áurea, que daba acceso a una vía flanqueada de tumbas. Por la *Porta di Mare* subieron a las murallas, baluartes de gruesos bloques calcáreos que aún se mantenían de pie en una extensión de cinco kilómetros. El mar, visible desde las tierras bajas como una estrecha faja azul, se mostró ahora inmenso y luminoso; un mar solitario, sin un penacho de humo, sin una vela, entregado por completo a las gaviotas.

Marchaba delante la doctora, consultando las páginas de su Guía. Aún guardaba el mal humor que le habían producido las palabras del guardián. Ulises, a sus espaldas, se aproximaba a Freya, atraído por el recuerdo del contacto anterior.

Consideraba empresa fácil conquistar a esta mujer caprichosa y de maneras sueltas. «¡Cosa hecha, capitán!» Los rápidos triunfos obtenidos por él en sus viajes no le permitían duda alguna. Le bastaba ver la sonrisa de la viuda, sus ojos apasionados, el gesto de maliciosa coquetería con que contestaba a sus insinuaciones galantes. «¡Arriba, lobo marino!...» Le tomó una mano mientras ella hablaba de la belleza del mar solitario, y la mano se abandonó sin protesta entre sus dedos acariciadores. La doctora estaba lejos, y él, suspirando falsamente, abarcó con su otro brazo el talle de Freya, mientras inclinaba el rostro sobre el escotado pecho como si fuese a besar las perlas.

Se sintió repelido, a pesar de su vigor, por un retorcimiento de protesta. Vio a Freya libre de sus brazos a dos pasos de él, con unos ojos hostiles que no había conocido hasta entonces.

—¡Nada de niñerías, capitán!... Conmigo es inútil... Pierde usted el tiempo.

Y no dijo más. Su tiesura y su mutismo en el resto del paseo dieron a entender al marino la magnitud de su equivocación. En vano quiso mantenerse al lado de la viuda: ella maniobraba de modo que la doctora venía a interponerse entre los dos.

Al volver a la estación se refugiaron, huyendo del calor, en un saloncillo con divanes de terciopelo polvoriento. Para distraerse mientras esperaban el tren, Freya sacó de su bolso una cigarrera de oro, y el leve humo del tabaco egipcio cargado de opio volteó en los chorros de Sol de las ventanas algo entornadas.

Ferragut, que había salido para enterarse de la hora exacta de la llegada del tren, se detuvo, al volver, junto a la puerta, sorprendido por la animación con que hablaban las dos señoras en un idioma nuevo. Surgió en su memoria el recuerdo de Hamburgo y de Brema. Sus compañeras hablaban alemán con la dicción fácil de un idioma familiar. Al ver al marino continuaron instantáneamente su conversación en inglés.

Buscando ingerirse en el diálogo, preguntó a Freya cuántos idiomas poseía.

—Muy pocos: ocho nada más. La doctora tal vez conoce veinte. Sabe las lenguas de pueblos que ya no existen hace muchos siglos.

Y la joven dijo esto con gravedad, sin mirarle, como si hubiera perdido para siempre su sonrisa de mujer fácil que había engañado a Ferragut.

En el tren se humanizó, hasta perder su mal gesto de ofendida. Iban a separarse pronto. La doctora parecía cada vez menos abordable, así como rodaba el vagón hacia Salerno. Era la frialdad que se esparce entre los compañeros de un día cuando se acerca la hora de la separación y cada uno se va por su lado para no verse más.

Las palabras pendían tristemente, como pedazos de hielo, sin levantar eco en su caída. A cada vuelta de las ruedas, la imponente señora era más reservada y silenciosa. Todo lo había dicho. Las dos se quedaban en Salerno para hacer una excursión en carruaje a lo largo del golfo. Iban a Amalfi, y se alojarían por la noche en la cumbre alpestre de Ravello, ciudad medioeval, donde había pasado Wagner los últimos meses de su vida, antes de morir en Venecia. Luego, saltando al golfo de Nápoles, descansarían en Sorrento y tal vez fuesen a la isla de Capri.

Ulises quiso decir que también era éste su viaje, pero tuvo miedo a la doctora. Además, la excursión era en un vehículo alquilado por ellas, y no le concederían un asiento.

Freya pareció adivinar su tristeza y quiso consolarle.

—Es un viaje corto. Tres días nada más... Pronto estaremos en Nápoles.

La despedida en Salerno fue breve. La doctora se abstuvo de indicarle su domicilio. Por ella terminaba allí mismo la amistad.

—Es fácil que volvamos a vernos —dijo lacónicamente—. Solo las montañas no se encuentran.

La joven había sido más explícita, nombrando el hotel de la ribera de Santa Lucía en que estaba alojada.

De pie en el estribo del vagón, las vio alejarse, tal como las había visto aparecer en una calle de Pompeya. La doctora se perdió tras de una mampara de vidrios hablando con el cochero que había venido a recibirlas. Freya, antes de desaparecer, se volvió para enviarle una sonrisa pálida. Luego levantó su enguantada mano con el índice rígido, amenazándole lo mismo que a un niño revoltoso y audaz.

Al verse solo en este compartimiento, que llevaba hacia Nápoles las huellas y el perfume de la ausente, Ulises se sintió desalentado, como si viniera de un entierro, como si acabase de perder un sostén de su vida.

Se presentó a bordo del *Mare Nostrum* lo mismo que una calamidad. Fue caprichoso e intratable, quejándose de Tòni y los otros dos oficiales porque no aceleraban las reparaciones del buque. A continuación habló de la conveniencia de no tener prisa, para que el trabajo resultase más completo. Hasta *Caragòl* fue víctima de su mal humor, que se desahogó en forma de crueles sermones contra los aficionados al veneno del alcohol.

—Cuando los hombres necesitan alegrarse tienen algo mejor que el vino, algo que proporciona mayor embriaguez que la bebida... Es la mujer, tío *Caragòl*. No olvide este consejo.

El cocinero, por la fuerza de la costumbre, contestó: «Así es, mi capitán...». Pero se apiadaba en su interior de la ignorancia de los hombres, que les hace concentrar toda su felicidad en los espasmos y muecas del más frívolo de los juegos.

A los dos días la gente de a bordo respiró viendo que el capitán se trasladaba a tierra. El buque estaba en un lugar incómodo, cerca de los descargaderos de carbón, con la popa en alto para que la hélice fuese recompuesta. Los obreros reemplazaban las planchas abolladas y rotas con un martilleo irresistible. Ya que había de esperar cerca de un mes, era preferible alojarse en un hotel. Y envió su equipaje al *albergo* Paternope, en la antigua ribera de Santa Lucía, el mismo que le había designado Freya.

Dar suelta a un billete de cinco liras, como avanzada de varias preguntas, fue lo primero que hizo Ferragut al instalarse en una pieza alta, viendo el redondel azul del golfo encuadrado por el marco de un balcón. El camarero, cetrino y bigotudo, le escuchó atentamente, con una complacencia de tercero, y al fin pudo formar una personalidad completa con todos sus datos. La dama por quien preguntaba era la *signora* Talberg. Estaba de viaje, pero iba a volver de un momento a otro.

Ulises pasó un día entero con la tranquilidad del que espera en lugar seguro. Miraba el golfo desde el balcón. A sus pies estaba la isla del Huevo, unida a tierra por un puente.

Los *bersaglieri* ocupaban su antiguo castillo, obra del virrey don Pedro de Toledo. Eran varios torreones de color rosa oscuro, que se aglomeraban sobre la estrecha ínsula de forma oval. En esta fortaleza se encerraba en otros tiempos la corta guarnición española para apuntar sus bombardas y culebrinas contra el pueblo napolitano cuando no quería pagar más gabelas e impuestos. Sus muros se habían levantado sobre las ruinas de otro castillo en el que Federico II guardaba sus tesoros, y cuya capilla había pintado Giotto. Y el castillo medioeval, del que solo quedaba el recuerdo, se había alzado a su vez sobre los restos del palacio de Lúculo, que tenía el centro de sus célebres jardines en esta pequeña isla, llamada entonces Megaris.

Las cornetas de los *bersaglieri* alegraban al capitán como el anuncio de una entrada triunfal. «Va a llegar, va a llegar de un momento a otro...» Miraba la doble montaña de la isla de Capri, negra por la distancia, cerrando el golfo como un promontorio, y la costa de Sorrento, rectilínea lo mismo que un muro. «Allí está ella...» Luego seguía amorosamente el curso de los vaporcitos que surcaban la inmensa copa azul, abriendo un triángulo de espumas. En cualquiera de ellos llegaría Freya.

El primer día fue de oro y esperanza. Brillaba el Sol en un cielo sin nubes; hervía el golfo con burbujas de luz, bajo una atmósfera inmóvil, sin que la más leve ráfaga rizase su superficie; el penacho del Vesubio era recto y esbelto, dilatándose sobre el horizonte como un pino de blancos vapores.

Al pie del balcón se sucedían de hora en hora los músicos ambulantes, cantando voluptuosas barcarolas y serenatas de amor. ¡Y ella no vino!

El segundo día fue de plata y desesperación. Había bruma en el golfo, el Sol no era mas que un redondel rojo que podía mirarse de frente, lo mismo que en los países septentrionales; las montañas tenían un vestido de plomo; las nubes ocultaban el cono del volcán; el mar parecía de estaño, y un viento frío hinchaba, como velas, faldas y gabanes, haciendo correr a las gentes por el paseo de la ribera. Los músicos seguían cantando, pero con suspiros melancólicos, al abrigo de una esquina, para librarse de las ráfagas furiosas del mar. «*¡Morir... morir per te!*», gemía una voz de barítono entre arpas y violines... ¡Y ella llegó!

Al avisarle el camarero que la *signora* Talberg estaba en su habitación del piso inferior, Ulises se estremeció de inquietud. ¿Qué diría ella al encontrarle instalado en su hotel?...

La hora del almuerzo estaba próxima, y aguardó con impaciencia las señales diarias para bajar al comedor. Primeramente sonaba una explosión a espaldas del *albergo*, que hacía temblar paredes y techos, dilatándose en la inmensidad del golfo. Era el cañonazo de mediodía salido del alto castillo de *Sant Elmo*. Las cornetas de la isla del Huevo respondían a continuación, con su alegre llamada a la olla humeante, y por la escalera del hotel ascendía el chinesco estrépito del *gong* anunciando que el almuerzo estaba servido.

Ulises bajó a ocupar su mesa, mirando inútilmente a los otros huéspedes que se habían adelantado. Freya se presentaría con el retraso de una viajera que acaba de llegar y está ocupada en el arreglo de su persona.

Almorzó mal, mirando continuamente una gran vidriera con dibujos de barcos, peces y gaviotas, atragantándosele el bocado cada vez que se abrían sus hojas policromas. Y llegó al final del almuerzo, y tomó lentamente su café, sin que ella apareciese.

Al volver a su habitación envió al camarero bigotudo en busca de noticias... La *signora* no había almorzado en el hotel: la *signora* había salido mientras él estaba en el comedor. Seguramente que a la noche se dejaría ver.

Durante la comida sufrió iguales inquietudes, creyendo que aparecería Freya cada vez que una mano borrosa y una vaga silueta de mujer empujaban la puerta al otro lado de los opacos vidrios.

Paseó largo rato por el vestíbulo, mascando rabiosamente su cigarro, hasta que se decidió a abordar al portero, cabeza morena y astuta que asomaba al borde de su pupitre, sobre unas solapas azules con llaves de oro bordadas, viéndolo todo, enterándose de todo, mientras parecía dormir.

La aproximación de Ulises le hizo levantarse de un salto, lo mismo que si oyese el revoloteo de un papel-moneda. Sus informes fueron precisos. La *signora* Talberg comía pocas veces en el hotel. Tenía unos amigos que ocupaban un piso amueblado en el barrio de Chiaia, y con ellos pasaba casi todo el día. Algunas veces ni siquiera venía a dormir... Y volvió a sentarse, guardando apretado en una mano el billete que había presentido con su imaginación.

Después de una mala noche, Ulises se levantó, resuelto a esperar a la viuda en la entrada del hotel. Tomó su desayuno en un velador del vestíbulo, leyó periódicos, tuvo que salir a la puerta huyendo de la matinal limpieza, perseguido por el polvo de las escobas y las alfombras sacudidas, y una vez allí, fingió gran interés por los músicos ambulantes, que le dedicaban romanzas y serenatas, poniendo los ojos en blanco al presentarle sus sombreros.

Alguien vino a hacerle compañía. Era el portero, que se mostró familiar y confianzudo, como si desde la noche anterior se hubiese establecido entre los dos una firme amistad basada en un secreto.

Le habló de las bellezas del país, aconsejándole diversas excursiones... Una sonrisa, una palabra animadora de Ferragut, y le habría propuesto inmediatamente otros recreos cuyo anuncio parecía voltear en torno de sus labios. Pero el marino acogió con enfurruñamiento tanta amabilidad. Este belitre iba a estorbar con su presencia el deseado encuentro; tal vez se mantenía a su lado por el deseo de ver y saber... Y aprovechando una de sus rápidas ausencias, Ulises se alejó por la larga vía Partenope, siguiendo la baranda que da sobre el mar, fingiendo interesarse por todo lo que encontraba, pero sin perder de vista la puerta del hotel.

Se detuvo ante los puestos de los ostricarios, examinando las valvas de concha-perla alineadas en los estantes, sobre los cestos de ostras de Fusaro; las enormes caracolas, cadáveres huecos, en cuya garganta mugía, según los vendedores, como un recuerdo, el lejano zumbido del mar. Miró, uno a uno, todos los botes automóviles, las balandras de regatas, los barcos de pesca y las goletas de cabotaje fondeadas en el pequeño puerto de la isla del Huevo. Quedó inmóvil ante las olas mansas que peinaban sus espumas en los peñascos del malecón bajo las cañas horizontales de varios pescadores burgueses.

De pronto vio a Freya siguiendo la avenida por el lado de las casas. Ella le reconoció a su vez, y este descubrimiento la hizo detenerse junto a una bocacalle, dudando entre seguir adelante o huir hacia el interior de Nápoles. Luego pasó a la acera del mar, avanzando hacia Ferragut con plácida sonrisa, saludándolo de lejos como a un amigo cuya presencia nada tiene de extraordinaria.

Esta seguridad desconcertó al capitán. Se dieron las manos, y ella le preguntó tranquilamente qué hacía allí mirando las olas y si avanzaban las reparaciones de su buque.

—¡Pero confiese usted que mi presencia la ha sorprendido! —dijo Ulises, algo irritado por esta tranquilidad—. Reconozca que no esperaba encontrarme aquí.

Freya repitió su sonrisa con una expresión de dulce lástima.

—Es natural que le encuentre aquí. Está usted en su barrio, a la vista de su hotel... Somos vecinos.

Para recrearse con el asombro del capitán, hizo una larga pausa. Luego añadió:

—Vi su nombre en la lista de huéspedes ayer mismo, al llegar al hotel. Es mi costumbre. Me gusta saber quiénes son mis vecinos.

—¿Y por eso no bajó usted al comedor?...

Ulises formuló esta pregunta esperando que ella respondiera negativamente. No podía hacerlo de otro modo, aunque solo fuera por buena educación.

—Sí, por eso —contestó Freya sencillamente—. Adiviné que me esperaba para hacerse el encontradizo, y no quise entrar en el comedor... Le advierto que siempre haré lo mismo.

Ulises lanzó un «¡ah!» de asombro... Ninguna mujer le había hablado con tanta franqueza.

—Tampoco me ha sorprendido su presencia aquí —continuó ella—; la esperaba. Conozco las inocentes astucias de los hombres. «Ya que ayer no me encontró en el hotel, me esperará hoy en la calle», me he dicho esta mañana al levantarme... Antes de salir he seguido sus paseos desde la ventana de mi cuarto...

Ferragut la miraba con sorpresa y desaliento. ¡Qué mujer!...

—Podía haberme escapado por cualquiera calle transversal mientras estaba usted de espaldas. Le he visto antes que usted a mí... Pero no me gustan las situaciones falsas que se prolongan. Es mejor decirse toda la verdad cara a cara... Y por eso he venido a su encuentro.

El instinto le hizo volver la cabeza hacia el hotel. El portero estaba en la entrada, contemplando el mar, pero con los ojos vueltos indudablemente hacia ellos.

—Sigamos —dijo Freya—. Acompáñeme un poco; hablaremos, y luego me dejará usted... Tal vez nos separemos más amigos que antes.

Anduvieron en silencio toda la vía Partenope, hasta llegar a los jardines de la ribera de Chiaia, perdiendo de vista el hotel. Ferragut quiso reanudar la conversación, pero no encontró las primeras palabras. Temía parecer ridículo. Le infundía miedo esta mujer.

Se dio cuenta al contemplarla con ojos adorantes de los grandes cambios que se habían efectuado en el adorno de su persona. Ya no vestía el *tailleur* oscuro con que la había visto por primera vez. Llevaba un traje de seda, azul y blanco, con una rica piel sobre los hombros y un penacho de plumas de garza real en la cumbre del amplio sombrero.

El saco de mano negro que la acompañaba en su viaje había sido sustituido por un bolso de oro de una riqueza aparatosa: oro australiano, de un tono verde, semejante a la pátina de los bronces florentinos. Llevaba en las orejas dos gruesas esmeraldas cuadradas y en los dedos media docena de brillantes, que se pasaban de faceta en faceta la luz del Sol. El collar de perlas seguía fijo en su cuello, asomando por el escote angular... Era una magnificencia de artista rica que todo se lo echa encima; de enamorada de las joyas que no puede vivir sin su contacto y las coloca sobre su piel apenas salta de la cama, despreciando la hora y las reglas de la discreción.

Pero Ferragut no podía distinguir lo extemporáneo de este lujo. Todo lo de ella le parecía admirable.

Sin saber cómo, se lanzó a hablar. Él mismo se asombró al oír su voz, diciendo siempre las mismas cosas con distintas palabras. Sus pensamientos eran incoherentes, pero todos se iban aglomerando en torno de una afirmación incesantemente repetida: su amor, su inmenso amor por Freya.

Y Freya seguía marchando en silencio, con una expresión de lástima en los ojos y en las comisuras de su boca. Le placía a su orgullo de mujer contemplar a este hombre fuerte balbuceando con una confusión infantil. Al mismo tiempo se impacientaba ante la monotonía de sus palabras.

—No siga, capitán —interrumpió al fin—. Adivino todo lo que le queda por decir, y he oído muchas veces lo que lleva dicho. «Usted no duerme, usted no come, usted no vive por mi culpa.» Su existencia es imposible si no le amo. Un poco más de conversación, y me amenazará con pegarse un tiro si no soy suya... ¡Música conocida! Todos dicen lo mismo. No hay criaturas con menos originalidad que los hombres cuando desean algo...

Estaban en una avenida del paseo. A través de las palmeras y las magnolias se veía por un lado el golfo luminoso y por el otro los ricos edificios de la ribera de Chiaia. Unos chicuelos desarrapados corretearon en torno de la pareja, persiguiéndose. Luego fueron a situarse junto a un templete blanco que se alzaba en el fondo de la avenida.

—Pues bien, lobo de mar amoroso —continuó Freya—, no duerma usted, no coma usted, mátese si es su capricho; pero yo no puedo quererle, yo no le querré nunca. Pierda toda esperanza. La vida no es una diversión, y yo tengo otras preocupaciones más graves que absorben todo mi tiempo.

A través de la risa juguetona con que acompañaba estas palabras, Ferragut adivinó una voluntad firmísima.

—Entonces —dijo con desaliento—, ¿todo será inútil?... ¿Aunque yo haga los mayores sacrificios?... ¿Aunque le dé pruebas de un amor como jamás se haya conocido?...

—Todo inútil —contestó ella rotundamente, sin dejar de sonreír.

Habían llegado al templete, cúpula sostenida por columnas blancas, con una verja en torno. El busto de Virgilio se alzaba en el centro: una cabeza enorme, de hermosura algo femenil.

El poeta había muerto en Nápoles, «la dulce Partenope», a su regreso de Grecia, y su cadáver tal vez estaba hecho polvo en las entrañas de este jardín. La muchedumbre napolitana de la Edad Media le había atribuido toda clase de prodigios, hasta convertir al poeta en mago poderoso. El brujo Virgilio construía en una noche el castillo del Huevo, colocándolo con sus manos sobre un gran huevo que flotaba en el mar. Igualmente había abierto con su soplo el viejo túnel de Possilipo, cerca del cual existen una viña y una tumba, visitadas durante siglos como última morada del poeta.

Los pilluelos, jugueteando en torno de la verja, arrojaban papeles y piedras al interior del templete. Les atraía la cabeza blanca del poderoso encantador, sintiendo a la vez admiración y miedo.

Ella se detuvo cerca del abandonado monumento.

—Hasta aquí nada más —ordenó—. Usted seguirá su camino. Yo voy a la parte alta de Chiaia... Pero antes de separarnos como buenos amigos, me va a dar su palabra de no seguirme, de no importunarme con sus pretensiones amorosas, de no mezclarse más en mi vida.

Ulises no contestó. Bajaba la cabeza con un desaliento real. A su decepción se unía el dolor del orgullo herido. ¡Él que se había imaginado cosas tan distintas para cuando se viesen por primera vez a solas!...

Freya se apiadó de su tristeza.

—No sea usted niño... Eso pasará. Piense en sus negocios, piense en su familia, que le espera allá en España. Además, el mundo está lleno de mujeres: yo no soy la única.

Pero Ferragut la interrumpió. Sí; era la única... ¡la única! Y lo dijo con una convicción que provocó en ella otra vez una sonrisa de lástima.

La tenacidad de este hombre empezaba a irritarla.

—Capitán, le conozco bien. Es usted un egoísta, como todos los hombres. Su buque está detenido en el puerto por una avería; debe usted quedarse un mes en tierra; encuentra en un viaje a una mujer que comete la tontería de acordarse de que le conoció en otros tiempos, y se dice: «Magnífica ocasión para entretener agradablemente el fastidio de la espera...». Si yo le creyese, si aceptase sus deseos, dentro de unas semanas, al quedar listo el buque, el héroe de mi amor, el paladín de mis ensueños, se haría al mar diciendo como último saludo: «¡Adiós, imbécil!».

Ulises protestó con energía. No: él deseaba que su buque no estuviese nunca recompuesto; calculaba con angustia los días que faltaban. Si era preciso, lo abandonaría, quedándose para siempre en Nápoles.

—¿Y qué tengo yo que hacer en Nápoles? —interrumpió Freya—. Soy aquí un pájaro de paso, lo mismo que usted. Nos conocimos en los mares del otro hemisferio, y hemos venido a reencontrarnos en Italia. La próxima vez, si volvemos a vernos, será en el Japón, en el Canadá, en el Cabo... Siga su rumbo, enamoradizo tiburón, y déjeme seguir el mío. Figúrese que somos dos barcos que se encuentran en una calma, se hacen señales, cambian saludos, se desean buena suerte, y después cada uno se aleja por su lado, tal vez para no volver a verse nunca.

Ferragut movió la cabeza negativamente. Eso no podía ser; él no se resignaba a perderla de vista para siempre.

—¡Los hombres! —continuó ella, cada vez más irritada—. Todos se imaginan que las cosas deben ser con arreglo a sus caprichos. «Porque te deseo, debes ser mía...» ¿Y si yo no quiero?... ¿Y si yo no sufro la necesidad de ser amada?... ¿No puedo vivir en libertad, sin otro amor que el que yo siento por mí misma?...

Consideraba una desgracia el ser mujer. Los hombres le inspiraban envidia por su independencia. Podían mantenerse aparte, absteniéndose de las pasiones que desgastan la vida, sin que nadie viniera a importunarles en su retiro. Les era lícito ir a todos lados, recorrer el mundo, sin llevar tras de sus pasos una estela de solicitantes.

—Usted me es simpático, capitán. El otro día me alegré de encontrarle: fue una aparición del pasado. Vi en usted la alegría de mi juventud que empieza a irse y la melancolía de ciertos recuerdos... Y sin embargo, acabaré por odiarle: ¿me oye usted, argonauta pesado?... Le aborreceré porque no sirve para amigo; porque solo sabe usted hablar de la misma cosa; porque es un personaje de novela, un latino, muy interesante tal vez para otras mujeres, pero insufrible para mí.

Su rostro se contrajo con un gesto de desprecio y lástima. «¡Ah, los latinos!...»

—Todos son lo mismo; españoles, italianos, franceses. Todos han nacido para la misma cosa. Apenas encuentran a una mujer deseable, creen faltar a sus deberes si no le piden su amor y lo que viene luego... ¿No pueden un hombre y una mujer ser amigos simplemente? ¿No podría usted ser un buen camarada y tratarme como a un compañero?

Ferragut protestó enérgicamente. No, no podría. Él la amaba, y después de verse repelido con tanta crueldad, su amor iría en aumento. Estaba seguro de ello.

Un temblor nervioso hizo aguda y cortante la voz de Freya. Sus ojos tomaron un brillo malsano. Miró a su acompañante como si fuese un enemigo cuya muerte deseaba.

—Pues bien, sépalo usted. Yo aborrezco a los hombres: los aborrezco porque los conozco. Quisiera la muerte de todos ellos, ¡de todos!... ¡El mal que han hecho en mi vida!... Quisiera ser inmensamente hermosa, la mujer más hermosa de la tierra y poseer el talento de todos los sabios concentrado en mi cerebro, y ser rica, y ser reina, para que todos los hombres del mundo, locos de deseo, vinieran a postrarse ante mí... Y yo levantaría mis pies con tacones de hierro, e iría aplastando cabezas... así... ¡así!...

Golpeaba la arena del jardín con las suelas de sus breves zapatos. Un rictus histérico contraía su boca.

—A usted tal vez lo exceptuase... Usted, con todas sus arrogancias de matamoros, es un ingenuo, un simple. Le creo capaz de soltar a una mujer toda clase de mentiras... creyéndolas usted antes. Pero a los otros... ¡ay, a los otros!... ¡cómo los odio!...

Miró hacia el palacio del acuario, que asomaba su blancura entre la columnata de los árboles.

—Quisiera ser —continuó, pensativa— uno de esos animales de mar que cortan con las tenazas de sus patas... que tienen en los brazos tijeras, sierras, pinzas... que devoran a sus semejantes y absorben todo lo que les rodea.

Miró después una rama de árbol, de la que pendían varios hilos de plata sosteniendo a un insecto de activos tentáculos.

—Quisiera ser araña, una araña enorme, y que todos los hombres fuesen moscas y vinieran a mí, irresistiblemente. ¡Con qué fruición los ahogaría entre mis patas! ¡Cómo pegaría mi boca a sus corazones!... ¡Y los chuparía... los chuparía, hasta que no les quedase una gota de sangre, arrojando luego sus cadáveres huecos!...

Ulises llegó a pensar si estaría enamorado de una loca. Su inquietud, sus ojos sorprendidos e interrogantes, parecieron devolver la serenidad a Freya.

Se pasó una mano por la frente, como si despertase de una pesadilla y quisiera repeler sus recuerdos con este ademán. Su mirada fue serenándose.

—Adiós, Ferragut; no me haga hablar más. Acabaría usted por dudar de mi razón... Ya lo sabe: seremos amigos, amigos nada más. Es inútil pensar en lo otro. No me siga... Nos veremos... Yo le buscaré... ¡Adiós!... ¡adiós!

Y aunque Ferragut sentía la tentación de seguirla, permaneció inmóvil, viéndola alejarse con paso rápido, como si huyese de las palabras que había dejado caer ante el pequeño templo del poeta.

V. El acuario de Nápoles

A pesar de su promesa, Freya no hizo nada para volver a encontrarse con el marino. «Nos veremos... Yo le buscaré.» Pero era Ferragut quien buscaba el encuentro, apostándose en las inmediaciones del hotel.

—¡Qué loca estuve la otra mañana!... ¡Qué habrá pensado usted de mí! —dijo ella la primera vez que volvieron a hablarse.

No todos los días conseguía Ulises el placer de esta conversación que se desarrollaba invariablemente desde la vía Partenope al monumento de Virgilio. Las más de las mañanas aguardaba en vano frente a los puestos de los ostricarios, escuchando a los músicos que saludaban con sus romanzas y sus mandolinas las ventanas cerradas de los hoteles. Freya no aparecía.

La impaciencia arrastraba a Ulises hasta su hotel, para implorar las luces del portero. Este, animado por la esperanza de un nuevo billete, hacía sonar el teléfono y preguntaba a los criados de los pisos superiores. Luego una sonrisa triste y obsequiosa, como si lamentase sus propias palabras: «La *signora* no está. La *signora* ha pasado la noche fuera del *albergo*». Y Ferragut partía furioso.

Unas veces iba a ver cómo marchaban las reparaciones de su buque, excelente pretexto para descargar en alguien su mal humor. Otras mañanas se dirigía al jardín de la ribera de Chiaia por los mismos lugares que había pisado yendo con Freya. Esperaba verla aparecer de un momento a otro. Todo lo que le rodeaba tenía algo de ella. Arboles y bancos, aceras y candelabros eléctricos, la conocían perfectamente, por hallarse en su camino habitual.

Al convencerse de que esperaba en vano, una última ilusión le hacía volver los ojos hacia el blanco palacio del Acuario.

Freya le había hablado de él. Con frecuencia se entretenía horas enteras contemplando la vida de los seres marinos. Y Ferragut parpadeaba al pasar rápidamente del jardín caldeado por el Sol a la penumbra de unas galerías húmedas, sin otro alumbrado que el de la luz diurna descendida al interior de los acuarios: luz que tomaba a través del agua y el cristal un tono misterioso, el tinte verde y difuso de las profundidades submarinas.

Esta visita le hacía pasar el tiempo plácidamente. Surgían en su memoria antiguas lecturas, afirmadas ahora por una visión directa. Él no era de los marinos que navegan sin preocuparse de lo que existe debajo de su quilla. Había querido conocer los misterios del inmenso palacio azul por cuyo techo circulaba, dedicándose al estudio de la oceanografía, la más reciente de las ciencias.

Al dar sus primeros pasos en el Acuario, se imaginaba inmediatamente la marina profundidad, con las divisiones desiguales en que la ha fraccionado la exploración. Junto a las orillas la zona llamada litoral, donde desembocan los ríos, se amontonan las substancias nutridoras al impulso de mareas y corrientes y crecen las vegetaciones subacuáticas. Esta zona era la de las grandes pescas, y llegaba hasta doscientos metros de fondo, profundidad en la que se pierden los rayos del Sol. Más allá cesaba la luz, desaparecían las plantas, y con ellas los animales herbívoros.

La pendiente submarina, suave hasta este límite, se acentuaba, descendiendo rápidamente a los abismos oceánicos, y esta parte del mar —la casi totalidad del Océano—, inmensa masa de agua sin luz, sin olas, sin mareas, sin corrientes, sin oscilaciones de temperatura, era la llamada zona abisal.

En el litoral, las aguas, saludablemente agitadas, cambiaban de salinidad según la cercanía de los ríos. Las rocas y fondos se cubrían de una vegetación que era verde cerca de la superficie y se iba ensombreciendo, hasta llegar al rojo oscuro y al amarillo bronce así como se alejaba de la luz. En este paraíso oceánico, de aguas nutritivas y luminosas cargadas de bacterias y alimentos microscópicos, se desarrollaba la vida con exuberancia. A pesar de los continuos ataques del pescador, los rebaños marinos se mantenían incólumes por medio de una procreación infinita.

La fauna de la profundidad abisal, donde la falta de luz hace imposible toda vegetación, era forzosamente carnívora. Los habitantes débiles devoraban los residuos y los animales muertos que descendían de la superficie. Los fuertes se nutrían a su vez con las substancias concentradas de los pequeños carniceros.

El fondo del Océano, desierto monótono de barro o de arena, producto de un sedimento de centenares de siglos, ofrecía de tarde en tarde un oasis de extraña vegetación. Estos bosques surgían como manchas de vida allí donde el encuentro de las corrientes superficiales hacía llover un maná de diminutos cadáveres. Las plantas retorcidas y calcáreas, duras como la piedra, no eran plantas: eran animales. Sus hojas, tentáculos inertes y traidores, se encogían de pronto. Sus flores, bocas ávidas, se inclinaban sobre la presa, sorbiéndola por sus ventosas glotonas.

Una luz fantástica atravesaba con ráfagas multicolores este mundo de absoluta lobreguez. Era luz animal, producida por los organismos vivientes.

En los abismos abisales resultaban muy contados los seres ciegos, contra la opinión del vulgo, que se los imagina a casi todos faltos de ojos por su lejanía del Sol. Los filamentos de los árboles carnívoros eran guirnaldas de lámparas; los ojos de los animales cazadores, globos eléctricos; las insignificantes bacterias, glándulas fotógenas; y todos ellos abrían o cerraban sus conmutadores fosforescentes según la necesidad del momento, unas veces para perseguir y devorar, otras para mantenerse disimulados en las tinieblas.

Los animales-plantas, inmóviles como estrellas, rodeaban de un círculo de rayos sus bocas feroces, y los seres minúsculos se sentían empujados irresistiblemente hacia ellos, lo mismo que las mariposas vuelan hacia la lámpara y los pájaros de mar chocan con el faro.

Ninguna de las luces de la tierra podía compararse con las del mundo abisal. Todos los fuegos de artificio palidecían ante las variedades del fulgor orgánico.

Las ramas vivientes del polípero, los ojos de las bestias, hasta el barro sembrado de puntos brillantes, emitían chorros fosfóricos, haces de chispas cuyos resplandores se abrían y cerraban incesantemente. Y estas luces iban pasando en su gradación por los más diversos colores: violeta, púrpura, rojo anaranjado, azul, y, sobre todo, verde. Los pulpos gigantescos se iluminaban al percibir la proximidad de una víctima como soles lívidos, moviendo sus brazos de mortífero tirón.

Todos los seres abisales tenían el órgano de la vista enormemente desarrollado, para poder captar hasta los más débiles rayos de luz. Muchos eran de ojos salientes y enormes. Otros los tenían despegados del cuerpo, al final de dos tentáculos cilíndricos como telescopios.

Los que eran ciegos y no producían resplandor compensaban esta inferioridad con el desarrollo de los órganos táctiles. Sus antenas y nadaderas se prolongaban desmesuradamente en la oscuridad. Los filamentos de su cuerpo, largos pelos ricos en terminaciones nerviosas, distinguían instantáneamente la presa apetecida o el enemigo en acecho.

El abismo abisal tenía dos pisos o techumbres. En lo más alto estaba la llamada zona nerítica, la superficie oceánica, diáfana y luminosa, lejos de toda costa. A continuación venía la zona pelágica, mucho más profunda, en la que residen los peces de incesante movimiento, capaces de vivir sin reposarse en el fondo.

Los cadáveres de los animales neríticos y de los que nadan entre dos aguas eran el sustento directo e indirecto de la fauna abisal. Los seres de frágil dentadura y escasa velocidad, mal armados para la conquista de las presas vivas, se alimentaban con las gotas de esta lluvia de materia alimenticia. Los grandes nadadores, pertrechados de mandíbulas formidables y estómagos elásticos e inmensos, preferían las peripecias de la lucha, las persecuciones de la caza viviente, y devoraban —como devoran en la tierra los carnívoros a los herbívoros— a todos los pequeños comedores de residuos y de *plancton*.

Esta palabra, de invención científica reciente, hacía ver al capitán Ferragut el más humilde e interesante de todos los personajes del Océano. El *plancton* es la vida que flota en grumos sueltos o formando nubes a través de la superficie nerítica, descendiendo hasta las profundidades abisales.

Allá donde iba el plancton iba la animación viviente, agrupándose en apretadas colonias animales. El agua salada más pura y diáfana mostraba bajo ciertos rayos luminosos una multitud de pequeños cuerpos, inquietos como las espirales de polvo que danzan en un rayo de Sol. Estos seres transparentes, revueltos con algas microscópicas y mucosidades embrionarias, eran el plancton. En su masa densa y poco visible para el ojo humano flotaban los sifonóforos, guirnaldas de individuos unidos por un hilo transparente, frágiles, delicados y luminosos como cristales de Bohemia. Otros organismos igualmente sutiles tenían la forma de pequeños torpedos de vidrio. La suma de todas las materias albuminúricas flotantes en el mar se condensaba en estas nubes nutritivas, añadiéndose a ellas las secreciones de los animales vivientes, los residuos de sus cadáveres, los cuerpos arrastrados por los ríos, las briznas alimenticias de los prados de algas.

Cuando el plancton, a impulsos del azar o siguiendo misteriosas atracciones se iba aglomerando en un punto determinado del litoral, las aguas hervían en peces con asombrosa fecundidad. Las poblaciones ribereñas se agrandaban, el mar se llenaba de velas, las mesas eran más opulentas, surgían industrias, se abrían fábricas y circulaba el dinero en la costa, atraído del interior por el comercio de pesquería y de conservas.

Si se retiraba el plancton caprichosamente, bogando hacia otro litoral, los rebaños marinos emigraban detrás de las praderas vivientes y la llanura azul quedaba vacía como un desierto maldito. Las flotas de barcas permanecían en seco, se cerraban los talleres, ya no humeaba la olla, los caballos de la gendarmería cargaban contra la muchedumbre protestante y famélica, la oposición gritaba en las Cámaras y los periódicos hacían responsable de todo al gobierno.

Este polvo animal y vegetal nutría a las especies más numerosas, para que ellas a su vez sirviesen de pasto a los grandes nadadores armados de dientes.

La ballena, el más voluminoso de los habitantes oceánicos, cerraba este ciclo destructor en el que se devoran unos a otros para vivir. El gigante pacífico y sin dientes mantenía su organismo solo con plancton, absorbiéndolo a toneladas. El maná imperceptible y cristalino alimentaba su cuerpo de campanario tumbado, haciendo circular bajo la piel grasosa ríos purpúreos de sangre caliente.

La transparencia de los seres planctónicos evocaba en la memoria de Ferragut las coloraciones maravillosas de los habitantes del mar, ajustadas exactamente a las necesidades de su conservación. Las especies que viven en la superficie tenían, por lo general, el lomo azul y el vientre plateado. De este modo les era posible escapar a la vista de los enemigos. Su color claro, visto desde las tinieblas de la profundidad, se confundía con la lámina blanca y luminosa de la superficie. Las sardinas, que nadan en bancos, podían pasar inadvertidas gracias a sus lomos azules como el agua, librándose así de los peces y los pájaros que las dan caza.

Viviendo en abismos donde la luz no penetra nunca, los animales pelágicos ignoraban la necesidad de ser transparentes o azules como los seres neríticos de la superficie. Unos eran opacos e incoloros, otros bronceados y negros; los más se revestían con tintas soberbias, cuyo esplendor desesperaba a los pinceles humanos, incapaces de imitarlas. Un rojo magnífico era la base de esta coloración, descendiendo gradualmente al rosa pálido, al violeta, al ámbar, hasta perderse en el lácteo iris de las perlas y la policromía temblona y vagorosa del nácar de los moluscos. Los ojos de ciertos peces, colocados al final de varillas separadas del cuerpo, brillaban como diamantes en los extremos de un doble alfiler. Las glándulas salientes, las verrugas, las sinuosidades dorsales, tomaban coloraciones de joyería.

Pero las piedras preciosas de la tierra son minerales muertos que necesitan el rayo de luz para existir con breve chisporroteo. Las alhajas animadas del Océano, peces y corales, brillaban con colores propios que eran reflejos de su vitalidad. Su verde, su rosado, su amarillo intenso, sus iris metálicos, tintas jugosas eternamente barnizadas por un charol húmedo, no podían subsistir en el mundo atmosférico.

Algunos de estos seres eran capaces de un poderoso mimetismo que les hacía confundirse con los objetos inanimados o pasar en pocos momentos por toda la gama de colores. Unos, de nerviosa actividad, se inmovilizaban y encogían, llenándose de rugosidades, tomando el tono oscuro de las rocas. Otros, en momentos de irritación o de fiebre amorosa, se cubrían de rayas y temblonas manchas, extendiéndose por su epidermis nubes diversas con cada uno de sus estremecimientos. Las sepias y calamares, al verse perseguidos, se hacían invisibles dentro de una nube, lo mismo que los encantadores de los libros de caballerías, enturbiando el agua con la tinta almacenada en sus glándulas.

Ferragut iba avanzando entre las dos filas de estanques verticales del Acuario, escaparates de rocas con un grueso vidrio que dejaba a la vista todo su interior. Estos dos muros claros y luminosos, que recibían el fuego del Sol por su parte alta, esparcían un reflejo verde en la penumbra de los corredores. Al circular, los visitantes tomaban una palidez lívida, como si marchasen por un desfiladero submarino.

El agua tranquila de los estanques apenas era visible. Detrás de los vidrios solo parecía existir una atmósfera maravillosa, un ambiente de sueño, en el que subían y bajaban flotantes seres de colores. Las burbujas de su respiración era lo único que delataba la presencia del líquido. En la parte superior de estas jaulas acuáticas, la atmósfera luminosa se estremecía bajo un chorro continuo de polvo transparente. Era agua de mar con aire inyectado, que renovaba las condiciones de existencia de los huéspedes del Acuario.

Viendo el capitán estas mangas vivificantes, admiró la fuerza nutridora del agua azul sobre la que había transcurrido casi toda su existencia.

La tierra perdía sus orgullos al ser comparada con la inmensidad acuática. En el Océano habían apuntado las primeras manifestaciones de la vida, continuando luego su ciclo evolutivo sobre las montañas, surgidas igualmente de su seno. Si la tierra era la madre del hombre, el mar era su abuela.

El número de los animales terrestres resultaba insignificante comparado con el de los marítimos. Sobre la tierra —mucho más pequeña que el Océano—, los seres solo ocupan la superficie del suelo y una capa atmosférica de unos cuantos metros. Las aves y los insectos rara vez van más allá en sus vuelos. En el mar, los animales están dispersados en todos los niveles de su espesor, pudiendo disponer de muchos kilómetros de profundidad, multiplicados por miles y miles de leguas de extensión. Cantidades infinitas de seres que escapan a todo cálculo nadan incesantemente en todos los pisos de sus aguas. La tierra es una superficie, un plano, y el mar es un volumen.

La inmensa masa acuática —tres veces más salada que al nacer el planeta, a causa de una evaporación milenaria que había disminuido el líquido sin absorber sus componentes— guardaba, revueltos con sus cloruros, el cobre, el níquel, el hierro, el cinc, el plomo, y hasta el oro procedente de los filones que la ebullición planetaria aglomeró en el fondo oceánico, y de cuya masa no son mas que insignificantes tentáculos los filones de las montañas, con sus arenas auríferas arrastradas por los ríos.

También la plata estaba disuelta en sus aguas. Ferragut sabía por ciertos cálculos que con la plata flotante en el Océano podían levantarse pirámides más enormes que las de Egipto.

Los hombres que habían pensado en la explotación de estas riquezas minerales desistían de su quimera. Estaban tan diluidas, que era imposible su aprovechamiento. Los seres oceánicos sabían reconocer mejor su presencia, filtrándolas a través de su cuerpo para la renovación y coloración de sus órganos. El cobre lo acumulaban en su sangre; el oro y la plata se descubrían en los tejidos de los animales-plantas; el fósforo era absorbido por las esponjas; el plomo y el cinc, por los fucos.

Todos podían extraer del agua los residuos de unos metales disueltos en fragmentos tan imponderablemente pequeños, que ningún procedimiento químico alcanzaba a captarlos. Los carbonatos de cal arrastrados por los ríos o arrancados a las costas servían a innumerables especies para la construcción de sus caparazones, esqueletos, conchas y caracolas. Los corales, filtrando el agua a través de sus cuerpos blanduchos y mucosos, solidificaban sus duros esqueletos, para convertirse al final en islas habitables.

Los seres de una diversidad desconcertante que flotaban, rampaban o coleaban en torno de Ferragut no eran mas que agua oceánica. Los peces, agua hecha carne; los animales mucosos, agua en estado de gelatina; los crustáceos y los políperos, agua transformada en piedra.

Contempló en uno de los estanques un paisaje que parecía de otro planeta, grandioso y reducido al mismo tiempo, como un bosque visto en un diorama. Era un palmeral surgiendo entre rocas; pero las rocas no pasaban de ser guijarros, y las palmeras anélidos de mar, simples gusanos que se mantenían en vertical inmovilidad.

Guardaban su cuerpo anillado dentro de un tubo coriáceo que los protegía, y sobre este tronco rectilíneo de color de marfil lanzaban, como un surtidor de ramas, los tentáculos movedizos que les sirven para respirar y para comer.

Dotados de una rara sensibilidad, bastaba el paso de una nube ante el Sol para que se contrajesen en el interior de los tubos, quedando éstos sin su vistoso capitel, como palmeras desmochadas. Luego, lenta y prudentemente, iban surgiendo otra vez los animados pinceles por la abertura de sus vainas, flotando en el agua con ansiosa espera. Todos estos árboles y flores-animales eran de una voracidad mecánica cuando la víctima microscópica se dejaba atraer por sus tentáculos. El suave ramaje se contraía, se cerraba, arrastrando a la esbelta torre secretada por él mismo, digería su conquista.

Otros estanques atrajeron después la atención del marino.

Deslizándose sobre las rocas, introduciéndose en las cavernas, dormitando medio enterrada en la arena, toda la varia y tumultuosa nación de los crustáceos movía sus herramientas cortantes y tentaculares, hacía brillar sus armaduras japonesas, unas teñidas de rojo casi negro, como si guardasen la sangre seca de un lejano combate, otras de fresca escarlata, lo mismo que si reflejaran en su dureza los primeros fuegos de la aurora.

El fiero bogavante —el *homard*, soberano de las ricas mesas— descansaba sobre las tijeras de sus patas anteriores, arma poderosa como una doble hacha de combate. La langosta saltaba con agilidad por las peñas valiéndose de los ganchos de sus patas, herramientas de guerra y de nutrición. Su próximo pariente la cigarra de mar, animal torpe y pesado, permanecía en los rincones, cubierta de fango y de algas, en una inmovilidad que le hacía confundirse con las piedras. Y en torno de estos gigantes, como una democracia roja acostumbrada a sufrir de vez en cuando el ataque de los fuertes, nadaban los enjambres de langostinos y camarones. Sus movimientos eran sueltos y graciosos, su sensibilidad tan afinada, que la menor agitación les hacía dar saltos enormes.

Ulises pensó en la esclavitud que había impuesto la Naturaleza a estos animales dándoles su hermosa envoltura defensiva.

Nacían acorazados, y el crecimiento les obligaba repetidas veces a cambiar de armadura. Mudaban de piel, como los reptiles; pero éstos, al ser cilíndricos, podían ejecutar la operación con la misma facilidad que una pierna que abandona su media. Los crustáceos habían de sacar de su coraza, que empezaba a rajarse, el múltiple mecanismo de sus miembros y sus apéndices: las patas, las antenas, las gruesas pinzas, operación lenta y peligrosa, en la que muchos parecían rasgados por su propio esfuerzo. Luego, desnudos e inermes, habían de esperar a que se formase una nueva piel que a su vez se convirtiese en armadura. Y esto en medio de un ambiente hostil, rodeados de ávidas bestias, grandes y pequeñas, que sentían la atracción de su rica carne, y sin otra defensa que el ocultamiento.

Entre el hormiguero de pequeños crustáceos que se movían en el fondo arenoso, cazando, comiendo o batiéndose con feroz enredijo de patas, buscaban los observadores a un ser bizarro y extravagante, el paguro, apodado *Bernardo el Eremita*. Era una caracola que avanzaba recta como una torre sobre unas patas de cangrejo, teniendo por corona la cabellera de una anémona de mar.

La cómica aparición estaba compuesta de tres animales distintos, uno sobre otro, o más bien, de dos seres vivientes llevando en medio un féretro. El paguro nacía con la parte posterior desprovista de coraza: un excelente bocado, tierno y sabroso, para los peces hambrientos. La necesidad de defenderse le hacía buscar una caracola para guardar la parte débil de su organismo. Si encontraba vacía una vivienda de esta especie, se la apropiaba. De no ser así, se comía al habitante, introduciendo después en el nacarado refugio su posterior, armado de dos patas ganchudas.

No bastaban al débil paguro sus precauciones defensivas. Necesitaba ser ofensivo para vivir; inspirar respeto a los monstruos devoradores, especialmente a los pulpos, que buscaban la presa de su busto y sus patas peludas, asomadas por la locomoción fuera de la torre.

Una anémona de mar venía a fijarse en la cúspide calcárea: a veces llegaban a ser cinco o seis. Ninguna relación corporal existía entre el paguro y los organismos de arriba. Eran simples socios, por un interés recíproco. Los animales-plantas picaban como ortigas; todos los monstruos sin coraza huían del veneno de sus órganos urticantes; las briznas de su cabellera quemaban como alfileres de fuego. De este modo, el humilde paguro inspiraba terror a las fieras gigantescas de la profundidad, llevando sobre el dorso su torre coronada de formidables baterías. Las anémonas, por su parte, le agradecían que las pasease incesantemente de un lado a otro, poniéndolas en contacto con toda clase de animales. Podían comer así con más facilidad que sus hermanas fijas en la roca. No tenían que esperar, como ellas, que el alimento viniese casualmente a sus tentáculos. Además, siempre flotaban hasta sus alturas algunos despojos de las presas que hacía por abajo el cangrejo socarrón en su errabunda impunidad.

Ferragut, al pasar de un estanque a otro, establecía mentalmente la gradación de los diversos órdenes de la fauna marítima, desde el boceto primitivo al organismo perfecto.

Las esponjas del Mediterráneo nadaban en los primeros días de su nacimiento —cuando eran como cabezas de alfiler— con movimientos vibrátiles. Luego permanecían inmóviles, filtrando el agua por las celdas y corredores de sus tejidos, protegiendo su carne suave con un erizamiento de espículas, agujas calcáreas y picantes, con las que ensartaban e inmovilizaban a los peces, sirviéndolas de alimento sus residuos en putrefacción.

Desplegaban por millares las ortigas de mar sus hilos urticantes, proyectando un veneno que aturdía a la víctima y la hacía caer en su corola, boca y ano al mismo tiempo. De una voracidad sin límites, se apoderaban, fijas en su roca, de pescados más grandes que ellas, y al presentir un peligro se encogían de tal modo, que era difícil verlas. Las plumas de mar yacían flácidas y oscuras, como animales muertos, hasta que absorbiendo el agua, se levantaban transparentes y llenas de hojas. Así iban de un lado a otro, con una ligereza de pluma, o se clavaban en la arena, emitiendo un brillo fosfórico.

Las petimetras del mar, las elegantes medusas, extendían el ruedo flotante de su hermosura frágil. Eran setas transparentes, sombrillas abiertas de vidrio, que avanzaban por medio de contracciones. Del centro interior de su cúpula colgaba un tubo igualmente transparente y gelatinoso: la boca del animal. Largos filamentos pendían del ruedo de sus bordes, tentáculos sensitivos que al mismo tiempo servían para mantener el equilibro flotante.

Estos seres frágiles, que parecían pertenecer a una fauna de ensueño, blancos como el cristal de roca, con suaves bordes de color de rosa o violeta, eran urticantes lo mismo que las ortigas y se defendían con un contacto de llama. Algunas sombrillas sutiles o incoloras vivían en el estanque bajo el amparo de un segundo encierro de cristal, y apenas si su mucosa vaporosidad se marcaba dentro de la campana como una débil línea de humo azul.

Por debajo de estas formas transparentes y frágiles que quemaban cuanto tocaban, atreviéndose a capturar presas mucho más grandes que ellas, extendíase en jardines la llamada «flor de sangre», el coral rojo, y especialmente el astroides, formando con sus corolas una alfombra de color anaranjado.

El marino había visto estas vegetaciones pétreas, como bosques sumergidos, en el fondo del mar Rojo y en los mares del Sur. Había navegado sobre ellas haciéndose la ilusión de que por las entrañas azules del Océano circulaban anchos ríos de sangre.

Los oseznos y las estrellas agitaban lentamente sus formas que habían dado origen a sus nombres, secretando venenos para aturdir a sus víctimas, contrayéndose hasta formar una bola de lanzas que atravesaba a la presa con abrazo mortal o cortándola con los cuchillos óseos de su cuerpo radiado. Los lirios de mar se balanceaban al término de su varilla, moviendo sus miembros en forma de pétalos.

Sobre fondos de menuda arena o agarrados a la roca vivían los moluscos en el refugio de sus conchas.

La necesidad de entregarse al sueño con relativa seguridad, sin miedo al devoramiento general, que es la ley oceánica, preocupa a todos los seres marinos, haciéndolos constructores e inventores. Los crustáceos viven metidos en corazas o aprovechan como refugio las envolturas calcáreas, expulsando a sus dueños; los animales-plantas expelen toxinas; los seres planctónicos, transparentes y gelatinosos, queman como un cristal puesto al fuego; algunos organismos en apariencia débiles y blanduchos tienen en su cola la fuerza del berbiquí, perforando la roca hasta crearse una caverna de refugio en sus duras entrañas... Y los tímidos moluscos, de carne dulce y temblona, se habían fabricado los fuertes escudos de sus valvas, dos murallas cóncavas que al abrirse son puerta y al cerrarse son casa.

Un pedazo de su carne asomaba fuera de la concha como una lengua blanca. En unos tomaba la forma de suela y servía de pie, marchando el molusco, con la vivienda a cuestas, sobre este único sostén. En otros era nadadera, y la concha, abriendo y cerrando sus valvas como una boca propulsora, subía en línea recta a la superficie, para dejarse caer luego con los dos escudos apretados.

Estos dulces herbívoros vivían de beber la luz, sintiendo la necesidad de las aguas superficiales o de los fondos escasos con sus claras praderas. La luz, al esparcirse por el blanco interior de su vivienda, la decoraba con todos los colores temblones del iris, dando a la cal la palpitación misteriosa de la madreperla.

Ulises admiró las bizarras formas de sus envolturas. Eran iguales a los palacios de Oriente: oscuras y tristes en los muros exteriores; deslumbrantes en su interior, como un lago de nácar. Algunos recibían nombres terrestres, por la forma especial de su concha: la liebre, el casco, el cuerno de Tritón, el tonel, la sombrilla mediterránea.

Pacían con una tranquilidad bucólica en los céspedes marítimos, contemplados de lejos por las almejas, las ostras y otros bivalvos adheridos a las rocas por una madeja de seda dura y córnea que envolvía sus encierros. Algunas de estas conchas —las llamadas «jamones»—, almejas de gran tamaño, con las valvas en forma de maza, se fijaban, rectas en el fango, dando la impresión de un campo celta sumergido, de una sucesión de menhires tragados por el fondo del mar.

El llamado «dátil», valiéndose de un líquido ácido, perforaba la piedra más dura con cilíndrico taladro. Las columnas de los templos helénicos sumergidos en el golfo de Nápoles y vueltos a la luz por un levantamiento del suelo aparecían atravesadas de parte a parte por este diminuto perforador.

Gritos de sorpresa y nerviosas risas llegaban de pronto hacia Ferragut. Procedían de la parte del Acuario donde estaban los estanques de los peces. En el corredor había una pileta de agua y en su fondo una especie de harapo flácido y gris, con redondeles negros en el dorso. Este animal atraía inmediatamente la curiosidad de los visitantes. Todos preguntaban por él.

Los grupos de campesinos, las familias de la ciudad precedidas de su prole, las parejas de soldados, se consultaban y dudaban al avanzar una mano sobre la pileta con cierta vacilación. Al fin tocaban el trapo viviente del fondo, la carne gelatinosa del pez-torpedo, recibiendo una serie de descargas eléctricas que les hacían soltar la presa, riendo y llevándose la otra mano al brazo sacudido.

Ulises, al llegar a los estanques de los peces, experimentaba una sensación igual a la del viajero que luego de vivir entre una humanidad inferior tropieza con seres que casi son de su raza.

Allí estaba la aristocracia oceánica, el pez, libre como el mar, suelto, onduloso y resbaladizo lo mismo que la ola. Todos ellos le habían acompañado durante muchos años, dejándose ver en las transparencias abiertas por la proa de su buque.

Eran vigorosos, y por esto habían suprimido el cuello —la parte más frágil y débil de los organismos terrestres—, asemejándose al toro, al elefante, a todos los animales arietes. Necesitaban ser ligeros, y para serlo prescindían de la coraza rígida y dura del crustáceo, que impide los movimientos, prefiriendo la cota de malla cubierta de escamas, que se dilata y se pliega, cede al golpe y no se rompe. Querían ser libres, y su cuerpo, como el de los luchadores antiguos, estaba cubierto de un aceite resbaladizo, el *mucus* oceánico, que escapa fugaz a toda presión.

Los animales más sueltos de la tierra no podían compararse con ellos. Los pájaros necesitan posarse y descansar durante su sueño; el pez sigue flotando y moviéndose mientras duerme. El mundo entero les pertenecía. Allí donde hubiera una masa de agua, océano, río o lago, fuese cual fuese la altura y la latitud, montaña perdida en las nubes, valle hirviente como una olla, mar tropical y luminoso con selvas de colores en sus entrañas, mar polar con corteza de hielos poblados de focas y osos blancos, el pez hacía su aparición.

El público del Acuario, al ver junto a los vidrios las chatas cabezas de los animales nadadores, gritaba y movía los brazos, como si pudiera ser visto por sus ojos de estúpida fijeza. Luego experimentaba cierto desaliento al notar que continuaban indiferentes al curso de sus flotaciones.

Ferragut sonreía ante esta decepción. El cristal que separaba el agua de la atmósfera tenía un espesor de millones de leguas: era un obstáculo insuperable entre dos mundos que no se conocen.

Recordaba el marino la imperfecta visión de los habitantes oceánicos. A pesar de sus ojos abultados y movibles, que les permiten ver delante y detrás de ellos, su potencia visual solo abarcaba cortas distancias. Los esplendores de mariposa con que los viste la Naturaleza no podían apreciarlos. Como el enfermo daltoniano, todos ellos ignoraban los colores y solo conocían las diferencias de claridad.

Un absoluto silencio acompañaba a su visión incompleta. Todos los animales acuáticos eran sordos, o más bien, carecían completamente de órganos auditivos, por serles innecesarios. Los estrépitos atmosféricos, truenos y huracanes, no penetraban en el agua. Solo el crujido de la coraza de ciertos cangrejos y el mugir doloroso, cerca de la superficie, de algunos peces llamados «roncadores» alteraban este silencio.

Como el Océano carece de ondas acústicas, sus habitantes no habían necesitado formar los órganos que las transforman en sonidos. Sentían impetuosamente las necesidades primarias de la vida animal: el hambre y el amor; sufrían rabiosamente la crueldad de enfermedades y dolores; se batían entre ellos a muerte por la comida o por la hembra; pero todo esto en absoluto mutismo, sin los aullidos de triunfo o de agonía con que acompañan los animales terrestres iguales manifestaciones de su existencia.

Era el olfato su principal sentido, así como la vista es el del pájaro. En el mundo crepuscular del Océano, cortado por resplandores fosfóricos y engañosos, los grandes pescados solo fiaban en su olfato y a veces en el tacto.

Algunos, enterrados en el fango, ascendían centenares de metros, atraídos por el olor de los peces que nadan en la superficie. Esta prodigiosa facultad inutilizaba en parte los colores de que se visten las especies tímidas para fundirse con la luz o la sombra. Los grandes carniceros veían mal, pero rascaban el fondo con un tacto adivinatorio y husmeaban a prodigiosas distancias.

Solo peces mediterráneos, especialmente los del golfo de Nápoles, vivían en los estanques de Acuario. Faltaban algunos: el delfín, de nerviosa movilidad; el atún, impetuoso en su carrera. El capitán sonrió al pensar en la travesura de estos huéspedes ingobernables, cuya presencia había sido desdeñada.

El voraz tiburón «cabeza de olla», lobo perseguidor de los rebaños mediterráneos, tampoco estaba allí. Para suplir su ausencia nadaban otros animales de la misma especie, blancuzcos, largos, de grandes aletas, con los ojos siempre abiertos por falta de párpados movibles y una boca hendida en media Luna debajo de la cabeza, al principio del estómago.

Ferragut buscó en el suelo de los estanques los llamados peces de fondo, bestias aplanadas que pasaban la mayor parte del tiempo hundidas en la arena bajo un sudario de algas. El uranoscopo oscuro, con los ojos casi unidos en la cumbre de su enorme cabeza y el cuerpo en forma de maza, solo dejaba visible un largo hilo que surgía de su mandíbula inferior, agitándolo en todas direcciones para atraer a sus víctimas. Estas perseguían el movible objeto creyéndolo una lombriz, hasta que eran alcanzadas por los dientes del cazador. Luego surgía de su lecho, flotaba unos minutos y caía pesadamente en el fondo, abriéndose una nueva fosa con sus nadaderas pectorales en forma de palas.

El llamado peje-sapo —el animal más feo del Mediterráneo— cazaba de igual modo. Las tres cuartas partes de su cuerpo aplastado eran la cabeza, con una boca no menos grande armada de ganchos y cuchillos encorvados. Con los ojos amarillentos fijos en lo alto, agitaba las barbillas de su rostro, recortadas como hojas, y unos apéndices dorsales semejantes a plumas. Este cebo falaz atraía a los inexpertos, cerrándose sobre ellos las cavernosas mandíbulas.

Los peces planos nadaban veloces sobre estos monstruos del fango, que también eran planos, pero en sentido horizontal, descansando sobre el vientre, mientras que la platitud de los lenguados y otros de su misma especie era vertical. Las dos caras del cuerpo de los lenguados, comprimido lateralmente, tenían diversa coloración. De este modo, acostándose, podían fundirse a la vez con la luz de la superficie y la penumbra del fondo, librándose de sus perseguidores.

Todas las infinitas variedades de la fauna mediterránea se movían en los otros estanques.

Pasaban por las láminas de cristal verdoso las salpas, las bogas y las obladas, vestidas de plata viva con bandas de oro en los costados. Pasaban también el purpúreo relámpago del salmonete, la majestad brillante de la dorada, el vientre azulado de los pajeles, el lomo rallado del sargo, la boca en forma de trompeta de la brema de mar, la risa inmóvil del llamado festivo, el remate dorsal del pavón, que parecía hecho de plumas, la cola inquieta y hondamente bifurcada de la caballa, el estiramiento del mújol entre sus triples aletas, las redondeces grotescas del peje-jabalí y del peje-cerdo, la platitud oscura de la pastinaca flotando como un harapo, el largo hocico del peje-becacina, la esbeltez del róbalo, ágil y recogido como un torpedo, el rubio, todo espina, el ángel de mar, con sus carnosas alas, el gobio, erizado de angulosidades natatorias, el escribano, rojo y blanco, con bandas negras semejantes al rubricado de las firmas, el esmarrido modesto, el pequeño peje-araña, el soberbio rodaballo, casi redondo, con la cola de abanico y un ribete natatorio en torno de su disco manchado a redondeles, y la corvina sombría, que tiene en su piel el negro azulado de los cuervos.

Oculta entre dos rocas, como los crustáceos cazadores, estaba la rascaza. Era la *escòrpa* del mar de Valencia, que Ferragut había conocido en su niñez; el animal amado de su tío el *Tritón*, a causa de su carne substanciosa que espesa la sopa marinera; el precioso componente buscado por el tío *Caragòl* para el caldo de sus arroces. La cabeza, enorme, tenía unos ojos completamente rojos. Sus grandes nadaderas picaban venenosamente. El cuerpo, pesado, con fajas y manchas sombrías, estaba cubierto de apéndices singulares en forma de hojas y tomaba fácilmente el color del fondo. En la semioscuridad parecía una piedra cubierta de plantas. Con este mimetismo se libraba de los enemigos, espiando mejor a su presa.

Un animal sombrío —igual, en opinión de Ferragut, a un alguacil del Santo Oficio— iba por la parte alta de los estanques, pasando de vidrio en vidrio y reflejándose como un animal doble cuando llegaba a la superficie. Era la raya, de cabeza chata, ojos feroces y cola da látigo, moviendo el negro manteo de sus alas carnosas con una lentitud que rizaba los bordes.

Del arenoso fondo se desprendía un escudo convexo, que, al flotar, mostraba su cara inferior plana y amarillenta. Las cuatro patas rugosas de la tortuga y su cabeza de serpiente emergían de esta coraza de carey. Los caballitos de mar, esbeltos y graciosos como piezas de ajedrez, subían y bajaban en el ambiente azulado, contrayendo sus colas, retorciéndose como un signo de interrogación.

Cuando el capitán llegaba al final de las cuatro galerías del Acuario sin haber visto mas que animales marítimos detrás de los vidrios luminosos y personas indiferentes y escasas en la verde penumbra, sentía el desaliento de una jornada perdida.

—¡Ya no vendrá!...

Al pasar de este ambiente de bodega húmeda al jardín, amarillo de Sol, recibía como un puñetazo atmosférico el disparo del mediodía. ¡La hora del almuerzo!... ¡Y seguramente Freya no iba a almorzar en el hotel!

Por la tarde, sus pasos le llevaban instintivamente hacia las calles empinadas del barrio de Chiaia. Todos los edificios viejos y de aspecto señorial atraían su atención. Eran caserones rojizos del tiempo de los virreyes españoles o palacios del reinado de Carlos III. Sus anchas escalinatas estaban adornadas con bustos policromos procedentes de las primeras excavaciones en Herculano y Pompeya.

Ulises esperaba tropezarse con la viuda al pasar frente a una de estas mansiones, loteadas ahora por pisos, y que exhibían en el portal las chapas indicadoras de oficinas y almacenes. En una de ellas viviría indudablemente la familia amiga de Freya.

Luego dudaba, atraído por la blancura de las flamantes construcciones surgidas entre el caserío venerable. La doctora solo podía habitar un edificio moderno e higiénico. Pero no se atrevía a hacer preguntas y pasaba adelante, temiendo ser espiado desde una ventana.

Al fin desistía de su empeño. Chiaia tiene muchas calles, y él vagaba sin rumbo, pues el conserje del hotel no había podido proporcionarle ninguna indicación precisa. La *signora*

Talberg burlaba todas sus astucias, procurando mantener ocultas las señas de sus amigos.

El capitán, a la mañana siguiente, hacía como de costumbre su guardia en el paseo, al pie del blanco Virgilio. Todo inútil. Pasadas las diez se introducía en el Acuario animado por una vaga esperanza.

—Tal vez venga hoy...

Con la superstición de los enamorados y de todos los que esperan, buscaba ciertos lugares preferidos por la viuda, creyendo que de este modo tiraría de su pensamiento lejano, obligándola a venir.

Los estanques de los moluscos le atraían especialmente. Recordaba que Freya le había hablado algunas veces de esta sección.

Entre sus escaparates acuáticos prefería el marcado con el número 15, dominio exclusivo de los pulpos. Un vago presentimiento le avisaba que en dicho lugar iba a desarrollarse algo importante para su vida. Siempre que Freya visitaba el Acuario, era con el deseo de ver comer a estas bestias repulsivas y ávidas. No había mas que permanecer ante su caverna de horrores.

Y mientras ella llegaba, el capitán se entretenía, lo mismo que un burgués de tierra adentro, contemplando las cazas feroces y las laboriosas digestiones de estos monstruos.

Los había visto mucho más grandes en las pescas de alta mar; pero con un encogimiento imaginativo, suponía que la lámina azul del estanque era toda la masa del Océano, los pedruscos del fondo montañas submarinas, y él, aplastando su personalidad, se hacía del tamaño de las pequeñas víctimas que bajaban hasta los tentáculos devoradores. De este modo veía a los pulpos del Acuario con dimensiones gigantescas, tal como deben ser los calamares monstruosos que viven en fondos de miles de metros, iluminando la lobreguez de las aguas con la estrella verdosa de sus núcleos fosforescentes.

Desde tiempos remotos, los hombres de mar habían conocido a la gran bestia blanda de los abismos. Los geógrafos de la antigüedad hablaban de ella dando la medida de sus terribles brazos.

Plinio contaba las destrucciones realizadas por un pulpo gigantesco en los viveros de pescado del Mediterráneo. Cuando unos marinos conseguían matarlo, llevaban al epicúreo Lúculo la cabeza, grande como un tonel, y algunos de sus tentáculos, que una persona apenas podía abarcar. Los cronistas de la Edad Media hablaban también del pulpo gigante, que en más de una ocasión había arrebatado a hombres, de las cubiertas de las naos, con sus brazos de serpiente.

Los navegantes escandinavos, que lo habían entrevisto en sus *fiords*, le apodaban el kraken, exagerando sus proporciones hasta convertirlo en un ser fabuloso. Si subía a la superficie, lo confundían con una isla; si permanecía entre dos aguas, los capitanes, al echar la sonda, se desorientaban en sus cálculos, encontrando menos fondo que el marcado en las cartas. En tal caso, había que escapar antes de que despertase el kraken y hundiera la nave, como un frágil esquife, entre sus remolinos de espuma.

Durante largos años la ciencia había reído del pulpo gigantesco y de la serpiente de mar, otra bestia prehistórica entrevista muchas veces. Eran invenciones de los navegantes de imaginación: cuentos de proa para pasar las guardias nocturnas. Los sabios solo pueden creer en lo que estudian directamente y catalogan a continuación en sus museos...

Y Ferragut reía a su vez de la pobre ciencia, ignorante y desarmada ante la inmensidad misteriosa del Océano. Apenas si había llegado a medir sus grandes fondos: la escafandra del buzo solo podía descender unos cuantos metros. Su único instrumento de exploración era el alambre sondeador, menos importante que un hilo de araña que intentase explorar la tierra vagando a través de su atmósfera.

Los grandes pulpos, que viven en formidables profundidades, no se dignaban subir para darse a conocer a los hombres. La enfermedad y la guerra oceánica eran los únicos agentes que de tarde en tarde delataban su existencia de un modo casual. Flotaban sobre las olas sus patas sueltas, arrancadas por la férrea mandíbula de los peces carniceros. Lo difícil era que el azar de una corriente o de un rumbo colocase este despojo, en el inmenso desierto marino, ante la proa de un velero sin prisa.

Una corbeta de guerra francesa encontraba entero, cerca de las Canarias, a uno de estos monstruos, flotando sobre el mar, enfermo o herido. Los oficiales habían dibujado sus formas y anotado sus fosforescencias y cambios de color. Pero después de una lucha de dos horas con su fuerza indomable y su mucosidad resbaladiza, que escapaba a la presa de nudos y arpones, lo habían dejado perderse en la profundidad.

Era el príncipe de Mónaco, sumo pontífice de la ciencia oceanográfica, el que afirmaba para siempre la existencia del fabuloso kraken con los descubrimientos de sus sabias correrías a través de las soledades oceánicas. En una de ellas había pescado una pata de pulpo de ocho metros de longitud. Además, los estómagos de los tiburones, al ser abiertos, revelaban las formas gigantescas de sus adversarios.

Batallas cortas y monstruosas agitaban con torbellinos de muerte las aguas negras y fosforescentes a miles de brazas de la superficie.

El tiburón descendía atraído por el regalo de un animal sin huesos, todo carne, y que pesa toneladas. Este viaje lo hacía a toda prisa, por no poder soportar largo tiempo las formidables presiones del abismo. La lucha era breve y mortal entre los dos guerreros feroces que se disputan el dominio oceánico. La mandíbula batallaba con el chupón; la dentellada cortante y sólida, con la mucosidad fosforescente que resbala y huye; el golpe de cabeza demoledor como un ariete, con el latigazo de los tentáculos, más gruesos y pesados que la trompa del elefante. Unas veces el escualo se quedaba abajo para siempre, enredado en una madeja de culebras blandas que le absorbían con glotona lentitud; otras llegaba a la superficie con la piel erizada de negros tumores —huellas de unas ventosas grandes como platos—, pero llevando el estómago bien repleto de carne gelatinosa.

Estos pulpos del Acuario no eran más que habitantes ribereños de las costas mediterráneas, parientes pobres de los calamares gigantescos que alumbran con su fuego azul de planetas devoradores la lúgubre negrura de la noche oceánica. Pero a pesar de su relativa pequeñez, estaban animados por la maldad destructora de los otros. Eran estómagos rabiosos que limpiaban las aguas de toda vida animal, digiriendo en un vacío de muerte. Hasta las bacterias e infusorios parecían huir del líquido que envolvía a estos solitarios feroces.

Ferragut pasó varias mañanas contemplando su traidora inmovilidad, seguida de desdoblamientos mortales apenas una presa descendía en el estanque. Empezó a odiar a estos monstruos, por la sola razón de que interesaban a Freya. Su estúpida crueldad le pareció un reflejo del carácter de aquella mujer incomprensible que le repelía huyendo de él y al mismo tiempo dejaba en su sonrisa y en sus palabras algo semejante a un hilo suelto para mantenerle prisionero.

Una cólera viril estremecía al marino después de toda jornada inútil transcurrida en la persecución de su personalidad invisible.

—¡Si lo hace por interesarme más!... —exclamaba—. ¡Se acabó! No admito más toreo... Yo le demostraré que puedo vivir sin ella.

Juró no buscarla. Era un dulce entretenimiento para las semanas que había de pasar en Nápoles; pero ¿qué hacer, si ella le fatigaba de un modo insufrible?...

—Todo acabó —dijo otra vez, cerrando los puños.

Y a la mañana siguiente aguardaba fuera del hotel, como los otros días. Luego iba al paseo; después entraba en el Acuario, con la esperanza de verla ante el estanque de los pulpos.

Allí la encontró una mañana, cerca de mediodía. Había estado en su buque, y al volver entró en el museo oceánico, por el automatismo de la costumbre, seguro de que a esta hora solo podía tropezarse con el empleado que daba de comer a los peces.

Sus ojos parpadearon con instantánea ceguera antes de habituarse a la penumbra de los verdosos corredores... Y cuando las primeras imágenes fueron marcándose vagamente en su retina, casi hizo un paso atrás, a impulsos de la sorpresa.

Dudó, se llevó una mano a los ojos, como si quisiera aclarar su visión con enérgico restriego. ¿Realmente era ella?... Sí; era ella, vestida de blanco, apoyándose en la barra de hierro que separaba los estanques del público, mirando fijamente el espejo sin azogue que cubría como una puerta transparente la caverna rocosa. Acababa de abrir su bolso de mano, entregando varias monedas al guardián, que se alejó por el fondo de la galería.

—¡Ah! ¿es usted? —dijo al ver a Ferragut, sin sorpresa alguna, como si se hubiese separado de él poco tiempo antes.

Luego explicó su presencia a esta hora tardía. Llevaba mucho tiempo sin visitar el Acuario. El estanque de los pulpos era para ella como la jaula de pájaros tropicales, llena de colores y de gritos, que alegra la soledad de una dama melancólica.

Adoraba a los monstruos que vivían al otro lado del cristal, y antes de ir a almorzar había sentido la irresistible necesidad de verlos. Temía que el guardián no los hubiese cuidado bien durante su ausencia.

—¡Mire usted qué hermosos son!

Y señaló el estanque, que parecía vacío. En sus aguas muertas y en el suelo de gruesa arena no se notaba el más leve estremecimiento animal. Ferragut siguió los ojos de ella, y aleccionado por sus largas contemplaciones, fue encontrando a los tres huéspedes.

Con el poderoso mimetismo de su especie, se habían convertido en minerales. Solo unos ojos expertos los podían descubrir, apelotonado cada uno en una grieta de las rocas, alterando voluntariamente su piel lisa con protuberancias y arrugas iguales a las de la piedra. Su facultad de cambiar de color les permitía adquirir el de su duro zócalo, y disimulados de este modo, como tres tumores peñascosos, esperaban traidoramente el paso de sus víctimas, lo mismo que si estuviesen en pleno mar.

—Pronto los verá usted con toda su majestad —continuó Freya, como si hablase de algo que le pertenecía—. El guardián va a darles de comer... ¡Pobres! Nadie se ocupa de ellos; todos los detestan. A mí me deben sus comidas suplementarias.

Como si oliese la proximidad del alimento, una de las tres piedras se agitó con policromo escalofrío. Su envoltura elástica se fue hinchando. Pasaron por ella rayas de color, nubes ruborosas que iban del rojo al verde, redondeles que se inflaban sobre la hinchazón, formando temblonas excrecencias. Entre des arrugas se abrió un ojo amarillento, de feroz y estúpida fijeza, un globo empañado y maligno, igual al de las serpientes, que miró hacia el cristal como si pudiese ver más allá de esta muralla de diamante.

—¡Me conocen! —exclamó Freya con alegría—. ¡Yo creo que me conocen!...

Y enumeró las habilidades de estos monstruos, a los que atribuía una gran inteligencia. Ellos eran los que habían rodado, como astutos constructores, las piedras amontonadas en el suelo, formando baluartes, a cuyo abrigo se disimulaban para caer sobre sus víctimas. En el mar, cuando querían sorprender a una ostra de carne sabrosa, esperaban ocultos a que abriese sus dos valvas para nutrirse de agua y de luz, e introducían un guijarro entre ellas, metiendo a continuación por el intersticio sus tentáculos mortales.

Su amor a la libertad era otro motivo de los entusiasmos de Freya. Si llevaban más de un año encerrados en el Acuario, enfermaban de tristeza y roían sus patas hasta matarse.

—¡Ah, bandidos simpáticos y vigorosos! —continuó, con un entusiasmo histérico—. ¡Los adoro! Quisiera tenerlos en mi casa, como se tienen los peces dorados, en un bocal; darles de comer a todas horas; ver cómo devoran...

Ferragut sintió la misma inquietud que había experimentado una mañana ante el templete de Virgilio.

«¡Está loca!», se dijo mentalmente.

Pero a pesar de su locura, la apetecía vehementemente al percibir el suave perfume que exhalaba su carne por el escote del vestido.

No vio ya el mundo silencioso que nadaba o rampaba con un chisporroteo de colores detrás de los cristales. Solo ella existía. Y escuchó, como una música lejana, su voz, que iba explicando brevemente todas las particularidades de aquellas piedras que pasaban a ser animales, de aquellos globos que, al hincharse, mostraban sus órganos, volviendo a ocultarlos bajo un oleaje gelatinoso.

Eran un saco, una bolsa, una máscara elástica, en cuyo interior solo existía agua o aire. Entre las raíces de sus brazos estaba la boca, armada de fuertes mandíbulas semejantes a un pico de loro. Al respirar, una grieta de su piel se abría y cerraba alternativamente. De uno de sus costados surgía un tubo en forma de embudo, que tragaba igualmente el agua respirable, alimentándose por ambas entradas su cavidad branquial. Los múltiples brazos armados de ventosas funcionaban como aparatos de presión. Les servían para asir y mantener su presa, para rampar y correr.

El ojo vidrioso de uno de los monstruos asomando y desapareciendo entre los blandos repliegues evocaba los recuerdos de Freya. Habló a media voz, para ella misma, sin preocuparse de Ferragut, que estaba desorientado por la incoherencia de sus palabras. Esta mirada del pulpo traía a su memoria la de *Ojo de la mañana*.

El marino preguntó: «¿Quién es *Ojo de la mañana?*...». Y volvió a decirse mentalmente que Freya estaba loca al saber que este nombre era el de una serpiente amiga, un reptil de lomo cuadriculado que le servía de collar y de pulsera allá en su casa de la isla de Java, entre bosques que exhalaban un perfume irresistible, cubiertos a la luz del Sol de flores temblonas y monstruosas semejantes a animales, poblados nocturnamente de fosforescentes estrellas que saltaban de árbol en árbol.

—Yo danzaba desnuda, con un velo transparente anudado a mis caderas y otro flotante sobre mi cabeza... Danzaba horas y horas, lo mismo que una sacerdotisa brahmánica ante la imagen del terrible Siva, y *Ojo de la mañana* seguía mis danzas con sus ondulaciones elegantes... Yo creo en el divino Siva. ¿Usted no conoce a Siva?...

Ferragut dio de lado al sombrío dios. Lo que él quería conocer era el motivo que la había llevado a Java, la isla paradisíaca y misteriosa.

—Mi marido era comandante holandés —dijo ella—. Nos casamos en Ámsterdam y le seguí a Asia.

Ulises protestó ante esta noticia. ¿No había sido un sabio su esposo?... ¿No la había llevado a los Andes, en busca de bestias prehistóricas?...

Freya vaciló un momento para hacer memoria; pero su duda fue corta.

—Así es —dijo con naturalidad—. El profesor fue mi segundo marido. Yo he sido casada dos veces.

No tuvo tiempo el capitán de manifestar su sorpresa. En lo alto del estanque, sobre la superficie cristalina plateada por el Sol, pasó una sombra humana. Era la silueta del guardián. Abajo se conmovieron las tres bolsas informes. Freya temblaba de emoción, como un espectador entusiasta e impaciente.

Algo cayó en el agua, descendiendo poco a poco: un pedazo de sardina muerta, que iba soltando filamentos de carne y escamas amarillas. Una extraña solidaridad parecía existir entre los monstruos. Solo se agitaba para comer aquel que veía más cerca la presa. Tal vez se sometían voluntariamente a un turno; tal vez su vista solo alcanzaba un poco más allá de sus tentáculos.

El que estaba más próximo al vidrio se desdobló de pronto con la violencia de un muelle que se escapa, de un proyectil que hace explosión. Dio un salto, quedando pegado al suelo por una de sus patas y teniendo las otras en alto como un manojo de reptiles. De informe guiñapo se convirtió en estrella monstruosa, llenando casi todo el vidrio con su cuerpo hinchado de rabia y de agua, coloreando su envoltura de verde, de azul, de rojo.

Los tentáculos agarraron la triste presa, doblándose hacia adentro para llevarla a su boca. La bestia se contrajo, se fue aplanando, hasta descansar en el suelo. Desaparecieron las patas, y solo quedó a la vista una bolsa temblona por la que pasaba como un oleaje, de extremo a extremo, la hinchazón digestiva. Fue un bullón de mucosidades que se colorearon y descolorieron con las contorsiones de la furia asimilatoria, dejando al descubierto de vez en cuando sus ojos estúpidos y feroces.

Siguieron cayendo nuevas víctimas y los otros monstruos saltaron a su vez, distendiendo sus estrellas, encogiéndolas luego para moler la presa en sus entrañas con una digestión de tigre.

Freya asistía a esta alimentación horrorosa con temblores de voluptuosidad. Ulises sintió cómo se apoyaba en él instintivamente, con un contacto que fue haciéndose por momentos más íntimo. Del hombro al tobillo percibió el capitán los suaves relieves de una carne tibia y firme, que se hacía sentir a través de las ropas y parecía tirar de él con nerviosos estremecimientos.

Varias veces los ojos de ella se apartaron del cruento espectáculo para mirarle rápidamente de un modo extraño. Sus pupilas parecían agrandadas. Sus córneas tenían una acuosidad de malsano reflejo. Ferragut pensó que así debían mirar las locas en sus grandes crisis.

Hablaba entre dientes, con pausas de emoción, admirando la ferocidad de aquellas bestias, doliéndose de no poseer su vigor y su crueldad.

—¡Ser así!... Poder ir por las calles... por el mundo, tendiendo las garras... ¡Devorar!... ¡devorar! Ellos se debatirían inútilmente por deshacer el anillo de mis tentáculos... ¡Absorberlos!... ¡comerlos!... ¡hacerlos desaparecer!

Ulises la vio como el primer día, junto al templete del poeta, poseída de una cólera sorda contra los hombres, ansiando su exterminio con temblores voluptuosos.

Los pulpos, terminada su digestión, se habían lanzado a nadar. Eran ahora madejas horizontales que surcaban el estanque con elegancia. Parecían torpedos de proa cónica, llevando a la rastra la gruesa y larga cabellera de sus tentáculos. Su apetito excitado les hacía correr el agua en todos sentidos, buscando nuevas víctimas.

Freya protestó. El guardián solo les había arrojado cuerpos inanimados. Ella deseaba la lucha, el sacrificio, la muerte. Los pedazos de sardina eran una comida sin substancia para estos bandidos que solo encontraban sabor al alimento sazonado con el asesinato.

Como si los pulpos entendiesen sus quejas, se habían dejado caer en el fondo arenoso, flácidos, inertes, respirando por sus embudos.

Un pequeño cangrejo empezó a descender al extremo de un hilo, con pataleo desesperado.

Ella se apretó aún más contra Ulises, emocionada al pensar en el próximo espectáculo. Saltó una de las bolsas convertida en estrella: sus patas serpentearon buscando al recién llegado. En vano el guardián movió hacia arriba el hilo, queriendo prolongar la caza. Los tentáculos pegaron sus irresistibles ventosas al cuerpo de la víctima y al bramante, tirando de este último con tal fuerza, que se rompió, cayendo en el fondo el pulpo con su presa.

Freya hizo un movimiento como si fuese a aplaudir. «¡Bravo!...» Estaba intensamente pálida. Un calor de fiebre pasó a través de las ropas desde un costado de su cuerpo al costado de Ferragut que le servía de apoyo.

Avanzaba el busto hacia el cristal para ver mejor la actividad devoradora de este estómago en forma de pirámide, que tenía en su cúspide una diminuta cabeza de loro con dos ojos feroces y en torno da la base la retorcida madeja de sus patas llenas de redondeles salientes. Con ellas apretaba al cangrejo contra su boca, inyectando bajo su caparazón el producto venenoso de sus glándulas salivares, paralizando todo movimiento de resistencia. Luego se lo tragó lentamente, con una deglución de boa.

—¡Qué hermoso! —dijo ella.

Las otras bestias tenían igualmente su víctima viva y la paralizaban y devoraban, agitando sus cuerpos blanduchos, por los que hacía pasar la hinchazón nutritiva rayas y nubes de diversos colores.

Ahora el guardián arrojó un cangrejo, pero en libertad, sin atadura alguna. Freya gritó de entusiasmo.

Era la caza tal como se desarrolla en el feroz misterio del mar, la carrera de la muerte, la destrucción precedida de angustias y azares emocionantes. El pobre crustáceo, adivinando el peligro, nadaba hacia las rocas, para guarecerse en la grieta más próxima. Un pulpo salió tras de él, mientras los otros continuaban su digestión.

—¡Se escapa!... ¡se escapa! —gritó Freya, palpitando de interés.

El cangrejo corrió por las piedras, abrigándose en sus sinuosidades. El pulpo ya no nadaba; corría también como un animal terrestre, subiendo por las rocas con sus garras armadas, que le servían de aparatos de locomoción. Era una lucha de tigre contra rata... Cuando el cangrejo tenía ya medio cuerpo oculto entre los verdes líquenes de un agujero, cayó sobre su posterior una de las pesadas serpientes, arrancándolo con el tirón irresistible de sus ventosas, haciéndole desaparecer entre la madeja de tentáculos.

—¡Ah! —suspiró Freya, echándose atrás como si fuese a desmayarse sobre el pecho de Ulises.

Este se estremeció, sintiendo que se había enroscado a su cuerpo un anillo de temblona presión. Los actos de aquella desequilibrada habían acabado por excitar sus nervios.

Creyó que un monstruo de la misma clase que los del estanque, pero mucho mayor, un pulpo gigantesco de los fondos oceánicos, se había deslizado traidoramente a sus espaldas, echándole de pronto uno de sus tentáculos. Sentía la presión de esta garra en su cintura, cada vez más apretada, más feroz.

Freya le tenía sujeto con uno de sus brazos. Violentamente se había enroscado a él y le apretaba el talle con toda su fuerza, como si pretendiese partir en dos su cuerpo vigoroso.

Luego vio aproximarse la cabeza de esta mujer con una rapidez agresiva, cual si fuese a morderle... Sus ojos, agrandados, lagrimeantes y vagorosos, parecían estar lejos, muy lejos. Tal vez no le veían... Su boca, temblona y azuleada por la emoción, una boca redonda y en relieve, como un músculo absorbente, buscó la boca del marino, apoderándose de ella, tirando de sus labios.

Fue un beso de ventosa, largo, dominador, doloroso. Ulises reconoció que nunca había sido besado así. El agua de aquella boca, remontándose al filo de los dientes, se desbordó en la suya como dulce veneno. Un estremecimiento desconocido hasta entonces corrió a lo largo de su espalda, haciéndole cerrar los ojos.

Se sintió vaciado, como si todo su interior se liquidase, pasando al otro cuerpo a través de la imperiosa succión. Tuvo el presentimiento de que este beso iba a datar en su vida; de que empezaba para él una nueva existencia; de que nunca llegaría a despegarse de estos labios mordedores y acariciantes, que tenían un lejano sabor de canela, de incienso, de selva asiática poblada de voluptuosidades y asechanzas.

Y se dejó arrastrar por la caricia de fiera, con el pensamiento perdido y el cuerpo inerte y resignado, lo mismo que el náufrago que desciende y descienda las infinitas capas del abismo, sin llegar nunca al fondo.

VI. Los artificios de Circe

Creyó después de este beso que sus otros deseos iban a realizarse inmediatamente. Lo más difícil del camino ya estaba andado. Pero con Freya había que esperar siempre algo absurdo e inconcebible.

El cañonazo del mediodía los sacó de su arrobamiento voluptuoso, que había durado unos segundos, largos como años. Los pasos del guardián, cada vez más próximos, acabaron por separar sus dos bustos y desenredar sus brazos.

Freya fue la primera en serenarse. Solo un ligero humo quedó flotando en el fondo de sus pupilas, como si fuese el vaho del ardor recién extinguido.

—¡Adiós!... Me esperan.

Y salió del Acuario seguida de Ferragut, todavía balbuciente y tembloroso.

Fueron inútiles las preguntas y ruegos con que la persiguió al atravesar el paseo.

—Hasta aquí nada más —dijo ella en una de las bocacalles de Chiaia—. Nos veremos... Se lo prometo formalmente... Ahora déjeme...

Y desapareció con su paso firme de hermosa cazadora, sereno el rostro, como si no quedase en ella el menor recuerdo de su fiero arrebato pasional.

Esta vez cumplió su promesa. Ferragut la vio todos los días.

Se encontraron por las mañanas en las inmediaciones del hotel, y algunas veces bajó ella al comedor, cruzando sonrisas y miradas con el marino, que ocupaba por su desgracia una mesa lejana. Luego pasearon, hablaron, rió Freya bondadosamente de los amorosos juramentos del capitán... Y esto fue todo.

Con la habilidad de las mujeres para sondear al hombre y penetrar en sus secretos, manteniendo cerrados e inabordables los secretos propios, ella fue enterándose de los accidentes y aventuras de la vida de Ulises. En vano éste, por una reciprocidad natural, habló de la isla de Java, de las danzas misteriosas ante Siva, de los viajes por los lagos de los Andes. Freya hacía un esfuerzo para recordar. «¡Ah!... ¡sí!» Y después da emitir por toda respuesta esta exclamación distraída, continuaba averiguando con avidez la vida anterior de su enamorado. Ulises, en algunos momentos, llegó a sospechar si lo del abrazo en el Acuario habría ocurrido en sueños.

Una mañana consiguió el capitán ver realizado uno de sus deseos. Estaba celoso de los incógnitos amigos que almorzaban con Freya. En vano afirmó ésta que era la doctora la única compañera de las horas que pasaba fuera del hotel. El marino, para tranquilizarse, exigió que la viuda aceptase sus invitaciones. Debían dar mayor amplitud a sus paseos, debían visitar las bellas afueras de Nápoles, almorzando en sus alegres *trattorias*.

Ascendieron juntos en el funicular del monte Vomero a las alturas coronadas por el castillo de *Sant Elmo* y la cartuja de San Martino. Luego de admirar en el museo da la abadía los recuerdos artísticos de la dominación borbónica y la dominación muratesca, entraron en un restorán próximo, una *trattoria* con las mesas puestas en una explanada desde cuyas barandas podía abarcarse el espectáculo inolvidable del golfo, viéndose además el Vesubio y la cadena de montañas que se esfumaba en el horizonte como un oleaje inmóvil de rosa oscuro.

Nápoles se extendía en herradura por el borde arqueado del mar, expeliendo de su enorme masa blanca, cual si fuesen núcleos de espuma, los caseríos de los suburbios.

Un ostricario moreno, enjuto, de ojos de brasa y enormes bigotes, tenía su puesto en la puerta del restorán, ofreciendo mariscos de intenso olor, que tal vez habían echado media semana en ascender desde la ciudad a las alturas del Vomero. Freya rió de la belleza típica del ostricario y las miradas ardientes que dirigía por costumbre a todas las damas que entraban en el establecimiento... Un verdadero hallazgo para una viajera ansiosa de aventuras con color local.

En el fondo, una pequeña orquesta acompañaba la voz de un tenor, o sonaba sola, estirando las melodías, amplificando los compases con napolitana exageración.

Freya sintió un regocijo infantil al sentarse a la mesa, viendo más allá del mantel el vacío luminoso de la altura. Cortado en primer término por un tubo de cristal lleno de flores, extendíase el lejano panorama de la ciudad, el golfo y sus cabos. Le embriagó el aire de esta cumbre, después de dos semanas transcurridas sin salir de Nápoles. Las arpas y violines daban al ambiente un temblor patético y servían de fondo a las conversaciones, como los vagos murmullos de una orquesta oculta realzan en el teatro la salmodia de los versos melancólicos, arrancando lágrimas.

Comieron con el apetito nervioso que proporciona la alegría. Unas mesas más allá, una pareja joven olvidaba los platos para estrecharse las manos por debajo del mantel y apretarse pierna contra pierna con frenética presión. Los dos sonreían mirando el paisaje y mirándose mutuamente. Tal vez eran extranjeros recién casados, tal vez amantes fugitivos que veían realizadas sus ilusiones al arrullarse en este país tantas veces evocado en sus lejanos galanteos.

Dos médicos ingleses de un buque-hospital, canosos y con uniforme, despreciaban el almuerzo para pintar directamente en sus álbumes, con una torpeza escrupulosa y pueril, el mismo panorama que figuraba en las tarjetas postales ofrecidas a la puerta del restorán.

Una botella ventruda, con faldellín de paja y cuello larguísimo, atrajo en la mesa las manos de Freya. Rió de la sobriedad de Ferragut, que aclaraba con agua la rojiza negrura del vino italiano.

—Así debieron beber sus antecesores los argonautas —dijo alegremente—. Así bebía indudablemente su abuelo Ulises.

Y llenando ella misma la copa del capitán, con una dosificación exageradamente escrupulosa de la parte de agua y la parte de vino, añadió alegremente:

—Vamos a hacer una libación a los dioses.

Estas libaciones sagradas fueron frecuentes. Las risas de Freya hacían volver la vista a los ingleses, interrumpiéndolos en su concienzudo trabajo. El marino se sintió invadido por un tibio bienestar, por una sensación de reposo y confianza, como si esta mujer fuese ya suya indiscutiblemente.

Al ver que los dos amorosos, terminando su almuerzo a toda prisa, se levantaban con ruborosa precipitación, como si les pinchase un repentino deseo, su mirada fue tierna y fraternal... ¡Adiós, compañeros!

La voz de la viuda le trajo a la realidad.

—Ulises, hábleme de amor... Aún no me ha dicho en todo el día que me ama.

A pesar del tono risueño e irónico de esta orden, la obedeció, repitiendo una vez más sus promesas y sus deseos. El vino daba a sus palabras un temblor de emoción; los gemidos de la orquesta excitaban su sensibilidad. Se conmovía a sí mismo, hasta el punto de que sus ojos se humedecieron levemente.

La voz exasperada del tenor, como si fuese un eco del pensamiento de Ferragut, lanzaba una romanza de la fiesta de Piedigrotta, una lamentación de amor melancólica, un cántico a la muerte, última madre de los enamorados sin esperanza.

—¡Todo mentira! —dijo Freya riendo—. Estos mediterráneos... ¡qué comediantes para el amor!...

Ulises quedó indeciso, no sabiendo si se refería a él o al cantante. Ella continuó hablando, complacida y desdeñosa al mismo tiempo al considerar el ambiente que la rodeaba.

—¡Amor... amor! En estos países no se habla de otra cosa. Es casi una industria, algo preparado escrupulosamente para las gentes del Norte, crédulas y simples. Todos representan el amor: ese cantante gritón, usted... hasta el ostricario.

Luego añadió con malignidad:

—Debo advertirle que tiene usted un rival. ¡Mucho cuidado, Ferragut!

Volvió la cabeza para mirar al ostricario. Estaba ocupado en la contemplación da una gruesa señora de pelo gris y abundantes joyas, una viajera escoltada por su marido, que acogía con extrañeza las ojeadas asesinas del vendedor, sin llegar a explicárselas.

Se atusaba el bigote, mirándose de vez en cuando el terno de lana inglesa para corregir los pliegues y expulsar las motas de polvo. Era un hermoso pirata disfrazado de *gentleman*. Al notar la atención de Freya cambió el curso de sus miradas, balanceó el fino talle y contestó a los ojos interrogantes de ella con una sonrisa de ángel malo, dando a entender su discreción y habilidad para insinuarse a espaldas de mandos y acompañantes.

—¡Ya está! —dijo Freya entre carcajadas—. ¡Ya tengo un nuevo enamorado!...

El moreno seductor quedó cohibido por la escandalosa publicidad con que acogía esta señora sus insinuaciones misteriosas. Ferragut habló de acostar al badulaque sobre sus ostras y caracolas bajo un buen par de bofetadas.

—No sea usted ridículo —protestó ella—. ¡Pobre hombre! Tal vez tiene mujer y larga prole... Es un padre de familia que desea llevar dinero a casa.

Hubo un largo silencio entre los dos. Ulises parecía ofendido por la ligereza y la crueldad de su acompañante.

—No esté usted enfadado —dijo ella—. ¡A ver, tiburón mío, sonría usted un poco, muéstreme sus dientes!... Las libaciones a los dioses tienen la culpa. ¿Está usted ofendido porque he querido compararle con ese tipo?... ¡Pero si usted es el único hombre que yo aprecio un poco!... Ulises, le hablo en serio, con toda la franqueza que da el vino. No debía decírselo, pero se lo digo... Si yo pudiese amar a un hombre, ese hombre sería usted.

Olvidó instantáneamente Ferragut todo su enfado para escucharla y envolverla en la luz admirativa de sus ojos. Freya volvió la cabeza al hablar, no queriendo verle, como si le pesase lo que estaba diciendo, y sus miradas vagaron por el amplio paisaje.

El origen de Ulises era lo que le interesaba más. Ella, que conocía casi toda la tierra, solo había pisado por unas horas el suelo de España, cuando desembarcó en Barcelona del transatlántico mandado por él. Los españoles le inspiraban miedo y atracción. Una noble gravedad reposaba en el fondo de sus hipérboles amorosas.

—Usted es un exagerado, un meridional, que lo amplifica todo y miente, creyéndose sus propias mentiras. Pero tengo la seguridad de que si llegara a enamorarse de veras, sin frases, sin embustes pasionales, su afecto sería más sano y profundo que el de los otros hombres... Mi amiga la doctora dice que son ustedes un pueblo crudo, que solo ha tomado en apariencia las nerviosidades, desequilibrios y cabildeos que acompañan al amor en otros países civilizados hasta el refinamiento.

Miró Freya al marino, haciendo una larga pausa.

—Por eso ustedes pegan —continuó—, por eso ustedes matan cuando sienten el amor y los celos. Son brutos, pero no son mediocres. No abandonan a una mujer por cálculo; no la explotan... Usted es un hombre nuevo para mí, que he conocido tantos. Si yo pudiese creer en el amor, me tendría a su lado por toda la vida... ¡por toda la vida!

Una música suave, ligera, como la vibración de un vaso de cristal frágil y delgado, se esparció por la terraza. Freya siguió su ritmo con un leve movimiento de cabeza. Conocía esta música dulzona, la *Serenata* de Toselli, lamento de pasión que removía el alma de las viajeras en los *halls* de los grandes hoteles. Ella, que había reído otras veces de esta musiquilla artificial y refinada, sintió que las lágrimas se agolpaban ahora en sus ojos.

—¡No poder amar a nadie! —murmuró—. ¡Vagar sola por el mundo!... ¡Tan hermoso que es el amor!

Adivinó lo que iba a decir Ferragut, sus protestas de eterna pasión, sus ofrecimientos de unir su vida a la de ella para siempre, y cortó sus palabras con un gesto enérgico.

—No, Ulises, usted no me conoce, no sabe quién soy... Aléjese de mí. Hace unos días me era indiferente. Y odio a los hombres, y nada me importa hacerles daño. Pero ahora me inspira usted cierto interés, porque le creo bueno y franco a pesar de sus exterioridades arrogantes... ¡Márchese, no me busque! Es la mejor prueba de afecto que puedo darle.

Dijo esto con vehemencia, como si viera a Ferragut corriendo hacia un peligro y le gritase para apartarlo de él.

—En el teatro —continuó— hay un papel que llaman de «mujer fatal», y ciertas artistas no pueden desempeñar otro. Han nacido para fingir este personaje... Yo soy una «mujer fatal», pero en la realidad. ¡Si usted conociese mi vida!... Es mejor que no la conozca: yo misma quiero ignorarla. Únicamente soy feliz cuando pierdo la memoria... Ferragut, amigo mío, dígame ¡adiós! y no me salga más al paso.

Pero Ferragut protestaba, como si le propusiese una cobardía. ¿Huir, amándola tanto?... Si tenía enemigos, podía contar con él para su defensa. Si deseaba riquezas, él no era un millonario, pero...

—Capitán —interrumpió Freya—, váyase con los suyos. Yo no he nacido para usted. Piense en su mujer y en su hijo; siga su vida. No soy la conquista que se guarda unas semanas nada más. A mí nadie me toca impunemente. Tengo ventosas, como los animales que vimos el otro día; quemo como las sombrillas transparentes del Acuario... ¡Huya, Ferragut!... Déjeme sola... ¡sola!

Y la imagen de un vacío inmenso como único porvenir hizo saltar lágrimas de la humedad aglomerada en sus ojos.

La música había cesado. Un camarero, inmóvil, fingía mirar a lo lejos, escuchando al mismo tiempo su conversación. Los dos ingleses interrumpieron su pintura para contemplar duramente a este *gentleman* que hacía llorar a una mujer. El marino sintió la inquietud nerviosa que infunde una situación ridícula.

—Ferragut, pague y vámonos —dijo ella, adivinando su estado.

Mientras Ulises daba dinero a los camareros y los músicos, ella se limpió los ojos y reparó los estragos de su fisonomía sacando del bolso de oro la borla de polvos y un pequeño espejo, en cuyo óvalo se contempló largamente.

Al salir, el ostricario le volvió la espalda, fingiéndose muy ocupado en el arreglo de los limones que adornaban su puesto. No pudo verle la cara, y sin embargo adivinó que una mala palabra agitaba sus bigotes: la más terrible que puede decirse a una mujer.

Caminaron lentamente hacia la estación del funicular por calles solitarias, entre muros de jardín, con un lado amarillo de Sol y el otro azul de sombra.

Ella fue la que buscó el brazo de Ulises, apoyándose con un abandono pueril, como si la fatiga la hubiese dominado desde los primeros pasos.

Ferragut apretó este brazo contra su cuerpo, sintiendo inmediatamente la excitación del contacto. Nadie podía verles; los pasos resonaban en las aceras, bajo las guirnaldas de las tapias, con un eco de lugar abandonado. El ardor fermentativo de las libaciones a los dioses daba al capitán una nueva audacia.

—¡Pobrecita mía!... ¡cabecita loca!... —murmuró atrayendo hacia él la cabeza de Freya, reclinada en uno de sus hombros.

La besó, sin que opusiese resistencia. Y ella, a su vez, le besó a él, pero con un beso triste, ligero, desmayado, que en nada recordaba la histérica caricia del Acuario. Su voz, que parecía venir de muy lejos, fue repitiendo lo que le había aconsejado en la *trattoria*.

—Váyase, Ulises, no me vea más. Se lo digo por su bien... Yo traigo desgracia. Lamentaría que maldijese el momento en que me conoció.

El marino aprovechaba todas las revueltas de la calle para cortar estas recomendaciones con sus besos. Ella avanzó remolcada por él, sin voluntad, como si fuera a dormirse marchando. Una voz cantaba con diabólica satisfacción en el cerebro del capitán: «¡Ya está madura!... ¡ya está madura!». Y seguía tirando de ella, siempre en línea recta, sin saber hacia dónde caminaba, pero seguro de su triunfo.

Cerca de la estación, un hombre se aproximó a la pareja: un señor respetable, canoso, con chaqué viejo y gafas. Les dio la tarjeta de un hotel que poseía en las inmediaciones, ensalzando las cualidades de sus cuartos: «Todo el *confort* moderno... Agua caliente». Ferragut la tuteó por primera vez.

—¿Quieres?... ¿quieres?...

Ella pareció despertar, abandonando bruscamente su brazo.

—No sea loco, Ulises... Eso no será nunca... ¡nunca!

Y súbitamente engrandecida al alejarse, entró en la estación con paso altanero, sin volver la cabeza, sin preocuparse de si Ferragut la seguía o la abandonaba.

Durante la larga espera y el descenso a la ciudad, Freya se mostró irónica y frívola, como si no guardase ya memoria de su reciente indignación. El marino, bajo el peso de su fracaso y de las extraordinarias libaciones, se sumió en un mutismo enfurruñado.

En el barrio de Chiaia se separaron. Ferragut, al quedar solo, sintió con más fuerza los efectos de la embriaguez que le dominaba, una embriaguez de sobrio, con la sorpresa fulminante de la novedad.

Por un momento tuvo la mala idea de ir a su buque. Necesitaba dar órdenes, pelear con alguien. Pero la flojedad de sus piernas le empujó hacia el hotel, y se dejó caer de bruces en la cama, mientras rodaba por tierra su sombrero, contento de la grave tiesura con que había llegado hasta su cuarto sin llamar la atención de la servidumbre.

Se durmió inmediatamente; pero apenas la noche hubo caído sobre sus ojos, volvieron éstos a abrirse, o a lo menos él creyó que se abrían, viéndolo todo bajo una luz que no era la del Sol.

Alguien había entrado en el cuarto y avanzaba de puntillas hasta su lecho.

Ulises, que no podía moverse, vio con el rabillo de un ojo que la que llegaba era una mujer, y que esta mujer se parecía a Freya. ¿Era realmente ella?...

Tenía el mismo rostro, los cabellos rubios, los ojos negros y orientales, igual óvalo de cara. Era Freya y no era, como dos gemelas repetidas exactamente en el mismo molde físico guardan siempre un aire indefinible que las diferencia.

Un lento trabajo que venía minando desde mucho antes, con labor sorda y subterránea, la parte inconsciente de Ferragut hizo de pronto explosión. Siempre que veía a la viuda, este inconsciente se agitaba, presintiendo que la había conocido mucho antes del viaje trasatlántico. Ahora, bajo una luz de fantástico resplandor, los vagos pensamientos se precisaron.

El dormido vio que Freya vestía un justillo de mangas sueltas ajustadas a los brazos, con botones de filigrana de oro; que unas joyas algo bárbaras adornaban su pecho y sus orejas; que una falda de flores cubría el resto de su persona. Era un traje de labradora de otros siglos que él había visto pintado. ¿Dónde?... ¿dónde?...

—¡Doña Constanza!...

Freya era igual a la augusta basilisa de Bizancio. Tal vez era la misma, que se perpetuaba a través de los siglos valiéndose de prodigiosos avatares. En aquel momento todo lo encontraba posible Ulises.

Además, le preocupaba muy poco la racionalidad de las cosas; lo importante era que existiesen. Y Freya estaba a su lado: Freya y la otra, fundidas en una sola mujer que iba vestida como la soberana griega del exvoto.

Otra vez repitió el dulce nombre que había iluminado su infancia con un esplendor novelesco. «¡Doña Constanza!

¡Oh, doña Constanza!...» Y se sumió en la noche definitivamente, sin una nueva visión, abrazándose a la almohada lo mismo que cuando era niño y creía dormirse teniendo entre sus brazos a la joven viuda de «Vatacio el Herético».

Cuando al día siguiente volvió a encontrar a Freya, se sintió atraído por una nueva fuerza, el interés redoblado que inspiran las personas vistas en sueños. Fuese realmente la emperatriz resucitada bajo una nueva forma, como en los libros de caballerías, o fuese simplemente la viuda errante de un sabio, para el marino era lo mismo. Él la deseaba, y a su deseo carnal se iban yuxtaponiendo otros menos materiales: la necesidad de velar por el placer de verla, de oírla, de sufrir sus negativas, de sentirse repelido en todos sus avances.

Ella guardaba un buen recuerdo de la expedición a las alturas de San Martino.

—Debió usted encontrarme ridícula a causa de mis sensiblerías y mis lágrimas. Usted, por su parte, fue como siempre, impetuoso y atrevido... La próxima vez beberemos menos.

La «próxima vez» era una invitación que Ferragut repetía diariamente. Deseaba llevarla a comer en una de las *trattorias* del camino de Possilipo, viendo a sus pies todo el golfo coloreado de rosa por la puesta del Sol.

Freya había aceptado su invitación con un entusiasmo de colegiala. Estos paseos representaban para ella horas de alegría y libertad, como si sus largas permanencias al lado de la doctora fuesen de monótona servidumbre.

Una tarde la esperó Ulises lejos del hotel, para evitar el espionaje del portero. Al juntarse y lanzar una mirada hacia el inmediato puesto de coches, cuatro vehículos avanzaron a la vez, como una fila de carros romanos ansiosos de obtener el premio del circo, con estrepitoso pataleo de bestias, crujidos de tralla y gesticulaciones rabiosas de los cocheros, que se amenazaban apelando a la Madona.

Iban a matarse entre ellos. Ferragut lo creyó por un instante, oyendo sus maldiciones napolitanas... Subieron los dos al vehículo más próximo, e inmediatamente cesó el tumulto. Los coches vacíos volvieron a ocupar su lugar en la fila y los rivales a muerte reanudaron su plácida y risueña conversación.

Una pluma recta y enorme se balanceaba sobre la cabeza del caballo. El cochero, para no ser descortés con sus dos clientes, a los que presentaba la espalda, volvía de vez en cuando el busto, dándoles explicaciones.

—Por aquí —y señalaba con el látigo— se va a Piedigrotta. Los señores debían ver el día de la fiesta: es en Septiembre. Pocos vuelven de ella a pie firme. *Santa María di Piedigrotta* hizo que Carlos III derrotase a los *tedescos* en Velletri... *¡Aooó!*

Movía su látigo lo mismo que una caña de pescar sobre la enhiesta pluma, excitando la marcha del caballo con un alarido profesional... Y como si su grito figurase entre las más dulces melodías, continuó diciendo, por una asociación de ideas:

—En la fiesta de Piedigrotta se daban a conocer, siendo yo mozo, las mejores canciones del año. Allí se proclamaba la romanza de moda, y cuando ya la habíamos olvidado, venían los extranjeros, años después, a repetirla como una novedad.

Hizo una breve pausa.

—Si los señores quieren —continuó—, los llevaré a la vuelta a Piedigrotta. Verán la pequeña iglesia de San Vitale. Muchas señoras extranjeras la buscan para colocar flores en la sepultura de un jorobadito que hacía versos: el conde Giacomo Leopardi.

El silencio con que acogían estas explicaciones los dos clientes le hizo abandonar su oratoria maquinal para fijarse en ellos. El señor le había tomado una mano a la señora y se la apretaba hablando en voz muy baja. La señora fingía no escucharle, mirando las «villas» y los jardines del lado izquierdo del camino, que descendían hasta el mar.

Todavía, con doble magnanimidad, quiso instruir a estos parroquianos indiferentes, mostrando a punta de látigo las bellezas y curiosidades de su catálogo.

—Aquella iglesia es Santa María del Parto, llamada por otros del Sannazaro. El Sannazaro fue también un gran poeta, que describió amores de pastoras, y Federico II de Aragón le hizo el regalo de una «villa» con jardines, para que trabajase con más comodidad... ¡Otros tiempos, señores míos! Sus herederos la convirtieron en iglesia, y...

Se cortó la voz del cochero. A sus espaldas hablaba la pareja en un idioma incomprensible, sin prestarle atención, sin agradecer sus eruditas explicaciones. ¡Extranjeros ignorantes!... Y ya no dijo más. Se replegó en un silencio ofendido, aliviando su verbosidad napolitana con una serie de gritos y gruñidos dedicados a su caballo.

El camino nuevo de Possilipo, obra del rey Murat, costeaba el golfo, elevándose lentamente por la falda de la montaña, haciendo cada vez mayor el declive entre su calzada y el borde del mar. En esta pendiente asomaban las «villas» sus fachadas blancas o rosadas entre los esplendores de una vegetación siempre verde y lustrosa.

Más allá de las columnatas de palmeras y pinos parasoles se elevaba el golfo, como un telón azul. Su borde superior sobrepasaba las rumorosas copas de los árboles.

Un edificio enorme apareció, metido en el agua. Era un palacio en ruinas, o más bien un palacio sin terminar, de gruesos muros, labrados ventanales y sin techo. En el piso bajo entraban las olas mansamente por puertas y ventanas, sirviendo sus salones de refugio a las barcas de los pescadores.

Los dos viajeros hablaban indudablemente de esta ruina, y el cochero, piadoso, olvidó su enfado para venir en su ayuda.

—Eso es lo que muchos llaman el palacio de la reina Juana... ¡Error, señores míos!... ¡Ignorancia de la gente indocta! Este es el palacio de *Donna Anna*, y doña Ana Carafa fue una gran señora napolitana, mujer del duque, de Medina, virrey español, que construyó el palacio para ella y no pudo acabarlo.

Iba a decir más, pero se contuvo. ¡Ah, no! ¡por la Madona!... Otra vez se ponían a hablar, sin escucharle... Y se sumió definitivamente en un silencio ofendido, mientras a sus espaldas continuaba la charla.

Ferragut sintió interés por los remotos amores de aquella napolitana, gran señora, con el magnate español, prudente y linajudo. La pasión había hecho cometer al grave virrey la locura de construir un palacio en el mar. También el marino amaba a una mujer de otra raza y sentía iguales deseos de hacer por ella cosas disparatadas.

—Yo he leído los mandamientos de Nietzsche —dijo, para explicar su entusiasmo—. «Busca tu mujer fuera de tu país...» Esto es lo mejor.

Freya sonrió tristemente.

—¡Quién sabe!... Es complicar el amor con las preocupaciones del antagonismo nacional. Es crear hijos con doble patria, que acaban por no tener ninguna, y vagan por el mundo lo mismo que mendicantes sin abrigo... Yo sé algo de eso.

Y volvió a sonreír con tristeza y escepticismo.

Ferragut iba leyendo los rótulos de las *trattorias* a ambos lados del camino: *El escollo de la sirena, La alegría de Partenope, El mazo de flores...* Y mientras tanto, apretaba la mano de Freya, avanzando sus dedos por la parte interior de la muñeca, acariciando su piel, que se estremecía a cada nuevo rozamiento.

El cochero dejó al caballo que ascendiese lentamente la cuesta continua de Possilipo. Se preocupaba ahora de no volverse para no ser molesto. Conocía bien a los que hablaban a sus espaldas: «Enamorados; gente que no desea llegar pronto». Y olvidó sus ofensas, pensando en la generosidad del señor al ir en tan buena compañía.

Ulises le hizo detenerse en lo alto de Possilipo. Era allí donde había comido una famosa «sopa marinesca» y donde se vendían las mejores ostras de Fusaro. A la derecha del camino se alzaba un edificio pretencioso y moderno, con el título del restorán en letras de oro. En el lado opuesto estaba el anexo, un jardín cortado por terrazas que descendían hasta el mar, y en dichas terrazas había mesas al aire libre o casitas de techos bajos con las paredes cubiertas de enredadera. Estas construcciones tenían ventanas discretas, abiertas sobre el golfo a gran altura, que no permitían ninguna curiosidad exterior.

Al recibir la generosa propina de Ferragut, el cochero le saludó con una sonrisa familiar, un gesto de compañerismo que pasaba por encima de todas las diferencias sociales, uniéndolos como simples hombres. Él había traído muchas parejas a este discreto jardín, con sus cerrados comedores sobre el golfo. «Buen apetito, *signore*.»

El viejo camarero que salió al encuentro de la pareja en un senderillo descendente mostró un gesto idéntico al fijar sus ojos en Ferragut. «Tenía lo que necesitaba el señor.» Y atravesando una terraza bajo emparrado, con varias mesas libres, abrió una puerta y les hizo entrar en una habitación que solo tenía una ventana.

Freya fue instintivamente hacia ella, como un insecto hacia la luz, dejando a sus espaldas el cuarto sombrío y húmedo, cuyo papel pendía a trechos. «¡Qué hermoso!» El golfo, encuadrado por la ventana, parecía un lienzo con marco, un original vivo y palpitante de las infinitas copias esparcidas por el mundo.

Mientras tanto, el capitán, sin dejar de enterarse de los platos disponibles, seguía la discreta mímica del camarero. Con una de sus manos sostenía la puerta entreabierta. Sus dedos acariciaban en la cara interior un cerrojo enorme, arcaico, que había pertenecido a una puerta mucho más grande, y parecía que iba a desprenderse de la madera por su peso excesivo... Ferragut adivinó que este cerrojo iba a gravitar sobre la cuenta de la comida con todo su volumen.

Interrumpió ella su contemplación del panorama al sentir los labios de Ferragut que intentaban acariciar su cuello.

—¡Quieto, capitán!... Ya sabe usted lo que hemos convenido. Recuerde que he aceptado su convite con la condición de que me dejará en paz.

Permitió que el beso se pasease por su mejilla, llegando hasta su boca. Esta caricia estaba ya aceptada: tenía la fuerza de la costumbre. Por esto no se resistió a ello, recordando los precedentes, pero el miedo al abuso la hizo retirarse de la ventana.

—Veamos el palacio encantado que me ha prometido mi *flirt* —dijo alegremente, para distraer la insistencia de Ulises.

En el centro había una mesa de tablas mal cepilladas y rudos pies. Los manteles y los platos disimularían luego este horror. Sus ojos, pasando despectivamente por las sillas viejas, las paredes de suelto empapelado y los cromos de marcos verdosos, tropezaron con algo oscuro, rectangular y profundo que ocupaba todo un ángulo de la pieza. No se sabía si era un diván, una cama o un catafalco fúnebre. Las mantas pardas que lo cubrían evocaban en la memoria los lechos de cuartel o de presidio.

«¡Ah, no!...» Freya dio un salto hacia la puerta. Ella no podría comer al lado de este mueble inmundo, por el que había pasado lo peor de Nápoles. «¡Ah, no! ¡Qué asco!»

Ulises estaba junto a la puerta, temiendo que los descubrimientos de Freya fuesen más allá, tapando con su espalda aquel cerrojo que era el orgullo del camarero. Balbuceaba excusas, pero ella se engañó al notar su insistencia, creyendo que pretendía cerrarle el paso.

—¡Capitán, déjeme salir! —dijo con voz colérica—. Usted no me conoce. Eso es para otras... ¡Atrás, si no quiere que le tenga por un grosero!...

Y lo empujó en su salida, a pesar de que Ulises le dejaba franco el paso, repitiendo sus excusas, haciendo recaer toda la responsabilidad en la torpeza del sirviente.

Se detuvo ella ante el emparrado, súbitamente tranquilizada al verse en pleno aire. Buscó la mesa más lejana y fue a sentarse de espaldas al cuarto.

—¡Qué antro!... —dijo—. Venga aquí, Ferragut. Estaremos mejor al aire libre, contemplando el golfo... ¡Venga y no sea niño!... Todo está olvidado. Usted no tiene la culpa.

El viejo camarero, que volvía con manteles y platos, no hizo el menor gesto al ver a la pareja instalada en la terraza. Estaba acostumbrado a estas sorpresas. Evitó los ojos de la señora, como un reo convicto, y miró al señor con el mismo aire desolado que empleaba para anunciar el agotamiento de un plato puesto en la lista. Sus gestos de muda protección intentaban consolar a Ferragut de su fracaso. «¡Paciencia y tenacidad!... Victorias más difíciles había visto él en su clientela.»

Antes de servir la comida puso sobre la mesa, a guisa de aperitivo, una botella ventruda de vino del país, un néctar de las laderas del Vesubio, con un lejano sabor de azufre. Freya tenía sed y le inspiraba recelo el agua de esta *trattoria*. Ulises necesitaba olvidar su reciente fracaso... Y los dos hicieron sus libaciones a los dioses, pero con absoluta pureza, sin que una gota de agua viniese a cortar la diafanidad de piedra preciosa del vino.

Un grupo de cantores y bailarines invadió la terraza. Una joven cobriza, hermosa y sucia, con el pelo revuelto, grandes aros en las orejas y un delantal de rayas multicolores, bailó bajo el emparrado, moviendo en alto un pandero que era casi del tamaño de una sombrilla. Dos chicuelos vestidos de antiguos *lazaroni*, con gorro rojo y las piernas remangadas, acompañaron dando gritos la agitada danza de la *tarantela*.

El golfo se coloreaba de rosa, como si creciesen en sus entrañas, bajo los rayos oblicuos del Sol, inmensos bosques de corales. El azul del cielo también se tornó rosado, y las montañas se incendiaron al reflejar el astro agonizante. El penacho del Vesubio era menos blanco que en la mañana. Su columna nebulosa, rayada con estrías rojizas por la luz moribunda, parecía reflejar el fuego interior.

Sintió Ulises la placidez amistosa que inspiran los paisajes contemplados en la infancia. Él había visto muchas veces este mismo panorama, con sus bailarinas y su volcán, allá en su caserón de Valencia: lo había visto en los abanicos del llamado «estilo romántico» que coleccionaba su padre.

Freya experimentó una emoción igual a la de su compañero. El azul del golfo era de una intensidad rabiosa allí donde no reflejaba el Sol; las costas parecían de ocre; las casas tenían unas fachadas chillonas; y sin embargo, todos estos elementos discordes se compenetraban y se fundían en un ambiente armonioso, discreto, de dulce elegancia. La vegetación temblaba bajo la brisa con arreglo a una medida. El aire era musical, como si en sus ondas vibrasen las cuerdas de invisibles arpas.

Esta era para Freya la verdadera Grecia imaginada por los poetas, no las islas de rocas quemadas y desnudas de vegetación que había visto en sus excursiones por el archipiélago helénico.

—¡Vivir aquí el resto de mi vida! —murmuró con los ojos húmedos—. ¡Morir aquí, olvidada, sola, feliz!...

Ferragut también quería morir en Nápoles... ¡pero con ella!... Y su imaginación pronta y exuberante describió las delicias de una vida a dos, de amor y de misterio, en cualquiera de las pequeñas «villas» con jardín asomadas sobre el mar en la ladera de Possilipo.

Los bailarines habían pasado a una terraza interior, donde era más grande la concurrencia. Entraban nuevos clientes —casi todos formando parejas— así como iba cayendo el día. El camarero hizo pasar al comedor cerrado a unas mujeres pintarrajeadas y con grandes sombreros, seguidas de unos jóvenes. Por la puerta entreabierta salió un ruido de persecuciones, de choques y saltos, con brutales carcajadas y risas de sofocante cosquilleo.

Freya volvió la espalda, como si le ofendiese el recuerdo de su paso por este antro.

El viejo camarero se ocupaba ahora de ellos, empezando a servir la comida. A la botella de vino vesubiano, completamente agotada, había sucedido otra distinta, que perdía poco a poco su contenido.

Los dos comieron poco; pero sentían una sed nerviosa, que les hizo tender la mano hacia el vaso frecuentemente. El vino de Freya era melancólico. La dulzura del crepúsculo parecía hacerlo fermentar, dándole el acre perfume de los recuerdos tristes.

Sintió nacer el marino en su interior la fiebre agresiva de los sobrios cuando caen en la embriaguez. De estar con un hombre, habría entablado una discusión violenta bajo cualquier pretexto. Encontró sin sabor las ostras, la sopa marineresca, la langosta, todo lo que hacía sus delicias otras veces al comer solo o con una amiga de paso en este mismo sitio.

Miraba a Freya con ojos enigmáticos, mientras en su pensamiento empezaba a bullir la cólera. Sentía odio al recordar la arrogancia con que ella le había tratado huyendo del cuarto. «¡Farsante!...» Se estaba divirtiendo con él. Era una gata juguetona y feroz prolongando la agonía del ratón caído en sus zarpas. En su cerebro hablaba una voz brutal, como si le aconsejase un homicidio. «¡De hoy no pasa!... ¡de hoy no pasa!...», se repitió varias veces, dispuesto a las mayores violencias para salir de una situación que consideraba ridícula.

Y ella, ignorante de los pensamientos de su compañero, engañada por la inmovilidad de su rostro, seguía hablando con la mirada perdida en el horizonte, hablando con voz queda, lo mismo que si se contase a sí misma sus ilusiones.

La dominaba como una obsesión el momentáneo proyecto de vivir en una, casita de Possilipo, completamente sola, llevando una existencia de aislamiento monacal con todas las comodidades de la vida moderna.

—Y sin embargo —siguió diciendo—, este ambiente no es favorable a la soledad; este paisaje es para el amor. ¡Envejecer lentamente dos que se amen, ante la eterna belleza del golfo!... ¡Lástima que no haya sido yo amada nunca!...

Esto fue una ofensa para Ulises, que le hizo expresarse con toda la agresividad que hervía en el fondo de su mal humor. ¿Y él?... ¿No la amaba y estaba dispuesto a probárselo con toda clase de sacrificios?...

Los sacrificios como prueba de amor dejaban fría a esta mujer, acogiéndolos con un gesto escéptico.

—Todos los hombres me han dicho lo mismo —añadió—; todos prometen matarse si no se les ama... y en la mayor parte de ellos no es mas que una frase de retórica pasional. Y aunque se maten de verdad, ¿qué prueba esto?... Quitarse la vida es una resolución de un minuto, que no da lugar a arrepentimiento; una simple ráfaga nerviosa, un gesto que se hace muchas veces pensando en lo que dirá la gente, con el orgullo frívolo del actor que desea caer en buena postura. Yo sé lo que es eso. Un hombre se mató por mí...

Ferragut, al oír las últimas palabras, sacudió su inmovilidad. Una voz maliciosa cantó en su cerebro: «¡Ya van tres!...».

—Le vi moribundo —continuó ella— en una cama de hotel. Tenía una mancha roja como una estrella en el vendaje de su frente: el agujero del pistoletazo. Murió agarrado a mis manos, jurando que me amaba y que se había matado por mí... Una escena penosa, horrible... Y sin embargo, estoy segura de que se engañaba a sí mismo, de que no me amaba. Se mató por vanidad herida al ver que me alejaba de él, por testarudez, por gesto teatral, por influencia de sus lecturas... Era un tenor rumano. Esto fue en Rusia... Yo he sido artista un poco de tiempo...

El marino quiso expresar el asombro que le producían las diversas mutaciones de esta existencia andante y misteriosa que cada vez mostraba una nueva faceta; pero se contuvo, para oír mejor los crueles consejos de la voz maligna que hablaba en su pensamiento... Él no pretendía matarse por ella... Muy al contrario: su agresividad silenciosa la examinaba como una víctima próxima. Había en sus ojos algo del difunto *Tritón* cuando columbraba en la costa una falda mujeril lejana y fugitiva.

Freya siguió hablando.

—Matarse no es una prueba de amor. Todos me han prometido desde las primeras palabras el sacrificio de su existencia. Los hombres no saben otra canción... No les imite, capitán.

Quedó pensativa largo rato. El crepúsculo avanzaba rápidamente. Medio cielo era de ámbar y el otro medio de azul nocturno, en el que empezaban a parpadear las primeras estrellas. El golfo se adormecía bajo la capa plomiza de sus aguas, exhalando una frescura misteriosa que se comunicaba a las montañas y los árboles. Todo el paisaje parecía adquirir la fragilidad del cristal. El aire silencioso temblaba con exagerada sonoridad, repitiendo la caída de un remo en las barcas, pequeñas como moscas, que se deslizaban abajo por la copa del golfo, prolongando las voces femeninas e invisibles que se perseguían en las arboledas de las alturas.

Los sirvientes fueron de mesa en mesa colocando bujías encerradas en faroles de papel. Los mosquitos y falenas, revividos por el crepúsculo, zumbaron en torno de estas flores de luz rojas y amarillas.

Volvió a sonar la voz de ella en el ambiente crepuscular, con la misma vaguedad que si hablase en sueños.

—Hay un sacrificio mayor que el de la vida, el único que puede convencer a una mujer de que es amada. ¿Qué significa la vida para un hombre como usted?... Su profesión la pone en peligro todos los días, y cuando descansa en tierra le creo capaz de arriesgarla por el más fútil motivo...

Hizo una nueva pausa y continuó:

—El honor vale más que la vida para ciertos hombres; la respetabilidad, la conservación del lugar que ocupan. Solo me convencería un hombre que arriesgase por mí honra y posición, que descendiese a lo más bajo, sin perder su voluntad de vivir... ¡Eso es un sacrificio!

Ferragut se sintió alarmado por tales palabras. ¿Qué sacrificio deseaba proponerle esta mujer?... Pero se calmó al seguirla escuchando. Todo era una hipótesis de su desordenada imaginación. «Está loca», afirmó de nuevo en su cerebro el consejero interior.

—He soñado muchas veces —continuó ella— con un hombre que robase por mí, que matase si era preciso, y fuese a pasar el resto de sus años en una cárcel... ¡Pobre ladrón mío!... Yo viviría únicamente para él, pasando día y noche junto a las murallas de su prisión, espiando las rejas, trabajando como una mujer del pueblo para enviar buena comida a mi bandido... Eso es amor, y no las mentiras frías, los juramentos teatrales de nuestro mundo.

Ulises repitió su comentario mental: «Decididamente está loca». Pero este pensamiento se reflejó en sus ojos con tal claridad, que ella lo adivinó.

—No tenga miedo, Ferragut —dijo sonriendo—. No pienso exigirle tal sacrificio. Todo esto que hablo son fantasías, inventos imaginativos para llenar el vacío de mi alma. Culpa del vino, de nuestras exageradas libaciones a los dioses, que hoy han sido sin agua... ¡Mire usted!

Y señaló con una gravedad cómica las dos botellas vacías que ocupaban el centro de la mesa.

Había cerrado la noche. En el cielo oscuro parpadeaban los infinitos ojos de la luz sideral. La taza inmensa del golfo reflejaba sus destellos como helados fuegos fatuos. Los farolillos del restorán trazaban manchas purpúreas sobre los manteles, viéndose en torno de ellas los rostros de los que comían, con violentos contrastes de luz y de sombra. De los cuartos cerrados se escapaban escandalosos ruidos de besos, persecuciones y caídas de muebles.

—¡Vámonos! —ordenó Freya.

Le molestaba este estrépito de orgía vulgar, como si deshonrase la majestad de la noche. Necesitaba moverse, caminar en la oscuridad, aspirando el fresco de la misteriosa lobreguez.

En la puerta del jardín vacilaron ante los ofrecimientos de varios cocheros. Freya fue la que desechó sus ofertas. Quería volver a pie a Nápoles, siguiendo el suave descenso del camino de Possilipo, después de la larga inmovilidad en el restorán. Su rostro estaba acalorado y rojo por el abuso del vino.

Ulises la dio el brazo y empezaron a avanzar en la sombra impulsados insensiblemente en su marcha por la facilidad de ir cuesta abajo. Freya sabía lo que representaba este viaje. A los primeros pasos se lo avisó el marino con un beso en el cuello. Iba a aprovecharse de todos los recodos del camino; de los altos en ciertos lugares descubiertos para columbrar el golfo fosforescente a través de la arboleda; de los largos espacios de sombra, cortada solo de tarde en tarde por los reverberos públicos o las linternas de carruajes y tranvías...

Pero estas libertades de su acompañante eran ya cosa aceptada: ella había dado el primer paso en el Acuario. Además, estaba segura de su serenidad, que mantendría al enamorado en el límite que ella quisiera fijarle... Y convencida de su fuerza para reaccionar a tiempo, se abandonó lo mismo que una mujer vencida.

Jamás había tenido Ferragut una ocasión tan propicia. Era una cita a solas en el misterio de la noche, con un amplio espacio de tiempo por delante. Lo único molesto era la necesidad de marchar, de unir a los abrazos y los juramentos de amor una incesante actividad ambulatoria. Ella protestaba, saliendo de su arrobamiento, cada vez que el enamorado le proponía sentarse al borde del camino.

La esperanza hizo que Ulises obedeciese a Freya, deseosa de llegar cuanto antes a Nápoles. Allá abajo, en la curva de luces vecinas al golfo, estaba el hotel, y el marino lo veía como un lugar de felicidad.

—¡Di que sí! —susurró en el oído de ella, cortando las palabras con besos—. ¡Di que será esta noche!...

Ella no contestaba, abandonándose en el brazo que el capitán había pasado por su talle, dejándose arrastrar como si estuviese medio desvanecida, entornando los ojos y ofreciendo su boca.

Mientras Ulises iba repitiendo súplicas y caricias, la voz de su cerebro cantaba victoria. «¡Ya está!... ¡Esto es hecho!... Lo que importa es meterla en el hotel.»

Llevaban caminando cerca de una hora y se imaginaban que solo habían transcurrido unos minutos.

Al llegar a los jardines de la *Villa Nazionale*, cerca del Acuario, se detuvieron un instante. Había más luz y menos gente que en el camino de Possilipo. Huyeron de los faros eléctricos de la vía *Caracciolo*, que reflejaban en el mar sus lunas de nácar. Los dos, instintivamente se aproximaron a un banco, buscando la sombra de ébano de los árboles.

Freya se había serenado de pronto. Parecía irritada contra ella misma por su abandono durante la marcha. La excitación de los besos, incesantemente renovada, le había hecho ansiar una entrega inmediata, con el exasperamiento del deseo... Al verse ahora cerca del hotel recobró su energía, como en presencia de un peligro.

—¡Adiós, Ulises! Mañana nos veremos... Voy a pasar la noche en casa de la doctora.

El marino se apartó un poco, con el tirón de la sorpresa. «¿Era una broma?...» Pero no: no podía dudar. El tono de sus palabras delataba una firme resolución.

Suplicó humildemente para que no se marchase, con voz entrecortada y fosca. Al mismo tiempo el consejero mental le decía rencorosamente: «¡Se está burlando de ti!... Hora es ya de que esto acabe... Hazla sentir tu autoridad de hombre». Y esta voz tenía el mismo timbre que la del difunto *Tritón*.

De pronto ocurrió una cosa violenta, brutal, innoble. Ulises se arrojó sobre ella como si fuese a matarla, la oprimió en sus brazos, y los dos, hechos un solo cuerpo, cayeron sobre el banco, jadeando, luchando. La sombra se rasgó con el blanco relampagueo de un oleaje de ropas interiores removidas. Pero esto solo duró un instante.

El vigoroso Ferragut, temblando de emoción y de deseo, solo disponía de la mitad de sus fuerzas. Saltó repentinamente hacia atrás llevándose las dos manos a un hombro. Experimentaba un dolor agudísimo, como si uno de sus huesos acabase de quebrarse. Ella le había repelido con una certera presión de la hábil esgrima japonesa, que emplea las manos como armas irresistibles.

—¡Ah... *tal*! —rugió lanzando el peor de los insultos femeninos.

Y cayó sobre ella otra vez, como si fuese un hombre, uniendo a su ansia amorosa un deseo de maltratarla, de envilecerla, haciéndola su esclava.

Freya le aguardó a pie firme... Viendo el brillo glacial de uno de sus ojos, Ulises, sin saber por qué, se acordó de *Ojo de la mañana*, el reptil compañero de sus danzas.

En este ataque de toro furioso quedó detenido por un simple contacto en la frente, un diminuto círculo metálico, una especie de dedal helado que se apoyaba en su piel.

Miró... Era un pequeño revólver, un juguete mortífero de relumbrante níquel. Había aparecido en la mano de Freya saliendo del secreto de sus ropas, o tal vez de aquel bolso de oro cuyo contenido parecía inagotable.

Ella, puesto un dedo en el gatillo, le contempló fijamente. Se adivinaba su familiaridad con el arma que tenía en la mano. No debía ser la primera vez que la sacaba a la luz.

La indecisión del marino fue breve. Con un hombre, su garra se hubiese apoderado de la mano amenazante, torciéndola hasta romperla, sin que le inspirase miedo el revólver. Pero tenía enfrente a una mujer... Y esta mujer era capaz de herirle, colocándolo al mismo tiempo en una situación ridícula...

—¡Retírese, señor! —ordenó Freya con tono ceremonioso y amenazante, como si hablase a un extraño.

Pero fue ella la que se retiró finalmente al ver que Ulises daba un paso atrás, quedando meditabundo y confuso. Le volvió la espalda, al mismo tiempo que desaparecía de su mano el revólver.

Antes de alejarse murmuró varias palabras que no pudo entender Ferragut, mirándole por última vez con ojos despectivos. Debían ser terribles insultos, y por lo mismo que los profería en un idioma misterioso, él sintió más profundamente su menosprecio.

—No puede ser... Se acabó, ¡se acabó para siempre!...

Dijo esto repetidas veces antes de volver al hotel, y lo pensó durante toda una noche de vigilia, cortada por pesadillas angustiosas. Bien avanzada la mañana le despertaron del sopor final las trompetas de los *bersaglieri*.

Pagó su cuenta en el despacho del gerente y dio la última propina al portero, anunciándole que horas después vendría un hombre del buque a llevarse su equipaje.

Estaba alegre, con la alegría forzosa del que necesita amoldarse a los acontecimientos. Se felicitaba por su libertad, como si esta libertad la hubiese conquistado voluntariamente y no le fuese impuesta por el desprecio de ella. Le dolía el recuerdo del día anterior, viéndose ridículo y grosero. Era mejor no acordarse de lo pasado.

Se detuvo en la calle para lanzar una última mirada al hotel. «¡Adiós, maldito *albergo*!... Nunca volvería a verle. ¡Ojalá se quemase con todos sus habitantes!»

Al pisar la cubierta del *Mare Nostrum*, su forzada satisfacción fue en aumento. Solo aquí podía vivir, lejos de las complicaciones y mentiras de la vida terrestre.

Todas las gentes del buque, que en las semanas anteriores temían la llegada del malhumorado capitán, sonrieron ahora, como si viesen la salida del Sol después de una tormenta. Distribuyó buenas palabras y palmadas afectuosas. El trabajo de recomposición iba a terminarse al día siguiente... ¡Muy bien! Estaba contento. Pronto volverían a navegar.

Saludó en la cocina al tío *Caragòl*... Este era un filósofo. Todas las mujeres del mundo no valían para él lo que un buen arroz. ¡Ah, grande hombre!... Seguramente iba a llegar a les cien años. Y el cocinero, halagado por tantas alabanzas, cuyo origen no acertaba a comprender, respondía como siempre: «Así es, mi capitán».

Tòni, silencioso, disciplinado y familiar, le inspiraba no menos admiración. Su vida era una vida recta, firme y llana como el camino del deber. Cuando los oficiales jóvenes hablaban en su presencia de ruidosas cenas al saltar a tierra con mujeres de distintos países, el piloto se encogía de hombros. «El dinero y lo otro deben guardarse para casa», decía sentenciosamente.

Ferragut había reído muchas veces de la virtud de su segundo, que se paseaba encogida y soñolienta por una gran parte del planeta, sin permitirse distracción alguna, para despertar con una tensión arrolladora siempre que los azares de la carrera le llevaban a vivir unos días en su casa de la Marina.

La pobre esposa, morena, enjuta y obediente, le veía llegar con alegría y con susto, como si fuese una tormenta de lluvia interminable. Cuando Tòni se sentía héroe, sus hazañas iban más allá del cero de la decena. Y con el impudor tranquilo del virtuoso que todo lo deja en casa, calculaba las fechas de sus viajes por la edad de sus ocho hijos: «Este fue a la vuelta de Filipinas... Este otro, después que hice el cabotaje en el golfo de California...».

Su serenidad de varón ordenado, incapaz de perturbarse con frívolas aventuras, le hizo adivinar desde el primer momento el secreto de los entusiasmos y las cóleras del capitán. «Debe vivir con una mujer», se dijo al verle instalado en un hotel de Nápoles y al sufrir su mal humor en las rápidas apariciones que hacía a bordo.

Ahora, al escuchar sus regocijados comentarios sobre la tranquila vida de Tòni y su filosófica cordura, volvió a decirse mentalmente, sin que el capitán pudiese adivinar nada en su rostro: «Ya ha roto con la mujer: se ha cansado de ella. ¡Más vale así!».

Se afirmó aún más en esta creencia al escuchar los planes de Ferragut. Tan pronto como el buque quedase listo, irían a fondear en el puerto comercial. Le habían hablado de cierto cargamento para Barcelona, un flete de ocasión; pero mejor era esto que ir de vacío... Si el cargamento se demoraba, partirían con lastre. Deseaba reanudar cuanto antes sus viajes. Cada vez eran más escasos y buscados los buques. Ya era hora de salir de esta inercia forzosa.

—Sí, ya es hora —respondió Tòni, que en todo un mes solo había bajado dos veces a tierra.

El *Mare Nostrum* abandonó el lugar de su reparación, yendo a fondear frente a los muelles de comercio, brillante y rejuvenecido, sin ningún desperfecto que recordase sus recientes averías.

Una mañana, cuando el capitán y el segundo estaban en el salón de popa, indecisos entre salir aquella misma noche o esperar cuatro días más, como lo solicitaban los dueños de la carga, se presentó el tercer oficial, un joven andaluz, que parecía emocionado por la noticia de que era portador. Una señora muy hermosa y muy elegante —el joven apoyó con su admiración estos detalles— acababa de llegar en un bote, y sin pedir permiso había subido la escala, metiéndose en el buque como si fuese su vivienda propia.

A Tòni le dio un vuelco el corazón. Su rostro moreno tomó una palidez de ceniza. «¡Cristo!... ¡la de Nápoles!» Él no sabía quién era la de Nápoles, no la había visto nunca, pero tenía la certeza de que llegaba como un estorbo fatal, como una calamidad inesperada. ¡Tan bien que marchaban las cosas!...

El capitán hizo girar su sillón, despegándose de la mesa, y en dos saltos salió a la cubierta.

Algo extraordinario perturbaba a los tripulantes. Todos estaban arriba, como si una atracción poderosa los hubiese arrancado de los sollados, del fondo de las bodegas, de los metálicos corredores de las máquinas. Hasta el tío *Caragòl* sacaba su cara episcopal por la puerta de la cocina, llevándose una mano cerrada en forma de telescopio a uno de sus ojos, sin llegar a distinguir claramente la anunciada maravilla.

Freya estaba a pocos pasos, con un traje azul que tenía algo de marino, como si esta visita al buque impusiera a su elegancia la necesidad de imitar el porte de las multimillonarias que viven en un yate. Los marineros fingían trabajos extraordinarios para aproximarse a ella, limpiando cobres o encerando maderas. Sentían la necesidad de respirarla, de vivir en el ambiente perfumado que la envolvía, siguiendo sus pasos.

Al ver al capitán le tendió una mano simplemente, lo mismo que si se hubiesen visto el día anterior.

—¡No se quejará usted, Ferragut!... Como no le encontraba en el hotel, he sentido la necesidad de visitarle en su buque... Deseaba conocer su casa flotante. Todo lo de usted me interesa.

Parecía otra mujer. Ulises se dio cuenta del gran cambio que se había efectuado en su persona durante los últimos días. Sus ojos eran atrevidos, incitantes, de un impudor tranquilo. Toda ella parecía ofrecerse. Sus sonrisas, sus palabras, su modo de marchar por la cubierta hacia las cámaras del buque, denotaban una resolución de dar fin cuanto antes a su larga resistencia, cediendo a los deseos del marino.

A pesar de los anteriores fracasos, éste sintió de nuevo la alegría del triunfo. «¡Ahora va a ser! Mi ausencia la ha vencido...» Y al mismo tiempo que paladeaba la dulce satisfacción del amor y el orgullo triunfantes, un vago instinto le sugirió la sospecha de que esta mujer, repentinamente transformada, tal vez le quería menos ahora que en los días anteriores, cuando se resistía, aconsejándole que huyese.

En el comedor hizo la presentación de su segundo. El rudo Tòni experimentó el mismo deslumbramiento que había perturbado a todos los del buque. ¡Qué mujer!... En el primer instante excusó y comprendió la conducta de su capitán. Luego, sus ojos quedaron fijos en ella con una expresión de alarma, como si su presencia le hiciese temblar por la suerte del vapor.

Acabó por sentirse cohibido delante de esta señora que examinaba el salón como si fuese a quedarse en él para siempre.

Freya se interesó unos momentos por la peluda fealdad de Tòni. Era un verdadero mediterráneo, tal como ella se los imaginaba: un fauno perseguidor de ninfas. Ulises rió de los elogios dirigidos a su segundo.

—Debe tener dentro de los zapatos —continuó ella— unas pezuñitas lindas como las de las cabras. Debe saber tocar el caramillo. ¿No lo cree así, capitán?...

El fauno, enfurruñado y rabioso, acabó por marcharse, saludando torpemente al salir. Ferragut sintió un gran alivio con esta ausencia, pues temía alguna palabra ruda de Tòni.

Al quedar sola con Ulises, corrió de un lado a otro por la gran cámara.

—¿Aquí es donde vive usted, querido tiburón?... Déjeme que lo vea todo, que lo registre todo. Me interesa lo suyo: no dirá ahora que no le quiero. ¡Qué orgullo para el capitán Ferragut! Las señoras vienen a buscarle en su buque...

Interrumpió su parloteo irónico y amoroso para defenderse suavemente del marino. Este, olvidando lo pasado y queriendo aprovechar la felicidad que se le ofrecía de pronto, abrazaba a la visitante, besándola en la nuca.

—¡Luego... luego! —suspiró ella—. Ahora déjeme ver. Siento una curiosidad de niña.

Abrió el piano, el pobre piano del capitán escocés, y unos acordes tenues y lloriqueantes, producto de una desafinación de varios años, conmovieron el salón con la melancolía de los recuerdos que resucitan.

Era una música igual a la de las cajas melódicas que se encuentran olvidadas en el fondo de un armario, entre las ropas de una vieja difunta. Freya declaró que esta música olía a rosas secas.

Luego, abandonando el piano, abrió una tras otra todas las puertas de los camarotes que daban al salón. En la del dormitorio del capitán se detuvo, sin querer pasar del umbral, sin soltar el picaporte de bronce que mantenía en su diestra. Ferragut, detrás de ella, la empujaba con suave traición, repitiendo al mismo tiempo sus caricias en la nuca.

—No, aquí no —dijo ella—. ¡Por nada del mundo!... Seré tuya, te lo prometo: te doy mi palabra. Pero donde yo quiera, cuando a mí me parezca... ¡Muy pronto, Ulises!

Él sintió toda la voluptuosidad de estas afirmaciones, hechas con una voz acariciadora y sumisa; todo el orgullo de este tuteo espontáneo, que equivalía a una primera entrega.

La llegada de un acólito del tío *Caragòl* les hizo recobrar su tranquilidad. Traía dos enormes vasos llenos de un *cocktail* rojizo y espumoso; embriagadora y dulce mixtura, resumen de todos los conocimientos adquiridos por el cocinero en su trato con los borrachos de los primeros puertos del mundo.

Ella probó el líquido, entornando los ojos como una gata golosa. Luego prorrumpió en alabanzas, elevando el vaso de un modo solemne. Ofrecía su libación a Eros, el más bueno de los dioses. Y Ferragut, que siempre había sentido cierto pavor ante las infernales y gratas mixturas de su cocinero, apuró de un trago su vaso, para unirse a la invocación.

Todo quedó concertado entre los dos. Ella daba las órdenes. Ferragut volvería a tierra, aposentándose en el mismo *albergo*. Continuarían su vida de antes, como si nada hubiese ocurrido.

—Esta tarde me esperarás en los jardines de la *Villa Nazionale*... Sí, allí donde quisiste matarme, ¡bandido!...

Antes de que pudiese evocar la imagen de aquella noche de violencia, Freya se adelantaba a sus recuerdos con una astucia femenil... Era Ulises el que había querido matarla; lo afirmaba ella, sin admitir respuesta.

—Iremos a visitar a la doctora —continuó—. La pobre desea verte, y me ha rogado que te lleve. Se interesa mucho por ti desde que sabe que te amo, ¡pirata mío!...

Después de haber fijado la hora del encuentro, Freya quiso irse. Pero antes de volver a su lancha sintió la curiosidad de registrar el buque, como había registrado el salón y los camarotes.

Con aires de princesa reinante, precedida del capitán y seguida de los oficiales, corrió las dos cubiertas; se asomó a las galerías de hierro de las máquinas y al abismo cuadrado de las escotillas de carga, recibiendo el olor mohoso de las bodegas. En el puente tocó con un entusiasmo pueril la caperuza de bronce de la bitácora y los demás instrumentos de dirección, brillantes como si fuesen de oro.

Quiso ver la cocina, o invadió los dominios del tío *Caragòl*, poniendo en lamentable desorden sus formaciones de cacerolas, asomando su hocico sonrosado a la boca humeante del gran puchero en el que hervía el almuerzo de la gente.

El viejo pudo verla de cerca con sus ojos cegatos. «¡Sí que era guapa!» El revoloteo de sus faldas y los frecuentes encontrones que tuvo con ella en sus idas y venidas por la cocina perturbaron al apóstol. Su olfato de guisandero se sintió molestado por el perfume de esta señora. «Guapa, pero con olor de...», repitió mentalmente. Para él, todo perfume femenil merecía este título injurioso. Las mujeres buenas huelen a pescado y a estropajo: estaba seguro de ello... En su lejana juventud, los conocimientos del pobre *Caragòl* no habían ido más allá.

Al quedar solo, agarró un trapo, agitándolo violentamente como si sacudiese moscas. Quería limpiar el ambiente de malos olores. Sentíase escandalizado, como si hubiesen dejado caer una pastilla de jabón en uno de sus arroces.

Los hombres del buque se amontonaron en las bordas para seguir la marcha del bote que se alejaba.

Tòni, al pie del puente, lo contempló también con ojos enigmáticos.

—Hermosa eres; pero ¡que la mar te trague antes de que vuelvas!...

Un brazo tremolaba un pañuelo en la popa de la barca. «¡Adiós, capitán!» Y el capitán movía la cabeza, sonriente y emocionado por el saludo femenil, mientras los marineros envidiaban su buena suerte.

Otra vez un hombre de la tripulación llevó el equipaje de Ferragut al *albergo* de la ribera de Santa Lucía. El portero, como si presintiese las inclinaciones de este cliente de propina fácil, se encargó de escoger su habitación: un piso más abajo que la vez anterior, cerca de la que ocupaba la *signora* Talberg.

Se encontraron a media tarde en la *Villa Nazionale*, y emprendieron juntos la marcha por las calles de Chiaia. Al fin iba a saber Ulises dónde ocultaba la doctora su majestuosa personalidad. Presentía algo extraordinario en este alojamiento, pero estaba dispuesto a disimular sus impresiones, por miedo a perder el afecto y el apoyo de la sabia dama, que parecía ejercer un gran dominio sobre Freya.

Entraron en el zaguán de un antiguo palacio. Muchas veces se había detenido el marino ante su puerta, pero seguía adelante, desorientado por las chapas de metal que anunciaban las oficinas y escritorios instalados en sus diversos pisos.

Vio un patio de arcadas, pavimentado con grandes losas, al que daban los balcones ventrudos en los cuatro lados interiores del palacio. Subieron por una escalera de ecos despiertos, grande como una calle en pendiente, con revueltas anchurosas que permitían en otros tiempos el paso de las literas y sus portadores. Como recuerdo de los personajes de blanca peluca y las damas de anchuroso guardainfante que habían pasado por ella, quedaban algunos bustos clásicos en los rellanos, una baranda de hierro forjada a martillo y varios farolones de oros borrosos y vidrios turbios.

Se detuvieron en el primer piso, ante una fila de puertas algo carcomidas por los años.

—Aquí es —dijo Freya.

Y señaló precisamente la única puerta que estaba cubierta con una mampara de cuero verde, ostentando un rótulo comercial, enorme, dorado, pretencioso. La doctora se alojaba en una oficina... ¡Cómo hubiera llegado él a encontrarla!

La primera pieza era realmente una oficina, un despacho de comerciante, con casillero para los papeles, mapas, caja de caudales y varias mesas. Un solo empleado trabajaba: un hombre de edad incierta, con cara pueril y bigote recortado. Su gesto obsequioso y sonriente contrastaba con su mirada fugitiva; una mirada de alarma y desconfianza.

Al ver a Freya se levantó de su asiento. Esta le saludó llamándole Karl, y pasó adelante, como si fuese un simple portero. Ulises, al seguirla, adivinó fija en sus espaldas la mirada recelosa del escribiente.

—¿También es polaco? —preguntó.

—Sí, polaco... Es un protegido de la doctora.

Entraron en un salón amueblado a toda prisa, con el arte especial y fácil de los que están acostumbrados a viajar y tienen que improvisarse una vivienda: divanes con indianas vistosas y baratas, pieles de guanaco americano, tapices chillones, de un falso orientalismo, y en las paredes láminas de periódicos entre varillas doradas. Sobre una mesa lucía sus marfiles y platas un gran neceser con la tapa de cuero abierta. Unas cuantas estatuillas napolitanas habían sido compradas a última hora para dar cierto aire de sedentaria respetabilidad a este salón que podía deshacerse rápidamente, y cuyos adornos más valiosos eran objetos de viaje.

Por una cortina entreabierta distinguieron a la doctora, que escribía en la pieza inmediata. Estaba encorvada sobre un pupitre americano, pero los vio inmediatamente en el espejo que tenía delante de ella para espiar todo lo que pasaba a sus espaldas.

Adivinó Ulises que la imponente señora había hecho ciertos preparativos de tocador para recibirle. Un vestido estrecho como una funda moldeaba la exuberancia de su formas. La falda, recogida y angosta en el remate de sus piernas, parecía el mango de una maza enorme. Sobre el verde marino del traje llevaba un tul blanco con lentejuelas plateadas, a modo de chal. El capitán, a pesar de su respeto por la sabia dama, la comparó a una nereida madre bien alimentada en las praderas oceánicas.

Con las manos tendidas y una expresión gozosa en el rostro, que hacía irradiar sus lentes, avanzó hacia Ferragut. Su encontrón casi fue un abrazo... «¡Querido capitán! ¡tanto tiempo sin verle!...» Sabía de él con frecuencia, por los informes de su amiga; pero aun así, lamentaba como una desgracia que el marino no hubiese venido a verla.

Parecía olvidar su frialdad al despedirse en Salerno, el cuidado que había tenido en ocultarle las señas de su domicilio.

Ferragut tampoco se acordó de esto, gratamente conmovido por la amabilidad de la doctora. Se había sentado entre los dos, como si quisiera protegerles con toda la majestad de su persona y el afecto de sus ojos. Era una madre para su amiga. Acariciaba, al hablar, los mechones de la cabellera de Freya, que acababan de librarse del encierro del sombrero. Y Freya, adaptándose al ambiente tierno de la situación, se apelotonaba contra la doctora, tomando un aire de niña tímida y acariciante, mientras fijaba en Ulises sus ojos de dulce promesa.

—Quiérala usted mucho, capitán —siguió diciendo la matrona—, Freya solo habla de usted... ¡Ha sido tan desgraciada!... ¡La vida se ha mostrado tan cruel con ella!...

El marino sintió la misma emoción que si se hallase en un plácido ambiente de familia. Aquella señora daba las cosas por hechas discretamente, hablándole como a un yerno. Su mirada de bondad tenía una expresión melancólica. Era la dulce tristeza de las personas maduras que ven monótono el presente, medido el porvenir, y se refugian en los recuerdos del pasado, envidiando a las jóvenes porque pueden gozar en la realidad lo que ellas solo paladean con la memoria.

—¡Felices ustedes!... ¡Amense mucho!... Únicamente por el amor vale la vida la pena de ser vivida.

Y Freya, como si le enterneciesen de un modo irresistible estos consejos, avanzó un brazo sobre los globos encorsetados de la doctora, apretando convulsivamente la diestra de Ulises.

Los lentes de oro, con su brillo protector, parecían incitarles a mayores intimidades. «Podían besarse...» La imponente señora, para facilitar sus expansiones, iba a salir, alegando un pretexto insignificante, cuando se levantó el cortinaje de la puerta que comunicaba el salón con la oficina.

Entró un hombre de la edad de Ferragut, pero más bajo de estatura, menos endurecido el rostro por el curtimiento de la intemperie. Iba vestido a la inglesa, con escrupulosa corrección. Se adivinaban en él las preocupaciones más nimias y pueriles en todo lo referente al adorno de su persona. El traje, de lanilla gris, aparecía realzado por la unidad de la corbata, los calcetines y el pañuelo asomado al bolsillo del pecho. Las tres prendas eran azules, sin la más leve variación en su tono, escogidas con exactitud, como si este hombre pudiese sufrir crueles molestias saliendo a la calle con la corbata de un color y los calcetines de otro. Sus guantes tenían el mismo amarillo oscuro de sus zapatos.

Ferragut pensó que este *gentleman*, para ser completo, debía llevar el rostro afeitado. Y sin embargo, usaba barba, una barba recortada a flor de piel en las mejillas y formando sobre el mentón una punta corta y aguda. El capitán presintió que era un marino. En la flota alemana, en la rusa, en todas las marinas del Norte, los oficiales que no iban rasurados a la inglesa usaban esta barbilla tradicional.

Se inclinó, o más bien dicho, se dobló en ángulo, con brusca rigidez, al besar las manos de las dos señoras. Luego se llevó un monóculo de impertinente fijeza a uno de sus ojos, mientras la doctora hacía las presentaciones.

—El conde Kaledine... El capitán Ferragut.

Dio la mano el conde al marino, una mano dura, bien cuidada y forzuda, que se mantuvo largo rato sobre la de Ulises, queriendo dominarla con una presión sin afecto.

La conversación continuó en inglés, que era el idioma empleado por la doctora en sus relaciones con Ulises.

—¿El señor es marino? —preguntó éste para aclarar sus dudas.

No se movió el monóculo de su órbita, pero un temblor ligero de sorpresa parecía rizar su luminosa convexidad. La doctora se apresuró a responder:

—El conde es un diplomático ilustre que está ahora con licencia, cuidando su salud. Ha viajado mucho, pero no es marino.

Y continuó sus explicaciones. Los Kaledine eran una noble familia rusa de tiempos de la gran Catalina. La doctora, por ser polaca, estaba relacionada con ellos hacía muchos años... Y cesó de hablar, dando entrada a Kaledine en la conversación.

Al principio el conde se mostró frío y algo desdeñoso en sus palabras, como si no pudiera despojarse de su altivez diplomática. Pero lentamente esta altivez se fue fundiendo.

Conocía por su «distinguida amiga la señora Talberg» muchas de las aventuras náuticas de Ferragut. A él le interesaban los hombres de acción, los héroes del Océano.

Ulises notó de pronto en su noble interlocutor un afecto caluroso, un deseo de agradar semejante al de la doctora. ¡Hermosa casa aquella, en la que todos se esforzaban por hacerse simpáticos al capitán Ferragut!

El conde, sonriendo amablemente, dejó de valerse del inglés, y le habló de pronto en español, como si hubiese reservado este golpe final para acabar de captarse su afecto con el más irresistible de los halagos.

—He vivido en México —dijo para explicar su conocimiento de esta lengua—. He hecho un largo viaje por las Filipinas cuando vivía en el Japón.

Los mares del Extremo Oriente eran los menos frecuentados por Ulises. Solo dos veces había navegado hacia los puertos chinos y nipones, pero conocía lo suficiente para mantener la conversación con este viajero que mostraba en sus gustos cierto refinamiento de artista. Durante media hora desfilaron por el vulgar ambiente del salón imágenes de enormes pagodas de techos superpuestos, vibrantes a la brisa, como un arpa, con sus filas de campanillas; ídolos monstruosos tallados en oro, en bronce o en marfil; casas de papel, tronos de bambú, muebles de nacaradas incrustaciones, biombos con filas de cigüeñas volantes.

Desapareció la doctora, aturdida por este diálogo, del que solo podía adivinar algunas palabras. Freya, inmóvil, con los ojos adormecidos y una rodilla entre sus manos cruzadas, se mantuvo aparte, entendiendo la conversación, pero sin intervenir en ella, como si le ofendiese el olvido en que la dejaban los dos hombres. Al fin se deslizó discretamente, siguiendo el llamamiento de una mano asomada a un cortinaje. La doctora preparaba el té y pedía auxilio.

La conversación continuó, sin hacer alto en estas ausencias. Kaledine había abandonado los mares asiáticos para pasar al Mediterráneo, y se anclaba en él con una insistencia admirativa. Un motivo más de afecto para Ferragut, que lo encontraba cada vez más simpático, a pesar de su trato un poco glacial.

Se dio cuenta repentinamente de que ya no era el conde ruso el que hablaba, pues con breves y certeras preguntas le hacía hablar a él, lo mismo que si lo sometiese a un examen.

Agradeció las muestras de interés que este gran viajero daba por el pequeño *Mare Nostrum*, y especialmente por las particularidades de su cuenca occidental, que deseaba conocer minuciosamente.

Podía preguntar cuanto quisiera. Ferragut poseía milla por milla todo el litoral español, el francés y el italiano, así en la superficie como en sus fondos.

Kaledine, tal vez por vivir en Nápoles, insistió con predilección en la parte mediterránea comprendida entre la Cerdeña, la Italia del Sur y la Sicilia, o sea lo que los antiguos habían llamado el mar Tirreno... ¿Conocía el capitán Ferragut las islas poco frecuentadas y casi perdidas enfrente de Sicilia?

—Yo lo conozco todo —afirmó éste con orgullo.

Y sin discernir completamente si era curiosidad del conde o si quería someterle a un examen interesado, habló y habló.

Conocía el archipiélago de las islas Lípari, con sus minas de azufre y de piedra pómez, grupo de cimas volcánicas que emergen de las profundidades del Mediterráneo. En ellas habían colocado los antiguos a Eolo, señor de los vientos; en ellas está el Stromboli vomitando enormes bolas de lava, que estallan con un estrépito de trueno. Las escorias volcánicas vuelven a caer en las chimeneas del cráter o ruedan por la pendiente de la montaña, sumiéndose en las olas.

Más al Oeste, aislada y solitaria en un mar limpio de escollos, está Ustica, una isla volcánica y abrupta que colonizaron los fenicios y sirvió de refugio a los piratas sarracenos. Su población es escasa y pobre. Nada hay que ver en ella, aparte de ciertas conchas fósiles que interesan a los hombres de ciencia...

Pero el conde se sintió interesado por este cráter muerto y solitario en medio de un mar que solo frecuentan las barcas de pesca.

Ferragut había visto igualmente, aunque de lejos, al entrar en el puerto de Trápani, el archipiélago de las Egades, donde existen grandes pesquerías de atunes. Había desembarcado una vez en la isla Pantelaria, situada a medio camino entre Sicilia y África. Era un cono volcánico altísimo que emergía en mitad del estrecho, y a cuyo pie existían lagos alcalinos, humaredas sulfurosas, aguas termales y construcciones prehistóricas de grandes bloques, semejantes a las de Cerdeña y las Baleares. Los buques que iban a Túnez y Trípoli tomaban cargamento de pasas, única exportación de esta antigua colonia fenicia.

Entre la Panteleria y Sicilia, el suelo submarino se elevaba considerablemente, guardando sobre su dorso una capa acuática que en algunos puntos solo tenía doce metros de espesor. Era el extenso banco llamado de la Aventura, hinchazón volcánica, doble isla anegada, pedestal submarino de Sicilia.

También el banco de la Aventura pareció interesar al conde.

—Conoce usted bien su mar —dijo con tono de aprobación.

Ferragut iba a seguir hablando, pero entraron las dos señoras con una bandeja que contenía el servicio de té y varios platos de pasteles. El capitán no extrañó esta falta de servidumbre. La doctora y su amiga eran para él unas mujeres de costumbres extraordinarias, y todos sus actos los encontraba lógicos y naturales. Freya sirvió el té con una gracia púdica, como si fuese la hija de la casa.

Pasaron el resto de la tarde conversando sobre lejanos viajes. Nadie aludió a la guerra ni a las preocupaciones de Italia en aquel momento por mantener su neutralidad o salir de ella. Parecían vivir en un lugar inaccesible, a miles de leguas de todo tropel humano.

Las dos mujeres trataban al conde con una familiaridad de buen tono, como personas de su mismo mundo; pero el marino creyó notar en ciertos momentos que le tenían miedo.

Al terminar la tarde, este personaje abandonó su asiento, y Ferragut hizo lo mismo, comprendiendo que debía poner fin a su visita. El conde se ofreció a acompañarle. Mientras se despedía de la doctora, agradeciendo con extremos corteses que le hubiese hecho conocer al capitán, éste sintió que Freya le apretaba la mano de modo significativo.

—Hasta la noche —murmuró levemente, sin mover apenas los labios—. Volveré tarde... Espérame.

¡Oh, dicha!... Los ojos, la sonrisa, la presión de la mano, decían para él mucho más.

Nunca dio un paseo tan agradable como al marchar al lado de Kaledine por las calles de Chiaia hacia la ribera. ¿Qué decía aquel hombre?... Cosas insignificantes para evitar el silencio, pero a él le parecieron observaciones de profunda sabiduría. Su voz era, según él, armoniosa y acariciadora. Todo lo encontraba igualmente amable, la gente que transitaba por las calles, el ruido napolitano del anochecer, el mar oscuro, la vida entera.

Se despidieron ante la puerta del hotel. El conde, a pesar de sus ofrecimientos de amistad, se fue sin decirle cuál era su domicilio.

«No importa —pensó Ferragut—. Volveremos a encontrarnos en casa de la doctora.»

El resto de la velada lo pasó agitado alternativamente por la esperanza y la impaciencia. No quería comer; la emoción había paralizado su apetito... Y una vez sentado a la mesa, comió más que nunca, con una avidez maquinal y distraída.

Necesitaba pasear, hablar con alguien, para que transcurriese el tiempo con mayor rapidez, engañando su inquieta espera. Ella no volvería al hotel hasta muy tarde... Y precisamente se retiró a su habitación más temprano que de costumbre, creyendo, con un ilogismo supersticioso, que de este modo llegaría antes Freya.

Su primer movimiento al verse en su cuarto fue de orgullo. Miró al techo, apiadándose del marino enamorado que una semana antes habitaba el piso superior. ¡Pobre hombre! ¡Cómo se habían reído de él!... Ulises se admiró a sí mismo como una personalidad completamente nueva, feliz y triunfadora, separado de la otra por un período doloroso de humillaciones y fracasos que no quería recordar.

¡Las horas larguísimas del que aguarda con ansiedad!... Se paseó fumando, encendiendo un cigarro en el resto del anterior. Luego abrió la ventana, queriendo borrar este perfume de tabaco fuerte. Ella solo gustaba de los cigarrillos orientales... Y como persistiese el acre olor del cigarro habano, jugoso y bravío, rebuscó en su maletín de aseo, derramando sobre la cama el fondo de varios frascos de esencia largo tiempo olvidados.

Una repentina inquietud amargó su espera. La que iba a llegar ignoraba tal vez cuál era su habitación. Él no estaba seguro de haberle dado las señas con suficiente claridad. Era posible que se hubiese equivocado... Empezó a creer que, efectivamente, se había equivocado.

El miedo y la impaciencia le hicieron abrir su puerta, plantándose en el corredor para mirar de lejos el cerrado cuarto de Freya. Cada vez que sonaban pasos en la escalera o chirriaba la verja del ascensor, el barbudo marino se estremecía con una inquietud infantil. Deseaba esconderse y al mismo tiempo quería mirar, por si era ella la que llegaba.

Los huéspedes que vivían en el mismo piso le fueron viendo, al retirarse a sus cuartos, en las más inexplicables actitudes. Unas veces permanecía firme en el corredor, como el que espera a los domésticos, fatigado por inútiles llamamientos. Otras veces le sorprendían con la cabeza asomada a la puerta entreabierta, retirándola precipitadamente. Un viejo conde italiano le dirigió al pasar una sonrisa de inteligencia y compañerismo... ¡Estaba en el secreto! Aguardaba, indudablemente, a una de las doncellas del hotel.

Acabó por meterse en la habitación, pero dejando la puerta abierta... Un rectángulo de viva luz que se marcaba en el suelo y la pared de enfrente guiaría a Freya, indicándole el camino.

Tampoco pudo mantener mucho tiempo esta señal. Damas mal tapadas con un kimono, señores en pijama, se deslizaban por el pasillo discretamente sobre la suavidad silenciosa de sus pantuflas, todos en la misma dirección, lanzando una ojeada de cólera hacia la puerta luminosa que sorprendía el secreto de sus miserias corporales.

Por fin tuvo que cerrar la puerta. Abrió un libro, y le fue imposible leer dos párrafos seguidos. Su reloj marcaba las doce.

—¡No vendrá!... ¡no vendrá! —dijo con desesperación.

Una idea nueva le sirvió de alivio. Era imposible que una persona discreta como Freya se atreviese a avanzar hasta su cuarto viendo luz por debajo de la puerta. El amor necesita oscuridad y misterio. Además, esta espera visible podía atraer el espionaje de algún curioso.

Dio vuelta al conmutador eléctrico y buscó en la oscuridad su lecho, tendiéndose con un ruido exagerado, para que nadie pudiese dudar de que se acostaba. Esta lobreguez reanimó su esperanza.

—Va a venir... Llegará de un momento a otro.

Otra vez se levantó cautelosamente, sin ningún ruido, yendo de puntillas. Había que facilitar las dificultades de la entrada. Dejó la puerta entreabierta levemente, para evitar el ruido giratorio del picaporte. Una silla mantuvo su hoja apoyada con suavidad en el marco del quicio.

Todavía se levantó varias veces, despojándose en cada uno de estos saltos de una parte de sus vestidos. Así aguardaría mejor.

Se estiró sobre el lecho, dispuesto a permanecer en vela toda la coche si era preciso. No debía dormir; no quería dormir; lo ordenaba su voluntad... Y media hora después dormía profundamente, sin saber en qué momento se había dejado rodar por las blandas laderas del sueño.

Despertó de pronto, como si le hubiesen asestado un mazazo en el cráneo. Los oídos le zumbaban... Era la brusca impresión del que se duerme sin deseo de dormir y se siente sacudido por la inquietud resucitadora. Tardó unos instantes en darse cuenta de su situación. Luego lo recordó todo de golpe... ¡Solo!... ¡Ella no había llegado!... Ignoraba si iban transcurridos minutos u horas.

Otra cosa, además de la inquietud, le había vuelto a la vida. Adivinó en la silenciosa oscuridad algo real que se acercaba. Un pequeño ratón parecía moverse en el corredor. Los zapatos colocados ante una de las puertas resbalaron con leve chirrido. Ferragut percibió una vaga impresión de aire que se desplaza con el lento avance de un cuerpo.

Se movió la puerta; la silla retrocedió poco a poco, suavemente empujada. En la oscuridad fue marcándose una sombra móvil, mucho más negra y densa. Él hizo un movimiento.

—¡Quieto! —suspiró una voz tenue, de fantasma, una voz del otro mundo—. Soy yo.

Pero Ferragut había saltado cama abajo, avanzando las manos en la sombra. Tropezó con unos brazos desnudos y mórbidos, luego con la frescura suave de una carne envuelta en velos.

Instintivamente llevó su diestra a la pared, y se hizo la luz.

Bajo la lámpara eléctrica estaba ella, una Freya distinta a la que había visto siempre, con los cabellos opulentos cayendo en sierpes sobre sus hombros, completamente desnuda en el interior de una túnica asiática que la envolvía como una nube.

No era el kimono japonés vulgarizado por el comercio. Consistía en una pieza de tela indostánica bordada de fantásticas flores y plegada caprichosamente. A través de su tejido sutil se percibía el contacto de la fina carne, como si fuese una envoltura de aire multicolor.

Ella lanzó un murmullo de protesta. Luego imitó el gesto de Ulises tendiendo una mano hacia la pared... Y se hizo la oscuridad.

Sintió él que se anudaban como tentáculos irresistibles en torno de su cuello los brazos soberanos, y que una boca dominadora se apoderaba de la suya lo mismo que en el Acuario... Y rodó bajo esta caricia de fiera, con el pensamiento perdido, olvidándose del resto del mundo, descendiendo y descendiendo por un mar de sensaciones nuevas, como un náufrago satisfecho de su suerte... Pero esta vez llegó al fondo.

Despertó al sentir en su rostro un rayo de Sol. La ventana, cuyas cortinas se había olvidado de correr, estaba azul: azul de cielo en lo alto y azul de mar en sus vidrios inferiores.

Miró junto a él... ¡Nadie! Por un momento creyó haber soñado. Pero el suave perfume de su cabellera impregnaba aún la almohada. El lecho desordenado guardaba todavía la huella de su cuerpo... Recordó entonces, como una de esas visiones pálidas de la mañana que animan las últimas horas del sueño, el paso de un cuerpo sobre el suyo con suave precaución; un beso de despedida que le había hecho entreabrir los ojos, volviendo a cerrarlos; el ruido de una puerta...

La realidad del despertar fue tan alegre para Ulises como dulces habían sido las horas de la noche en el misterio de la sombra. Estaba fatigado; sus piernas vacilaron al tocar el suelo, y al mismo tiempo nunca se había sentido tan fuerte y tan feliz.

Sonó en la ventana su voz de barítono cantando una de las canciones de Nápoles. ¡Oh dulce tierra! ¡dulce golfo!... Aquel era el lugar más hermoso del mundo. Satisfecho y orgulloso de su suerte, hubiese querido abrazar las olas, las islas, la ciudad, el Vesubio.

El timbre repiqueteó con impaciencia en el corredor. El capitán Ferragut tenía hambre: el hambre de la desnutrición, el hambre del náufrago que ha consumido todas las reservas de su cuerpo.

Abarcó con una mirada de ogro el café con leche, el abundante pan y la escasa mantequilla que le trajo el camarero. ¡Poca cosa para él!... Y cuando atacaba todo esto con avidez, se abrió la puerta y entró Freya, sonrosada, fresca por un baño reciente y vestida de hombre.

La túnica indostánica había sido reemplazada por un pijama masculino de seda violeta. El pantalón tenía los bordes levantados sobre unas babuchas blancas que contenían sus pies desnudos. En el lugar del corazón llevaba bordada una cifra, cuyas letras no pudo desenmarañar Ulises. Encima de esta cifra avanzaba su punta un pañuelo asomado a la abertura del bolsillo. La opulenta cabellera retorcida en lo alto del cráneo y las curvas voluptuosas que tomaba la seda en ciertos lugares del masculino traje eran lo único que denunciaba a la mujer.

El capitán olvidó su desayuno, entusiasmado por esta novedad. ¡Era una segunda Freya: un paje, un andrógino adorable!... Pero ella repelió sus caricias, obligándole a sentarse.

Había entrado con una expresión interrogante en los ojos. Sentía la inquietud de toda mujer a la segunda entrevista de amor. Deseaba adivinar las impresiones de él, convencerse de su gratitud, tener la certeza de que la embriaguez de la primera hora no se había disipado durante su ausencia.

Mientras el marino volvía a atacar su desayuno, con la familiaridad de un amante que ha llegado a la posesión y no necesita ocultar y poetizar sus necesidades groseras, ella se sentó en una vieja *chaise longue*, encendiendo un cigarrillo.

Se replegó en este asiento, con las piernas encogidas y formando ángulo dentro del círculo de uno de sus brazos. Apoyó luego la cabeza en las rodillas, y así estuvo largo rato, fumando con los ojos fijos en el mar. Se adivinaba que iba a decir algo interesante, algo que arañaba el interior de su frente pugnando por salir.

Al fin habló con lentitud, sin dejar de mirar al golfo. De vez en cuando se arrancaba de esta contemplación, para fijar los ojos en Ulises, midiendo el efecto de sus palabras.

Este dejó de ocuparse definitivamente de la bandeja del desayuno, presintiendo la aproximación de algo muy importante.

—Tú has jurado que harás por mí todo lo que yo te pida... Tú no querrás perderme para siempre.

Ulises protestó. ¿Perderla?... No podía vivir sin ella.

—Yo conozco tu existencia anterior: me la has contado... Tu nada sabes de mí, y debes conocerme, ya que soy tuya.

El marino movió la cabeza: nada más justo.

—Te he engañado, Ulises... Yo no soy italiana.

Ferragut sonrió. ¡Si solo consistía en esto el engaño!... Desde el día en que se hablaron por primera vez, yendo a Pestum, había adivinado que lo de su nacionalidad era una mentira.

—Mi madre fue italiana. Te lo juro... Pero mi padre no lo era...

Se detuvo un momento. El marino la escuchó con interés, vuelta la espalda a la mesa.

—Yo soy alemana y...

VII. El pecado de Ferragut

Al despertar Tòni todas las mañanas con las primeras luces del alba, experimentaba una sensación de sorpresa y desaliento.

—¡Todavía en Nápoles! —decía mirando por el ventano de su camarote.

Luego contaba los días. Diez iban transcurridos desde que el *Mare Nostrum*, terminadas sus reparaciones, había anclado en el puerto comercial.

—Veinticuatro horas más —añadía mentalmente el segundo.

Y reanudaba su vida monótona, paseando por la cubierta del buque, vacío y muerto, sin saber qué hacer, desesperándose a la vista de los otros vapores, que movían sus antenas de carga, tragándose cajas y fardos, y empezaban a lanzar por sus chimeneas el humo anunciador de su próximo viaje.

Sufría remordimientos al calcular lo que podía haber ganado el buque de hallarse navegando. El provecho era para el capitán, pero eso no evitaba que se desesperase por el dinero perdido.

La necesidad de comunicar a alguien sus impresiones, de protestar a coro contra esta inercia lamentable, le empujaba hacia los dominios de *Caragòl*. A pesar de la diferencia de categorías, el segundo trataba al cocinero con afectuosa familiaridad.

—¡Nos separa un abismo! —decía Tòni gravemente.

Este «abismo» era una metáfora sacada de sus lecturas de periódicos radicales, y hacía alusión a las creencias fervorosas y simples del viejo. Pero el cariño por el capitán, el ser todos de la misma tierra y el empleo del valenciano como lengua de la intimidad, les hacía buscarse a los dos instintivamente. *Caragòl* era para Tòni la persona más cuerda de a bordo... después de él.

Apenas se detenía en la puerta de la cocina, apoyando un codo en el quicio y obstruyendo con su cuerpo la entrada da la luz solar, el viejo echaba mano a la botella de caña, preparando un «refresco» o un «caliente» en honor del segundo.

Bebían con lentitud, interrumpiendo el paladeo del líquido para lamentarse de la inmovilidad del *Mare Nostrum*. Hacían cuentas, como si el buque fuese suyo. Mientras estaba en reparación había podido tolerarse la conducta del capitán.

—Los ingleses pagaban —decía Tòni—. Pero ahora no paga nadie, el barco está sin ganar, y gastamos todos los días... ¿qué es lo que gastamos?

Calculaban él y el cocinero detalladamente el costo del sostenimiento del vapor, asustándose al llegar al total. Un día de su inmovilidad representaba más que lo que ganaban los dos hombres en un mes.

—Esto no puede seguir —protestaba Tòni.

Su indignación le llevó varias veces a tierra, en busca del capitán. Temía hablarle, considerando una falta de disciplina el ingerirse en la dirección del buque, e inventaba los más absurdos pretextos para abordar a Ferragut.

Miró con antipatía al portero del *albergo*, porque siempre la contestaba que el capitán había salido. Este individuo con aire de alcahuete debía tener gran culpa en la inmovilidad del vapor: se lo avisaba el corazón.

Por no irse a las manos con él y porque no riese solapadamente al verle esperar horas y horas en el vestíbulo, se apostaba en la calle, espiando las entradas y salidas da Ferragut.

Las tres veces que consiguió hablar con él obtuvo al mismo éxito. El capitán celebraba mucho el verle, como si fuese un aparecido del pasado al que podía comunicar la alegría de su exuberante felicidad.

Escuchaba a su segundo, alegrándose de que todo marchase bien en el buque. Y cuando Tòni, con voz balbuciente, se atrevía a preguntarle la fecha de la partida, Ulises ocultaba sus vacilaciones bajo un tono de prudencia. Estaba a la espera de un cargamento valiosísimo. Cuanto más aguardasen, más dinero iban a ganar... Pero sus palabras no convencían a Tòni. Recordaba las protestas de su capitán, quince días antes, por la falta de buena carga en Nápoles y su deseo de salir sin pérdida de tiempo.

Al volver a bordo, el segundo buscaba a *Caragòl*, comentando ambos las transformaciones de su jefe. Tòni lo había visto hecho otro hombre, con la barba recortada, vistiendo lo mejor de su equipaje, delatando en el arreglo de su persona un esmero minucioso, una voluntad decidida de agradar. El rudo piloto hasta había creído percibir al hablarle cierto perfume femenil igual al de la visitante rubia.

Esta noticia era la más inaudita para *Caragòl*.

—¡El capitán Ferragut perfumado!... ¡El capitán oliendo a... pulga!

Y elevaba los brazos, mientras sus ojos cegatos buscaban las botellas de caña y las alcuzas de aceite para hacerlas testigos de su indignación.

Los dos hombres estaban acordes al apreciar la causa de sus tristezas. Ella era la culpable de todo, ella la que iba a tener el buque encantado en este puerto, quién sabe hasta cuándo, con su poder irresistible de bruja.

—¡Ah, las hembras!... El diablo va como un perro faldero detrás de sus enaguas... Son la podredumbre de nuestra vida.

Y la iracunda castidad del cocinero seguía lanzando contra las mujeres injurias y maldiciones iguales a las de los primeros padres de la Iglesia.

Una mañana, los tripulantes que limpiaban la cubierta hicieron pasar un grito de la proa a la popa. «¡El capitán!» Lo veían aproximarse en un bote, y la voz se extendió por cámaras y corredores, dando nueva fuerza a los brazos, animando los rostros soñolientos. El segundo salió a la cubierta y *Caragòl* sacó la cabeza por la puerta de la cocina.

Desde su primera ojeada presintió Tòni que algo importante iba a ocurrir. El capitán tenía un aire animoso y alegre. Al mismo tiempo vio en la exagerada amabilidad de su sonrisa un deseo de seducir, de imponer dulcemente algo que consideraba de dudosa aceptación.

—Ya estarás contento —dijo Ferragut al darle la mano—. Pronto vamos a zarpar.

Entraron en el salón. Ulises miró su buque con cierta extrañeza, como si volviese a él después de un largo viaje. Lo encontraba con aspecto diferente; surgían ante sus ojos detalles que nunca habían atraído su atención.

Recapituló en una síntesis, que fue como un relámpago cerebral, todo lo que había ocurrido en menos de dos semanas. Pudo darse cuenta por primera vez del gran cambio de su vida desde que Freya había venido a buscarle en el vapor.

Se vio en su cuarto del hotel frente a ella, que iba vestida como un hombre y fumaba mirando el golfo.

—Yo soy alemana y...

Iba a explicarse de pronto su vida misteriosa, hasta en los detalles menos comprensibles.

Ella, era alemana y servía a su país. La guerra moderna levanta las naciones en masa; no es, como en otros siglos, un choque de exiguas minorías profesionales que tienen por oficio el pelear. Todos los hombres vigorosos iban a los campos de batalla; los demás trabajaban en los centros industriales convertidos en talleres de guerra. Y esta actividad general comprendía también a las mujeres, que dedicaban al servicio de la patria su labor en fábricas y hospitales o su inteligencia más allá de las fronteras.

Ferragut, sorprendido por esta revelación brutal, quedó silencioso, y al fin se atrevió a formular su pensamiento.

—Según eso, ¿tú eres una espía?...

Ella acogió con desprecio la palabra. Era un término anticuado que había perdido su primitiva significación. Espías eran los que en otros tiempos, cuando solo los soldados profesionales tomaban parte en la guerra, se mezclaban voluntariamente o por interés en las operaciones, sorprendiendo los preparativos del enemigo. Ahora con la movilización en masa de los pueblos, había desaparecido el antiguo espía de oficio, despreciable y villano, que arrostraba la muerte por dinero. Solo existían patriotas ganosos de trabajar por su país, unos con las armas en la mano, otros valiéndose de la astucia o explotando las cualidades de su sexo.

Ulises quedó desconcertado por esta teoría.

—¿Entonces, la doctora...? —volvió a preguntar, adivinando lo que podía ser la imponente dama.

Freya contestó con una expresión de entusiasmo y de respeto. Su amiga era una patriota ilustre, una sabia que ponía todas sus facultades al servicio de su país. Ella la adoraba. Era su protectora: la había salvado en los momentos más difíciles de su existencia.

—¿Y el conde? —siguió preguntando Ferragut.

Aquí la mujer hizo un gesto da reserva.

—También es un gran patriota... Pero no hablemos de él.

Había en sus palabras respeto y miedo. Se adivinaba su voluntad de no ocuparse de este altivo personaje.

Un largo silencio. Freya, como si temiese los efectos de la meditación del capitán, la cortó de pronto con su charla apasionada.

La doctora y ella habían venido de Roma a refugiarse en Nápoles, huyendo de las intrigas y murmuraciones de la capital. Los italianos se peleaban entre ellos: unos eran partidarios de la guerra, otros de la neutralidad. Ninguno quería ayudar a Alemania, su antigua aliada.

—¡Tanto que les hemos protegido! —exclamó—. ¡Raza, falsa e ingrata!...

Sus gestos y sus palabras evocaron en la memoria de Ulises la imagen de la doctora increpando a la tierra italiana desde una ventanilla del vagón el primer día en que se hablaron.

Estaban las dos mujeres en Nápoles, entreteniendo su inútil espera con viajes a las poblaciones cercanas, cuando encontraron al marino.

—Yo guardaba un buen recuerdo de ti —continuó Freya—. Adiviné desde el primer instante que nuestra amistad iba a terminar como ha terminado...

Leyó en la mirada de él una pregunta.

—Sé lo que vas a decirme. Te extrañas de que te haya hecho esperar tanto, de que te hiciese sufrir con mis caprichos... Es que te amaba y al mismo tiempo quería alejarte. Representabas una atracción y un estorbo. Temí complicarte en mis asuntos... Además, yo necesito estar libre, para dedicarme al cumplimiento de mi misión.

Hubo otra larga pausa. Los ojos de Freya se fijaron en los de su amante con una tenacidad escrutadora. Quería sondear su pensamiento, darse cuenta de la madurez de su preparación, antes de arriesgar el golpe decisivo. Su examen fue satisfactorio.

—Y ahora que me conoces —dijo con una lentitud dolorosa—, ¡márchate!... Tú no puedes quererme; soy una espía como tú dices: un ser despreciable... Sé que no puedes seguir amándome después de lo que te he revelado. Aléjate en tu buque, como los héroes de las leyendas; ya no nos veremos más. Todo lo nuestro habrá sido un hermoso ensueño... Déjame sola. Ignoro qué suerte será la mía, pero lo que me importa es tu tranquilidad.

Tenía los ojos llenos de lágrimas. Se dejó caer de bruces en el diván, ocultando el rostro entre los brazos, mientras un hipo de llanto estremecía las adorables sinuosidades de su dorso.

Ulises, conmovido por este dolor, admiró al mismo tiempo la perspicacia de Freya, que adivinaba todas sus ideas. La voz del buen consejo, aquella voz cuerda que hablaba en la mitad de su cerebro siempre que el capitán se veía en un momento difícil, había empezado a gritar escandalizada a las primeras revelaciones de esta mujer:

«Ferragut, ¡huye!... Estás metido en un mal paso. No te conviene el trato con tales gentes. ¿Qué tienes tú que ver con el país de esta aventurera? ¿Por qué arrostrar peligros por una causa que nada te importa?... Lo que deseabas de ella ya lo tienes. ¡Sé egoísta, hijo mío!»

Pero la voz de su otro hemisferio mental, aquella voz fanfarrona y loca que le impulsaba a embarcarse en los buques destinados al naufragio, a desafiar los peligros por el placer de poner a prueba su vigor, también le dio consejos. Era villano abandonar a una mujer. Solo un miedoso podía hacerlo... ¡Tanto que parecía amarle esta alemana!...

Y con su exuberancia meridional, la abrazó y la levantó, apartando de su frente los bucles de la cabellera, que se había deshecho, acariciándola como a una niña enferma, bebiendo sus lágrimas con besos interminables.

¡No, no la abandonaría!... Es más: estaba dispuesto a defenderla de todos sus enemigos. Él no sabía quiénes eran estos enemigos; pero si necesitaba un hombre, allí le tenía a él...

En vano la voz cuerda le insultó mientras formulaba tales ofrecimientos. Se comprometía ciegamente; tal vez esta aventura iba a ser la más terrible de su historia... Pero para acallar sus escrúpulos, la otra voz gritaba: «Eres un caballero, y un caballero no abandona por miedo a una mujer horas después de haber recibido el presente de su cuerpo. ¡Adelante, capitán!».

Una excusa de cobarde egoísmo emergió en su pensamiento, fabricado de una sola pieza. Él era español, era un neutral, que nada tenía que ver en la contienda del centro de Europa. Su segundo le había hablado a veces de solidaridad de raza, de pueblos latinos, de la necesidad de acabar con el militarismo, de hacer la guerra para que no hubiese más guerras... ¡Simplezas de lector crédulo! Él no era inglés ni francés. Tampoco era alemán; pero la mujer que él amaba lo era, y no iba a abandonarla por unos antagonismos que le resultaban sin interés.

Freya no debía llorar. Su amante afirmó repetidas veces que deseaba vivir siempre a su lado, que no pensaba abandonarla por lo que había dicho, y hasta empeñó su palabra de honor, como prueba de que la ayudaría en todo lo que considerase posible y digno de él.

Así decidió atropelladamente de su destino el capitán Ulises Ferragut.

Cuando su amante le llevó otra vez a la casa de la doctora, fue recibido por ésta lo mismo que si perteneciese a su familia. Ya no tenía por qué ocultar su nacionalidad. Freya le llamó simplemente *Frau Doktor*. Y ella, con un entusiasmo verbal de profesora, acabó de catequizar al marino, explicándole el derecho y la razón de su país al entrar en guerra con media Europa.

La pobre Alemania había tenido que defenderse. El káiser era el hombre de la paz, a pesar de que durante muchos años había preparado metódicamente una fuerza militar capaz de aplastar a la humanidad entera. Todos le habían provocado, todos habían sido los primeros en agredirle. Los insolentes franceses, mucho antes de la declaración de guerra, enviaban nubes de aeroplanos sobre las ciudades alemanas, bombardeándolas.

Ferragut parpadeó de sorpresa. Esto era nuevo para él. Debía de haber ocurrido mientras estaba en alta mar. El autoritarismo verboso de la doctora no le permitió duda alguna... Además, aquella señora debía saber las cosas mejor que los que viven navegando.

Luego había surgido la provocación inglesa. Como un traidor de melodrama, el gobierno británico venía preparando la guerra desde larga fecha, no queriendo presentarse hasta el último momento. Y Alemania, amante de la paz, tenía que defenderse de este enemigo, el peor de todos.

—¡Dios castigará a Inglaterra! —afirmaba la doctora mirando a Ulises.

Y éste, para no defraudarla, en sus esperanzas, movía la cabeza galantemente... Por él podía castigarla Dios.

Pero al expresarse de tal modo se sentía agitado por una nueva dualidad. Los ingleses habían sido buenos camaradas; recordaba agradablemente sus navegaciones como oficial a bordo de buques británicos. Al mismo tiempo le producía cierta irritación su poder creciente, invisible para los hombres de tierra adentro, monstruoso para los que viven en el mar. Se les encontraba como dominadores en todos los océanos o sólidamente instalados en todas las costas estratégicas y comerciales.

La doctora, como si adivinase la necesidad de atizar su odio contra el gran enemigo, apelaba a los recuerdos históricos: Gibraltar robado por los ingleses; las piraterías de Drake; los galeones de América apresados con metódica regularidad por las flotas británicas; los desembarcos en las costas de España, que habían perturbado la vida de la Península en otros siglos. Inglaterra, al iniciar su grandeza en el reinado de Elisabeth, era del tamaño de Bélgica. Si se había hecho enorme, era a costa de los españoles y luego de Holanda, hasta dominar el mundo entero.

Y con tanta vehemencia hablaba la doctora en inglés da las maldades de Inglaterra contra España, que el impresionable marino acabó por decir espontáneamente:

—¡Que Dios la castigue!...

Pero aquí reaparecía el navegante mediterráneo, el Ulises complicado y contradictorio. Se acordó de pronto de las reparaciones de su buque, que debían ser indemnizadas por Inglaterra.

«¡Que Dios la castigue... pero que espere un poco!», murmuró en su pensamiento.

La imponente profesora se exasperaba al hablar de la tierra en que vivía.

—¡Mandolinistas! ¡Bandidos! —gritó, como siempre, contra los italianos.

Cuanto eran lo debían a Alemania. El emperador Guillermo había sido un padre para ellos. ¡Todo el mundo sabía esto!... Y sin embargo, al estallar la guerra, se negaban a seguir a sus viejos amigos. Ahora la diplomacia alemana debía trabajar, no para mantenerlos a su lado, sino para impedir que se fuesen con los adversarios. Todos los días recibía noticias de Roma. Había esperanzas de que Italia se mantuviese neutral. Pero ¿quién podía fiarse de la palabra de tales gentes?... Y repetía sus insultos iracundos.

Se habituó el marino inmediatamente a esta casa, como si fuese la suya. Las contadas veces que Freya se separaba de él, iba a buscarla en el salón de la imponente señora, que tomaba con Ulises un aire de suegra bondadosa.

En varias de sus visitas se encontró con el conde. El taciturno personaje le tendía una mano, guardando cierta distancia instintivamente. Ulises conocía ahora su verdadera nacionalidad, y él no ignoraba esto; pero los dos continuaron la ficción del conde Kaledine, diplomático ruso. Como todo lo de este hombre imponía respeto en la vivienda de la doctora, Ferragut, atento a su egoísmo amoroso, no se permitía ninguna averiguación, acoplándose a las indicaciones de las dos mujeres.

Nunca se había considerado tan feliz como en aquellos días. Experimentaba la monstruosa voluptuosidad del que se halla sentado a la mesa en un comedor bien caldeado y ve por los cristales el mar tempestuoso, con un buque que lucha contra las olas.

Los vendedores de periódicos pregonaban terribles batallas en el centro de Europa: ardían las ciudades bajo el bombardeo, morían cada veinticuatro horas miles y miles de seres humanos... Y él no leía nada, no quería saber nada. Continuaba su existencia como si el mundo viviese en una felicidad paradisíaca, unas veces en espera de Freya, evocando en su memoria las esplendideces de su cuerpo, los refinamientos y sensaciones nuevas que le procuraba su pasión; otras abrazado a la realidad, con un arrobamiento que borraba y suprimía todo lo que no fuese ellos dos.

Algo, sin embargo, le sacó repentinamente de su egoísmo amoroso; algo que ensombrecía su gesto, partía su frente con una arruga de preocupación y le había hecho ir a bordo.

Cuando quedó sentado en la gran cámara del buque, frente a su segundo, apoyó los codos en la mesa y comenzó a chupar un grueso cigarro que acababa de encender.

—Vamos a salir muy pronto —repitió con visible preocupación—. Estarás contento, Tòni; creo que estarás contento.

Tòni permaneció impasible. Esperaba algo más. El capitán, al iniciar un viaje, le decía siempre el puerto de destino y la especialidad de la carga. Por eso, al darse cuenta de que Ferragut no quería añadir nada, se atrevió a preguntar:

—¿Es a Barcelona adonde vamos?...

Vaciló Ulises, mirando hacia la puerta como si temiese ser escuchado. Luego avanzó el busto hacia Tòni.

Se trataba de un viaje sin peligro alguno, pero que debía quedar en el misterio.

—Yo te lo cuento a ti porque tú sabes todas mis cosas, porque te considero como de mi familia.

El piloto no parecía emocionarse con esta muestra de confianza. Permaneció impasible, mientras en su interior empezaban a despertar todas las inquietudes que le habían agitado en los días anteriores.

Siguió hablando el capitán. Los tiempos eran de guerra, y debían aprovecharlos. Para los dos no representaba una novedad transportar cargamentos de material militar. Él había llevado una vez desde Europa armas y municiones para una revolución de la América del Sur. Tòni le había contado sus aventuras en el golfo de California mandando una pequeña goleta que servía de transporte a los insurrectos de las provincias septentrionales alzados contra el gobierno de México.

Pero el segundo, a la vez que movía la cabeza afirmativamente, le miraba con ojos interrogantes. ¿Qué iban a transportar en este viaje?...

—Tòni, no se trata de artillería ni de fusiles; tampoco de municiones... Es un trabajo corto y bien pagado, que nos hará perder poco camino en nuestra vuelta a Barcelona.

Se detuvo en su confidencia, sintiendo una última vacilación, y al fin añadió bajando la voz:

—¡Los alemanes pagan!... Vamos a proveer de esencia de petróleo a los submarinos que tienen en el Mediterráneo.

Contra lo que esperaba Ferragut, su segundo no hizo un gesto de sorpresa. Permaneció impasible, como si esta noticia resultase sin sentido para él. Luego sonrió levemente, moviendo los hombros lo mismo que si hubiese escuchado algo absurdo... ¿Acaso los alemanes tenían submarinos en el Mediterráneo? ¿Podía una de estas máquinas navegantes, pequeñas y frágiles, hacer la larga travesía desde el mar del Norte al estrecho de Gibraltar?

Estaba enterado de los grandes males que causaban los submarinos en las cercanías de Inglaterra, pero en una zona reducida, en el limitado radio de acción de que eran capaces. El Mediterráneo, afortunadamente para los buques mercantes, se hallaba a cubierto de sus traidoras asechanzas.

Ferragut le interrumpió con una vehemencia meridional. Este hombre, extremado en sus pasiones, se expresaba ya como si la doctora hablase por su boca.

—Tú te refieres a los submarinos, Tòni, a los pequeños submarinos que existían al empezar la guerra: cigarros de acero frágiles, que navegan mal a ras del agua y pueden abrirse al menor choque... Pero ahora hay algo más: hay el sumergible, que es como un submarino resguardado por un casco de barco, el cual puede marchar oculto entre dos aguas y al mismo tiempo puede navegar sobre la superficie mejor que un torpedero... Tú no sabes de lo que son capaces los alemanes. Son un gran pueblo, ¡el primero del mundo!...

Y con impulsiva exageración, insistió en proclamar la grandeza alemana y su espíritu inventivo, como si le correspondiese una parte de esta gloria mecánica y destructora.

Luego añadió confidencialmente, poniendo una mano sobre un brazo de Tòni:

—A ti solo te lo digo; tú eres el único que conoce el secreto, aparte de las personas que me lo han comunicado... Los sumergibles alemanes van a entrar en el Mediterráneo. Nosotros saldremos a su encuentro para renovar su provisión de aceite y de combustible.

Calló, mirando fijamente a su subordinado, mientras le sonreía para vencer sus escrúpulos.

Durante unos segundos no supo qué creer. Tòni permanecía pensativo, con los ojos bajos. Después se enderezó poco a poco; abandonando su asiento, y dijo simplemente:

—¡No!

Ulises abandonó igualmente su sillón giratorio a impulsos de la sorpresa. «¿No?... ¿Por qué?»

Él era el capitán, y todos debían obedecerle. Por esto respondía del buque, de la vida de sus tripulantes, de la suerte de la carga. Además, era el propietario: nadie mandaba sobre él, su poder no tenía límites. Por afecto amistoso, por costumbre, consultaba a su segundo, le hacía partícipe de sus secretos, y Tòni, con una ingratitud nunca vista, osaba rebelarse... ¿Qué significaba esto?...

Pero el segundo, en vez de dar explicaciones, se limitó a responder, cada vez más terco y enfurruñado:

—¡No!... ¡no!

—Pero ¿por qué no? —insistió Ferragut, impacientándose, con un temblor de cólera en la voz.

Tòni, sin perder energía en sus negativas, vacilaba, confuso, desorientado, rascándose la barba, bajando los ojos para reflexionar mejor.

No sabía explicarse. Envidiaba la facilidad de su capitán para encontrar las palabras. La más simple de sus ideas sufría angustiosamente antes de surgir de su boca... Pero al fin, poco a poco, entre balbuceos, fue diciendo su odio contra aquellos monstruos de la industria moderna que deshonraban el mar con sus crímenes.

Cada vez que leía en los periódicos sus hazañas en el mar del Norte, una oleada de indignación pasaba por su conciencia de hombre simple, franco y recto. Atacaban traidoramente escondidos en el agua, disimulando su ojo asesino y largo, semejante a las antenas visuales de los monstruos de la profundidad. Esta agresión sin peligro parecía resucitar en su alma las almas indignadas de cien abuelos mediterráneos, tal vez piratas y crueles, pero que habían buscado al enemigo frente a frente, con el pecho desnudo, el hacha en la mano y el arpón de abordaje como únicos medios de pelea.

—¡Si solo torpedeasen a los buques armados! —añadió—. La guerra es un salvajismo, y hay que cerrar los ojos ante sus golpes traidores, aceptándolos como hazañas gloriosas... Pero hacen algo más: tú lo sabes. Echan a pique buques de comercio, vapores de pasajeros, donde van mujeres, donde van pequeños.

Sus mejillas curtidas tomaron una coloración de ladrillo cocido. Le brillaron los ojos con un resplandor azulado. Sentía la misma cólera que al leer los relatos da los primeros torpedeamientos de grandes trasatlánticos en las costas de Inglaterra.

Veía la muchedumbre indefensa y pacífica amontonándose en los botes, que zozobraban; las mujeres arrojándose al mar con un niño en brazos; toda la confusión mortal de la catástrofe... Luego, el submarino que emergía para contemplar su obra; los alemanes agrupados en la cubierta de acero húmedo, riendo y bromeando, satisfechos de la rapidez de su labor; y en una extensión de varias millas, el mar poblado de bultos negros arrastrados lentamente por las olas: hombres que flotaban de espaldas, inmóviles, con los ojos vidriosos fijos en el cielo; niños con la rubia cabellera tendida como una máscara sobre su rostro lívido; cadáveres de madres oprimiendo sobre su seno, con fría rigidez, el pequeño cadáver de una criatura asesinada antes de que pudiera darse cuenta de la vida.

Leyendo el relato de estos crímenes pensaba en su mujer y en sus hijos, imaginándose que podían haber estado en aquel vapor, sufriendo la misma suerte de sus inocentes pasajeros. Esta suposición le hacía sentir una cólera tan intensa, que hasta llegaba a dudar de su cordura el día en que volviera a tropezarse en cualquier puerto con marinos alemanes... ¿Y Ferragut, un hombre honrado, un capitán bueno, al que todos elogiaban, podía ayudar al trasplante de tales horrores en el Mediterráneo?...

¡Pobre Tòni!... No sabía explicarse, pero la idea de que su mar presenciase estos crímenes daba nuevas vehemencias a su indignación. El alma del doctor Ferragut parecía revivir en el rudo navegante mediterráneo. No había visto a Anfitrita, pero temblaba por ella, sin conocerla, con religioso fervor. Era el azul luminoso de donde habían surgido los primeros dioses deshonrado por la mancha aceitosa que denuncia un asesinato en masa; las costas rosadas, cuyas espumas fabricaron a Venus, recibiendo racimos de cadáveres empujados por las olas; las alas de gaviota de las barcas de pesca huyendo amedrentadas ante el gris tiburón de acero; su familia y sus convecinos aterrados al despertar frente al cementerio flotante arrastrado por la noche hasta sus puertas.

Todo esto lo pensaba, lo veía; pero no acertando a expresarlo, se limitó a insistir en su protesta.

—¡No!... ¡En nuestro mar, no quiero!

Ferragut, a pesar de su carácter impetuoso, adoptó un tono de bondad, como un padre que desea convencer a su hijo fosco y testarudo.

Los sumergibles alemanes se limitarían en el Mediterráneo a una acción militar. No había cuidado de que atacasen a los barcos indefensos, como en los mares del Norte. Sus tristes hazañas de allá habían sido impuestas por las circunstancias, por el sano deseo de terminar cuanto antes la guerra dando golpes aterradores e inauditos.

—Te aseguro que en nuestro mar no harán nada de eso. Me lo han dicho personas que pueden saberlo... De no ser así, no me hubiese comprometido a darles ayuda.

Lo afirmó varias veces, de buena fe, con una absoluta seguridad en las gentes que le habían hecho la promesa.

—Echarán a pique, si pueden, los navíos de los aliados que están en los Dardanelos. Pero ¿qué nos importa eso?... ¡Es la guerra! Cuando en América llevábamos cañones y fusiles a los revolucionarios, no nos preocupaba el uso que pudieran hacer de ellos.

Tòni insistió en su negativa.

—No es lo mismo... No sé explicarme; pero no es lo mismo. Al cañón le puede contestar otro cañón. El que pega también recibe golpes... Pero ayudar a los submarinos es otra cosa. Atacan ocultos, sin peligro... y a mí no me gustan las traidorías.

Esta insistencia de su segundo acabó por irritar a Ferragut, desvaneciendo su forzada bondad.

—¡No hablemos más! —dijo con arrogancia—. Soy el capitán, y mando lo que quiero... He dado mi palabra, y no voy a faltar a ella por darte gusto... Hemos terminado.

Vaciló Tòni, como si acabase de recibir un golpe en el pecho. Sus ojos volvieron a brillar, humedeciéndose. Después de una larga reflexión tendió su diestra velluda al capitán.

—¡Adiós, Ulises!...

Él no quería obedecer, y un marino que desacata las órdenes de su jefe debe desembarcar. En ningún buque viviría como en el *Mare Nostrum*. Tal vez le faltase colocación; tal vez los otros capitanes no quisieran de él, por considerarle habituado a una excesiva familiaridad; pero si era necesario, volvería a ser patrón de barca de cabotaje... ¡Adiós! Aquella noche no dormiría a bordo.

Ferragut se indignó, hasta gritar de coraje:

—¡Pero no seas bárbaro!... ¡Qué testarudez la tuya!... ¿A qué vienen esos escrúpulos exagerados?...

Luego sonrió malignamente, y dijo en voz baja:

—Ya sabes que nos conocemos, y no ignoro que en tu juventud has hecho el contrabando.

Se irguió Tòni con altivez. Ahora era él quien se indignaba.

—He hecho el contrabando; ¿y qué hay de extraordinario en eso?... También lo hicieron tus abuelos. No hay en nuestro mar un solo navegante honrado que no conozca ese pecadillo... ¿A quién se hace daño con ello?...

El único que podía quejarse era el Estado, vaga personalidad que nadie sabe dónde habita ni qué cara tiene, y que sufre diariamente un millón de atentados semejantes. Tòni había visto en las aduanas a viajeros riquísimos engañar la vigilancia de los empleados por evitarse un pago insignificante. Toda persona lleva dentro un contrabandista... Además, gracias a los navegantes del fraude, los pobres fumaban mejor y más barato. ¿A quién asesinaban con sus negocios?... ¿Cómo se atrevía Ferragut a comparar estas faltas a la ley, sin perjuicio para las personas, con la tarea de ayudar a los piratas submarinos en la continuación de sus crímenes?...

El capitán, desarmado por esta lógica simple, quiso apelar a la seducción.

—Tòni, a lo menos hazlo por mí. Sigamos amigos como siempre. Yo me sacrificaré en otra ocasión. Piensa que he dado mi palabra.

Y el segundo, algo conmovido por sus ruegos, contestó dolorosamente:

—No puedo... ¡no puedo!

Necesitaba decir más, completar su pensamiento, y añadió:

—Soy republicano...

Esta profesión de fe la elevaba como un muro infranqueable, golpeándose al mismo tiempo el pecho para demostrar la dureza del obstáculo.

Ulises sintió tentaciones de reír, lo mismo que hacía siempre ante las afirmaciones políticas de Tòni. Pero la situación no era para burlas, y siguió hablando con el deseo de convencerle.

¡Él amaba la libertad y se ponía del lado del despotismo!... Inglaterra era la gran tirana de los mares: había provocado la guerra para reforzar su poderío, y si alcanzaba la victoria, su soberbia no tendría límites. La pobre Alemania no hacía mas que defenderse... Repitió Ferragut todo lo que había escuchado en casa de la doctora, para terminar con tono de reproche:

—¿Y tú estás al lado de los ingleses, Tòni? ¿Tú, un hombre de ideas avanzadas?...

Se rascó la barba el piloto con una expresión de perplejidad, rebuscando las palabras fugitivas. No ignoraba lo que debía responder. Lo había leído en escritos de señores que sabían tanto como su capitán. Además, había reflexionado mucho sobre esto en sus solitarios paseos sobre el puente.

—Yo estoy donde debo estar. Estoy con Francia...

Torpemente, con balbuceos y palabras incompletas, expuso su pensamiento. Francia era el país de la gran Revolución, y él la consideraba por esto como algo que le pertenecía, uniendo su suerte a la de su propia persona.

—Y no necesito decir más. En cuanto a Inglaterra...

Aquí hizo una pausa, como el que descansa y toma fuerzas para dar un salto penoso.

—Siempre habrá una nación —continuó— que esté encima de las otras... Nosotros apenas somos algo en el presente, y según he leído, España pesó sobre el mundo entero durante siglo y medio. Estábamos en todas partes: nos encontraban hasta en la sopa. Después le llegó el turno a Francia. Ahora es Inglaterra... A mí no me molesta que un pueblo se coloque sobre los demás. Lo que me interesa es lo que representa ese pueblo: la moda que va a imponer al mundo.

Ferragut concentraba su atención para comprender lo que Tòni quería decir.

—Si triunfa Inglaterra —siguió diciendo el piloto—, será de moda la libertad. ¿Qué me importa su soberbia, si siempre ha de existir un pueblo soberbio?... Las naciones copiarán seguramente al que gane... Inglaterra, según dicen, es una República que se paga el lujo de un rey para las grandes ceremonias. Con ella serán de rigor la paz, el gobierno desempeñado por los paisanos, la desaparición de los grandes ejércitos, la verdadera civilización. Si triunfa Alemania, viviremos como en un cuartel, gobernará el militarismo, criaremos hijos, no para que gocen de la vida, sino para que sean soldados y se hagan matar en plena juventud. La fuerza como único derecho: esa es la moda alemana; la vuelta a los tiempos bárbaros bajo una careta de civilización.

Calló un instante, como si recapitulase mentalmente todo lo dicho, para convencerse de que no había dejado ninguna idea olvidada en los rincones de su pensamiento. Después se golpeó el pecho. Él estaba donde debía estar, y le era imposible obedecer a su capitán.

—¡Soy republicano!... ¡soy republicano! —repitió con energía, como si luego de dicho esto no necesitase añadir más.

Ferragut, no sabiendo qué contestar a su entusiasmo simple y sólido, se entregó a la cólera.

—¡Márchate, bruto!... ¡No quiero verte, mal agradecido! Yo haré las cosas solo: no te necesito. Me basto para llevar el buque allá donde me plazca y cumplir mi santa voluntad. Aléjate con todas las mentiras viejas de que te han atiborrado el cráneo... ¡ignorante!

Su rabia le hizo caer en un sillón, volviendo la espalda al piloto, ocultando su cabeza entre las manos, para dar a entender con este silencio despectivo que todo había terminado.

Los ojos de Tòni, cada vez más hinchados y vidriosos, acabaron por soltar una lágrima... ¡Separarse así después de una vida fraternal en la que los meses valían por años!...

Avanzó tímidamente para apoderarse de una de las manos de Ferragut, blanda, desmayada, inexpresiva. Su frío contacto le hizo vacilar. Se sintió inclinado a ceder... Pero inmediatamente borró esta debilidad con el tono firme y breve de su voz:

—¡Adiós, Ulises!...

El capitán no le contestó, dejando que se alejase sin la menor palabra de despedida.

Se hallaba ya el piloto junto a la puerta, cuando se detuvo para hablarle con una expresión doliente y afectuosa:

—No temas que diga esto a nadie... Todo queda entre los dos. Inventaré un pretexto para que la gente de a bordo no se extrañe de mi marcha.

Vacilaba como si tuviese miedo a parecer importuno, pero añadió:

—Te aconsejo que no intentes ese viaje. Sé cómo piensan nuestros hombres: no cuentes con ellos. Hasta el tío *Caragòl*, que solo se ocupa de su cocina, te criticará... Tal vez te obedezcan porque eres el capitán, pero cuando bajen a tierra no serás dueño de su silencio... Créeme: no lo intentes. Vas a deshonrarte... Tú sabrás por qué causa... ¡Adiós, Ulises!

Cuando éste levantó la cabeza, el piloto ya había desaparecido. La soledad pesó de pronto con una gravitación mortal sobre su pensamiento. Sintió miedo a realizar sus planes sin el auxilio de Tòni. Le pareció que se había roto la cadena de autoridad que iba desde él a sus gentes. El piloto se llevaba una parte del prestigio que Ferragut ejercía sobre los tripulantes. ¿Cómo explicar su desaparición en vísperas de un viaje ilegal que exigía gran reserva? ¿Cómo asegurarse del silencio de todos?...

Quedó pensativo largo rato, y de pronto abandonó su sillón, saliendo a la cubierta.

Dio un grito a los marineros que trabajaban en la limpieza: «¿Dónde está don Antonio? ¡A ver: uno que le llame!».

—¡*Don Antòni*!... ¡*don Antòni*! —contestó una fila de voces de la popa a la proa, mientras el tío *Caragòl* asomaba la cabeza a la puerta de sus dominios.

Surgió *don Antòni* por una escotilla. Estaba revisando todo el buque antes de despedirse de su capitán. Este le recibió volviendo el rostro, evitando su mirada, con un gesto complejo y contradictorio. Sentía la cólera de su vencimiento, la vergüenza de su debilidad, y junto con esto la gratitud instintiva del que se ve librado de un mal paso por una mano violenta que lo maltrata y lo salva.

—¡Quédate, Tòni! —dijo con voz sorda—. Nada hay de lo dicho. Yo recobraré mi palabra como pueda... Mañana sabrás con certeza lo que vamos a hacer.

La cara solar de *Caragòl* sonreía beatíficamente a lo lejos, sin ver nada, sin oír nada. Había presentido algo grave con la llegada del capitán, su larga entrevista a solas con el segundo, y la salida de éste, que pasó silencioso y ceñudo ante la puerta de la cocina. Ahora, el mismo presentimiento le avisaba una reconciliación de los dos hombres, cuyos bultos distinguía confusamente. ¡Bendito sea el Cristo del Grao!... Y al saber que el capitán se quedaba a bordo hasta la tarde, se lanzó a la confección de uno de sus arroces magistrales, para solemnizar la vuelta de la paz.

Poco antes de la puesta del Sol, Ulises se encontró con su amante en el hotel. Volvió a tierra nervioso e inquieto. Su zozobra le hacía temer esta entrevista, y al mismo tiempo la deseaba.

«¡Adelante! Yo no soy un niño para sentir tales miedos», se dijo al entrar en su cuarto y ver a Freya esperándole.

La habló con la brutalidad del que necesita terminar pronto... «No podía encargarse del servicio que le había pedido la doctora. Retiraba su palabra. El segundo de a bordo no quería seguirle.»

Estalló la cólera de ella sin ningún miramiento, con la franqueza de la intimidad. Odiaba a Tòni. «¡Fauno viejo y feo!...» Desde el primer momento había adivinado en él a un enemigo.

—Pero tú eres dueño del buque —continuó—. Tú puedes hacer lo que quieras, y no necesitas su ayuda para navegar.

Cuando dijo Ulises que tampoco estaba seguro de su gente y que el viaje era imposible, la mujer volvió su cólera contra él. Parecía haber envejecido de golpe diez años. El marino la vio con otra cara, de una palidez cenicienta, las sienes fruncidas, los ojos con lágrimas iracundas y una leve espuma en las comisuras de su boca.

—Hablador... embustero... ¡meridional!

Ulises intentó calmarla. Era posible encontrar otro barco: se ofrecía a ayudarles en la busca. Iba a enviar *Mare Nostrum* a que le esperase en Barcelona, y él permanecería en Nápoles todo el tiempo que ella quisiera.

—¡Farsante!... ¡Y yo he creído en ti! ¡Y yo me he entregado considerándote un héroe, tomando como verdad tus ofertas de sacrificio!...

Se marchó furiosa, dando un terrible portazo.

«Va a ver a la doctora... —pensó Ferragut—. Todo ha terminado.»

Lamentó la pérdida de esta mujer, aun después de haberla visto con su fealdad trágica y pasajera. Al mismo tiempo le escocían las palabras injuriosas, los insultos cortantes con que había acompañado su salida. Ya estaba harto de oírse llamar «meridional», como si esto fuese un estigma.

Paladeó la alegría forzosa, la sensación de falsa libertad de todo enamorado después de una escena de rompimiento. «¡A vivir!...» Quiso volver inmediatamente al buque, pero temió la resurrección de sus recuerdos evocados por la soledad. Era mejor quedarse en Nápoles, ir al teatro, confiarse a la suerte de un buen encuentro, lo mismo que cuando bajaba a tierra por unas horas. A la mañana siguiente abandonaría el hotel, con todo su equipaje, y antes de la puesta del Sol estaría navegando en pleno mar.

Comió fuera del *albergo*. Pasó la noche codeándose con hembras en cafés cantantes, donde un espectáculo insípido y variado servía de pretexto para disimular la feria de la carne. El recuerdo de Freya, fresco y vivo, se elevaba entre él y las bocas pintadas cada vez que éstas le sonreían queriendo atraerle.

A la una de la madrugada subió la escalera del hotel, sorprendiéndose al ver una raya de luz por debajo de la puerta de su cuarto. Entró... Ella le aguardaba leyendo, tranquila y sonriente. Su rostro, refrescado y retocado con juveniles colores, no guardaba ninguna huella del furioso crispamiento que lo había ensombrecido horas antes. Estaba vestida con su pijama hombruno.

Viendo entrar a Ulises, se levantó con los brazos tendidos.

—¡Di que no me guardas rencor!... ¡Di que me perdonas!... He sido muy mala contigo esta tarde, lo reconozco.

Se había abrazado a él, frotando su boca contra su cuello con un arrullo felino. Antes de que el capitán pudiese responder, ella continuó, con una voz infantil:

—¡Mi tiburón! ¡Mi lobo marino, que me ha hecho esperar hasta estas horas!... ¡Júrame que no me has sido infiel!... Deja que te respire. Yo percibo enseguida la huella de otra mujer.

Oliéndole las barbas y el rostro, su boca se aproximó a la del marino.

—No, no has sido infiel... Encuentro aún mi perfume... ¡Oh Ulises! ¡héroe mío!...

Le besó con aquel beso absorbente que parecía apropiarse toda la vida de él, oscureciendo su pensamiento, anulando su voluntad, haciéndole temblar del occipucio a los talones. Todo quedó olvidado: ofensas, despechos, propósitos de partida... Y cayó, como siempre, vencido bajo la caricia vampiresca.

Se hizo la oscuridad; una oscuridad poblada de suspiros y misteriosos rumores. Una hora después, cuando el silencio era absoluto, sonó quedamente la voz de Freya. Recapitulaba lo que no se habían dicho, pero que los dos pensaban a la vez.

—La doctora cree que debes quedarte. Deja que tu buque se marche con ese fauno feo que solo sirve de estorbo. Que te espere allá en tu tierra... Tú puedes hacernos aquí un gran favor... Ya lo sabes: te quedas... ¡Qué felicidad!

El destino de Ferragut era obedecer a esta voz amorosa y dominadora... Y en la mañana siguiente, Tòni le vio llegar al vapor con un aire de mando que no admitía réplica. *Mare Nostrum* debía partir cuanto antes con rumbo a Barcelona. Confiaba el mando a su segundo. Iría a reunirse con él tan pronto como terminase ciertos asuntos que le retenían en Nápoles.

Tòni dilató sus ojos con un gesto de sorpresa. Quiso responder, pero quedó con la boca abierta, sin atreverse a dar salida a sus palabras... Era el capitán, y él no iba a permitirse objeciones a todas sus órdenes.

—Está bien —dijo finalmente—. Solo te ruego que vuelvas cuanto antes a encargarte del mando... No olvides lo que pierdes teniendo el buque amarrado.

Pocos días después de la partida del vapor, cambió radicalmente el modo de vivir de Ulises.

Ella no quiso continuar alojada en el hotel. Acometida por un pudor repentino, le molestaban las curiosidades y sonrisas de pasajeros y criados. Además, quería gozar de una libertad completa en sus relaciones amorosas. Su amiga, que era para ella como una madre, facilitaba sus deseos. Los dos iban a vivir en su casa.

Ferragut se sorprendió al conocer la amplitud del piso ocupado por la doctora. Más allá de su salón existían un sinnúmero de habitaciones algo destartaladas y sin muebles; un dédalo de tabiques y pasillos en el que se perdía el capitán, teniendo que apelar al auxilio de Freya. Todas las puertas del rellano de la escalera, que parecían sin relación con la mampara verde de la oficina, eran otras tantas salidas de la misma vivienda.

Los amantes se alojaron en un extremo, como si viviesen en una casa aparte. Una de las puertas era sola para ellos. Ocupaban un gran salón, rico en molduras y dorados y pobre en mueblaje. Tres sillas, un diván viejo, una mesa cargada de papeles, de artículos de tocador, de comestibles, y una cama algo estrecha en uno de los rincones, eran todas las comodidades de su nueva instalación.

En la calle hacía calor y ellos temblaban de frío en esta pieza magnífica, donde jamás habían penetrado los rayos solares. Ulises intentó hacer fuego en una chimenea de mármol de colores, grande como un monumento, y tuvo que desistir, medio ahogado por el humo. Para ir hasta la doctora tenían que atravesar un sinnúmero de habitaciones abandonadas y en fila.

Vivieron como recién casados, en amorosa soledad, comentando con un regocijo infantil los defectos de su aposento y los mil inconvenientes de la existencia material. Freya preparaba el desayuno en un hornillo de alcohol, defendiéndose de su amante, que se creía con mayor competencia para los trabajos culinarios. Un marino sabe algo de todo.

La proposición de buscar una sirvienta para los más vulgares menesteres irritó a la alemana.

—¡Nunca!... Tal vez sería una espía.

Y la palabra «espía» tomaba en sus labios una expresión de inmenso desprecio.

La doctora se ausentaba con viajes frecuentes, y era Karl, el empleado del escritorio, el que recibía a los visitantes. Algunas veces atravesaba la fila de piezas desiertas para pedir a Freya un informe, y ésta le seguía, dejando a su amante por unos momentos.

Al verse Ulises solo, experimentaba un repentino desdoblamiento de su personalidad. Resurgía el hombre anterior al encuentro en Pompeya. Veía su buque, veía su casa de Barcelona.

«¿En dónde te has metido? —se preguntaba con remordimiento—. ¿Cómo terminará todo esto?...»

Pero al sonar los pasos de ella en la habitación inmediata, al percibir la onda atmosférica producida por el desplazamiento de su adorable cuerpo, se replegaba en su interior esta segunda persona y un telón opaco caía en su memoria, dejando visible únicamente la realidad actual.

Con la sonrisa beatífica de los fumadores de opio, aceptaba la caricia turbadora de sus labios, el enroscamiento de sus brazos, que le oprimían como boas de marfil.

—¡Ulises! ¡dueño mío!... Los minutos que me separo de ti me pesan como siglos.

Él, en cambio, había perdido la noción del tiempo. Los días se embrollaban en su memoria, y tenía que pedir ayuda para contar su paso. Llevaba una semana en casa de la doctora, y unas veces creía que el dulce secuestro era solo de cuarenta y ocho horas, otras que había transcurrido cerca de un mes.

Salían poco. La mañana transcurría insensiblemente entre los largos desperezamientos del despertar y los preparativos del almuerzo, confeccionado por ellos mismos. Si había que ir en busca de un comestible olvidado el día antes, era ella la que se encargaba de la expedición, queriendo evitarle todo contacto con la vida exterior.

Las tardes eran tardes de harén, pasadas sobre el diván o tendidos en el suelo. Ella entonaba a media voz cantos orientales incomprensibles y misteriosos. De pronto saltaba impetuosamente, como un muelle que se despliega, como una serpiente que se yergue, y empezaba a bailar casi sin mover los pies, ondulando sus ágiles miembros... Y él sonreía con estúpido arrobamiento, tendiendo la diestra hacia un taburete árabe cargado de botellas.

Freya cuidaba de la provisión de licores más aún que de los comestibles. El marino estaba ebrio, con una borrachera sabiamente dosificada que nunca iba más allá del período de color de rosa. ¡Pero era tan feliz!...

Comían fuera de la casa. Algunas veces sus salidas eran a media tarde, e iban a los restoranes de Possilipo o del Vomero, los mismos que lo habían conocido a él como suplicante sin esperanza, y le veían ahora llevándola del brazo con orgulloso aire de posesión. Si les sorprendía la noche en su encierro, se dirigían a toda prisa a un café del interior de la ciudad, una cervecería, cuyo dueño hablaba en voz baja con Freya, empleando el idioma alemán.

Siempre que la doctora estaba en Nápoles los sentaba a su mesa, con el aire de una buena madre que recibe a su hija y a su yerno. Sus lentes escrutadores parecían registrar el alma de Ferragut, como si dudasen de su fidelidad. Luego se enternecía en el curso de estos banquetes, compuestos de fiambres a uso alemán, con gran abundancia de bebidas. El amor era para ella lo más hermoso de la existencia, y no podía ver a los dos enamorados sin que un vaho de emoción empañase los cristales de sus segundos ojos.

—¡Ah, capitán!... ¡Quiérala usted mucho!... No la contraríe, obedézcala en todo... Ella le adora.

Frecuentemente, volvía de sus viajes con visible mal humor. Ulises adivinaba que había estado en Roma. Otros días se mostraba alegre, con una alegría irónica y pesada. «Los mandolinistas parecían entrar en razón. Cada vez contaba Alemania más partidarios entre ellos. En Roma, la propaganda germánica repartía millones.»

Una noche, la emoción conmovía su áspera sensibilidad. Traía de su viaje un retrato, que apoyó amorosamente en el vasto pecho antes de mostrarlo.

—¡Vedlo! —dijo a los dos—. Este es el héroe cuyo nombre hace derramar lágrimas de entusiasmo a todos los alemanes... ¡Qué honor para nuestra familia!

El orgullo le hizo apresurarse, arrancando la fotografía de manos de Freya para pasársela a Ulises. Este vio a un oficial de marina algo maduro rodeado de numerosa familia. Dos niñas de cabellera rubia estaban sentadas en sus rodillas. Cinco chiquillos cabezudos y peliblancos aparecían a sus pies con las piernas cruzadas, alineados por orden de edad. Junto a sus hombros se extendían en doble ala varias señoritas huesudas, con las trenzas anudadas en forma de cesto, imitando el peinado de las emperatrices y grandes duquesas... Detrás se erguía la compañera virtuosa y prolífica, aventajada por los excesos de una maternidad de repetición.

Ferragut contempló largamente a este patriarca guerrero. Tenía cara de buena persona, con sus ojos claros y su barba canosa y puntiaguda. Casi le inspiró una tierna compasión por sus abrumadores deberes de padre.

Mientras tanto, la voz de la doctora cantaba las glorias de su pariente.

—¡Un héroe!... Nuestro gracioso káiser le ha dado la Cruz de Hierro. Varias capitales lo han hecho ciudadano honorífico... ¡Dios castiga a Inglaterra!

Y ensalzó la inaudita hazaña de este jefe de familia. Era el comandante del submarino que había torpedeado a uno de los más grandes trasatlánticos ingleses. De mil doscientos pasajeros que venían de Nueva York, estaban ahogados más de ochocientos... Mujeres y niños habían entrado en la destrucción general.

Freya, más ágil de pensamiento que la doctora, leyó en los ojos de Ulises... Miraba ahora con asombro la fotografía de este oficial rodeado de su bíblica prole como un burgués bondadoso. ¿Y un hombre que parecía bueno había hecho tal carnicería sin arrostrar peligro alguno, oculto en el agua, con el ojo pegado al periscopio, ordenando fríamente el envío del torpedo contra la ciudad flotante e indefensa?...

—¡Es la guerra! —dijo Freya.

—¡Claro que es la guerra! —repuso la doctora, como si le ofendiese el tono de excusa de su amiga—. Y es también nuestro derecho. Nos bloquean, quieren matar de hambre a nuestras mujeres y nuestros niños, y nosotros les matamos a los suyos.

Sintió el capitán la necesidad de protestar, sin hacer caso de los gestos de su amante y de sus tirones ocultos. La doctora le había dicho muchas veces que Alemania no conocería nunca el hambre, gracias a su organización, y que podía resistirse años y años con el consumo de sus propios productos.

—Así es —contestó la dama—. Pero la guerra hay que hacerla feroz, implacable, para que dure menos. Es un deber humano aterrar a los enemigos con una crueldad que vaya más allá de lo que puedan imaginarse.

El marino durmió mal aquella noche, con una visible preocupación. Freya adivinó la presencia de algo que encapaba al influjo de sus caricias. Al día siguiente persistió este alejamiento pensativo, y ella, conociendo la causa, quiso disiparlo con sus palabras...

Los torpedeamientos de vapores indefensos solo se hacían en las costas de Inglaterra. Había que cortar, fuese como fuese, el abastecimiento de la isla odiada.

—En el Mediterráneo no ocurrirá nunca eso. Puedo asegurártelo... Los submarinos solo atacarán a los buques de guerra.

Y como si temiese un renacimiento de los escrúpulos de Ulises, extremó sus seducciones en las tardes de voluptuoso encierro. Se renovaba, para que su amante no conociese el hastío. Él, por su parte, llegó a creer que vivía a la vez con varias mujeres, lo mismo que un personaje oriental. Freya, al multiplicarse, no hacía mas que girar sobre sí misma, mostrándole una nueva faceta de su pasada existencia.

El sentimiento de los celos, la amargura de no haber sido el primero y el único, rejuvenecía la pasión del marino, alejando el cansancio de la hartura, dando a las caricias de ella el sabor acre, desesperado y atrayente al mismo tiempo de una forzosa confraternidad con ignorados antecesores.

Dejando libres sus encantos, iba y venía por el salón, segura de su hermosura, orgullosa de su cuerpo duro y soberbio, que no había cedido aún bajo el paso de los años. Unos chales de colores le servían de vestiduras transparentes. Agitándolos como fragmentos de arco iris en torno de su marfileña desnudez, esbozaba las danzas sacerdotales, las danzas al terrible Siva que había aprendido en Java.

De pronto, el frío de la habitación mordía en sus carnes, despertándola de este ensueño tropical. De un último salto iba a refugiarse en los brazos de él.

—¡Oh, mi argonauta amado!... ¡Tiburón mío!

Se apelotonaba contra el pecho del navegante, acariciándole las barbas, empujándolo para incrustarse en el diván, que resultaba estrecho para los dos.

Adivinaba inmediatamente la causa de su enfurruñamiento, de la flojera con que respondía a sus caricias, del fuego sombrío que pasaba por sus ojos... La danza exótica le hacía recordar el pasado de ella. Y para dominarle de nuevo, sometiéndolo a una dulce pasividad, saltaba del diván, corriendo por la habitación.

—¿Qué le daré a mi hombrecito malo para que sonría un poco?... ¿Qué le haré para que olvide sus malas ideas?...

Los perfumes eran su afición dominante. Como ella misma declaraba, podía faltarle qué comer, pero nunca las esencias más ricas y costosas. En aquel salón de muebles escasos, semejante al interior de una tienda de campaña, los frascos tallados, con cerraduras doradas y niqueladas, asomaban entre ropas y papeles, surgían de los rincones, denunciando el olvido en que vivían con su embriagadora respiración.

—¡Toma!... ¡toma!

Y derramaba los perfumes preciosos como si fuesen agua sobre la cabeza de Ferragut, sobre sus barbas rizosas, teniendo el marino que cerrar los párpados para no quedar ciego bajo el loco bautismo.

Ungido y oloroso como un déspota asiático, el fuerte Ulises se revolvía algunas veces contra este afeminamiento. Otras lo aceptaba, con la delectación de un placer nuevo.

Veía abrirse de pronto un ventanal en su imaginación, y pasaban por este cuadro luminoso la melancólica Cinta, su hijo Esteban, el puente del buque, Tòni junto al timonel.

«¡Olvida! —gritaba la voz de los malos consejos, borrando la visión—. ¡Goza del presente!... Tiempo te queda para ir en busca de ellos.»

Y se sumía otra vez en su bienestar artificioso y refinado, con el egoísmo del sátrapa que, luego de ordenar varias crueldades, se encierra en el harén.

Lienzos finísimos esparcidos al azar se arrollaban a su cuerpo o le servían de almohada. Eran prendas interiores de ella, pétalos desprendidos de su hermosura, pantalones y camisas que guardaban la tibieza y el perfume de su carne. Los equipajes de los dos estaban confundidos, como si sufriesen la misma atracción que juntaba sus cuerpos con un enlazamiento continuo. Si Ferragut necesitaba buscar un objeto de su pertenencia, se perdía en el oleaje de faldas, enaguas de seda, ropa blanca, perfumes y retratos tendido sobre los muebles o encrespado en los rincones.

Cuando Freya no se apelotonaba en sus brazos, cansada de danzar en el centro del salón, abría una caja de sándalo. En ella guardaba todas sus joyas, volviendo a extraerlas con nerviosa inquietud, como si temiera que se evaporasen en el encierro. Su amante tenía que oír las graves explicaciones con que acompañaba la exhibición de sus tesoros.

—¡Toca! —decía mostrándole la sarta de perlas unida casi siempre a su cuello.

Estos granos de resplandor lunar eran para ella animalillos vivientes, criaturas que necesitaban el contacto de su piel para alimentarse con su jugo. Se impregnaban de la esencia del que las llevaba: bebían su vida.

—¡Han dormido tantas noches sobre mí! —murmuraba contemplándolas amorosamente—. Ese ligero tono de ámbar se lo he dado yo con mi calor.

Ya no eran una joya: formaban parte de su organismo. Podían palidecer y morir si pasaban varios días olvidadas en el fondo de la caja.

Después iba sacando del perfumado encierro todas las joyas que constituían su orgullo: pendientes y sortijas de gran precio revueltos con otras alhajas exóticas de bizarras formas y escaso valor adquiridas en sus viajes.

—¡Mira bien! —decía gravemente a Ferragut mientras frotaba contra su brazo desnudo el enorme brillante de una de sus sortijas.

Al calentarse, la piedra preciosa se convertía en imán. Un pedazo de papel colocado a unos cuantos centímetros lo atraía con irresistible revoloteo.

A continuación frotaba una de aquellas joyas exóticas y falsas con gruesos vidrios tallados, y el pedacito de papel quedaba inmóvil, sin estremecerse bajo los efectos de la atracción.

Freya, satisfecha de estas experiencias, guardaba sus tesoros en la cajita y la repelía con pasajero tedio, para arrojarse sobre Ulises lo mismo que una bestia que quiere morder.

Estos largos encierros en una atmósfera cargada de esencias, de tabaco oriental, de respiración de carne femenil, desordenaban el pensamiento de Ferragut. Además, bebía para dar nuevo vigor a su organismo, que empezaba a quebrantarse con los monstruosos excesos de la voluptuosa reclusión. Al más leve signo de fastidio, Freya caía sobre él con sus labios dominadores. Si lo dejaba libre de sus brazos, era para ofrecerle la copa llena de licores fuertes.

La embriaguez, al apoderarse de él, entornando sus ojos, evocaba siempre idénticos ensueños. En sus siestas de ebrio saciado y feliz, reaparecía Freya, que no era Freya, sino doña Constanza, la emperatriz de Bizancio. La veía vestida de labradora, tal como figuraba en el cuadro de la iglesia de Valencia, y al mismo tiempo completamente desnuda, igual que la otra cuando danzaba en el salón.

Esta doble imagen, que se separaba y se juntaba caprichosamente con las inverosimilitudes del ensueño, decía siempre lo mismo. Freya era doña Constanza perpetuándose a través de los siglos, tomando nuevas formas. Había nacido de la unión de un alemán y una italiana, igual que la otra... Pero la púdica emperatriz sonreía ahora de su desnudez; estaba satisfecha de ser simplemente Freya. La infidelidad marital, la persecución y la pobreza, habían sido el resultado de su primera existencia, tranquila y virtuosa.

«Ahora conozco la verdad —continuaba diciendo doña Constanza con una sonrisa dulcemente impúdica—. Solo existe el amor; lo demás es engaño. ¡Bésame, Ferragut!... He vuelto a la vida para recompensarte. Tú me diste la virginidad de tu cariño; me deseaste antes de ser hombre.»

Y su beso era igual al de la espía, un beso absorbente que tiraba de toda su persona, haciéndole despertar... Al abrir los ojos, veía a Freya abrazada a él y con la boca junto a la suya.

—¡Levántate, mi lobo marino!... Ya es de noche. Vamos a comer.

Fuera de la casa, Ulises aspiraba el viento del crepúsculo, mirando las primeras estrellas que empezaban a brillar sobre los tejados. Sentía la fresca delectación y la flojedad de piernas de la odalisca que sale de su encierro.

Terminada la comida, andaban por las calles más oscuras o seguían los paseos de la ribera, huyendo de la gente. Una noche se detuvieron en los jardines de la *Villa Nazionale*, junto al banco que había presenciado su lucha a la vuelta de Possilipo.

—¡Aquí me quisiste matar, ladrón!... ¡Aquí me amenazaste con tu revólver, bandido mío!...

Ulises protestó... «¡Vaya un modo de recordar las cosas!» Pero ella dio fin a sus rectificaciones con un autoritarismo audaz y mentiroso.

—Fuiste tú... ¡fuiste tú!... Lo digo y basta. Es preciso que te acostumbres a aceptar lo que yo afirme.

En la cervecería donde comían las más de las noches, falso salón medioeval, con vigas de artesonado hechas a máquina, paredes de yeso imitando el roble y vidrieras neogóticas, el dueño mostraba como gran curiosidad un jarro de figurillas grotescas entre los *bocks* de porcelana que adornaban las repisas del zócalo.

Ferragut lo reconoció inmediatamente: era un jarro antiguo peruano.

—Sí; es una *huaca* —dijo ella—. Yo también he estado allá... Nos dedicábamos a fabricar antigüedades.

Freya interpretó mal el gesto que hizo su amante. Creyó que se asombraba ante lo inaudito de esta fabricación de recuerdos incásicos. «Alemania es grande. Nada se resiste al poder de adaptación de su industria...»

Y los ojos de ella brillaron con un fuego de orgullo al enumerar estas hazañas de falsa resurrección histórica. Habían llenado museos y colecciones particulares de estatuillas egipcias y fenicias recién hechas. Luego habían fabricado en tierra alemana antigüedades del Perú para venderlas a los viajeros que visitaban el antiguo Imperio de los incas. Unos indígenas a sueldo se encargaban de desenterrarlas oportunamente, con gran publicidad. Ahora, la moda favorecía al arte negro, y los coleccionistas buscaban los ídolos horribles de madera tallados por las tribus del interior de África.

Pero lo que interesaba a Ferragut era el plural empleado por ella al hablar de tales industrias. ¿Quién fabricaba las antigüedades peruanas?... ¿Era su marido el sabio?...

—No —dijo Freya tranquilamente—; fue otro: un artista de Múnich. Tenía escaso talento para la pintura, pero una gran inteligencia para los negocios. Volvimos del Perú con la momia de un inca, que paseamos por casi todos los museos de Europa, sin encontrar quien la comprase. Un mal negocio. Guardábamos al inca en nuestro cuarto del hotel, y...

Ferragut no se interesó con las andanzas del pobre monarca indio arrancado al reposo de su tumba... ¡Uno más! Cada confidencia de Freya sacaba un nuevo antecesor de las tinieblas de su pasado.

Al salir de la cervecería, el capitán marchó con aspecto sombrío. Ella, por el contrario, reía de sus recuerdos, viendo a través de los años, con un optimismo halagador, esta lejana aventura de su época de bohemia; regocijándose al evocar la carroña del inca paseada de hotel en hotel.

De pronto estalló la cólera de Ulises... El oficial holandés, el sabio naturalista, el cantante que se pegó un tiro, y ahora el falsificador de antigüedades... Pero ¿cuántos hombres había en su existencia? ¿Cuántos quedaban aún por llegar?... ¿Por qué no los soltaba todos de una vez?...

Freya quedó sorprendida por la violencia del exabrupto. Le daba miedo la cólera del marino. Luego rió, apoyándose con fuerza en su brazo, tendiendo el rostro hacia él.

—¡Tienes celos!... ¡Mi tiburón tiene celos! Sigue hablando. No sabes lo que me gusta oírte. ¡Quéjate!... ¡pégame!... Es la primera vez que veo a un hombre con celos. ¡Ah, los meridionales!... Por algo os adoran las mujeres.

Y decía verdad. Experimentaba una sensación nueva ante esta cólera viril provocada por el despecho amoroso. Ulises se le aparecía como un hombre distinto a todos los que había conocido en su existencia anterior, fríos, acomodaticios y egoístas.

—¡Ferragut mío!... ¡Mi mediterráneo! ¡Cómo te amo! Ven... ven... Necesito recompensarte.

Estaban en una calle céntrica, junto a la esquina de un callejón que formaba una cuesta de rellanos. Ella le empujó, y a los primeros pasos en la estrecha y oscura vía se abrazó a él, volviendo la espalda al movimiento y la luz de la gran calle para besarlo con aquel beso que hacía temblar las piernas del capitán.

Aplacado en su cólera, siguió quejándose durante el resto del paseo. ¿Cuántos le habían precedido?... Necesitaba conocerlos. Quería saber, por lo mismo que esto le causaba un daño horrible. Era el sádico deleite del celoso que persiste en arañar su herida.

—Quiero conocerte —repitió—. Debo conocerte, ya que me perteneces. ¡Tengo derecho!...

Este derecho, invocado con una testarudez infantil, hizo sonreír a Freya dolorosamente. Largos siglos de experiencia parecieron asomar en el fruncimiento melancólico de su boca. Brilló en ella la sabiduría de la mujer, más cauta y previsora que la del hombre, por ser el amor su única preocupación.

—¿Por qué quieres saber? —preguntó con desaliento—. ¿Qué adelantas con eso?... ¿Serás acaso más feliz cuando sepas?...

Calló durante algunos pasos, y luego dijo sordamente:

—Para amar no es preciso conocerse. Todo lo contrario: un poco de misterio mantiene la ilusión y aleja la hartura... El que quiere saber nunca es dichoso.

Siguió hablando. La verdad tal vez era buena en las otras cosas de la existencia, pero resultaba fatal para el amor. Era demasiado fuerte, demasiado cruda. El amor se asemejaba a ciertas mujeres, bellas como diosas a una luz artificial y discreta, horribles como monstruos bajo los resplandores quemantes del Sol.

—Créeme: repele esas quimeras del pasado. ¿No te basta el presente?... ¿No eres feliz?

Y necesitando convencerla de que lo era, pobló aquella noche el cerrado misterio del dormitorio con una serie interminable de voluptuosidades feroces, exasperadas, que hicieron caer a Ulises en un anonadamiento pesado y dulce a la vez.

Tenía la convicción de su vileza. Adoraba y detestaba a esta mujer que dormía a su lado con un cansancio impuro... ¡Y no poder separarse!...

Ansioso de encontrar una excusa, evocó la imagen de su cocinero tal como era cuando filosofaba en el rancho de la marinería. Para desear los mayores males a un enemigo, este varón cuerdo formulaba siempre el mismo anatema: «¡Permita Dios que encuentres una mujer arreglada a tu gusto!...».

El piadoso y malhablado *Caragòl* no designaba a la mujer por entero, circunscribiéndose a nombrar la parte más interesante de su sexo; pero la maldición era la misma.

Ferragut había encontrado la mujer «arreglada a su gusto» y era esclavo para siempre de su suerte. La seguiría, a través de todos los envilecimientos, hasta donde ella quisiera llevarle; cada vez con menos energía para protestar, aceptando las situaciones más deshonrosas a cambio del amor... ¡Y siempre sería así! ¡Y él, que se consideraba meses antes un hombre duro y dominador, acabaría por suplicar y llorar si ella se alejaba!... ¡Ah, miseria!...

En las horas de tranquilidad, cuando la hartura les hacía conversar plácidamente como dos amigos del mismo sexo, Ulises evitaba las alusiones al pasado y le dirigía preguntas sobre su vida actual. Le preocupaban los trabajos misteriosos de la doctora; quería conocer la parte que tomaba Freya en ellos, con el interés que inspiran siempre las acciones más fútiles de la persona amada. ¿No pertenecía él a la misma asociación por el hecho de obedecer sus órdenes?...

Las respuestas eran incompletas. Ella se había limitado a obedecer a la doctora, que lo sabía todo... Luego vacilaba, rectificándose. No; su amiga no podía saberlo todo. Por encima de ella estaban el conde y otros personajes que venían de tarde en tarde a visitarla, como viajeros de paso. Y la cadena de agentes, de menor a mayor, se perdía en misteriosas alturas que hacían palidecer a Freya, poniendo en sus ojos y en su voz una expresión de supersticioso respeto.

Únicamente le era lícito hablar de sus trabajos, y lo hacía discretamente, contando los procedimientos que había empleado, pero sin nombrar a sus colaboradores ni decir cuál era su finalidad. Las más de las veces se había movido sin saber adónde convergían sus esfuerzos, como voltea una rueda, conociendo únicamente su engranaje inmediato, ignorando el conjunto de la maquinaria y la clase de producción a que contribuye.

Se admiró Ulises de los inverosímiles y grotescos procedimientos empleados por los agentes del espionaje.

—¡Pero eso es de novela de folletón!... Son medios gastados y ridículos que todos pueden aprender en libros y melodramas.

Freya asentía. Por eso mismo los empleaban. El medio más seguro de desorientar al enemigo era valerse de procedimientos vulgares; así, el mundo moderno, inteligente y sutil, se resistía a creer en ellos. Bismarck había engañado a toda la diplomacia europea diciendo simplemente la verdad, por lo mismo que nadie esperaba que la verdad saliese de su boca. El espionaje alemán se agitaba como los personajes de una novela policíaca, y la gente no quería creer en sus trabajos, aunque estos trabajos pasasen ante sus ojos, por parecerle demasiado gastados y fuera de moda.

—Por eso —continuó ella— cada vez que Francia descubría una parte de nuestros manejos, la opinión mundial, que solo cree en cosas ingeniosas y difíciles, se reía de ella, considerándola atacada del delirio de persecuciones.

La mujer entraba por mucho en el servicio de espionaje. Las había sabias como la doctora, elegantes como Freya, venerables y con un apellido célebre, para obtener la confianza que inspira una viuda noble. Eran numerosas, pero no se conocían unas a otras. Algunas veces se tropezaban en el mundo, se presentían, pero cada una continuaba su camino, empujadas en distintas direcciones por la fuerza omnipotente y oculta.

Le mostró retratos suyos que databan de algunos años. Ulises tardó en reconocerla al contemplar la fotografía de una japonesa delgada, jovencita, envuelta en un kimono sombrío.

—Soy yo, cuando estuve allá. Nos interesaba conocer la verdadera fuerza de ese pueblo de hombrecitos con ojos de ratón.

El otro retrato aparecía con falda corta, botas de montar, camisa de hombre y un fieltro de *cowboy*. Era del Transvaal. También había andado por el Sur de África, en compañía de otros alemanes del «servicio», para sondear el estado de ánimo de los boers bajo la dominación inglesa.

—Yo he estado en todas partes —afirmó ella con orgullo.

—¿También en París? —dijo el marino.

Dudó antes de contestar, pero al fin hizo un movimiento de cabeza... Había estado muchas veces en París. La guerra le había sorprendido viviendo en el Gran Hotel. Afortunadamente, recibió aviso dos días antes de la ruptura de hostilidades, pudiendo librarse de quedar prisionera en un campo de concentración... Y no quiso decir más. Era verbosa y franca al relatar los trabajos pasados, pero el recuerdo de los recientes le infundía una reserva inquieta y medrosa.

Para torcer el curso de la conversación, habló de los peligros que la habían amenazado en sus viajes.

—Necesitamos ser valientes... La doctora, tal como la ves, es una heroína... Ríete; pero si conocieses su arsenal, tal vez te infundiese miedo. Es una científica.

La grave señora experimentaba una repugnancia invencible por las armas vulgares. Freya le conocía todo un botiquín portátil lleno de anestésicos y venenos.

—Además, lleva encima un saquito repleto de ciertos polvos de su invención: tabaco, pimienta... ¡demonios! El que los recibe en los ojos queda ciego. Es como si le echasen llamas.

Ella era menos complicada en sus medios de defensa. Tenía el revólver, arma que lograba ocultar como esconden el aguijón ciertos insectos, sin saberse nunca con certeza de dónde volvía a surgir. Y por si no le era posible valerse de él, contaba con el alfiler de su sombrero.

—Míralo... ¡Con qué gusto lo clavaría en el corazón de muchos!...

Y le mostró una especie de puñal disimulado, un estilete sutil y triangular de verdadero acero, rematado por una perla larga de vidrio que podía servir de empuñadura.

«¡Entre qué gente vives! —murmuraba en el interior de Ferragut la voz de la cordura—. ¡Dónde te has metido, hijo mío!»

Pero su tendencia a desafiar el peligro, a no vivir como los demás, le hizo encontrar un profundo encanto a esta existencia novelesca.

La doctora ya no emprendió más viajes. En cambio aumentaban sus visitantes. Algunas veces, cuando Ulises intentaba dirigirse hacia sus habitaciones, le detenía Freya.

—No vayas... Tiene una consulta.

Al abrir la puerta del rellano que correspondía a su alojamiento, vio en varias ocasiones la mampara verde de la oficina cerrándose detrás de muchos hombres, todos ellos de aspecto germánico: viajeros que venían a embarcarse en Nápoles con cierta precipitación, vecinos de la ciudad que recibían órdenes de la doctora.

Esta se mostró más preocupada que de costumbre. Sus ojos pasaban con distracción sobre Freya y el marino, como si no los viese.

—Malas noticias de Roma —decía a Ferragut su amante—. Estos mandolinistas malditos se nos escapan.

Ulises empezó a sentir la saciedad de los días voluptuosos, que se sucedían siempre iguales. Sus sentidos se embotaban con tantos placeres repetidos maquinalmente. Además, un monstruoso desgaste le hacía pensar por instinto defensivo en la vida tranquila del hogar.

Tímidamente hacía cálculo sobre su dulce reclusión. ¿Cuánto tiempo vivía en ella?... Su memoria confusa y nebulosa pedía auxilio.

—Quince días —contestaba Freya.

De nuevo insistía en sus cálculos, y ella le afirmaba que solo iban transcurridas tres semanas desde que su vapor partió de Nápoles.

—Tendré que irme —decía Ulises con vacilación—. Me esperan en Barcelona: no tengo noticias... ¿Qué será de mi buque?...

Ella, que le escuchaba con aire distraído, no queriendo entender sus tímidas insinuaciones, respondió una tarde categóricamente:

—Se acerca el momento de que cumplas tu palabra, de que te sacrifiques por mí. Luego podrás marcharte a Barcelona, y yo... yo iré a juntarme contigo. Si no puedo ir, ya nos encontraremos... El mundo es pequeño.

Su pensamiento no llegaba más allá de este sacrificio exigido a Ferragut. Luego, ¿quién podía saber dónde iría ella a parar?...

Dos tardes después, la doctora y el conde llamaron al marino. La voz de la dama, siempre bondadosa y protectora, tomó esta vez un leve acento de mando.

«Todo está listo, capitán.» Como no había podido disponer de su vapor, ella le tenía preparado otro buque. Debía limitarse a seguir las instrucciones del conde. Este le enseñaría el barco cuyo mando iba a tomar.

Se marcharon juntos los dos hombres. Era la primera vez que Ulises salía a la calle sin Freya, y a pesar de su entusiasmo amoroso, sintió una agradable sensación de libertad.

Descendieron a la ribera, y en el pequeño puerto de la isla del Huevo pasaron el tablón que servía de puente entre el muelle y una goleta pequeña de casco verdoso. Ferragut, que la había apreciado exteriormente de una sola ojeada, corrió su cubierta... «Ochenta toneladas.» Luego examinó el aparejo y la máquina auxiliar, un motor a petróleo que le permitía hacer siete millas por hora cuando el velamen no encontraba viento.

Había visto en la popa el nombre del buque y su procedencia, adivinando enseguida la clase de navegación a que estaba dedicado. Era una goleta siciliana de Trápani, construida para la pesca. Un calafate artista había esculpido una langosta de madera subiendo por el timón. Por los dos lados de la proa se remontaba un doble rosario de cangrejos, tallados con la prolijidad inocente de un imaginero medioeval.

Al asomarse a una escotilla vio la mitad de la cala llena de cajas. Ferragut reconoció este cargamento. Cada una de las cajas contenía dos latas de esencia de petróleo.

—Muy bien —dijo al conde, que había permanecido silencioso a sus espaldas, siguiéndole en todas sus evoluciones—. ¿Dónde está la tripulación?...

Kaledine le señaló tres marineros algo viejos acurrucados en la proa y un muchacho vestido de andrajos. Eran veteranos del Mediterráneo, silenciosos y ensimismados, que obedecían maquinalmente las órdenes, sin preocuparse de adonde iban ni de quién los mandaba.

—¿No hay más? —preguntó Ferragut.

El conde aseguró que otros hombres vendrían a reforzar la tripulación en el momento de la salida. Esta iba a ser tan pronto como la carga quedase terminada. Había que tomar ciertas precauciones para no llamar la atención.

—De todos modos, esté usted pronto para embarcarse, capitán. Tal vez le avise con solo un par de horas de avance.

En la noche, hablando a Freya, se asombró Ulises de la prontitud con que la doctora había encontrado un buque, de la discreción con que hacían su carga, de todos los detalles de este negocio, que se desarrollaba fácil y misteriosamente en la misma boca de un gran puerto, sin que nadie se percatase de ello.

Su amante afirmó con orgullo que Alemania sabía conducir bien sus asuntos. No era la doctora la que obraba tales prodigios. Todos los negociantes germánicos de Nápoles y Sicilia le habían dado ayuda... Y convencida de que el capitán iba a ser avisado de un momento a otro, puso en orden su equipaje, arreglando una pequeña maleta que le había de acompañar en la corta navegación.

Al anochecer del día siguiente el conde vino a buscarle. Todo estaba listo: el buque esperaba a su capitán.

La doctora despidió a Ulises con cierta solemnidad. Se hallaban en el salón, y dio una orden en voz baja a Freya. Esta salió para volver inmediatamente con una botella estrecha y larga. Era vino añejo del Rin, regalo de un comerciante de Nápoles, que guardaba la doctora para una ocasión extraordinaria. Llenó cuatro vasos; y tomando el suyo, miró en torno de ella con indecisión.

—¿Dónde cae el Norte?

El conde lo señaló silenciosamente. Entonces la dama fue levantando su vaso con solemne lentitud, como si ofreciese una libación religiosa al misterioso poder oculto en el Norte, lejos, muy lejos. Kaledine la imitó con el mismo gesto de fervor.

Ulises iba a llevarse el vaso a los labios, queriendo ocultar un principio de risa provocado por la gravedad de la imponente señora.

—Haz lo mismo que ellos —murmuró Freya junto a su oído.

Y los dos brindaron mudamente, con los ojos vueltos hacia el Norte.

—¡Buena suerte, capitán! —dijo la doctora—. Volverá usted pronto y con toda felicidad, ya que trabaja por una causa justa... Nunca olvidaremos sus servicios.

Freya quiso acompañarlo hasta el buque. El conde inició una protesta, pero se contuvo viendo el gesto bondadoso de la sensible dama. «¡Se amaban tanto!... Había que conceder algo al amor...»

Bajaron los tres por las calles pendientes de Chiaia hasta la ribera de Santa Lucía. Ferragut, a pesar de su preocupación, se fijó en el aspecto del conde. Iba vestido de azul y con gorra negra, lo mismo que un *yachtman* que se prepara a tomar parte en una carrera de balandros. Sin duda había adoptado este traje para hacer más solemne la despedida.

En los jardines de la *Villa Nazionale* se detuvo Kaledine, dando una orden a Freya. No toleraba que pasase más adelante. Podía llamar la atención en el pequeño puerto de la isla del Huevo, frecuentado solo por pescadores. El tono de la orden fue cortante, imperioso, y ella obedeció sin protesta, como si estuviese habituada a tal superioridad.

—¡Adiós!... ¡adiós!

Olvidando la presencia del testigo severo, abrazó a Ulises ardorosamente. Después rompió a llorar con un estertor nervioso. Le pareció a él que nunca había sido tan sincera como en este momento, y tuvo que esforzarse para salir del anillo de sus brazos. «¡Adiós!... ¡adiós!...» Luego marchó detrás del conde, sin atreverse a volver la cabeza, presintiendo que ella le seguía con los ojos.

En la ribera de Santa Lucía vio de lejos su antiguo hotel con las ventanas iluminadas. El portero precedía los pasos de un joven que acababa de descender de un carruaje llevando su maleta. Ferragut se acordó de pronto de su hijo Esteban. El viajero adolescente ofrecía de lejos cierta semejanza con él... Y siguió adelante, sonriendo con amargura de este recuerdo inoportuno.

Al entrar en la goleta encontró a Karl, el dependiente de la doctora, que había traído su pequeño equipaje y acababa de instalarlo en el camarote. «Podía retirarse...» Luego pasó revista a la tripulación. Además de los tres sicilianos viejos, vio ahora siete mocetones rubios y carnudos con los brazos arremangados. Hablaban italiano, pero el capitán no tuvo dudas sobre su verdadera nacionalidad.

Empezaron varios de ellos a levar el ancla, y Ferragut miró al conde como si le invitase a salir. El buque se despegaba poco a poco del muelle. Iban a retirar la tabla que servía de puente.

—Yo voy también —dijo Kaledine—. Me interesa el paseo.

Ulises, que estaba dispuesto a no sorprenderse de nada en este viaje extraordinario, se limitó a una exclamación de alegría cortés. «¡Tanto mejor!...» Ya no se ocupó de él, dedicándose a sacar el barco del pequeño puerto, dirigiendo su rumbo hacia la salida del golfo. Los vidrios de la ribera de Santa Lucía temblaron con el ronquido del motor de la goleta, máquina vieja y escandalosa, que imitaba el chapoteo de un perro cansado. Mientras tanto, las velas se tendían a lo largo de los mástiles, aleteando bajo los primeros manotones del viento.

Tres días duró la navegación. En la primera noche el capitán paladeó el voluptuoso egoísmo del descanso a solas. Ya no tenía una mujer a su lado como prolongación inevitable; vivía entre hombres... Y apreció la castidad como un placer que se le ofrecía con todos los encantos de lo nuevo.

La segunda noche, en la estrecha y maloliente cámara del patrón, se sintió desvelado por los recuerdos, que volvían a retoñar. ¡Oh, Freya!... ¡Cuándo la vería otra vez!...

El conde y él hablaron poco, pero pasaban largas horas juntos, sentados al lado de la rueda del timón, mirando el mar. Eran más amigos que en tierra, aunque se cruzaban entre ellos escasas palabras. La vida común aminoraba la altivez del fingido diplomático y hacía que el capitán descubriese nuevos méritos en su persona.

La soltura con que andaba por el buque y ciertas palabras técnicas empleadas contra su voluntad no permitieron a Ferragut más dudas sobre su verdadera profesión.

—Usted es marino —dijo de pronto.

Y el conde asintió, juzgando inútil el disimulo. Sí, era marino.

«Entonces, ¿qué hago yo aquí? ¿Para qué me han dado el mando?...» Así pensó Ferragut, sin atinar por qué buscaba su concurso este hombre que podía dirigir el buque sin ayuda ajena.

Indudablemente era un oficial de marina, y también debían proceder de una flota todos los marineros rubios que trabajaban como autómatas. La disciplina les hacía acatar las órdenes de Ferragut, pero se adivinaba que para ellos su mando no pasaba de ser una simple delegación, y que el verdadero jefe de a bordo era el conde.

La goleta pasó a la vista del archipiélago de Lípari; luego, torciendo el rumbo hacia el Oeste, siguió las costas de Sicilia desde el cabo Gallo al cabo de San Vito. A partir de aquí puso su proa al Sudoeste, yendo en busca de las islas Egades.

Debía esperar en estas aguas, donde empieza a angostarse el Mediterráneo entre Túnez y Sicilia, irguiéndose el pico volcánico de la isla Pantelaria en mitad del inmenso estrecho.

Le bastaban al conde breves indicaciones para que el rumbo seguido por Ferragut fuese con arreglo a sus deseos. Acabó por no ocultar la admiración que le inspiraba su maestría de navegante.

—Conoce usted bien su mar —dijo el conde.

El capitán se encogió de hombros sonriendo. Era verdaderamente suyo. Podía llamarle *Mare Nostrum*, lo mismo que los romanos, sus antiguos dominadores.

Como si adivinase el fondo a simple vista, mantuvo el buque en los límites del extenso banco de la Aventura. Navegaba lentamente con solo algunas velas, cruzando y recruzando las mismas aguas.

Kaledine, al transcurrir dos días, empezó a inquietarse. Varias veces oyó Ferragut cómo murmuraba el nombre de Gibraltar. El paso del Atlántico al Mediterráneo era el mayor peligro para los que él esperaba.

Desde la cubierta de la goleta solo se podía ver a corta distancia, y el conde trepó repetidas veces por las escalas de cuerda de la arboladura, para abarcar con sus ojos un espacio más extenso.

Una mañana gritó desde lo alto al capitán, señalándole un punto del horizonte. Debía hacer rumbo en la misma dirección. Allí estaban los que él buscaba.

Ferragut le obedeció, y media hora después fueron apareciendo, uno tras otro, dos buques prolongados y bajos de borda, que navegaban con gran velocidad. Eran como destroyers, pero sin mástiles, sin chimeneas, deslizándose casi a ras del agua, pintados de un color gris que les hacía confundirse con el mar a cierta distancia.

Se colocaron a ambos lados del velero, aproximándose a él de tal modo, que parecía que iban a aplastarlo con el encontrón de sus cascos. Varios cables metálicos surgieron de sus cubiertas para enroscarse en los palos de la goleta, aprisionándola, formando una sola masa de los tres buques, que siguieron unidos la lenta ondulación del mar.

Ulises examinó curiosamente a los dos compañeros de flotación. ¿Estos eran los famosos submarinos?... Vio en su cubierta de acero escotillas redondas y salientes como chimeneas, por las que asomaban grupos de cabezas. Los oficiales y tripulantes iban vestidos como pescadores de las costas del Norte, con traje impermeable de una sola pieza y casco encerado. Muchos de ellos agitaron en lo alto estos cascos, y el conde les respondió tremolando su gorra. Los marineros rubios de la goleta gritaron, contestando a las aclamaciones de sus camaradas de los sumergibles: «¡*Deutschland über alles!*...».

Pero este entusiasmo en medio de la soledad del mar, que equivalía a un canto da triunfo, duró muy poco. Sonaron pitos, corrieron hombres por las aceradas cubiertas, y Ferragut vio invadido su buque por dos filas de marineros. En un momento quedaron abiertas las escotillas, sonó un ruido de maderas rotas, y las latas de esencia empezaron a transbordarse por ambos lados. En torno del velero se pobló el agua de cajones abiertos, que se alejaban con mansa flotación.

El conde oía en la popa a un hombre vestido de tela impermeable, que era un oficial.

Relataba el paso por el estrecho de Gibraltar completamente sumergidos, viendo por el periscopio los torpederos ingleses en patrulla de vigilancia.

—Nada, comandante —continuó el oficial—; ni el menor incidente... Una navegación magnífica.

—¡Que Dios castigue a Inglaterra! —dijo el conde, llamado ahora comandante.

—¡Que Dios la castigue! —repuso el oficial, como si dijese «amén».

Ferragut se vio olvidado, desconocido por todos estos hombres que llenaban la goleta. Algunos marineros le empujaron en la precipitación de su trabajo. Era el patrón del velero, un civil falto de jerarquía al estar entre hombres de guerra.

Empezó a comprender por qué motivo le habían dado el mando del pequeño buque. El conde se quedaba. Le vio acercarse como si de repente se acordase de él, tendiéndole su diestra con una afabilidad de camarada.

—Capitán, muchas gracias. Este servicio es de los que no se olvidan. Tal vez no nos veremos nunca... Pero, por si alguna vez me necesita, sepa quién soy.

Y como si presentase a otra persona, dijo sus nombres ceremoniosamente: Archibaldo von Kramer, teniente de navío de la flota imperial... Su personalidad de diplomático no era enteramente falsa. Había servido como agregado naval en varias Embajadas.

Luego le dio instrucciones para el regreso. Podía esperar frente a Palermo. Un bote vendría en busca suya para llevarle a tierra. Todo estaba previsto... Debía entregar el mando al verdadero dueño de la goleta: un miedoso que se había hecho pagar muy caro el alquiler del buque, pero sin atreverse a poner en riesgo su persona. En la cámara estaban los papeles en regla para justificar esta navegación.

—Salude en mi nombre a las señoras... Dígales que pronto oirán hablar de nosotros. Vamos a hacernos dueños del Mediterráneo.

Continuó el desembarque de combustible. Ferragut vio a Von Kramer introduciéndose por la capota abierta de uno de los submarinos. Luego creyó reconocer en el otro sumergible a dos marineros de los que habían tripulado la goleta, los cuales fueron recibidos con gritos y abrazos por sus camaradas, metiéndose a continuación por una escotilla tubular.

La descarga duró hasta media tarde. Ulises no se había imaginado que el pequeño buque llevase tantas cajas. Cuando la bodega quedó vacía, desaparecieron los últimos marineros germánicos, y con ellos los cables que aprisionaban al velero. Un oficial le gritó que podía marcharse. Los dos sumergibles, más achatados sobre el mar que a su llegada, con los depósitos henchidos de esencia y aceite, empezaron a alejarse.

Al verse solo en la popa de la goleta, sintió una repentina inquietud.

«¿Qué has hecho?... ¿qué has hecho?», clamó una voz en su cerebro.

Pero contemplando a los tres viajeros y al muchacho que habían quedado como única tripulación, olvidó sus remordimientos. Debía moverse mucho para suplir esta falta de brazos. En dos noches y un día apenas descansó, manejando casi al mismo tiempo el timón y el motor, pues no se atrevía a emplear todas sus velas con esta escasez de hombres.

Cuando se vio, en un amanecer, frente al puerto de Palermo, que empezaba a extinguir sus luces, Ferragut pudo dormir por primera vez, dejando encargado a uno de los marineros la vigilancia del buque, que se mantenía con el velamen recogido. A media mañana le despertaron unas voces que gritaban desde el mar: «¿Dónde está el capitán?».

Vio un bote y varios hombres que saltaban a la goleta. Era el dueño, que venía a recobrar su buque para hacerlo entrar en el puerto con toda legalidad. El mismo bote se encargó de llevar a tierra a Ulises con su pequeña maleta. Le acompañaba un señor rojizo y obeso, que parecía tener gran ascendiente sobre el patrón.

—Ya estará usted enterado de lo que ocurre —le dijo, mientras dos remeros hacían deslizar el bote sobre las olas—. ¡Esos bandidos!... ¡Esos mandolinistas!...

Ulises, sin saber por qué, hizo un gesto afirmativo. Este burgués indignado era un alemán: uno de los que ayudaban a la doctora. Bastaba oírle.

Media hora después, Ferragut saltó a un muelle, sin que nadie se opusiera a su desembarco, como si la protección de su obeso compañero adormeciese todas las vigilancias. A pesar de esto, el buen señor mostraba un deseo ferviente de apartarse de él, de huir, atendiendo a sus propios asuntos.

Sonrió al enterarse de que Ulises quería salir inmediatamente para Nápoles. «Hace usted bien...» El tren partía dos horas más tarde. Y lo metió en un coche de alquiler, desapareciendo con precipitación.

El capitán, al quedarse solo, casi creyó que había soñado lo de los días anteriores.

Volvía a ver Palermo después de una ausencia de largos años. Experimentó la alegría de un siciliano desterrado al cruzarse con varios carros del país tirados por rocines con plumas y cuyas cajas pintarrajeadas representaban escenas de *La Jerusalén libertada*. Recordó los nombres de las vías principales, que eran los de antiguos virreyes españoles. Vio en una plaza las estatuas de cuatro reyes de España... Pero todos estos recuerdos solo le inspiraron un interés fugaz. Le preocupaban el movimiento extraordinario de las calles, el gentío formando grupos para escuchar la lectura de los periódicos. Muchas ventanas tenían banderas nacionales entrelazadas con las de Francia, Inglaterra y Bélgica.

Al llegar a la estación supo la verdad; se enteró del suceso al que había aludido el comerciante mientras iban en el bote. ¡Era la guerra!... Italia había roto sus relaciones el día anterior con los Imperios centrales.

Ulises se sintió agitado por la inquietud al recordar lo que había hecho en pleno Mediterráneo. Creyó que los grupos populares que pasaban dando vivas detrás de las banderas iban a adivinar su hazaña, cayendo sobre él. Necesitaba alejarse de este entusiasmo patriótico; y respiró satisfecho al verse en el interior de un vagón... Además, iba a ver a Freya, y le bastaba evocar su imagen para que se desvaneciesen todos sus remordimientos.

El viaje fue largo y difícil. Las necesidades de la guerra se hacían sentir desde el primer momento, absorbiendo todos los medios de comunicación. El tren quedaba inmóvil horas enteras para dejar paso a otros trenes cargados de hombres y de material militar. En todas las estaciones había soldados en traje de campaña, banderas, muchedumbres que vitoreaban.

Cuando llegó a Nápoles, fatigado por un viaje de cuarenta y ocho horas, le pareció que el cochero se dirigía con demasiada lentitud hacia el viejo palacio de Chiaia.

Al atravesar el zaguán con su pequeña maleta, le cortó el paso la portera, gruesa comadre de pelo encrespado y polvoriento, que solo había entrevisto algunas veces en las profundidades de su caverna.

—Las señoras ya no viven en la casa... Las señoras han partido de repente con Karl, su empleado.

Y explicaba el resto de esta huida con una sonrisa hostil y maligna.

Comprendió Ferragut que no debía insistir. La mujerona estaba furiosa por la fuga de las damas *tedescas*, y examinaba al marino como un presunto espía, bueno para una denuncia patriótica. Sin embargo, por honradez profesional, le avisó que la *signora* rubia, la más joven y simpática, había pensado en él al irse, dejando su equipaje en la portería.

Se apresuró Ulises a desaparecer. Ya enviaría alguien que recogiese sus maletas. Y tomando otro carruaje, se dirigió al *albergo* de Santa Lucía... ¡Qué golpe inesperado!

Al verle entrar, el portero hizo un gesto de sorpresa y de asombro. Antes de que Ferragut alcanzase a preguntarle por Freya, con la vaga esperanza de que se hubiese refugiado en el hotel, este hombre le dio una noticia.

—Capitán, aquí ha estado su hijo esperándole.

El capitán balbuceó, desorientado: «¿Qué hijo?...». El hombre de las llaves bordadas trajo el libro de viajeros, mostrándole una línea: «Esteban Ferragut. Barcelona». Y Ulises reconoció la letra de su hijo, al mismo tiempo que se le oprimía el pecho con una angustia indefinible.

La sorpresa le dejó sin voz, y el portero se aprovechó de su silencio para seguir hablando.

Era un muchacho simpático e inteligente... Algunas mañanas le había acompañado para enseñarle lo mejor de la ciudad. Se había puesto en relación con los consignatarios del *Mare Nostrum*, buscando por todas partes noticias de su padre. Al fin, convencido de que el capitán estaba ya de regreso a Barcelona, había partido a su vez el día anterior.

—Si llega usted doce horas antes, todavía lo encuentra aquí.

El portero no sabía más. Ocupado en cumplir los encargos de unas señoras sudamericanas, no había podido saludar al joven cuando salió del hotel. Dudaba entre hacer el viaje en un vapor inglés hasta Marsella o ir por ferrocarril a Génova, donde encontraría buques directos para Barcelona.

Ferragut quiso saber cuándo había llegado, y el portero, elevando los ojos, se entregó a un largo cálculo mental... Al fin marcó una fecha, y el marino, a su vez, compulsó sus recuerdos.

Se dio en la frente una palmada, ruda como un puñetazo.

Era su hijo el joven que había visto entrando en el *albergo* cuando él marchaba a encargarse de la goleta para llevar combustible a los submarinos alemanes.

VIII. El joven Telémaco

Siempre que el *Mare Nostrum* volvía a Barcelona, Esteban Ferragut experimentaba una sensación de deslumbramiento, lo mismo que si se abriese un glorioso ventanal en su existencia oscura y monótona de hijo de familia.

Ya no vagaba por el puerto, admirando de lejos los grandes trasatlánticos anclados frente al monumento de Colón o los vapores de carga que se alineaban en los muelles comerciales. Un buque importante era de su absoluta propiedad por algunas semanas. El capitán y los oficiales pasaban el tiempo en tierra con sus familias. Tòni, el segundo, era el único que dormía a bordo. Muchos de los marineros solicitaban permiso para vivir en la ciudad, y el vapor quedaba confiado a la guarda del tío *Caragòl*, con media docena de hombres para la diaria limpieza.

El pequeño Ferragut podía hacerse la ilusión de que era el capitán del *Mare Nostrum*. Se movía en el puente imaginándose que estaba arrostrando una gran tormenta; examinaba los instrumentos náuticos con una gravedad de experto conocedor; corría todos los departamentos habitables del buque, bajaba a las bodegas, que se aireaban, abiertas, en espera de carga, y finalmente se metía en el bote de servicio, desamarrándolo de la escala, para remar unas horas con más satisfacción que en los ligeros *yoles* del Club de Regatas.

Sus visitas terminaban en la cocina, invitado por el tío *Caragòl*, que le trataba con una familiaridad paternal. El joven remero estaba sudando. «¿Un *refresquet*?...» Y preparaba su dulce mixtura, que hacía caer a los hombres de un solo salto en las nebulosidades de la embriaguez.

Esteban tenía en mucho los «refrescos» del cocinero. Su imaginación, excitada por la frecuente lectura de novelas de viajes, le había hecho concebir un tipo de marino heroico, atrevido, galanteador, y capaz de tragarse a jarros las bebidas más incendiarias sin pestañear. Él quería ser así; todo buen navegante debe beber.

Aunque en tierra no conocía otros licores que los inocentes y dulzones guardados por su madre para las fiestas de familia, una vez pisaba la cubierta del buque sentía la necesidad de líquidos alcohólicos, para hacer ver que era todo un hombre. «No había en el mundo una bebida que pudiese con él...» Y al segundo «refresco» del tío *Caragòl* quedaba sumido en plácido nirvana, viéndolo todo de color de rosa y considerablemente agrandado: el mar, los buques cercanos, los *docks* y la montaña de Montjuich, que servía de fondo.

El cocinero, al contemplarle amorosamente con sus ojos enfermos, creía haber dado un salto atrás de docenas de años y hallarse todavía en Valencia hablando con el otro Ferragut que se escapaba de la Universidad para remar en el puerto. Casi llegó a creer que había vivido dos veces.

Escuchaba las quejas del muchacho, interrumpiéndolas con solemnes consejos. Este Ferragut de quince años se mostraba descontento de la vida. Era un hombre, y tenía que vivir entre mujeres: su madre y dos sobrinas que le acompañaban haciendo encajes, lo mismo que ella había acompañado en otro tiempo a su suegra doña Cristina. Quería ser marino, y le obligaban a estudiar las materias antipáticas del bachillerato. ¿Acaso un capitán necesita saber latín?...

Deseaba terminar su vida de estudiante, para hacerse piloto y seguir las prácticas en el puente, al lado de su padre. Tal vez llegase a mandar a los treinta años el *Mare Nostrum* u otro buque semejante.

Mientras tanto, la atracción del mar le arrastraba lejos de las aulas, yendo a ver a *Caragòl* a la misma hora en que sus profesores pasaban lista a los alumnos, anotando sus ausencias.

El viejo y su protegido se recluían en la cocina con una inquietud de culpables. Pasos y voces en la cubierta alteraban su conversación. «¡Escóndete!» Y Esteban se metía debajo de una mesa o se ocultaba en el cuartucho de las provisiones, mientras el cocinero salía al encuentro del recién llegado con una cara seráfica.

Algunas veces era Tòni, y el muchacho osaba salir, contando con su silencio. También éste le quería y aprobaba su aversión por los libros.

Si de tarde en tarde era el capitán el que venía al buque por unos momentos, *Caragòl* le hablaba obstruyendo la puerta con su cuerpo, al mismo tiempo que sonreía maliciosamente.

Para Esteban, las dos cosas más dignas de admiración eran el mar y su padre. Todos los héroes novelescos que desde las páginas de los libros habían pasado a alojarse en su imaginación tenían el rostro y los gestos del capitán Ferragut.

De pequeño había visto llorar algunas veces a su madre con resignada tristeza. Años adelante, al conocer con su precocidad de muchacho poco vigilado las relaciones que existen entre hombres y mujeres, presintió que todas estas lágrimas debían ser motivadas por ligerezas e infidelidades del lejano navegante.

Él adoraba a su madre con una pasión de hijo único y mimado, pero no admiraba menos al capitán, excusando todas las faltas que pudiese cometer. Su padre era el hombre más valiente y más hermoso de la tierra. Así lo veía él. Y un día que, examinando los cajones de su camarote, encontró varias fotografías de mujeres llevando al pie los nombres de lejanos países, su admiración aún fue más grande. Todas debían haber enloquecido de amor por el capitán del *Mare Nostrum*. ¡Ay! Por más que él hiciese al ser hombre, nunca llegaría a igualarse con este triunfador que le había dado la existencia...

Cuando el buque llegó a Barcelona sin su propietario de vuelta de Nápoles, el hijo de Ferragut no experimentó ninguna sorpresa.

Tòni, que era siempre de pocas palabras, las prodigó en la presente ocasión. El capitán Ferragut se había quedado allá por un negocio importante, pero no tardaría en volver. Su segundo le esperaba de un momento a otro. Tal vez hiciese el viaje por tierra, para llegar antes.

Esteban se asombró al ver que su madre no aceptaba esta ausencia como un suceso insignificante. La buena señora se mostró preocupada y con los ojos lacrimosos. Su instinto femenil le hacía presentir algo malo en el retraso de su marido.

Por la tarde, cuando la visitó, como de costumbre, su antiguo enamorado el catedrático, los dos hablaron lentamente, con palabras medidas, pero entendiéndose con los ojos durante los largos intervalos de silencio.

Llegado don Pedro a la cumbre de su carrera gloriosa con la posesión de una cátedra en el Instituto de Barcelona, visitaba todas las tardes a Cinta, pasando hora y media en su salón con exactitud cronométrica. Ni el más leve pensamiento de impureza agitó jamás al profesor. Lo pasado había caído en el olvido... Pero él necesitaba ver diariamente a la esposa del capitán tejiendo encajes entre sus dos pequeñas sobrinas, como había visto años antes a la viuda de Ferragut.

Le hacía saber los sucesos más importantes de Barcelona y del mundo entero; comentaban juntos los futuros destinos de Esteban; oía él con arrobamiento su voz dulce, concediendo gran importancia a los detalles de economía doméstica o a las descripciones de fiestas religiosas, solo porque era ella la que hacía tales relatos.

Muchas veces quedaban en largo mutismo. Don Pedro representaba la paciencia, el humor igual, el respeto silencioso, en aquella casa tranquila y limpia, que únicamente perdía su calma monástica al presentarse el dueño por unos días, entre dos viajes.

Cinta se había acostumbrado a las visitas del catedrático. Al marcar el reloj las tres y media presentía sus pasos en la escalera.

Si alguna tarde no llegaba, la dulce Penépole sufría una decepción.

—¿Qué le pasará a don Pedro? —preguntaba a sus sobrinas con inquietud.

Esta pregunta la hacía algunas veces extensiva al hijo; pero Esteban, sin odiar al visitante, le apreciaba en muy poco.

Don Pedro pertenecía al grupo de aquellos señores del Instituto que pagaba el gobierno para que fastidiasen con sus explicaciones y sus exámenes a la juventud. Recordaba aún los dos años que había pasado en su cátedra, como en una cámara de tormento, sufriendo el suplicio del latín. Además, era un miedoso, que siempre temía resfriarse y no osaba salir a la calle en los días nublados si le faltaba el paraguas. A él que le hablasen de hombres valientes.

—No sé... —respondía a su madre—. Tal vez estará metido en cama, con siete pañuelos en la cabeza.

Cuando volvía don Pedro, la casa recobraba su normalidad de reloj pausado y seguro. Doña Cinta, de consulta en consulta, había acabado por considerar indispensable su colaboración. El catedrático suplía dulcemente la autoridad del marido viajero: él se había encargado de representar al jefe de la familia en todos los asuntos exteriores... Muchas veces le esperaba con impaciencia la esposa de Ferragut para pedirle un consejo urgente, y él emitía su opinión con voz lenta, después de largas reflexiones.

Esteban encontraba intolerable que este señor, que no era mas que un pariente lejano de su abuela, se mezclase en los asuntos de la casa, pretendiendo dirigirle a él como un padre. Pero aún le irritaba más verlo de buen humor y con pretensiones de gracioso. Le daba rabia que llamase a su madre Penépole y a él joven Telémaco... «¡Tío *latero* y pesado!»

El joven Telémaco no vacilaba en sus venganzas. De pequeño interrumpía sus diversiones para «trabajar» en el recibidor, junto al perchero vecino a la puerta. Y el pobre catedrático encontraba abollado su sombrero de copa, con los pelos en desorden, o salía llevando en las haldas del gabán varios salivazos.

Ahora el muchacho se limitaba a ignorar su existencia, pasando ante él sin reconocerle, saludándolo únicamente cuando su madre se lo ordenaba.

El día en que trajo la noticia de la vuelta del vapor sin su capitán, don Pedro hizo la visita más larga que de costumbre. Cinta derramó dos lágrimas sobre los encajes, pero tuvo que cortar su llanto, vencida por el buen sentido de su consejero.

—¿Por qué llorar y calentarse la cabeza con tantas suposiciones sin fundamento?... Lo que usted debe hacer, hija mía, es llamar a ese Tòni que es el segundo del buque. Él debe saberlo todo... Tal vez le diga la verdad.

Recibió Esteban el encargo de buscarle al día siguiente, y pudo darse cuenta de la inquietud que experimentó Tòni al saber que doña Cinta quería hablarle. Salió del buque con lúgubre mutismo, como si le llevasen a sufrir tormentos mortales. Luego canturreó sordamente, lo que era en él indicio de honda preocupación.

No pudo asistir el joven Telémaco a la entrevista, pero rondó por las inmediaciones de la puerta cerrada, alcanzando a oír algunas palabras en voz más fuerte que se deslizaron por las rendijas. Su madre era la que hablaba con más frecuencia. Tòni repetía con voz sorda las mismas excusas: «No sé. El capitán va a llegar de un momento a otro...». Pero al verse fuera del salón y de la casa, estalló su cólera contra él mismo, contra su maldito carácter que no sabía mentir, contra todas las mujeres, malas y buenas. Creía haber dicho demasiado. Aquella señora tenía una habilidad de juez para extraer las palabras.

En la noche, a la hora de la cena, la madre apenas abrió la boca. Sus dedos comunicaron un temblor nervioso a los platos y los tenedores. Miraba a su hijo con trágica conmiseración, como si presintiese enormes desgracias que iban a desplomarse sobre su cabeza. Opuso un mutismo desesperado a las preguntas de Esteban, y al fin exclamó:

—¡Tu padre nos abandona!... ¡Tu padre se ha olvidado de nosotros!...

Y salió del comedor para ocultar las lágrimas que habían afluido a sus párpados.

El muchacho durmió algo intranquilo, pero durmió. La admiración que sentía por su padre y cierta solidaridad con los ejemplares fuertes de su sexo le hicieron tener en poco estos llantos. ¡Cosas de mujeres! Su madre no sabía ser la esposa de un varón extraordinario como el capitán Ferragut. Él, que era todo un hombre a pesar de sus pocos años, iba a intervenir en el asunto para poner en claro la verdad.

Cuando Tòni, desde la cubierta del buque, le vio avanzar por el muelle a la mañana siguiente, tuvo tentaciones de esconderse... «¡Doña Cinta, que le llamaba otra vez para interrogarle!...» Pero se tranquilizó al decirle el muchacho que venía por su voluntad a pasar unas horas en el *Mare*

Nostrum. Aun así, quiso evitar su presencia, como si temiese algún descuido al hablar con él, y fingió trabajos en las bodegas. Luego salió del buque, yendo a visitar a un amigo en un vapor algo lejano.

Esteban entró en la cocina, llamando alegremente al tío *Caragòl.* Tampoco éste era el mismo. Sus ojos húmedos y rojizos miraban al muchacho con una ternura extraordinaria. Detenía repentinamente su lengua, con una expresión de inquietud en el rostro. Miraba indeciso en torno de él, como si temiese que fuera a abrirse un precipicio ante sus pies.

No olvidaba nunca los respetos debidos a todo visitante de sus dominios, y preparó dos «refrescos». Por primera vez iba a obsequiar a Esteban en esta vuelta de viaje. Los días anteriores, por inverosímil que parezca el hecho, no había pensado en confeccionar uno siquiera de sus delirantes brebajes. El regreso de Nápoles a Barcelona había sido triste; el buque tenía un ambiente fúnebre sin su dueño.

Por todas estas razones, se le fue la mano a *Caragòl* en la medida, prodigando la caña hasta que el líquido tomó un color de tabaco.

Bebieron... El joven Telémaco empezó a hablar de su padre cuando los vasos solo guardaban la mitad del «refresco», y el cocinero agitó ambas manos en el aire, dando un gruñido que significaba su deseo de no ocuparse de la ausencia del capitán.

—Tu padre volverá, Estevet —añadió—. Volverá, pero no sé cuándo. Seguramente más tarde de lo que asegura Tòni.

Y no queriendo decir más, se tragó todo el resto del vaso, dedicándose a la confección de un segundo «refresco» precipitadamente, para recobrar el tiempo perdido.

Poco a poco se deshizo la prudente barrera que contenía su verbosidad, y habló con el mismo abandono de siempre; pero su flujo de palabras no arrastraba noticias precisas.

Caragòl predicó moral al hijo de Ferragut; una moral a su modo, interrumpida por frecuentes caricias al vaso.

—Estevet, hijo mío, respeta mucho a tu padre. Imítale como marino. Sé bueno y justiciero con los hombres que mandes... pero ¡huye de las mujeres!

¡Las mujeres!... No había tema mejor para su elocuencia de ebrio piadoso. El mundo le infundía lástima. Todo en él estaba gobernado por la infernal atracción que ejerce la hembra. Los hombres trabajaban, peleaban, querían hacerse ricos o célebres, todo por conquistar la posesión de un pedazo de carne, el más inmundo y vergonzoso del cuerpo humano.

—Mira cómo será, Estevet, que hasta en los animales comestibles no hay cocinero que sepa aprovecharlo. Siempre lo arrojan a la basura... Créeme, hijo mío: no imites en eso a tu padre.

El viejo había dicho demasiado para retroceder, y tuvo que ir soltando a fragmentos todo lo restante. Así se enteró Esteban de que el capitán andaba en amoríos con una señora de Nápoles, y se había quedado allá fingiendo negocios, pero en realidad dominado por la influencia de esta mujer.

—¿Es guapa? —preguntó el muchacho con avidez.

—Guapísima —repuso *Caragòl*—. ¡Y unos olores!... ¡y un ruido de ropas finas!...

Telémaco se estremeció con una sensación contradictoria de orgullo y de envidia. Admiró a su padre una vez más, pero esta admiración solo duró breves instantes. Una nueva idea se apoderó de él, mientras el cocinero seguía hablando.

—No vendrá por ahora. Conozco lo que son esas mujeres elegantes y llenas de perfumes: verdaderos demonios que enclavijan sus uñas cuando agarran y hay que cortarles las manos para que suelten... ¡Y el buque sin trabajar, como si

estuviese varado, mientras que los otros se llenan de oro!...
Créeme, hijo mío: en el mundo solo esto es verdad.

Y acabó de beberse de un trago todo lo que quedaba del segundo vaso.

Mientras tanto, el muchacho seguía dando forma en su pensamiento a una idea sugerida por la dulce embriaguez. ¡Si él fuese a Nápoles para traer a su padre!...

En este momento todo le parecía posible. El mundo era de color de rosa, como siempre que lo contemplaba vaso en mano junto al tío *Caragòl*. Los obstáculos resultaban blandos, todo se arreglaba con prodigiosa facilidad; los hombres podían caminar a saltos.

Pero horas después, cuando su pensamiento quedó limpio de nubes seductoras, sintió miedo acordándose de su padre. ¿Cómo le recibiría al verle llegar?... ¿Qué excusa darle de su presencia en Nápoles?... Tembló evocando la imagen de su ceño fruncido y sus ojos irritados.

Al día siguiente, una repentina confianza se sobrepuso a esta inquietud. Se acordó del capitán tal como le había visto algunas veces al celebrar desde la cubierta del buque sus hazañas de remero en el puerto de Barcelona o al comentar con los amigos la inteligencia y la fuerza de su hijo. La imagen del héroe paterno surgía ahora en su memoria con los ojos bondadosos y una sonrisa que parecía agitar como un viento dulce el bosque de sus barbas.

Le diría toda la verdad. Le haría saber que llegaba a Nápoles para llevárselo, como un buen camarada que socorre a otro en un peligro. Tal vez se irritase y le diese un golpe; pero él conseguiría su propósito.

El carácter de Ferragut renació en él con toda la fuerza de un argumento decisivo. Si el viaje resultaba absurdo y peligroso... ¡mejor! ¡mucho mejor! Bastaba esto para que lo emprendiese. Era un hombre, y no debía conocer el miedo.

Durante dos semanas preparó su fuga. Nunca había hecho un viaje importante. Solo una vez había acompañado a su padre en una rápida excursión de negocios a Marsella. Hora era ya de que saliese a correr el mundo un hombre como él, que conocía por sus lecturas casi todos los pueblos de la tierra.

El dinero no le preocupaba. Doña Cinta lo tenía en abundancia, y era fácil encontrar su manojo de llaves. Un vapor viejo y lento, mandado por un amigo de su padre, acababa de entrar en el puerto y zarpaba al día siguiente para Italia.

Aceptó este marino al hijo de su camarada sin papeles de viaje. Él arreglaría la irregularidad con sus amigos de Génova. Entre capitanes se debían estos servicios; y Ulises Ferragut, que esperaba a su hijo en Nápoles —así lo afirmó Esteban—, no iba a perder el tiempo en vano por unas formalidades oficinescas.

Telémaco, con mil pesetas en el bolsillo extraídas de un costurero que servía a su madre de caja de caudales, se embarcó al día siguiente. Una pequeña maleta sacada de su casa con lentas y hábiles astucias era todo su equipaje.

De Génova fue a Roma, y de aquí a Nápoles, con el atrevimiento de la inocencia, empleando palabras españolas y catalanas para reforzar un italiano de corto léxico adquirido en las representaciones de opereta. El único informe positivo que le guiaba en su viaje de aventuras era el nombre de *albergo* de la ribera de Santa Lucía que le había dado *Caragòl* como residencia de su padre.

Buscó a éste inútilmente durante varios días. Visitó a los consignatarios de Nápoles, que se imaginaban al capitán de regreso a su país hacía mucho tiempo.

Al no encontrarle sintió miedo. Debía estar ya en Barcelona, y lo que había empezado como un viaje heroico iba a convertirse en una fuga de adolescente travieso. Se acordó de su madre, que tal vez lloraba a aquellas horas releyendo la carta que le había dejado para anunciarle el objeto de su fuga.

Sobrevino además repentinamente la intervención de Italia en la guerra, suceso que todos esperaban, pero que muchos veían aún lejano. ¿Qué le quedaba que hacer en este país?... Y una mañana había desaparecido.

Como el portero del hotel no podía decir más, el padre, una vez pasada la primera impresión de sorpresa, pensó en la conveniencia de visitar la casa consignataria. Tal vez allí le diesen otras noticias.

La guerra era lo único interesante para los de esta oficina. Pero Ferragut, dueño de buque y antiguo cliente, fue guiado por el director hasta dar con los empleados que habían recibido a Esteban.

No sabían gran cosa. Recordaban vagamente a un joven español que decía ser hijo del capitán, pidiéndoles noticias de éste. Su última visita había sido dos días antes. Dudaba entre volver a su país por ferrocarril o embarcarse en uno de los tres vapores que estaban en el puerto listos a salir para Marsella.

—Creo que se ha ido en ferrocarril —dijo uno de los empleados.

Otro de ellos apoyó a su compañero con rotunda afirmación, para atraerse la mirada del jefe. Estaba seguro de su partida por tierra. Él mismo le había ayudado a calcular lo que le costaría el viaje a Barcelona.

Ferragut no quiso saber más. Necesitaba marcharse cuanto antes. Este viaje inexplicable de su hijo era para él un remordimiento y un motivo de alarma. ¿Qué ocurría en su casa?...

El director de la oficina le indicó un vapor francés que salía aquella misma tarde para Marsella, procedente de Suez.

Él se encargaba de arreglar todo lo concerniente a su pasaje y de recomendarlo al capitán. Solo quedaban cuatro horas para la salida del buque; y Ulises, después de recoger sus maletas y enviarlas a bordo, dio un último paseo por todos los lugares donde había vivido con Freya. ¡Adiós, jardines de la *Villa Nazionale* y blanco Acuario!... ¡Adiós, *albergo*!...

La inexplicable presencia de su hijo en Nápoles había amortiguado el disgusto por la fuga de la alemana. Pensó tristemente en el amor perdido, pero pensó al mismo tiempo, con doloroso titubeo, en lo que podría ver al entrar en su casa.

Poco antes de la puesta del Sol zarpó el vapor francés. Hacía muchos años que Ulises no navegaba como simple pasajero. Vagó desorientado por las cubiertas entre la muchedumbre viajera. La fuerza de la costumbre le arrastró al puente, hablando con el capitán y los oficiales, que apreciaron a las primeras palabras su mérito profesional.

La consideración de que no era mas que un intruso en este sitio, la molestia de verse sobre un puente en el que no podía dar orden alguna, le hicieron descender a las cubiertas bajas, examinando los grupos de pasajeros. Eran franceses en su mayor parte que venían de la Indo China. En la proa y la popa estaban alojadas cuatro compañías de tiradores asiáticos, pequeños, amarillentos, con ojos oblicuos y una voz semejante al maullar de los gatos. Iban a la guerra. Sus oficiales vivían en los camarotes del centro del buque, llevando con ellos a sus familias, que habían adquirido un aspecto exótico con la larga permanencia en las colonias.

Ulises vio señoras vestidas de blanco haciéndose abanicar, tendidas en sillones, por sus pequeños pajes chinescos; vio militares bronceados y enjutos, con aspecto enfermizo, que parecían galvanizados por la guerra que los arrancaba a la siesta asiática, y niñas, muchas niñas, contentas de ir a Francia, el país de sus ensueños, olvidando en esta felicidad que sus padres marchaban tal vez a la muerte.

La navegación no podía ser mejor. El Mediterráneo era una llanura de plata bajo la luz de la Luna. De la costa invisible llegaban tibias bocanadas de perfume campestre. Los grupos de la cubierta hacían memoria, con una satisfacción egoísta, de los grandes peligros que arrostraban las gentes al embarcarse en los mares del Norte, plagados de submarinos alemanes. Por fortuna, el Mediterráneo estaba libre de tal calamidad. Los ingleses tenían bien guardada la puerta de Gibraltar, y todo él era un lago tranquilo dominado por los aliados.

Antes de acostarse, Ferragut entró en una cámara de la cubierta alta, donde estaba instalada la telegrafía sin hilos. Le atrajo el chirriar de aceite frito que lanzaban los aparatos. El empleado, un joven inglés, se despojó de su corona de níquel con dos auriculares que cubrían sus orejas. Aburrido en su aislamiento, pretendía distraerse dialogando con los telegrafistas de los otros buques que se hallaban dentro del radio de sus aparatos.

La visita de este pasajero que hablaba en inglés ofreciéndole un cigarro le arrancó a los placeres de una conversación extendida trescientas millas a la redonda.

—Todo marcha bien... Tenemos muchos compañeros de viaje.

Y fue enumerando los buques que se mantenían en comunicación con el vapor. El más próximo era el *Californian*, un barco inglés procedente de Malta. Había salido de Nápoles diez horas antes, también con rumbo a Marsella, y solo le separaban unas cien millas. Los demás buques que seguían el mismo rumbo estaban situados a mayores distancias. Les era necesario mucho tiempo para aproximarse unos a otros, pero el maravilloso aparato los mantenía en incesante comunicación, como un grupo de camaradas que conversan plácidamente haciendo el mismo camino.

De vez en cuando, el telegrafista, avisado por el chisporroteo de sus bobinas, se calaba la diadema con orejeras para escuchar a los remotos camaradas.

—Es el del *Californian*, que me da las buenas noches —dijo después de uno de estos llamamientos—. Va a acostarse. No ocurre novedad.

Y el joven hizo un elogio de la navegación mediterránea. Había estado al principio de la guerra en otro buque que iba de Londres a Nueva York, y recordaba las noches de inquietud, los días de ansiosa vigilancia espiando el mar y la atmósfera, temiendo de un momento a otro la aparición de un periscopio sobre las aguas o el aviso eléctrico de un vapor torpedeado por los submarinos. En este mar se podía vivir tranquilamente, como en tiempos de paz.

Ferragut adivinó que el pobre telegrafista deseaba gozar las delicias de dicha tranquilidad. Su compañero de servicio roncaba en un camarote vecino, y él sentía deseos de imitarle, inclinando su cabeza sobre la mesa de los aparatos... «¡Hasta mañana!»

También se durmió inmediatamente Ulises, luego de estirarse en la estrecha litera de su camarote. Su sueño fue de una sola pieza, lóbrego y completo, sin sobresaltos ni visiones. Cuando creía que solo iban transcurridos unos minutos, despertó violentamente, lo mismo que si alguien le empujase. En la sombra se destacaba el vidrio redondo del tragaluz, tenuemente azul, velado por la humedad del rocío marítimo, lo mismo que una pupila lacrimosa.

Estaba amaneciendo. Algo extraordinario acababa de ocurrir en el buque. Ferragut dormía con la ligereza de un capitán que necesita despertar oportunamente. La misteriosa percepción del peligro había cortado su reposo. Sintió sobre su cabeza el pataleo de veloces carreras a lo largo de la cubierta: oyó voces. Mientras se vestía a toda prisa, pudo adivinar que el timón estaba funcionando violentamente y el buque cambiaba de rumbo.

Al subir, le bastó una ojeada para convencerse de que el vapor no corría peligro. Todo en él presentaba un aspecto normal. El mar, todavía oscuro, batía mansamente sus costados, mientras seguía avanzando con una marcha uniforme. Las cubiertas estaban limpias de pasajeros. Todos dormían en sus camarotes. Solo en el puente vio a un grupo de personas: el capitán y todos los oficiales, algunos de ellos vestidos a la ligera, como si acabasen de ser arrancados al sueño.

Pasando ante la oficina telegráfica obtuvo la explicación del suceso. El joven de la noche anterior estaba junto a la puerta, al lado de su compañero, que ceñía ahora la diadema auricular y golpeaba la manecilla del aparato, oyendo y contestando a los buques invisibles.

Media hora antes, cuando el telegrafista inglés iba a abandonar su guardia, entregando el servicio al camarada recién despierto, una señal le había retenido en su asiento. El *Californian* lanzaba por el telégrafo sin hilos la llamada de peligro, el S. O. S., fórmula que solo se emplea cuando un buque necesita socorro. Luego, en el espacio de unos segundos, la voz misteriosa había esparcido su relato trágico a través de centenares de millas. Un sumergible acababa de aparecer a corta distancia del *Californian*, disparándole varios cañonazos. El buque inglés pretendía escapar valiéndose de su velocidad superior. Entonces el submarino le enviaba un torpedo...

Todo esto había ocurrido en veinte minutos. De pronto se extinguían los ecos de la lejana tragedia al cortarse la comunicación. Un chirrido más fuerte en los aparatos, y ¡nada!... el silencio absoluto.

El telegrafista encargado ahora del aparato respondió con movimientos negativos a las miradas de su compañero. Solo escuchaba los diálogos entre los buques que habían recibido igualmente el aviso. Todos se alarmaban con el repentino silencio, y torciendo su rumbo iban, como el vapor francés, hacia el lugar donde el *Californian* había encontrado al sumergible.

—¡Ya están en el Mediterráneo! —exclamó con asombro el telegrafista al terminar su relato—. ¿Como han podido llegar hasta aquí?...

Ferragut no se atrevió a subir al puente. Tuvo miedo a que las miradas de aquellos hombres de mar se fijasen en él. Creyó que podían leer sus pensamientos.

Un vapor de pasajeros acababa de ser echado a pique a una distancia relativamente corta del buque en que iba él. Tal vez era Von Kramer el autor del crimen. Por algo le había encargado que anunciase a sus compatriotas que pronto oirían hablar de sus hazañas. ¡Y Ferragut había ayudado a la preparación de esta barbarie marítima!...

«¿Qué has hecho?... ¿qué has hecho?», preguntó iracunda la voz mental de los buenos consejos.

Una hora después sintió vergüenza de permanecer en la cubierta. A pesar de las órdenes del capitán, la noticia se había filtrado a través de la severa consigna, circulando por los camarotes. Subían las familias enteras, asustadas de la calma que reinaba en el buque, arreglándose las ropas con precipitación, pugnando los más por ajustar a sus cuerpos los salvavidas, que ensayaban por primera vez. Los niños gemían, aterrados por la alarma de sus padres. Algunas mujeres nerviosas derramaban lágrimas sin motivo. El buque iba hacia el lugar donde el otro había sido torpedeado, y esto era suficiente para que los alarmistas se imaginasen que el enemigo permanecía aún inmóvil en el mismo sitio, esperando su llegada para repetir el atentado.

Centenares de ojos estaban fijos en el mar, espiando las ondulaciones de su superficie, creyendo ver el remate de un periscopio en todos los objetos, maderas, hierbas o botes de lata que pasaban a flor de agua.

Los oficiales del batallón de tiradores habían ido a la proa y la popa para mantener la disciplina de su gente. Pero los asiáticos no abandonaban su apatía serena, despreciadora de la muerte. Solo algunos miraban al mar con una curiosidad infantil, deseosos de conocer este nuevo juguete diabólico inventado por las razas superiores.

En las cubiertas reservadas a los pasajeros de primera clase, la extrañeza resultaba tan grande como la inquietud.

—¡Submarinos en el Mediterráneo!... ¿Pero es posible?...

Los últimos en despertar se mostraban incrédulos, y únicamente se convencían de lo ocurrido luego de oír los informes de los tripulantes del buque.

Vagó Ferragut como un alma en pena. El remordimiento le hizo ocultarse en su camarote. Le causaban daño estas gentes con sus quejas y sus comentarios. Luego no pudo seguir en su aislamiento. Necesitaba ver y saber, como el criminal que vuelve instintivamente al lugar donde realizó su delito.

A mediodía empezaron a marcarse en el horizonte varias nubecillas. De todas partes acudían los vapores, atraídos por este ataque inesperado.

El buque francés, que marchaba delante en la carrera de auxilio, moderó repentinamente su velocidad. Había entrado en la zona del naufragio. En las cofas de sus palos había marineros que exploraban el mar, dando indicaciones a gritos, que hacían torcer el curso del vapor. En estas evoluciones empezaron a deslizarse por sus costados los restos del trágico suceso.

Las dos hileras de cabezas asomadas a las diversas cubiertas vieron salvavidas que flotaban vacíos, un bote con la quilla en el aire, grupos de maderos pertenecientes a una balsa construida con precipitación y que no había llegado a terminarse.

De pronto, un alarido de mil bocas, seguido de un fúnebre silencio... Pasó un cuerpo de mujer tendido de espaldas sobre unos tablones. Una de sus piernas estaba metida en una media de seda gris. La cabeza colgaba por el lado opuesto, extendiendo sus cabellos rubios sobre el agua como manojo de algas doradas.

Sus pechos juveniles y firmes asomaban por la abertura de una camisa de dormir, pegada al cuerpo con impúdico moldeo. Había sido sorprendida por el naufragio en el momento que intentaba vestirse: tal vez el terror la había hecho arrojarse al mar. La muerte había contraído su rostro con un rictus horrible que dejaba los dientes al descubierto. Un lado de su rostro estaba tumefacto por un golpe.

La vio Ferragut al asomarse entre los hombros de dos señoras que temblaban apoyadas en la baranda de la cubierta. A su vez, el vigoroso marino tembló como una mujer, sintiendo que sus ojos se nublaban. ¡No podía ver esto!... Y de nuevo fue a ocultarse en su camarote.

Un torpedero italiano evolucionaba por entre los restos del naufragio, como si buscase las huellas del autor del crimen. Los vapores se detenían en sus anchos círculos de exploración para echar al agua las embarcaciones de auxilio, que iban recogiendo los cadáveres de los náufragos y los vivos próximos a desfallecer.

Ferragut, en su desesperado encierro, percibió nuevos gritos anunciadores de un suceso extraordinario. Otra vez la cruel necesidad de saber le arrastró a la cubierta.

Un bote lleno de personas había sido encontrado por el vapor. Los otros buques de auxilio tropezaban igualmente poco a poco con las demás embarcaciones ocupadas por los supervivientes de la catástrofe. El salvamento general iba a ser un trabajo breve.

Los náufragos más ágiles se veían rodeados, al pisar la cubierta, por grupos que lamentaban su desgracia, al mismo tiempo que les ofrecían líquidos calientes. Otros daban unos cuantos pasos, como si estuviesen ebrios, e iban a caer en un banco. Algunos tenían que ser izados desde el fondo del bote y conducidos en una silla a la enfermería del vapor.

Varios soldados británicos, serenos y flemáticos, pidieron, al subir, una pipa, y empezaron a fumar con avidez. Otros náufragos, ligeros de ropa, se limitaban a envolverse en una manta, iniciando el relato de la catástrofe minuciosa y serenamente, como si estuviesen en un salón. Una permanencia de diez horas en las apreturas del bote, vagando a la ventura, en espera de socorro, no había quebrantado sus energías.

Las mujeres mostraban mayor desesperación. Ferragut vio en el centro de un grupo de señoras a una jovencita inglesa, rubia, esbelta, elegante, que lloraba balbuceando explicaciones. Se había visto en una lancha, separada de sus padres, sin saber cómo. Tal vez estaban muertos a aquellas horas. Su remota esperanza era que se hubiesen refugiado en otra embarcación, siendo recogidos por cualquiera de los vapores que se mantenían a la vista.

Un dolor desesperado, ruidoso, meridional, cortó con sus alaridos el rumor de las conversaciones. Acababa de subir a bordo una pobre mujer italiana llevando un niño en brazos.

—*¡Figlia mia!... ¡Mia figlia!...* —aullaba, con la cabellera suelta y los ojos abultados por el llanto.

Había perdido en el momento del naufragio una niña de ocho años, y al verse en el vapor francés se dirigió instintivamente hacia la proa, en busca del mismo lugar que ocupaba en el otro buque, como si esperase encontrar allí a su hija. La voz exasperada se perdió escaleras abajo. «*¡Figlia mia!... ¡Mia figlia!...*»

Ulises no quiso oírla. Le hacía un daño horrible esta voz, como si arañase con su estridencia el interior de su cerebro.

Se aproximó a un grupo, en el centro del cual un hombre joven, descalzo, con pantalones elegantes y la camisa abierta de pecho, hablaba y hablaba, arropándose de vez en cuando en una manta que habían puesto sobre sus hombros.

Describía con una mezcla de italiano y francés la pérdida del *Californian*.

Este pasajero había despertado al oír el primer cañonazo del sumergible contra el vapor. La persecución duraba una media hora. Los más audaces y curiosos estaban en las cubiertas, y creían ya segura su salvación al ver que el vapor dejaba atrás a su enemigo. De pronto, una línea negra había cortado el mar: algo así como una espina con raspas de espuma, que avanzaba vertiginosamente, formando relieve sobre las aguas... Luego, un golpe en el casco del buque, que lo había hecho estremecer de la proa a la popa, sin que ni una plancha ni un tornillo escapasen a la enorme dislocación... Después, un estallido de volcán, un haz gigantesco de humo y llamas, una nube amarillenta, de un amarillo de droguería, en la que volaban oscuros objetos: fragmentos de metal y de madera; cuerpos humanos hechos pedazos.

Los ojos del narrador brillaron con una luz de demencia al evocar sus recuerdos.

—Un amigo mío, un muchacho de mi tierra —continuó, suspirando—, acababa de apartarse de mí para ver mejor al sumergible, y se colocó precisamente en el lugar de la explosión... Desapareció de pronto, como si lo hubiesen borrado. Le vi y no le vi... Estalló en mil pedazos, lo mismo que si llevase una bomba dentro de su cuerpo.

Y el náufrago, obsesionado por este recuerdo, apenas concedía importancia a las escenas siguientes: la lucha de la muchedumbre por ganar los botes; los esfuerzos de los oficiales para imponer orden; la muerte de muchos que, locos de desesperación, se arrojaban al mar; la trágica espera aglomerados en embarcaciones que apenas sobrenadaban unos centímetros sobre las aguas, temiendo un segundo naufragio a poco que se alborotasen las olas.

Había desaparecido el vapor en unos cuantos minutos, hundiendo su proa en las aguas y luego las chimeneas, colocándose en una posición casi vertical, como la torre inclinada de Pisa, con las dos hélices volteando locas en su remate a impulsos de un estremecimiento agónico.

El narrador empezó a quedar solo. Otros náufragos que iniciaban a su vez el lúgubre relato atrajeron a los curiosos.

Ferragut contempló a este joven. Su tipo físico y su acento le hicieron adivinar a un compatriota.

—¿Es usted español?

El náufrago contestó afirmativamente.

—¿Catalán? —prosiguió Ulises, en lengua catalana.

Una nueva vehemencia oratoria galvanizó al náufrago. «¿El señor también es catalán?...» Y sonriendo a Ferragut como si fuese una aparición celeste, emprendió otra vez la historia de sus infortunios.

Era un viajante de comercio de Barcelona, y había tomado en Nápoles la ruta del mar, por parecerle más rápida, huyendo de los ferrocarriles, congestionados por la movilización italiana.

—¿Iban otros españoles en el buque? —siguió preguntando Ulises.

—Uno nada más: mi amigo, ese muchacho de que he hablado antes. La explosión del torpedo le hizo pedazos. Yo lo vi...

El capitán sintió agrandarse su remordimiento. ¡Un compatriota, un pobre joven, había perecido por su culpa!...

También el viajante de comercio parecía sufrir un tormento de conciencia. Se consideraba responsable de la muerte de su compañero. Lo había conocido en Nápoles pocos días antes, pero estaban unidos por la estrecha fraternidad de los compatriotas jóvenes que se tropiezan lejos de su país.

Los dos habían nacido en Barcelona. El pobre muchacho, casi un niño, quería regresar por tierra, y él le había arrastrado a última hora, demostrándole las ventajas de un viaje por mar. ¿Quién podía imaginarse que los submarinos alemanes estaban en el Mediterráneo?...

El comisionista insistió en su remordimiento. No podía olvidar a este adolescente que, por hacer el viaje en su compañía, había marchado al encuentro de la muerte.

—Lo conocí en Nápoles, ocupado en buscar por todas partes a su padre.

—¡Ah!...

Ulises lanzó esta exclamación avanzando el cuello violentamente, como si quisiera despegar su cráneo del resto del cuerpo. Los ojos se le salían de las órbitas.

—El padre —continuó el joven— manda un buque... Es el capitán Ulises Ferragut.

Un alarido... La gente corrió... Un hombre acababa de caer redondo, rebotando su cuerpo sobre la cubierta.

IX. El encuentro de Marsella

Tòni, que abominaba de los viajes en ferrocarril, por su entumecedora inmovilidad, tuvo que abandonar el *Mare Nostrum*, sufriendo el tormento de permanecer acoplado doce horas entre personas desconocidas.

Ferragut estaba enfermo en un hotel del puerto de Marsella. Le habían desembarcado de un buque francés procedente de Nápoles, sumido en doloroso mutismo. Quería morir. Durante el viaje le sometieron a una estrecha vigilancia para que no repitiese sus intentos de suicidio. Varias veces quiso arrojarse al agua.

Esto lo supo Tòni por el capitán de un vapor español que acababa de llegar de Marsella, precisamente un día después que los periódicos de Barcelona relataron la muerte de Esteban Ferragut en el torpedeamiento del *Californian*. El viajante de comercio contaba en todas partes el suceso, y a continuación su novelesco encuentro con el padre, la caída mortal de éste al recibir la noticia, su desesperación cuando recobró el conocimiento.

El piloto había corrido a presentarse en la casa de su capitán. Todos los Blanes estaban en ella, rodeando y consolando a Cinta.

—¡Hijo mío!... ¡Mi hijo!... —gemía la madre, retorciéndose en un sofá.

Y el coro de la familia ahogaba sus lamentos derramando sobre ella una lluvia de hipotéticos consuelos y apelaciones a la resignación. Debía pensar en el padre: no estaba sola en el mundo, como ella afirmaba; además de su familia, tenía a su marido.

Tòni acababa de entrar en este momento.

—¡Su padre! —dijo ella con desesperación—. ¡Su padre!...

Y clavó los ojos en el piloto, como si pretendiese hablarle con ellos. Tòni sabía mejor que nadie quién era este padre y por qué razones se había quedado en Nápoles. Él tenía la culpa de que el muchacho hubiese emprendido el loco viaje a cuyo final le esperaba la muerte... La devota Cinta se representaba esta desgracia como un castigo de Dios, siempre complicado y misterioso en sus designios. La divinidad, para hacer expiar al padre sus culpas, mataba al hijo, sin pensar en la madre, a la que hería de rebote.

El piloto se marchó. No podía sufrir las miradas y las alusiones de doña Cinta. Y como si no tuviese bastante con esta emoción, recibía horas después la noticia del mal estado de su capitán, lo que le obligaba a emprender el viaje a Marsella inmediatamente.

Al entrar en el cuarto del hotel, frecuentado por oficiales de los buques mercantes, encontró a Ferragut sentado junto a un balcón, desde el que se veía todo el puerto viejo.

Estaba más flaco, con los ojos hundidos y mates, la barba revuelta y un olvido manifiesto en su persona.

—¡Tòni!... ¡Tòni!...

Se abrazó a su segundo, mojándole el cuello de lágrimas. Por primera vez conseguía llorar, y esto pareció darle cierto alivio. La presencia del piloto le devolvía a la vida; se aglomeraron en su memoria los olvidados recuerdos de negocios y viajes. Tòni resucitaba todas las energías del pasado; era como si el *Mare Nostrum* viniese en busca de él.

Sintió vergüenza y remordimiento. Este hombre conocía su secreto: era el único a quien había hablado del aprovisionamiento de los sumergibles alemanes.

—¡Mi pobre Esteban!... ¡Mi hijo!

No vacilaba en establecer una fatalista relación entre la muerte de su hijo y aquel viaje ilegal, cuya memoria le pesaba como un pecado monstruoso. Pero Tòni fue discreto.

Lamentó la muerte de Esteban como una desgracia en la que su padre no había tenido intervención alguna.

—También yo he perdido hijos... y sé que nada se gana desesperándose... ¡Serenidad!

No dijo una palabra de todo lo anterior al trágico suceso. De no conocer Ferragut a su segundo, habría podido creer que lo tenía olvidado. Ni el más leve gesto, ni una luz en sus ojos que revelase el despertar del maligno recuerdo. Su única preocupación era que el capitán recobrase pronto la salud...

Reanimado por la presencia y las palabras de este compañero prudente, Ulises recuperó sus fuerzas, y pocos días después abandonó el cuarto donde había creído morir, dirigiéndose a Barcelona.

Entró en su casa con una preocupación que casi le hacía temblar. La dulce Cinta, considerada hasta entonces con la superioridad protectora de los orientales, que no reconocen un alma en la mujer, le inspiraba cierto miedo. ¿Qué diría al verle?...

No dijo nada de lo que él temía. Se dejó abrazar, e inclinando la cabeza rompió en un llanto desesperado, como si la presencia de su esposo evocase con mayor relieve la imagen del hijo que nunca volvería a ver. Luego secó sus lágrimas, y más pálida, más triste que nunca, continuó su vida habitual.

Ferragut la vio serena como una maestra, con las dos sobrinas pequeñas sentadas a sus pies, proseguir las eternas labores de encaje. Solo las olvidaba para atender al cuidado del marido, preocupándose de los más pequeños detalles de su bienestar. Era su deber. Conocía desde niña cuáles son las obligaciones de la esposa de un capitán de buque cuando se detiene en su casa por unos días, como un pájaro de paso.

Pero a través de tales atenciones, Ulises adivinó la presencia de un obstáculo inconmovible. Era algo enorme y transparente que se había interpuesto entre los dos. Se veían, pero sin poder tocarse: estaban separados por una distancia dura y luminosa lo mismo que el diamante, que hacía inútil todo intento de aproximación.

Cinta no sonreía nunca. Sus ojos estaban secos, esforzándose por no llorar mientras el marido permaneciese cerca de ella. Ya se entregaría al dolor con toda libertad cuando quedase sola. Su deber era hacerle tolerable la existencia, reteniendo sus palabras, ocultando sus pensamientos.

Pero esta cordura de buena dueña de casa, esta supeditación de cónyuge a uso antiguo, ganosa de evitar toda molestia a su señor, no pudieron mantenerse mucho tiempo.

Un día, Ferragut, por un retorno del antiguo cariño, por un deseo de iluminar con un pálido rayo de Sol la vida crepuscular de Cinta, osó acariciarla como en la primera época de su matrimonio. Ella se irguió ofendida y pudorosa, lo mismo que si acabase de recibir un insulto. Se escapó de sus brazos con igual energía que si repeliese una violación.

Contempló Ulises una mujer nueva, intensamente pálida, con el rostro casi verde, la nariz encorvada por la cólera y un fulgor de locura en los ojos. Todo lo que guardaba en el fondo de su pensamiento emergió a borbotones, expelido por una voz ronca cargada de lágrimas.

—No, ¡no!... viviremos juntos porque eres mi marido y Dios manda que sea así, pero ya no te quiero: no puedo quererte... ¡El mal que me has hecho!... ¡Tanto que te amaba yo!... Por más que busques en tus viajes y tus malas aventuras, no encontrarás una mujer que te quiera como te ha querido la tuya.

Su pasado de cariño modesto y sumiso, de fidelidad discreta y tolerante, salía por su boca como una queja interminable.

—Te he seguido desde aquí en tus viajes. A la vuelta conocía tus olvidos, tus infidelidades. Me lo contaban todos los papeles encontrados en tus bolsillos, las fotografías perdidas entre tus libros, las alusiones de tus camaradas, tus sonrisas de orgullo, el aire satisfecho con que volvías muchas veces, una serie de costumbres y cuidados de tu persona que no tenías al salir de aquí... Adivinaba también en tus caricias atrevidas la presencia oculta de otras mujeres que viven lejos, al otro lado del mundo.

Detuvo su alborotado lenguaje unos instantes, dejando que se extinguiese la llamarada del recuerdo impúdico que había enrojecido su palidez.

—Todo lo despreciaba —continuó—. Yo conozco a los hombres de mar: soy hija de marino. Muchas veces vi a mi madre llorando, y su simplicidad me dio lástima. No hay que llorar por lo que hacen los hombres en lejanas tierras. Es siempre amargo para una mujer que ama a su marido, pero no trae consecuencias, y debe perdonarse... Pero ahora... ¡ahora!...

La esposa se irritó al evocar las infidelidades recientes... Ya no eran sus rivales las mercenarias de los grandes puertos, ni las viajeras que solo pueden dar unos días de amor, como una limosna que se arroja sin detener el paso. Ahora se había enamorado con entusiasmos de jovenzuelo de una dama elegante y hermosa, de una extranjera que le hacía olvidar sus negocios, abandonar su barco y permanecer lejos, como si renunciase a su familia para siempre... Y el pobre Esteban, huérfano por el olvido de su padre, iba en busca de él con la impetuosidad aventurera heredada de sus ascendientes, y la muerte, una muerte horrible, le salía al encuentro en su camino.

Algo más que el dolor de la esposa ultrajada vibró en los lamentos de Cinta. Era la rivalidad con aquella mujer de Nápoles que ella creía una gran señora con todos los atractivos de la riqueza y de un alto nacimiento; la envidia por sus armas superiores de seducción; la rabia por su propia modestia y su humildad de mujer casera.

—Yo estaba resuelta a ignorarlo todo —siguió diciendo—. Tenía un consuelo: mi hijo. ¿Qué me importaba lo que tú hicieses?... Estabas lejos y mi hijo vivía a mi lado... ¡Y ya no lo veré más!... ¡Mi destino es vivir eternamente sola! Tú sabes que no puedo ser madre otra vez; que estoy enferma y no puedes darme otro hijo... Y eres tú, ¡tú! quien me ha quitado el único que tenía...

Su imaginación fabricó las más inverosímiles deducciones para explicarse a sí misma esta pérdida injusta.

—Dios quiere castigarte por tu mala vida, y ha matado por eso a Esteban y me matará lentamente a mí... Cuando supe su muerte quise arrojarme por el balcón. Vivo aún porque soy cristiana; pero ¡qué existencia me espera! ¡Qué vida para ti, si eres verdaderamente un padre!... Piensa que tu hijo existiría si no te hubieses quedado en Nápoles.

Ferragut era digno de lástima. Bajaba la cabeza, sin fuerzas para repetir las desordenadas y mentirosas protestas con que había acogido las primeras palabras de su esposa.

«¡Si ella supiese toda la verdad!», repitió en su cerebro la voz del remordimiento.

Pensaba con horror en lo que podría decir Cinta de conocer la extensión de su pecado. Afortunadamente, ignoraba que era él quien había favorecido con su ayuda a los asesinos de su hijo... Y la convicción de que nunca llegaría a saberlo le hacía admitir sus palabras con una humildad silenciosa: la humildad del criminal que se oye acusar de un delito por un juez que ignora otros atentados todavía mayores.

Cinta terminó de hablar con un tono desalentado y sombrío. No podía más: se apagaba su cólera, consumida por su propia vehemencia. Los sollozos cortaron sus palabras. Ya no veía en su marido al mismo hombre de antes: el cadáver del hijo se interponía entre los dos.

—Nunca podré quererte... ¿Qué has hecho, Ulises? ¿qué has hecho para que te tenga horror?... Cuando estoy sola, lloro; mi tristeza es inmensa, pero admito mi desgracia con resignación, como una cosa lejana que fue inevitable... Así que oigo tus pasos y te veo entrar, resucita la verdad. Pienso que mi hijo ha muerto por ti, que aún viviría si no hubiese ido en busca tuya para recordarte que eras su padre y que te debías a nosotros... Y cuando pienso eso, te odio, ¡te odio!... ¡Has matado a mi hijo! Mi único consuelo es creer que, si tienes conciencia, sufrirás más aún que yo.

Salió Ferragut de esta escena horrible con la convicción de que debía huir. Aquella casa ya no era suya. Tampoco era suya su mujer. El recuerdo del muerto lo llenaba todo, se interponía entre él y Cinta, le empujaba, lanzándolo de nuevo al mar. Su buque era el único refugio para el resto de su existencia, y debía acogerse a él como los grandes criminales de otros siglos se refugiaban en el asilo de los monasterios.

Tuvo necesidad de descargar en alguien su cólera, de encontrar un responsable a quien atribuir sus desgracias. Cinta se le había revelado como un ser completamente nuevo. Nunca había podido sospechar tanta energía de carácter, tanta vehemencia pasional en esta mujercita obediente y dulce. Debía tener un consejero que aprovechaba sus quejas para hablarle mal del marido.

Y se fijó en don Pedro el catedrático, porque guardaba dormida cierta prevención contra él desde les tiempos de su noviazgo. Además, le ofendía verlo en su domicilio con cierto aire de personaje noble, cuyas virtudes servían de contraste a los pecados y olvidos del dueño de la casa.

Tenía Ferragut el mismo carácter de todos los grandes corredores de aventuras amorosas: liberales y despreocupados en la vivienda ajena; pundonorosos y suspicaces en la propia.

—Ese viejo carcamal —se dijo— está enamorado de Cinta. Es una pasión platónica; con él no hay que temer otra cosa; pero me hace todo el daño que puede... Voy a decirle dos palabras.

Don Pedro, que continuaba sus diarias visitas para consolar a la madre, hablando del pobre Esteban como si hubiese sido hijo suyo y dedicando serviles sonrisas al capitán, se vio atajado por éste una tarde en el rellano de la escalera.

El marino envejeció de pronto al hablar, acentuándose sus rasgos fisonómicos con una vigorosa fealdad. Se parecía en aquel momento a su tío el *Tritón*.

Con voz amenazadora hizo memoria de un pasaje clásico bien conocido del profesor. Su homónimo el viejo Ulises, al volver a su palacio, había encontrado a Penélope rodeada de pretendientes, y acababa con ellos colgándoles de una escarpia por la parte más viril y dolorosa.

—¿No fue así, catedrático?... Aquí no veo mas que un pretendiente, pero este Ulises le jura que lo colgará de la misma parte si vuelve a encontrarlo en su casa.

Huyó don Pedro. Juzgaba muy interesantes a los rudos héroes de la *Odisea*, pero en verso y sobre el papel. En la realidad le parecían unos brutos peligrosos. Y escribió una carta a Cinta para avisarle que suspendía sus visitas hasta que su marido volviese al mar.

Este atropello aumentó el alejamiento de la esposa. Representaba una ofensa para ella. Después de hacerle perder su hijo, Ulises espantaba a su único amigo.

Sintió el capitán la necesidad de marcharse. De seguir en aquel ambiente hostil que exacerbaba sus remordimientos, amontonaría error sobre error. Solamente la acción le podía hacer olvidar.

Un día anunció a Tòni que dentro de unas horas iban a partir. Había ofrecido sus servicios a las marinas aliadas para avituallar la flota sitiadora de los Dardanelos. El *Mare Nostrum* transportaría víveres, armas, municiones, aeroplanos.

Tòni intentó una objeción. Les era fácil encontrar viajes más seguros e igualmente fructuosos; podían ir a América...

—¿Y mi venganza? —interrumpió Ferragut—. El resto de mi vida quiero dedicarlo a hacer todo el mal que pueda a los asesinos de mi hijo. Los aliados necesitan barcos: yo les doy el mío y mi persona.

Conociendo las preocupaciones de su segundo, añadió:

—Además, pagan bien. Estos viajes son muy remuneradores... Me darán lo que yo pida.

Por primera vez en su existencia a bordo del *Mare Nostrum* tuvo el piloto un gesto de desprecio para el valor del flete.

—Me olvidaba —continuó Ulises, sonriendo a pesar de su tristeza—. Este viaje halaga tus ideales... Vamos a trabajar por la República.

Fueron a Inglaterra, y tomando su cargamento emprendieron el viaje a los Dardanelos. Ferragut quiso navegar solo, sin la protección de los destroyers que escoltaban a los buques reunidos en convoy.

Conocía bien el Mediterráneo. Además, él era de un país neutral y la bandera española ondeaba en la popa de su buque. Este abuso no le produjo remordimiento alguno, ni le pareció una deslealtad. Los corsarios alemanes se aproximaban a sus presas ostentando banderas neutras para engañarlas y que no huyesen. Los submarinos permanecían ocultos detrás de pacíficos veleros, para surgir de pronto junto a los vapores sin defensa. Los procedimientos más felones de los antiguos piratas habían sido resucitados por la flota germánica.

Él no temía a los submarinos. Confiaba en la velocidad del *Mare Nostrum* y en su buena estrella.

—Y si nos sale alguno al paso —dijo a su segundo—, que nos salga ante la proa.

Deseaba que fuese así, para lanzar el buque sobre el sumergible a toda velocidad, espoloneándolo.

Ya no era el Mediterráneo el mismo mar de meses antes, cuyos secretos conocía el capitán; ya no podía vivir en él confiadamente, como en la casa de un amigo.

Solo permanecía en su camarote el tiempo necesario para dormir. Él y Tòni pasaban largas horas en el puente, hablando sin mirarse, con los ojos vueltos al mar, espiando la movible superficie azul. Todos los tripulantes, hasta los que estaban en horas de descanso, sentían la necesidad de vigilar del mismo modo.

De día, el más leve descubrimiento enviaba la alarma de la proa a la popa. Toda la basura del mar, que semanas antes corría indiferentemente junto a los costados del buque, provocaba ahora gritos de atención y hacía extenderse muchos brazos para señalarla. Los pedazos de palo, los botes vacíos de conservas que brillaban bajo el Sol, los manojos de algas, una gaviota con las alas recogidas dejándose mecer por la ola, hacían pensar en el periscopio del submarino asomando a flor de agua.

De noche, la vigilancia aún era mayor. Al peligro de los sumergibles había que añadir el de una colisión. Los buques de guerra y los transportes aliados navegaban con pocas luces o completamente a oscuras. Los que hacían centinela en el puente ya no miraban la superficie del mar y sus pálidas fosforescencias. Sondeaban el horizonte, temiendo que surgiese ante la proa una forma negra, enorme y veloz, vomitada por la oscuridad.

Si alguna vez se retardaba el capitán en el camarote, surgía inmediatamente en su memoria el recuerdo fatal.

—¡Esteban!... ¡Hijo mío!...

Y sus ojos se llenaban de lágrimas.

El remordimiento y la cólera le hacían imaginar tremendas venganzas. Estaba convencido de que su realización era imposible, pero servían de momentáneo consuelo a su carácter de meridional, predispuesto a las reivindicaciones más sangrientas.

Un día, registrando los papeles olvidados en una maleta, encontró el retrato de Freya. Al ver su sonrisa audaz, sus ojos serenos fijos en él, sintió que se realizaba en su interior un vergonzoso desdoblamiento. Admiró la belleza de esta aparición: un escalofrío estremeció su dorso; surgieron en su memoria las pasadas voluptuosidades... Y al mismo tiempo, el otro Ferragut que existía dentro de él se crispó con la violencia homicida del levantino, que solo admite la muerte como venganza. Ella era la culpable de todo. «¡Ah... *tal*!»

Rompió la fotografía; pero luego fue juntando los fragmentos, y acabó por guardarlos entre los papeles.

Su cólera cambiaba de objetivo. Freya, en realidad, no era la principal culpable de la muerte de Esteban. Pensó en el otro, en el falso diplomático, en aquel Von Kramer que tal vez había dirigido el torpedo que despedazó a su hijo... ¿No haría el demonio que lo encontrase alguna vez?... ¡Qué placer verse a solas los dos, frente a frente!

Al fin huía de la soledad del camarote, que le atormentaba con los deseos de una venganza impotente. Junto a Tòni, en lo alto del buque, se sentía mejor... Y con una bondad humilde que nunca había conocido su segundo, la bondad del dolor y la desgracia, hablaba y hablaba, gozándose en la atención de su sencillo oyente, como si relatase cuentos maravillosos ante un círculo de niños.

En el estrecho de Gibraltar le describió la gran corriente de alimentación enviada por el Océano al Mediterráneo, y que en aquellos momentos ayudaba a la hélice en el empuje del buque.

Sin esta corriente atlántica, el *Mare Nostrum*, que perdía por evaporación atmosférica mucha más agua que la que le aportaban lluvias y ríos, quedaría seco en pocos siglos. Se había calculado que podía desaparecer en cuatrocientos sesenta años, dejando como vestigios de su existencia una capa de sal de cincuenta y dos metros de espesor.

Nacían en sus profundos senos grandes y numerosos manantiales de agua dulce, en la costa del Asia Menor, en Morea, Dalmacia y la Italia meridional; recibía, además, un aporte considerable del mar Negro, pues éste, al revés del Mediterráneo, acaparaba con las lluvias y con el arrastre de sus ríos más agua que la que perdía por evaporación, enviándosela a través del Bósforo y los Dardanelos en forma de corriente superficial. Pero todas estas afluencias, aunque eran enormes, perdían su importancia comparadas con la renovación de la corriente oceánica.

Entraban las aguas del Atlántico en el Mediterráneo tan poderosamente, que no podían detener su curso ni los vientos contrarios ni los movimientos de reflujo. Los buques de vela tenían que esperar a veces meses enteros un viento fuerte que les ayudase a vencer la impetuosa boca del estrecho.

—Eso lo sé muy bien —dijo Tòni—. Una vez, yendo a Cuba, estuvimos a la vista de Gibraltar más de cincuenta días, adelantando y perdiendo camino, hasta que un viento favorable nos hizo vencer la corriente y salir al mar grande.

—La tal corriente —añadió Ferragut— fue una de las causas que precipitaron la decadencia de las marinas mediterráneas en el siglo XVI. Había que ir a las Indias recién descubiertas, y el marino catalán o el genovés permanecían aquí en el estrecho semanas y semanas luchando con la atmósfera y el agua contrarias, mientras los gallegos, los vascos, los franceses e ingleses, que habían salido al mismo tiempo de sus puertos, estaban ya cerca de América... Por fortuna, la navegación a vapor nos ha igualado a todos.

Tòni admiraba en silencio a su capitán. ¡Lo que había aprendido en los libros que llenaban su camarote!...

Era en el Mediterráneo donde los hombres se habían confiado por primera vez a las olas. La civilización procede de la India, pero los pueblos asiáticos no pudieron hacer el aprendizaje de navegantes en unos mares donde las costas están muy lejanas unas de otras y los monzones del Océano Indico soplan seis meses seguidos en una dirección y seis meses en otra.

Solamente al llegar al Mediterráneo, en sus emigraciones por tierra, el hombre blanco había querido ser marinero. Este mar, que comparado con los otros es un simple lago sembrado de archipiélagos, se le ofreció como una escuela. A cualquier viento que abandonase su velamen, estaba seguro de llegar a una orilla hospitalaria. Las brisas dulces e irregulares giraban con el Sol en algunas épocas del año. El huracán atravesaba su cuenca, pero sin fijarse nunca. No existían mareas. Sus puertos y pasos no quedaban en seco; sus costas e islas estaban muchas veces a tan corta distancia, que se veían entre ellas; sus tierras, amadas del cielo, recibían las miradas más dulces del Sol.

Ferragut evocaba el recuerdo de los hombres que habían surcado este mar en siglos tan remotos que la Historia no hacía mención de ellos. Como únicos rastros de su existencia quedaban los *nuraghs* de Cerdeña y los *talayòts* de las Baleares, mesas gigantescas formadas con bloques, altares bárbaros de pedruscos enormes, que recordaban los menhires y los dólmenes celtas de las costas bretonas. Estos pueblos oscuros habían pasado, de isla en isla, desde el fondo del Mediterráneo hasta el estrecho, que es su puerta.

El capitán se imaginaba sus embarcaciones hechas con troncos de árboles apenas desbastados, movidas a remo, o más bien a golpe de pala, sin otro auxilio que el de una vela rudimentaria que solo se tendía al soplo franco de popa. La marina de los primeros europeos había sido igual a la de los salvajes de las islas de Oceanía, que aún van actualmente en sus flotillas de troncos de archipiélago en archipiélago.

Así habían osado despegarse de las costas, perder de vista la tierra, aventurarse en el desierto azul, avisados de la existencia de las islas por las gibas vaporosas de las montañas que se marcaban en el horizonte al ponerse el Sol. Cada avance en el Mediterráneo de esta marina balbuciente había representado mayores derroches de audacia y energía que el descubrimiento de América o el primer viaje alrededor del mundo... Estos nautas primitivos no se lanzaban solos a las aventuras del mar: eran pueblos en masa; llevaban con ellos familias y animales. Las tribus, una vez instaladas en una isla, soltaban fragmentos de su propia vida, que iban a colonizar, a través de las olas, otras tierras cercanas.

Ulises y su segundo pensaron en las grandes catástrofes ignoradas por la Historia: la tempestad sorprendiendo al éxodo navegante, las flotas enteras de rudas balsas sorbidas por el abismo en unos minutos, las familias muriendo abrazadas a sus animales domésticos cuando iban a intentar un nuevo avance de su embrionaria civilización.

Para formarse una idea de lo que eran sus pequeñas embarcaciones, Ferragut recordaba las flotas de los poemas homéricos, creadas muchos siglos después. Los vientos infundían un terror religioso a los guerreros del mar reunidos para caer sobre Troya. Sus buques permanecían encadenados un año entero en los puertos de Áulide por miedo a la hostilidad de la atmósfera, y para aplacar a las divinidades del Mediterráneo sacrificaban la vida de una virgen.

Todo era peligro y misterio en el reino de las ondas. Los abismos rugían, los peñascos ladraban, los escollos eran sirenas cantoras que iban atrayendo con su música a las naves para despedazarlas. No había isla sin dios particular, sin monstruo, sin cíclope o sin maga urdidora de artificios. El terror era la primera divinidad de los mares. El hombre, antes de domesticar a los elementos, les tributó el más supersticioso de sus miedos.

Un factor material había influido poderosamente en los cambios de la vida mediterránea. La arena, movida al capricho de las corrientes, arruinaba a los pueblos o los subía a la cumbre de una inesperada prosperidad. Ciudades célebres en la Historia no eran actualmente mas que calles de ruinas al pie de un montículo coronado por los restos de un castillo fenicio, romano, bizantino, sarraceno o del tiempo de las Cruzadas. En otros siglos habían sido puertos famosos: ante sus muros se libraron batallas navales. Ahora, desde su derruida acrópolis apenas se alcanzaba a ver el Mediterráneo como una leve faja azul al final de la llanura baja y pantanosa. La arena había alejado el antiguo puerto del mar con una distancia de leguas... En cambio, ciudades de tierra adentro pasaban a ser lugares de embarque, por la continua perforación de las olas que iban a encontrarlas.

La maldad de los hombres había imitado la obra destructora de la Naturaleza. Cuando una república marítima vencía a otra república rival, lo primero que pensaba era en obstruir su puerto con arena y piedras, en torcer el curso de las aguas, para que se convirtiese en ciudad terrestre, perdiendo sus flotas y su tráfico. Los genoveses, triunfadores de los pisanos, cegaban su puerto con las arenas del Arno, y la ciudad de los primeros conquistadores de Mallorca, de los navegantes a Tierra Santa, de los caballeros de San Esteban, guardianes del Mediterráneo, pasaba a ser Pisa la muerta, población que solo de oídas conoce el mar.

—La arena —terminaba diciendo Ferragut— ha cambiado en el Mediterráneo las rutas comerciales y los destinos históricos.

De cuantos hechos habían tenido por escenario el *Mare Nostrum*, el más famoso para el capitán era la inaudita expedición de los almogávares a Oriente, la epopeya de Roger de Flor, que él conocía desde pequeño por los relatos del poeta Labarta, del *Tritón* y del pobre secretario de pueblo que soñaba a todas horas con las grandezas pretéritas de la marina de Cataluña.

Todo el mundo hablaba en aquellos meses del bloqueo de los Dardanelos. Los buques que surcaban el Mediterráneo, lo mismo los mercantes que los de guerra, trabajaban para la gran operación militar que se iba desarrollando frente a Gallípoli. El nombre del largo callejón marítimo que separa Europa de Asia estaba en todas las bocas. Las miradas de los humanos convergían en este punto, lo mismo que en los remotos siglos de la guerra de Troya.

—Nosotros también hemos estado allí —decía Ferragut con orgullo—. Los Dardanelos han sido durante varios años de catalanes y aragoneses. Gallípoli fue una ciudad nuestra gobernada por el valenciano Ramón Muntaner.

Y emprendía el relato de las conquistas de los almogávares en Oriente, odisea romántica, bárbara y sangrienta a través de las antiguas provincias asiáticas del Imperio romano, que solo venía a terminarse con la fundación de un ducado español de Atenas y Neopatras en la ciudad de Pericles y Minerva.

Las crónicas de la Edad Media oriental, los libros de caballerías bizantinos, los cuentos paladinescos de los árabes, no tenían aventura más imprevista y dramática que la expedición de estos argonautas procedentes de los valles de los Pirineos, de las márgenes del Ebro y de las moriscas huertas de Valencia. Durante largos años imperaron en la Bitinia, la Troyada, la Jonia, la Tracia, la Macedonia, la Tesalia y la Ática.

Abuelos gloriosos de los conquistadores de América y de la infantería española de los tercios, estos almogávares eran incansables andarines, vestidos y armados a la ligera. Usaban simples petos de lana cuando todos los guerreros se cubrían de hierro; oponían la jabalina arrojadiza a la pesada lanza; saltaban como felinos sobre el caballero acorazado para clavarle su ancha espada por los intersticios de la armadura.

Habían afirmado en Sicilia la dinastía de Aragón, expulsando definitivamente a la dinastía francesa a fines del siglo XIII; pero los nuevos reyes ignoraban cómo mantener a esta milicia inocupada y temible, hasta que del seno de ella surgía un aventurero de genio, Roger de Flor, que la llevaba a Oriente al servicio de los emperadores de Bizancio, amenazados por las primeras agresiones de los turcos.

Estos soberanos, muelles, lujosos, refinados, comenzaron a temblar ante los hombres cuyo auxilio habían solicitado imprudentemente. Eran verdaderos salvajes para los patricios de Constantinopla. El mismo día de su llegada entablaron un combate sangriento en las calles de Pera y de Gálata con los genoveses que explotaban la ciudad.

El viejo basileo Andrónico Paleólogo se dio prisa en alejar a los temibles huéspedes. Cumpliendo sus promesas, confería al oscuro Roger de Flor el título de megaduque o almirante, casándolo luego con una princesa de la familia imperial. A su vez, los almogávares debían dar principio inmediatamente a su colaboración militar.

Los afeminados burgueses de Bizancio y su populacho cosmopolita, aficionados a las fiestas de Circo y las querellas teológicas, vieron partir con satisfacción a estos hombres medio bandidos y medio soldados, que llevaban a la zaga, por una costumbre secular, sus hijos y sus barraganas, duras hembras de Aragón y de Sicilia seguidas de enjambres de chicuelos semidesnudos y acostumbradas a manejar la espada cuando caía herido su rudo compañero.

Retrocedían los turcos en el Asia Menor ante los nuevos auxiliares de Bizancio, más duros y belicosos que ellos. Reconquistaban los almogávares Filadelfia, Magnesia, Efeso, y llegaban hasta las llamadas «Puertas de Hierro», al pie del lejano Taurus. De seguir su marcha, sin temor a intrigas de la corte bizantina que dejaban a sus espaldas, tal vez hubiesen repetido la hazaña de los cruzados, entrando en Palestina por el Norte.

Pero el Imperio temía a los almogávares, y cuanto mayores eran sus victorias, más grande resultaba su miedo. Ascendía a Roger de Flor a la dignidad de César, pero lo obligaba a volver atrás, intentando al mismo tiempo introducir la discordia entre los jefes de la expedición. Al más noble de los capitanes almogávares, Berenguer de Enteaza, pariente de los reyes de Aragón, que estaba con sus galeras en el Cuerno de Oro, lo nombraba megaduque, enviándole con gran pompa el lujoso sombrero símbolo de tal dignidad. Pero el marino aragonés, que conocía la perfidia de los bizantinos, ataba el honorífico sombrero a una cuerda como si fuese un cubo, sacando agua con él ante los escandalizados embajadores.

Un hijo del viejo basileo, llamado Miguel IX, príncipe sombrío y receloso, que gobernaba unido a su padre, preparó el exterminio de estos intrusos, cada vez más insolentes por sus victorias. Temía que destronasen a los Paleólogos, estableciendo una dinastía española, como habían hecho los cruzados un siglo antes, instaurando una dinastía franca.

Roger de Flor dejó sus tropas establecidas en Gallípoli y fue a Constantinopla antes de emprender la segunda campaña contra los turcos. Creía posible un acomodamiento con la familia imperial, que era la suya. El viejo Andrónico le halagó con nuevos honores, pero antes de volver a los Dardanelos quiso despedirse de su cuñado, el sombrío Miguel, que estaba en Adrianópolis con muchos guerreros búlgaros, futuros aliados.

El heroico aventurero, contra la opinión de los suyos, que temían una asechanza, fue a Adrianópolis escoltado solamente por unos cientos de catalanes, y le recibieron con grandes fiestas. Luego, a los postres de un banquete, Miguel y sus búlgaros lo asesinaron. Los almogávares de la escolta se defendieron en grupos aislados contra toda una ciudad, y fue tan inaudita su desesperada resistencia, que a muchos les concedieron la vida por admiración.

Los bizantinos se vengaron del miedo sufrido matando en todo el Imperio a los españoles sueltos. Hasta los capitanes principales, casados con princesas del país, fueron asesinados en sus casas. Los almogávares fortificados en Gallípoli, por un escrúpulo caballeresco propio de la época, se creyeron en la imposibilidad de defenderse si no declaraban antes la guerra al basileo solemnemente. Veintiséis de ellos fueron a Constantinopla para hacer esta declaración, pero a pesar de su carácter sagrado de embajadores, la misma escolta bizantina que les había facilitado Andrónico los asesinó en Rodosto, despedazando los cadáveres en el matadero público y exhibiendo sus cuartos en las mesas del mercado.

«Que vuestro corazón se reconforte —decía sombríamente Muntaner en su crónica al dar fin a este relato de horrores—. De aquí en adelante, veréis cómo nuestra Compañía obtuvo, con la ayuda de Dios, una venganza tan ruidosa como jamás se ha visto venganza alguna.»

No llegaban a cuatro mil los almogávares y marineros refugiados en Gallípoli. Todos los demás, esparcidos por el Imperio, habían sido degollados con sus mujeres y sus hijos. Y esta pequeña tropa, sin otro refuerzo que el de algunos grupos que de tarde en tarde llegaban de Sicilia y Aragón, se mantuvo en los Dardanelos durante dos años. Primeramente se defendieron de todo el ejército bizantino, con sus auxiliares alanos y búlgaros.

Muntaner, ciudadano de Valencia, fue el encargado de la defensa de Gallípoli. Luego, derrotando a sus enemigos con una buena suerte casi milagrosa, tomaron la ofensiva, haciéndose dueños de Tracia y llegando en sus audaces correrías hasta la misma Constantinopla. Eran pocos para apoderarse de la enorme ciudad, pero secuestraron a sus habitantes ricos, quemaron sus arsenales, pasaron a cuchillo guarniciones enteras, vengándose ferozmente de la crueldad de sus enemigos.

Al fin, el hambre les obligaba a alejarse. En dos años habían devorado todos los recursos del país. Los griegos huían de ellos, incapaces de resistirles, y en este vacío no disponían de otros medios de subsistencia que los que traían las naves de la lejana patria.

Esta república militar, que se daba el título de «Compañía», emprendió la retirada hacia el Oeste, marcando su camino con los saqueos y violencias que acompañan en toda época la retirada de una horda guerrera. Además, sus jefes estaban enemistados. El sombrío y ambicioso Rocafort hacía matar a Berenguer de Entenza y acababa su vida en una prisión. El prudente Muntaner era el consejero de paz, ahogando las disidencias, buscando nuevos amigos entre los señores feudales que gobernaban la Macedonia y la Tesalia con títulos de *Sebastocrator* y de *Megaskir*.

La Compañía hacía grandes daños a su paso por Salónica y los conventos del monte Athos. Una vez en la verdadera Grecia, el duque de Atenas, Gautier de Brienne, descendiente de los cruzados franceses, la tomaba a sueldo.

Trataron con desprecio los caballeros francos a estos guerreros medio salvajes, y los almogávares, poco sufridos de carácter, se enemistaban con ellos. Una batalla decisiva se desarrolló en las márgenes del lago Copais, famoso por sus anguilas, de las que hablan Aristófanes y casi todos los poetas de la antigua Atenas. Los paladines vestidos de hierro sobre corceles acorazados atacaron riendo de lástima a estos infantes andrajosos. Pero la Compañía abundaba en hábiles flecheros, y además, rompiendo los canales, convirtió el terreno en un pantano. Se hundían en él los jinetes, asaetados por todas partes, y los almogávares degollaron a la flor de la caballería franca, condes, marqueses y barones, siendo de los primeros en caer Gautier de Brienne.

Luego de saquear el país, los vencedores se establecían en Atenas. Diez años habían durado sus aventuras en Oriente, sus marchas de Constantinopla a las faldas del Taurus, de la península de Gallípoli a la cumbre de la Acrópolis.

—Ochenta años —decía Ferragut al terminar su relato— vivió el ducado español de Atenas y Neopatras ochenta años gobernaron los catalanes esas tierras.

Y señalaba al horizonte, en el que se marcaban como rojas neblinas los lejanos promontorios y montañas de la tierra griega.

El tal ducado fue, en realidad, una República. La Compañía había conferido su corona a los reyes aragoneses de

Sicilia, pero éstos no visitaron nunca sus nuevos dominios, delegando el gobierno en mercaderes y hombres de mar.

Atenas y Tebas fueron administradas con arreglo a las leyes de Aragón. Su código fue el «Libro de usos y costumbres de la ciudad de Barcelona». La lengua catalana reinó como idioma oficial en el país de Demóstenes. Los rudos almogávares se casaron con las más altas damas del país, «tan nobles —decía Muntaner—, que años antes no hubiesen desdeñado el presentarles el agua para que lavasen sus manos».

El Partenón estaba todavía intacto, como en los tiempos gloriosos de la antigua Atenas. El monumento augusto de Minerva, convertido en iglesia cristiana, no había sufrido otra modificación que la de ver una nueva diosa en sus altares, la Virgen Santísima, la *Panagia Ateneiotissa*. Y en este templo milenario, de soberana belleza, se cantó durante ochenta años el *Te Deum* en honor de los duques aragoneses y predicaron los sacerdotes en catalán.

La república de aventureros no se ocupó en construir ni en crear. Nada quedó sobre la tierra griega como rastro de su dominación: edificios, sellos o monedas. Solo algunas familias nobles, especialmente en las islas, tomaron el nombre patronímico de Catalán.

—Aún se acuerdan de nosotros confusamente, pero se acuerdan —decía Ferragut.

Los campesinos del lago Copais guardaban un recuerdo vago de la batalla de Cefiso, que dio fin al ducado franco de Atenas. «Que la venganza de los catalanes te alcance», fue durante varios siglos en Grecia y en Rumelia la peor de las maldiciones. Para designar a un ser bárbaro y sanguinario, todavía los griegos modernos le apodan «Catalán», y en Morea toda comadre violenta y reñidora se ve insultada por sus vecinas con el nombre de «Catalana».

Así terminó la más gloriosa y sangrienta de las aventuras mediterráneas en la Edad Media; el choque de la rudeza occidental, casi salvaje pero franca y noble, con la malicia refinada y la civilización decadente de los griegos, pueriles y viejos a la vez, que se sobrevivían en Bizancio.

Ferragut sentía placer con estos relatos de esplendores imperiales, palacios de oro, épicos encuentros y furiosos saqueos, mientras su buque navegaba cortando la noche y saltando sobre el mar oscuro, acompañado por el pistoneo de las máquinas y el batir ruidoso de la hélice, que a veces permanecía fuera del agua durante los furiosos balanceos de proa a popa.

Estaban en el peor sitio del Mediterráneo, donde se encuentran los vientos procedentes del callejón del Adriático, de las estepas del Asia Menor, de los desiertos africanos y del portillo de Gibraltar, mezclando tempestuosamente sus corrientes atmosféricas. Las aguas, encajonadas entre las numerosas islas del archipiélago griego, se retorcían en opuestas direcciones, exasperándose al chocar contra los acantilados de las costas, con una violencia de retroceso que se convertía en furioso oleaje.

El capitán, encapuchado como un fraile, encorvándose bajo el viento, que parecía querer arrancar del puente sus gruesas botas, altas hasta la rodilla, hablaba y hablaba a su segundo, inmóvil junto a él, cubierto igualmente con un impermeable que chorreaba humedad por todos sus pliegues. La lluvia iba rayando con leves arañazos de luz la lóbrega pizarra de la noche. Los dos marinos sentían en la cara y en las manos la misma sensación que si cayesen a través de la oscuridad ortigas heladas.

Por dos veces anclaron cerca de la isla de Tenedos, viendo los movibles archipiélagos de los acorazados con velos flotantes de humo. Llegaba a sus oídos, como un trueno incesante, el eco de los cañones que rugían a la entrada de los Dardanelos.

Asistieron de lejos a la emoción causada por la pérdida de algunos navíos ingleses y franceses. La corriente del mar Negro era la mejor arma para los defensores de este desfiladero acuático contra el ataque de las flotas. No tenían mas que arrojar en el estrecho una cantidad de minas flotantes, y el río azul que se desliza por los Dardanelos las arrastraba hacia los buques sitiadores, destruyéndolos con infernal estallido. En las costas de Tenedos, las mujeres helénicas, con las cabelleras sueltas, arrojaban flores al mar en memoria de las víctimas, con un dolor teatral semejante al de las heroínas de la antigua Troya, cuyas murallas estaban enterradas en las colmas de enfrente.

El tercer viaje, en pleno invierno, fue muy duro, y al final de una noche lluviosa, cuando las sutiles palideces del alba empezaban a sacar de la sombra los contornos todavía esfumados de la realidad, el *Mare Nostrum* llegó a la rada de Salónica.

Solo una vez había estado Ferragut en este puerto, muchos años antes, cuando todavía era de los turcos. Primeramente vio unas tierras bajas en las que parpadeaban los últimos fuegos de los faros. Luego fue reconociendo la rada, vasta extensión acuática con un marco de arenales y lagunas que reflejaban la luz indecisa del amanecer. Las gaviotas, recién despiertas, volaban en grupos sobre la inmensa copa marina. En la desembocadura del Vardar se levantaban los volátiles de agua dulce con ruidosos gritos, o permanecían orlando las orillas, inmóviles sobre sus largas patas.

Frente a la proa fue surgiendo una ciudad entre las ondas albuminosas de la bruma. En un pedazo de cielo limpio y azul se destacaron varios minaretes, brillando sus remates con los fuegos de la aurora. Así como avanzaba el buque iban desvaneciéndose las nubes matinales, y Salónica se mostró completa, desde el caserío de sus muelles hasta el antiguo castillo que ocupa la cumbre de una colina, fortaleza de torreones rojizos, chatos y robustos.

Junto al agua, a lo largo del puerto, estaban las construcciones europeas, las casas de comercio con sus rótulos dorados, los hoteles, los Bancos, los cinematógrafos y cafés-conciertos, y una torre maciza con otra más pequeña superpuesta: la llamada Torre Blanca, resto de las fortificaciones bizantinas.

En este caserío europeo se abrían portillos oscuros. Eran las bocas de las calles en pendiente, que se remontaban colina arriba, a través de los barrios griegos, mahometanos e israelitas, basta llegar a una meseta cubierta de altos edificios entre las agujas oscuras de los cipreses.

La diversidad religiosa del Mediterráneo oriental erizaba a Salónica de cúpulas y torres. El templo griego henchía en el espacio los bultos dorados de su techumbre; la iglesia católica hacía brillar la cruz en lo más alto de su campanario; la sinagoga, de formas geométricas, se desbordaba en una sucesión de terrazas; los minaretes islámicos formaban una columnata blanca, afilada, esbelta. La vida moderna había añadido varias chimeneas de fábrica y brazos de grúas de vapor, que producían el efecto de anacronismos en esta decoración de puerto oriental.

En torno de la ciudad y su acrópolis huía la llanura hasta perderse en el horizonte; una llanura que Ferragut había visto en el viaje anterior desolada, monótona, con pocas casas y escasos cultivos, sin otra vegetación importante que los pequeños oasis de los cementerios musulmanes. Este desierto iba hacia Grecia y Servia, o al encuentro de Bulgaria y Turquía.

Ahora, la parda estepa, al salir de las brumas algodonosas del amanecer, palpitaba con nueva vida. Miles y miles de hombres estaban acampados en torno de la ciudad. Había nuevas poblaciones hechas de lona, calles rectangulares de tiendas, ciudades de barracas de madera, construcciones enormes como iglesias, cuyas paredes de lienzo temblaban bajo las ráfagas.

El capitán vio a través de sus gemelos muchedumbres guerreras ocupadas en los quehaceres del despertar, filas de caballos sin jinete que iban al abrevadero, parques de artillería con sus cañones en alto iguales a tubos de telescopio, pájaros enormes de alas amarillas que emprendían su deslizamiento a ras de tierra con rudo traqueteo y poco a poco se remontaban en el espacio, brillando sus alas enceradas con los primeros fulgores del Sol.

Todo el ejército aliado de Oriente, volviendo de la sangrienta y errónea aventura de los Dardanelos o procedente de Marsella y Gibraltar, se iba amasando en torno de Salónica.

El *Mare Nostrum* fondeó ante los muelles, repletos de cajas y fardos. La guerra daba a este puerto una actividad mucho más grande que la de los tiempos tranquilos. Vapores de todas las banderas aliadas y neutrales descargaban víveres y material militar.

Venían de todos los continentes, de todos los océanos, atraídos por las necesidades enormes de un ejército moderno. Descargaban cosechas de provincias enteras, rebaños interminables de bueyes y caballos, toneladas y toneladas de acero preparado para esparcir la muerte, muchedumbres humanas a las que solo faltaba una cola de mujeres y de niños para ser iguales a los grandes éxodos belicosos de la Historia. Luego llenaban sus vientres otra vez con los residuos de la guerra, armas necesitadas de reparación, hombres destrozados, y emprendían su viaje de vuelta.

Estos cargamentos, traídos oscura y modestamente a través del mal tiempo y la amenaza submarina, preparaban la victoria. Muchos de estos vapores eran antiguos buques de lujo, exonerados por la necesidad militar, sucios y grasosos, que servían ahora de barcos de carga. Alineados junto a los muelles, dormitaban, esperando entrar en funciones, los navíos-hospitales, trasatlánticos más dichosos, que retenían aún cierta parte de su antiguo bienestar, blancos, limpios, con una cruz roja pintada en los flancos y otra en las chimeneas.

Algunos de los transportes habían llegado a Salónica milagrosamente. Sus tripulantes relataban, con la serenidad fatalista de los hombres de mar, cómo el torpedo había pasado a corta distancia del casco. Un vapor herido permanecía aparte, con solo la quilla sumergida, mostrando al aire todo su vientre rojo. Más abajo de la línea de flotación tenía abierta una brecha de anguloso contorno. Al mirar desde la cubierta la profundidad de sus bodegas, invadidas por el agua, se veía el portalón abierto en su flanco como la entrada de una caverna luminosa.

Ferragut, mientras descargaban su buque bajo la vigilancia de Tòni, pasó los días en tierra, visitando la ciudad.

Le atrajeron desde el primer momento los callejones de los barrios turcos; sus casas blancas; sus balcones salientes cubiertos de celosías, que son como jaulas pintadas de rojo; las mezquitas, con patios de cipreses y fontanas de melancólico chorreo; las tumbas de los santones en kioscos que cortan las calles bajo el reflejo mortecino de una lámpara; las mujeres veladas por sus negros *firadjes*; los viejos que transcurren silenciosos y pensativos bajo su gorro de escarlata, siguiendo los bamboleos del asno en que van montados.

La gran vía romana entre Roma y Bizancio, antiguo camino de losas azules, pasaba por una calle de la moderna Salónica. Aún guardaba una parte de su pavimento y aparecía obstruida gloriosamente por un arco de triunfo, junto a cuya base de piedra carcomida trabajaban los limpiabotas, descalzos y con un fez en la cabeza.

Una interminable variedad de uniformes desfilaba por sus calles, y a esta diversidad de trajes venía a añadirse la diferencia étnica de los hombres que los vestían. Los soldados de Francia y de las Islas Británicas se codeaban con las tropas exóticas. Los gobiernos aliados habían hecho un llamamiento a los combatientes profesionales y los voluntarios de sus colonias. Los tiradores negros del centro de África enseñaban sus dientes de marfileña sonrisa a los gigantes bronceados, con grueso turbante blanco, procedentes de la India. El cazador de las llanuras glaciales del Canadá fraternizaba con los voluntarios de Australia y Nueva Zelanda.

El cataclismo de la guerra mundial había arrastrado los hombres de los antípodas hasta este rincón dormido de la Grecia. Volvían a repetirse las invasiones de los siglos remotos que habían hecho encorvarse a la antigua Tesalónica bajo la conquista de bárbaros, bizantinos, sarracenos y turcos.

Las tripulaciones de los buques de guerra surtos en la rada venían a fundir en esta variedad de uniformes la nota monótona de su azul negruzco, casi igual en todas las marinas del mundo... Y a la amalgama militar se agregaba la pintoresca variedad de la vestimenta civil, el carácter híbrido del vecindario de Salónica, compuesto de varias razas y religiones que se entremezclan sin confundirse. Los popes de negras túnicas y sombreros de copa sin alas transcurrían por las calles junto a los sacerdotes católicos o al rabino de luenga hopalanda. En las afueras se veían hombres casi desnudos, sin otro traje que una zamarra de pieles, guiando rebaños de cerdos, lo mismo que los pastores de la *Odisea*. Los derviches, con aspecto de demencia, canturreaban inmóviles en una encrucijada, envueltos en nubes de moscas, esperando el auxilio de los buenos creyentes.

Gran parte de la población estaba compuesta de israelitas descendientes de los judíos expulsados de España y Portugal. Los más viejos y tradicionalistas se vestían lo mismo que sus remotos abuelos, con largos caftanes de colores fuertes y rayados. Las mujeres, cuando no imitaban las modas europeas, lucían un traje pintoresco que hacía recordar la indumentaria española de la Edad Media. No eran únicamente cambistas o comerciantes, como en el resto de la tierra. Las necesidades de una ciudad dominada por ellos les habían hecho abrazar todas las profesiones, siendo artesanos, pescadores, barqueros, mozos de cordel, cargadores del puerto. Guardaban la lengua castellana como idioma del hogar, como bandera original, cuyo aleteo reunía sus almas dispersas, un castellano en formación, blando y sin consistencia, semejante a una criatura recién nacida.

—¿Tú hispañol? —decían al capitán Ferragut—. Mis antiguos nascieron allá. ¡Terra fermosa!...

Pero no querían volver a ella. Les inspiraba miedo la patria de sus abuelos. Temían que, al verles de regreso, los españoles actuales suprimiesen las corridas de toros y restablecieran la Inquisición, organizando una quema todos los domingos.

Oyendo su lenguaje, el capitán recordaba una fecha: 1492. En el mismo año, Colón había hecho su primer viaje, descubriendo las Indias; los judíos eran expulsados de la Península, y Nebrija daba a luz la primera gramática castellana. Estos españoles habían salido de la tierra natal meses antes de que su idioma fuese codificado por primera vez.

Un marino de Génova, antiguo amigo de Ulises, le llevó a un café del puerto donde se reunían los capitanes mercantes. Eran los únicos que vestían traje civil entre la concurrencia de oficiales de mar y tierra que se apretaba en los divanes, obstruía las mesas y se aglomeraba ante la puerta.

Estos vagabundos del Mediterráneo, que muchas veces no podían conversar por la diversidad de sus idiomas, se buscaban instintivamente, sentándose juntos con un silencio fraternal. Su heroísmo pasivo era en algunos casos más admirable que el de los hombres de guerra, que pueden devolver golpe por golpe. Todos los oficiales de las diversas flotas sentados cerca de ellos disponían del cañón, del espolón, del torpedo, de las grandes velocidades, de la telegrafía aérea. Los valerosos arrieros del mar desafiaban al enemigo en buques indefensos, sin telégrafo y sin cañones. Registrando a todos los hombres de su tripulación, no se encontraba a veces un solo revólver. Y estos bravos osaban los mayores atrevimientos, con un fatalismo profesional, confiándose al destino.

En las tertulias del café contaban lentamente algunos capitanes sus encuentros en el mar, la aparición inesperada del submarino, el torpedo que marraba su blanco por unos metros, la fuga a todo vapor, recibiendo los cañonazos de la persecución. Se enardecían un instante al recordar el peligro; luego volvían a mostrarse indiferentes y fatalistas.

—Si he de morir ahogado —acababan diciendo—, será inútil cuanto haga por evitarlo.

Y aceleraban su partida, para regresar un mes después transportando en su buque una verdadera fortuna, completamente solos, prefiriendo la navegación suelta y astuta a la marcha en convoy, deslizándose de isla en isla y de costa en costa para despistar a los sumergibles.

Más que los peligros de la navegación les conmovía el estado de sus buques, que llevaban más de un año sin conocer la limpieza. Los capitanes de trasatlántico lamentaban sus lujosos camarotes convertidos en dormitorios de tropa, sus cubiertas charoladas, que habían pasado a ser establos; sus comedores, donde se sentaban antes las gentes con *smoking* o escotadas, y debían ser regados ahora con toda clase de desinfectantes para repeler la invasión de chinches y piojos, los olores animales de tantos hombres y bestias amontonados.

La decadencia de los buques parecía reflejarse en el porte de sus capitanes, más rudos que antes, peor vestidos, con un abandono militar de combatiente de trinchera, las manos callosas y mal cuidadas, iguales a las de un cargador.

Entre los marinos de guerra también los había que mostraban un completo abandono de su persona. Eran los comandantes de los «chaluteros», vaporcitos de pesca del Océano armados con un cañón, que habían entrado en el Mediterráneo para perseguir a los sumergibles. Iban vestidos de tela impermeable, con un casco encerado, lo mismo que los pescadores del mar del Norte, oliendo a carbón y a agua tempestuosa. Pasaban semanas y semanas en el mar, fuese cual fuese el tiempo, durmiendo en el fondo de una cala que apestaba a pescado rancio, manteniéndose en patrulla aunque rugiese la tempestad, saltando como un tapón de botella de ola en ola, para repetir las hazañas de los antiguos corsarios.

Ferragut tenía un pariente en el ejército que se aglomeraba en Salónica para avanzar tierra adentro. No quería marcharse sin verle, y pasó varias mañanas haciendo averiguaciones en las oficinas del Estado Mayor.

Era un sobrino suyo, un hijo de Blanes el fabricante de géneros de punto, que había huido de Barcelona, al iniciarse la guerra, con otros muchachos aficionados a cantar *Los Segadores* y perturbar la tranquilidad del «cónsul de España» enviado por Madrid. El hijo del pacífico burgués catalán se había alistado en un batallón de la Legión extranjera, compuesto en gran parte de españoles e hispanoamericanos.

Blanes rogó al capitán que viese a su hijo. Estaba triste y orgulloso al mismo tiempo por esta aventura romántica que florecía inesperadamente en la existencia utilitaria y monótona de la familia. ¡Un muchacho que tenía un porvenir tan grande en la fábrica de su padre!... A continuación hacía el relato, con voz insegura y ojos húmedos, de las hazañas de su primogénito: herido en Champaña; dos citaciones y Cruz de Guerra. ¿Quién hubiese imaginado que podía ser un héroe?... Ahora su batallón estaba en Salónica, después de batirse en los Dardanelos.

—Veas si te lo traes —repitió Blanes—. Dile que su madre va a morirse de pena... ¡Tú puedes hacer mucho!

Pero todo lo que pudo hacer el capitán Ferragut fue conseguir un permiso y un automóvil viejo para visitar el campamento de los legionarios.

La llanura árida en torno de Salónica estaba cruzada por numerosos caminos. Los trenes de artillería, los rosarios de automóviles, rodaban por vías recién abiertas que las lluvias habían convertido en lodazales. El barro era la peor calamidad de esta planicie extremadamente polvorienta en tiempo seco.

Dos horas largas pasó Ferragut de campamento en campamento antes da llegar a su destino. Su vehículo tuvo que detenerse para dejar paso a interminables desfiles de camiones. Otras veces le cortaban el paso los auto-ametralladoras blindados, las grandes piezas arrastradas por tractores, los carros del aprovisionamiento con pirámides de sacos y cajas.

Por todas partes miles y miles de soldados de diversos colores y razas variadas. El capitán recordó las grandes invasiones de la Historia: Jerjes, Alejandro, Gengis-Khan, todos los conductores de hombres, que avanzaban llevándose los pueblos en masa detrás de su caballo, transformando a los siervos de la tierra en combatientes. Solo faltaban las hembras soldadescas y los enjambres de chiquillos para que fuese exacta esta semejanza con los éxodos guerreros del pasado.

A media tarde pudo abrazar a su sobrino. Estaba con otros dos voluntarios, un andaluz y un americano del Sur, unidos los tres por la fraternidad de origen y por el continuo roce con la muerte.

Ferragut los llevó a la cantina de un *mercanti*, establecida junto al campamento del batallón. Los consumidores se sentaban bajo un toldo de lona, ante cajas que habían contenido ferretería o municiones y hacían oficio de mesas. Esta miseria estaba compensada por los precios. En ningún *Hôtel-Palace* obtenían las bebidas un valor tan extraordinario.

Sintió el marino a los pocos momentos un afecto paternal por estos tres jóvenes, a los que apodaba *Los tres mosqueteros*. Quiso obsequiarlos con lo mejor que, tuviese el *mercanti*, y éste sacó a luz una botella de champaña, o más bien de tisana de Reims, presentándola como si fuese un elixir fabricado con oro.

El líquido de ámbar, burbujeante en los vasos, pareció devolver su antigua existencia a los tres jóvenes. Recocidos por el Sol y la intemperie, habituados a la vida dura de la guerra, casi habían olvidado las dulzuras y comodidades de los años anteriores.

Ulises los examinó atentamente. Habían crecido en el curso de la campaña, con el último estirón de la juventud. Sus brazos surgían exageradamente de las mangas del capote, cortas ya para ellos. La gimnasia ruda de las marchas y el manejo de la pala habían ensanchado sus muñecas y encallecido sus manos.

El recuerdo de su hijo surgió en su memoria. ¡Contemplarle así, hecho un soldado, como su primo! ¡Verle sufrir todas las rudezas de la existencia militar... pero viviendo!

Para no enternecerse, bebió y prestó atención a lo que decían los tres jóvenes. El legionario Blanes, romántico como debe serlo un hijo de fabricante metido en aventuras, hablaba de las hazañas de las tropas de Oriente con todo el entusiasmo de sus veintidós años. Le faltaba el tiempo para lanzarse a la bayoneta contra los búlgaros y llegar a Adrianópolis. La guerra en Macedonia le tocaba de cerca, como catalán.

—¡Vamos a vengar a Roger de Flor! —dijo gravemente.

Y su tío sintió deseos de llorar y de reír ante esta fe simple, solo comparable a la memoria retrospectiva del poeta Labarta y del secretario de pueblo que lamentaba todos los días la remota derrota de Ponza.

Blanes explicó como un caballero andante el motivo que le había llevado a la guerra. Deseaba batirse por la libertad de todos los pueblos oprimidos, por la resurrección de todas las nacionalidades olvidadas: polacos, checos, rutenos, yugo-eslavos... Y sencillamente, como si dijese algo indiscutible, incluyó a Cataluña entre los pueblos que lloraban lágrimas de sangre bajo los latigazos de la tiranía.

Aquí saltó indignado su compañero el andaluz. Pasaban el tiempo discutiendo acaloradamente, cambiando insultos y buscándose a continuación, como si no pudieran vivir el uno sin el otro.

Este no se batía por la libertad de tales o cuales pueblos. Tenía la vista larga: no era miope y egoísta, como su amigo «el catalán». Daba su sangre por que el mundo entero fuese libre y desapareciesen todas las monarquías.

—Me bato por Francia, porque es el país de la gran Revolución. Su historia anterior no me importa: para reyes ya tenemos los nuestros. Pero a partir del 14 de Julio, lo que es de Francia lo considero mío y de todos los hombres.

Se detuvo unos segundos, buscando una afirmación más concreta:

—Me bato, capitán, por Dantón y por Hoche.

Vio Ferragut en su imaginación las melenas blancas de Michelet y el tupé romántico de Lamartine sobre un doble pedestal de volúmenes que contenían la historia-poema de la Revolución.

—También me bato por Francia —dijo finalmente— porque es la patria de Víctor Hugo.

Ulises presintió que este republicano de veinte años debía guardar en su mochila un cuaderno, escrito con lápiz, lleno de versos.

El sudamericano, habituado a las disputas de sus dos compañeros, se miraba las uñas negras con la melancólica desesperación de un profeta que contempla su patria en ruinas. Blanes, hijo de burgués, le admiraba por su origen. El día de la movilización había ido en París a inscribirse como voluntario montando un automóvil de cincuenta caballos. Él y su chófer se alistaban juntos. Luego hacía donación de su lujoso vehículo.

Había deseado ser soldado porque todos los jóvenes de su club partían a la guerra. Además, le halagaba que su última amante le dedicase unas lágrimas de admiración y asombro viéndole con uniforme. Sentía la necesidad de conmover a todas las damas que habían bailado el tango con él hasta la semana anterior. Por otra parte, los millones de su abuelo «el gallego», algo roídos por su padre el criollo, se estaban deshaciendo entre sus manos.

—Esto dura demasiado, capitán.

Al principio había creído en una guerra de seis meses. Las balas le importaban poco; lo terrible era el piojo, el no mudarse la ropa, el verse privado del baño diario. ¡Si él hubiese adivinado!...

Y resumía su entusiasmo con esta afirmación:

—Me bato por Francia porque es un país *chic*. Solo en París se visten bien las mujeres. Esos alemanes, por mucho que hagan, serán siempre unos ordinarios.

No necesitaba añadir más: todo quedaba dicho.

Los tres recordaron los meses de infierno sufridos recientemente en los Dardanelos, en un espacio de seis kilómetros conquistado a la bayoneta. Una lluvia de proyectiles caía incesantemente sobre ellos. Había que vivir debajo de la tierra como topos, y aun así, les alcanzaba el estallido de los grandes obuses.

En esta lengua de tierra frente a Troya, por la que se había deslizado la historia remota de la humanidad, las palas, al abrir las trincheras, tropezaban con los más raros hallazgos. Un día, Blanes y sus compañeros habían sacado a luz jarros, estatuillas y platos que tenían treinta siglos. Otra vez cortaron blanduras repulsivas que exhalaban un hedor insufrible. Estaban abriendo trincheras en un pedazo de terreno que había servido de cementerio a los turcos. Los vientres hinchados se partían bajo las palas, derramando los zumos de su putrefacción. La necesidad de resguardarse había obligado a los legionarios a vivir con el rostro al nivel de los cadáveres que asomaban en el corte vertical de la tierra removida.

—Los muertos estaban como las trufas en un pastel —dijo el sudamericano—. Yo tuve que permanecer un día entero tocando con mi nariz los intestinos de un turco muerto dos semanas antes... No, la guerra no es *chic*, capitán, por más que hablen de heroísmos y cosas sublimes en periódicos y libros.

Quiso ver Ulises otra vez a *Los tres mosqueteros* antes de partir de Salónica, pero el batallón había levantando su campo, situándose a muchos kilómetros al interior, frente a las primeras líneas búlgaras. El entusiasta Blanes disparaba ya su fusil contra los asesinos de Roger de Flor.

A mediados de Noviembre llegó el *Mare Nostrum* a Marsella. Su capitán experimentaba siempre cierta admiración al doblar el cabo Croissette, viendo cómo se abría ante la proa una vasta curva marítima. En el centro de ella, una colina abrupta y desnuda avanzaba hacia el mar, sosteniendo en su cumbre la basílica y la torre cuadrada de Nuestra Señora de la Guardia.

Marsella era la metrópoli del Mediterráneo, el puerto terminal para todos los navegantes del *Mare Nostrum*. En su bahía, de cortas olas, se alzaban varias islas amarillentas, con franjas de espuma, y sobre una de ellas las torres robustas del novelesco castillo de If.

Todos, desde Ferragut a los últimos marineros, contemplaban como algo propio la ciudad que iba asomando en el fondo de la bahía, sus bosques de mástiles y su amontonamiento de edificios grises, sobre los cuales brillaban las cúpulas bizantinas de la nueva catedral. En torno de Marsella se abría un hemiciclo de alturas desnudas y secas, coloreadas alegremente por el Sol de Provenza. Los pueblos y caseríos moteaban de blanco estas pendientes, así como las *bastidas*, «villas» de placer de los mercaderes de la ciudad. Más allá de dicho semicírculo, el horizonte estaba cerrado por un anfiteatro de ásperas y sombrías montañas.

En los viajes anteriores, la vista de la gigantesca Virgen dorada, que brilla como una lanza de fuego en lo alto de

Nuestra Señora de la Guardia, esparcía el regocijo sobre el puente del buque.

—¡Marsella, Tòni! —decía el capitán alegremente—. Te convido a una *bouillabaisse* en casa de Pascal.

Y Tòni contraía el peludo rostro con sonrisa de gula viendo por anticipado el restorán famoso del puerto, sus salones crepusculares oliendo a marisco y a salsas picantes, y sobre la mesa el hondo plato de pescado con un caldo suculento teñido de azafrán.

Pero ahora Ulises había perdido su vigorosa alegría de vivir. Contemplaba la ciudad con ojos amorosos pero tristes. Se veía desembarcando la última vez, enfermo, sin voluntad, anonadado por la trágica desaparición de su hijo.

El *Mare Nostrum* llegó a la boca del puerto viejo, teniendo a su derecha las baterías del Faro. Este puerto viejo era el recuerdo más interesante de la antigua Marsella. Penetraba como un cuchillo acuático en las entrañas del caserío; la ciudad se extendía por sus muelles. Era una plaza enorme de agua a la que afluían todas las calles; pero su área resultaba insignificante para el tráfico marítimo, y ocho puertos nuevos venían a cubrir toda la ribera Norte de la bahía.

Una escollera interminable, una muralla más larga que la ciudad, se extendía paralelamente a la costa, y en el espacio entre la orilla y este obstáculo, que obligaba a espumear y rugir a las olas, se extendían los ocho amplios puertos, comunicándose entre sí desde el llamado de la Joliette, que era el de acceso, hasta el lejano de la Estaca. Todavía este último se prolongaba tierra adentro por el gran canal subterráneo que pone en comunicación a la ciudad con el Ródano.

Ferragut había visto ancladas en esta sucesión de abrigos las marinas de toda la tierra y aun de todas las épocas. Junto a los trasatlánticos enormes balanceaban sus vergas las vetustas tartanas y algunos barcos griegos, pesados y de formas arcaicas, que hacían recordar las flotas descritas en la *Ilíada*.

En sus muelles circulaban todos los hombres mediterráneos: helenos del continente y de las islas; levantinos de la costa de Asia; españoles, italianos, argelinos, marroquíes, egipcios. Muchos guardaban sus trajes originales, y a esta variada indumentaria se unía la diversidad de lenguas, algunas de ellas misteriosas y casi perdidas. Como atraídos por la confusión oral, los mismos franceses olvidaban su idioma, hablando el dialecto marsellés, que conserva rastros indelebles de su origen griego.

Atravesó *Mare Nostrum* el antepuerto, la dársena de la Joliette, la del Lazareto, deslizándose lentamente por los pasos de comunicación, entre grupos de transeúntes y de carros que esperaban el restablecimiento de los puentes giratorios de acero abiertos ante su proa. Luego fue a anclarse en la dársena de Arenc, cerca de los *docks*.

Cuando Ferragut pudo desembarcar, se dio cuenta de la gran transformación sufrida por este puerto con motivo de la guerra.

El tráfico de los tiempos de paz no existía. Los géneros no eran de una variedad infinita, como otras veces. En los muelles solo se apilaban cargamentos, monótonos y uniformes, de víveres o de material de guerra.

Habían desaparecido también las legiones de descargadores. Todos estaban en las trincheras. Las orillas eran barridas ahora por mujeres, y las descargas las efectuaban destacamentos de tiradores senegaleses. Se estremecían de frío en los días asoleados del invierno y se encorvaban como moribundos bajo la lluvia o el soplo del mistral. Trabajaban con el gorro rojo calado sobre las orejas, y al menor alto en sus faenas se apresuraban a meter las manos en los bolsillos del capote. Estos negros formaban grupos vociferantes en torno de un fardo o una pieza que cuatro hombres hubiesen movido en tiempo ordinario, y el paso de una mujer o de un vehículo les hacía descuidar el trabajo, volviendo sus caras de diablos con una curiosidad infantil.

La descarga amontonaba en las principales dársenas los mismos artículos: trigo, mucho trigo, y azufre y salitre para la composición de materias explosivas. En otros muelles se alineaban a miles los pares de ruedas grises, sostén de cañones y furgones; las cajas enormes como viviendas que contenían aeroplanos; las piezas de acero que sirven de andamiaje a la artillería gruesa; cajones de fusiles y cartuchos; enormes paquetes de conservas alimenticias y de materias sanitarias; todo el avituallamiento del ejército que peleaba en el extremo remoto del Mediterráneo.

Varios pelotones de hombres precedidos y seguidos de bayonetas marchaban de un puerto a otro con rítmico paso. Eran prisioneros alemanes, sonrosados y alegres a pesar de la cautividad, vistiendo aún sus uniformes de color verde col, con un gorro redondo sobre la esquilada cabeza. Iban a trabajar en el interior de los buques, cargando o descargando el material que debía servir para el exterminio de sus compatriotas y sus amigos.

En las dársenas, los vapores se mostraban extraordinariamente agrandados. A su llegada solo alzaban sobre el muelle unos cuantos metros de borda; pero ahora que su cargamento estaba apilado en tierra, parecían altísimas fortalezas. Dos tercios del casco ocultos siempre en el mar quedaban al descubierto, mostrando el vivo rojo de su panza. Solo su quilla se mantenía en el agua. El tercio superior, lo que quedaba visible sobre la línea de flotación en tiempo ordinario, era ahora una simple cornisa negra que remataba el extenso muro purpúreo. Los palos y chimeneas, achicados por esta transformación, parecían corresponder a otro buque más pequeño.

Todos estos vapores mercantes y pacíficos llevaban un cañón en la popa para librarse de los corsarios submarinos. Inglaterra y Francia habían movilizado sus *tramps*, sus barcos vagabundos, y empezaban a darles medios de defensa. Algunos no habían podido montar el cañón sobre una cureña fija, y llevaban una pieza de artillería terrestre, asomando su boca entre las ruedas clavadas en la cubierta.

El capitán, en todos sus paseos, se sentía atraído por la famosa Cannebière, vía succionante que aspira la actividad entera de Marsella.

Algunos días, un viento fresco y violento arremolinaba en ella el polvo y los papeles. Los camareros de los cafés trincaban los grandes toldos como si fuesen el velamen de un buque. Se aproximaba el mistral, y cada dueño de establecimiento ordenaba la maniobra para hacer frente al helado huracán que vuelca mesas, arrebata asientos y se lleva todo lo que no está asegurado con marinos amarres.

Creyó ver Ferragut en la famosa avenida marsellesa una antesala de Salónica. Los mismos tipos del ejército de Oriente circulaban por sus aceras: ingleses vestidos de kaki, canadienses y australianos con sombreros de ala levantada; indostánicos enormes y esbeltos, de tez cobriza y espesa barba en forma de abanico; tiradores senegaleses, de un negro charolado; tiradores anamitas, de cara redonda y amarillenta, con ojos en triángulo. Pasaban incesantemente camiones oscuros guiados por soldados, automóviles llenos de oficiales, recuas de mulas procedentes de España que iban a ser embarcadas para Oriente, y esparcían detrás de su vivo trote un olor punzante y bravío de cuadra.

El puerto viejo atraía a Ferragut por su antigüedad, casi tan remota como las primeras navegaciones mediterráneas.

En esta plaza de agua metida entre casas habían anclado sus pobres naves los primeros fenicios, viéndose sucedidos por los emigrantes de Focea en Asia Menor, marineros griegos que huían de la invasión de los persas. Las colinas calcáreas y desnudas inmediatas al puerto se cubrían de viviendas, y así nació Marsalia, que había de ser siglos adelante la señora del Mediterráneo.

Sus navegantes atrevidos bajaban a lo largo de la costa española, fundando ciudades que eran focos de civilización para los rudos íberos, así como Marsalia lo fue para los belicosos galos.

Ferragut, al pasar ante el palacio de la Bolsa, lanzaba una mirada a las estatuas de los dos grandes navegantes marselleses Eutymenes y Pyteas. Eran los abuelos más remotos de la navegación mediterránea, los primeros capitanes conocidos por la Historia que habían transpuesto las columnas de Hércules, lanzándose a través del Atlántico misterioso. Uno había explorado las costas del Senegal; el otro subía más allá de Irlanda y las Orcadas.

La antigua ciudad griega se había visto suplantada por otras durante largos siglos. Venecia, Génova y Barcelona la tenían en humilde dependencia. Pero cuando caían éstas y le llegaba a ella su hora de prosperidad, esta prosperidad iba acompañada de todas las ventajas de la época presente. Se había inventado la máquina de vapor, y los buques podían salvar fácilmente el obstáculo del estrecho de Gades, sin tener que aguardar semanas a que amainase la violencia de la corriente enviada por el Atlántico. Había nacido el industrialismo, y las fábricas del interior lanzaban por el ferrocarril, recientemente instalado, un oleaje de productos que las flotas iban transportando a todos los pueblos del Mediterráneo. Finalmente, al ser abierto el istmo de Suez, se desdoblaba la ciudad de un modo prodigioso, pasando a ser un puerto mundial, poniéndose en contacto con la tierra entera, multiplicando sus dársenas, gigantescos apriscos adonde venían a aglomerarse como rebaños los buques de todos los pabellones.

El puerto viejo, encajonado en plena ciudad, cambiaba de aspecto según las horas y el estado de la atmósfera. En las mañanas serenas era de un verde amarillento y olía ligeramente a agua descompuesta: agua orgánica, agua animal. Los puestos de ostras y erizos establecidos en sus muelles parecían rociados con esta agua impregnada de mariscos.

Los días de fuerte viento todo él se tornaba de un verde terroso y opaco, formando olas cortas y continuas, con una leve espuma amarillenta. Los buques empezaban a bailar, chirriando bajo el tirón de bus amarras. Entre sus cascos y la superficie vertical de los muelles se formaban montones de basura inquieta, mordida abajo por los peces y picoteada arriba por las gaviotas.

En la boca, cerca de los fuertes venerables de San Juan y San Nicolás, el transbordador levantaba sus dos pilastras de celosía de acero y el puente recto que las une, formando una portada triunfal.

Los barcos armados que vigilaban las aguas limítrofes venían a descansar en esta dársena histórica rodeada de cafés, tiendas, almacenes, cúpulas y campanarios.

Ferragut veía los rápidos torpederos, de paredes delgadísimas, danzando a la más leve ondulación sobre sus amarras de acero retorcido. Examinaba los «chaluteros», embarcaciones militares improvisadas, vaporcitos robustos y cortos, construidos para la pesca, que llevaban en la proa un cañón de tiro rápido. Todos estos buques menores, pintados de un gris metálico para confundirse con el color del agua, entraban en el puerto y salían como centinelas que se reemplazan.

Montaban la guardia en alta mar, más allá de las islas rocosas y desiertas que cierran la bahía de Marsella, aproximándose a los buques para reconocer su nacionalidad, corriendo a todo vapor, con sus melenas de humo horizontales, hacia el punto donde esperaban sorprender el periscopio del enemigo oculto entre dos aguas. No había mal tiempo que les adormeciese o les asustase... En plena tormenta se mantenían a la vista de la costa, saltando de ola en ola, con su fragilidad de barcos construidos para ser flechas; y únicamente cuando otros compañeros venían a sustituirles regresaban al puerto viejo, para descansar unas horas a la entrada de la Cannebière.

Las callejuelas de la orilla derecha atraían a Ferragut. Eran la Marsella antigua, en la que aún subsisten algunos palacios ruinosos de los mercaderes y armadores de otros siglos. En estas vías estrechas, pendientes e inmundas, vivía la prostitución pintarrajeada y triste de toda ciudad marítima.

Se aglomeraban en dicho barrio los guerreros de las diferentes Áfricas francesas, impulsados por su ardor de raza y por el deseo de desquitarse con grandes hartazgos de la carestía de los países musulmanes, donde la mujer vive en celoso encierro. En todas las esquinas había grupos de infantería marroquí recién desembarcada o convaleciente de sus heridas, soldados jóvenes con gorros rojos y largos capotes de amarillo mostaza. Los zuavos de Argel conversaban con ellos en un español salpicado de árabe y de francés. Negros adolescentes que servían de fogoneros en los buques avanzaban por las empinadas callejuelas con ojos de inquietante resplandor, como si preparasen un rapto en masa. Se perdían bajo las puertas, con una tiesura sacerdotal, los graves jinetes moriscos, arrastrando el albo alquicel anudado a la cabeza como una bola de nítida blancura, o el manto purpúreo de aguda capucha, que les daba el aspecto de barbudos frailes rojos.

Entre la salida del hospital y el nuevo combate que les esperaba en las trincheras del Norte, estos guerreros venidos de lejanos países de Sol para pelear y morir buscaban el poderoso consuelo de la mujer. Sus brazos impacientes se llevaban con un tirón de fiera las hembras esqueléticas y macabras y las que aparecían hinchadas por una falsa robustez, producto de malos humores. Algunas tenían la desproporción embrionaria de los fetos, con enormes cabezas sirviendo de remate a cuerpos raquíticos. Otras avanzaban sus míseros troncos descarnados sobre unas piernas anchas y redondas de paquidermo. Los soldados faltos de dinero miraban con envidia y hambre a las mujeres estacionadas en las puertas: criaturas de lujo e ilusión, con faldellines orinados llenos de lentejuelas, altas botas y medias amarillas.

El capitán iba por las cumbres de estas calles, deteniéndose para apreciar el rudo contraste entre ellas y su vista terminal. Casi todas descendían hasta el puerto viejo, con un reguero de aguas sucias por mitad del arroyo que saltaba de piedra en piedra. Eran oscuras como tubos de telescopio, y al extremo de sus zanjas malolientes, ocupadas por el deforme mujerío, se abría un amplio desgarrón de luz y de azul. Se veían blancos veleros anclados al final de la pendiente, un pedazo de lámina acuática y las casas del muelle opuesto, empequeñecidas por la distancia. En otras aparecía como último plano la montaña de Nuestra Señora de la Guardia, con su basílica puntiaguda y la brillante estatua final, semejante a una llama de oro inmóvil y tortuosa. Algunas veces, un torpedero, al entrar en el puerto viejo, se deslizaba por la boca de una de estas callejuelas sombrías como si pasase por la lente de un anteojo.

Al sentirse fatigado el marino por el mal olor y la miseria viciosa de los barrios viejos, volvía al centro de la ciudad, paseando bajo los árboles de las avenidas de Meilhan o entre los puestos de flores del Coso Belzunce.

Un anochecer, cuando esperaba el tranvía en la Cannebière rodeado de otras personas, volvió la cabeza con el presentimiento de que alguien le estaba contemplando a sus espaldas.

Efectivamente, vio a un hombre detrás de él en el borde de la acera, un señor elegantemente vestido, completamente afeitado, que parecía por su aspecto un inglés cuidadoso de su persona. Este *gentleman* acababa de detenerse a impulsos de la sorpresa, como si hubiese reconocido a Ferragut.

Se cruzaron las miradas de los dos, sin que esto despertase eco alguno en la memoria del capitán... No podía recordar a este hombre. Casi estaba seguro de no haberlo visto nunca. Su rostro afeitado, sus ojos de un gris metálico, su tiesura elegante, no decían nada a su memoria. Tal vez el desconocido sufría una equivocación.

Así debía ser, a juzgar por la prontitud con que separó su mirada de la de Ferragut, alejándose apresuradamente.

El capitán no dio importancia a este encuentro. Lo había olvidado ya al subir al tranvía, pero minutos después resurgió en su memoria, bajo una nueva luz. El rostro del inglés se presentaba en su imaginación con un relieve distinto al de la realidad. Lo veía más claramente que al resplandor algo mortecino de los reverberos de la Cannebière... Pasaba con indiferencia sobre sus rasgos fisonómicos: en realidad, los había contemplado por primera vez. ¡Pero los ojos!... Él conocía perfectamente aquellos ojos: se habían cruzado muchas veces con los suyos. ¿Dónde?... ¿Cuándo?...

Le acompañó hasta su buque el recuerdo de este hombre como una obsesión, sin lograr que su memoria diese una respuesta a sus preguntas. Luego, al verse en la cámara de popa con Tòni y el tercer oficial, volvió a olvidarlo.

En los días sucesivos, al bajar a tierra, su memoria experimentaba invariablemente el mismo fenómeno. Iba el capitán por la ciudad, sin acordarse de aquel individuo, pero al entrar en la Cannebière surgía inmediatamente en su cerebro dicho recuerdo, seguido de una ansiedad inexplicable.

«¿Dónde estará ahora mi inglés? —pensaba—. ¿Dónde le he visto antes?... ¡Porque es indudable que nos conocemos!»

Miraba curiosamente, a partir de este instante, a todos los transeúntes, y a veces apresuraba el paso para examinar a algunos que se le asemejaban por la espalda. Una tarde creyó reconocerlo en un carruaje de alquiler cuyo caballo marchaba a vivo trote por la avenida del Prado; pero cuando quiso seguirle, el vehículo había desaparecido en una calle inmediata.

Transcurrieron los días, y el capitán olvidó definitivamente este encuentro. Otros asuntos más reales e inmediatos le preocupaban. Su buque estaba listo; iban a enviarle a Inglaterra para cargar municiones destinadas al ejército de Oriente.

La mañana de su partida bajó a tierra sin deseos de llegar al centro de la ciudad.

En una calle de los *docks* había una barbería frecuentada por los capitanes españoles. La charla pintoresca del barbero, nacido en Cartagena, las láminas de colores fijas en la pared representando corridas de toros, los periódicos de Madrid olvidados en los divanes de hule y una guitarra en un rincón, hacían de esta tienda un pedazo de España para los vagabundos del Mediterráneo.

Ferragut, antes de partir, quiso entregar sus barbas al tijereteo del verboso maestro. Cuando, pasada una hora, pudo salir de la barbería, arrancándose a las interminables despedidas del dueño, siguió una amplia calle entre dos filas de *docks*, solitaria y silenciosa.

Las puertas corredizas de acero estaban cerradas y selladas. Los almacenes, vacíos y sonoros como naves de catedral, exhalaban aún los fuertes olores de los géneros que habían guardado en tiempo de paz: vainilla, canela, rollos de cuero, nitratos y fosfatos para abonos químicos.

No vio en toda la calle mas que un hombre que venía hacia él dando la espalda a la dársena. Entre las dos largas paredes de ladrillos surgía el muelle en el fondo, con montañas de mercancías, escuadras de cargadores negros, vagones y carros. Más allá estaban los cascos de los buques, sustentando un bosque de palos y chimeneas, y en último término la muralla amarilla del malecón exterior y el cielo recién lavado por la lluvia, con un rebaño de nubecillas blancas y plácidas como sedosos carneros.

El hombre que volvía del puerto y caminaba con los ojos fijos en Ferragut se detuvo de pronto, y girando sobre sus talones volvió hacia el muelle... Este movimiento despertó la curiosidad del capitán, aguzando sus sentidos. Repentinamente tuvo el presentimiento de que este transeúnte era «su inglés». Iba vestido de otro modo, con menos elegancia; solo podía ver su espalda alejándose rápidamente, pero su instinto fue en este momento superior a sus ojos... No necesitaba mirar: era el inglés.

Y sin saber por qué, apresuró el paso para alcanzarle. Luego corrió francamente, al considerar que estaba solo en la calle y el otro había desaparecido doblando la esquina.

Cuando Ferragut salió al muelle, pudo ver cómo se alejaba con un paso elástico que casi era una fuga. Había ante él una cordillera de fardos amontonados, con tortuosos desfiladeros. Iba a perderlo de vista: le sería difícil encontrarle un minuto después.

El capitán vaciló. «¿Qué motivo tenía para acosar a este desconocido?...» Y en el preciso momento que se formulaba esta pregunta, el otro retuvo un poco su marcha para volver la cabeza y darse cuenta de si le seguían.

Se verificó en Ferragut un rápido fenómeno. No había reconocido la mirada de este hombre cuando casi se tocaban en la acera de la Cannebière, y ahora que existía entre los dos una distancia de cincuenta metros, ahora que el otro huía y solo presentaba un perfil fugitivo, el capitán descubrió quién era por sus ojos, a pesar de que no podía distinguirlos claramente a tal distancia.

Un telón pareció rasgarse en su memoria con doloroso crujido, dejando pasar torrentes de luz... Era el falso conde ruso, estaba seguro de ello, Von Kramer, el marino alemán, afeitado y desfigurado, que «trabajaba» sin duda en Marsella, montando nuevos servicios, meses después de haber preparado la entrada de los sumergibles en el Mediterráneo.

La sorpresa inmovilizó a Ferragut. Con la misma rapidez imaginativa del que va a morir ahogado en el mar y repasa vertiginosamente las escenas de su vida anterior, vio su infame existencia de Nápoles, la expedición en la goleta para avituallar a los submarinos, luego el torpedo que abría una brecha en el *Californian*... ¡Y este hombre era tal vez el que había hecho saltar por el aire a su pobre hijo hecho pedazos!...

Vio también a su tío el *Tritón* lo mismo que cuando le escuchaba siendo pequeño en el puerto de Valencia. Recordó su relato de cierta noche de orgía egipcia en un cafetucho de Alejandría, donde tuvo que «pinchar» a un hombre para abrirse paso.

El instinto le hizo llevarse una mano a la cintura. ¡Nada!... Maldijo la vida moderna y sus inciertas seguridades, que permiten a los hombres ir de un lado a otro confiados, inermes, sin medios de agredir. En otros puertos bajaba a tierra con el revólver en un bolsillo del pantalón... ¡pero en Marsella! No llevaba ni un cortaplumas: solo tenía sus puños... Hubiese dado en aquel momento su buque entero, su vida, por un instrumento que le permitiese matar... ¡matar de un golpe!...

Se fue apoderando de él la vehemencia sanguinaria del mediterráneo. ¡Matar!... No sabía cómo hacerlo, pero debía matar.

Lo más inmediato era detener al enemigo que se escapaba. Iba a caer sobre él con los puños, con los dientes, entablando una lucha prehistórica, la pelea animal antes de que el hombre inventase la maza. Tal vez el otro ocultaba un arma y podía matarle; pero él, en su soberbia vengativa, solo veía la muerte del enemigo, repeliendo todo temor.

Para que no pudiera ocultarse a su vista, corrió hacia él sin disimulo alguno, como si estuviese en un desierto, a toda la velocidad de sus piernas. El instinto de agredir le hizo agacharse, agarrar una madera que estaba en el suelo, una especie de palanca rústica, y armado de este modo primitivo continuó su carrera.

Todo esto había durado unos segundos. El otro, al notar la hostil persecución, corrió francamente a su vez, desapareciendo entre las colinas de fardos.

El capitán vio confusamente que unas sombras saltaban en torno de él cortándole el paso. Sus ojos, que todo lo contemplaban de color escarlata, acabaron por distinguir unas caras negras y otras blancas... Eran los descargadores militares y civiles, alarmados por el aspecto de un hombre que corría como un loco.

Lanzó una maldición al verse detenido. Con el instinto justiciero de las multitudes, estas gentes solo se preocupaban del agresor, dejando libre al que huía. No pudo guardar su cólera toda para él: tuvo que revelar su secreto.

—Es un espía... ¡un espía *boche*!

Dijo esto con voz sorda, entrecortada, y jamás una palabra suya de mando obtuvo un eco más ruidoso. «¡Un espía!...» El grito hizo surgir hombres como si los vomitase la tierra; saltó de boca en boca, repitiéndose hasta lo infinito, conmoviendo los muelles y los buques, vibrando hasta más allá de lo que podía alcanzar la mirada, penetrando en todas partes con la difusión y la rapidez de las ondas sonoras. «¡Un espía!...» Corrían los hombres con redoblada agilidad; los cargadores abandonaban sus fardos para unirse a la persecución; saltaba gente de los vapores para colaborar en la humana cacería.

El autor de la ruidosa alarma, el que había dado el grito, se vio sobrepasado y anulado por la tromba persecutoria que acababa de provocar. Ferragut, siempre corriendo, quedó detrás de los tiradores negros, de los cargadores, de los guardianes del puerto, de los marineros que acudían de todos lados, introduciéndose por los callejones de fardos y cajas... Eran como los lebreles que baten las sinuosidades de la selva, haciendo salir el ciervo a campo llano; como los hurones que se deslizan por las galerías subterráneas, obligando a la liebre a volver a la luz. El fugitivo, cercado en el dédalo de pasadizos, tropezando con enemigos en todas las revueltas, surgió corriendo por el extremo opuesto y continuó su carrera a lo largo del muelle.

La cacería duró breves instantes al desarrollarse en un terreno libre de obstáculos. «¡Un espía!...» La voz, más rápida que las piernas, saltaba a su encuentro. Los gritos de los perseguidores avisaban a las gentes que seguían trabajando a lo lejos, sin comprender la alarma.

Quedó de pronto el fugitivo entre un semicírculo cóncavo de hombres que le aguardaban a pie firme y un semicírculo convexo que seguía sus pasos con ondulante persecución. Se juntaron las dos multitudes cerrando sus extremos, y el espía quedó prisionero.

Ferragut le vio intensamente pálido, jadeante, paseando sus ojos en torno de él con una expresión de animal acosado que piensa aún en la posibilidad de defenderse.

Su diestra buscó en uno de sus bolsillos. Tal vez iba a sacar un revólver para morir matando. Un negro cercano a él levantó un madero que empuñaba a guisa de maza. Resurgió la mano teniendo un papel entre los dedos e intentó llevarlo a la boca. Pero el golpe del negro suspendido en el aire cayó sobre su brazo, haciéndolo colgar inerte. El espía se mordió los labios para contener un rugido de dolor.

El papel había rodado por el suelo y varias manos lo recogieron a la vez. Un suboficial lo desarrugó antes de examinarlo. Era un pedazo de papel fino con el contorno dibujado del Mediterráneo. Todo el mar estaba cuadriculado como un tablero de ajedrez, y en el centro de las casillas había un número de orden. Estos cuadrados eran sectores, y sus números servían para hacer saber a los submarinos, por telegrafía sin hilo, los lugares donde podían aguardar a los buques aliados, torpedeándolos.

Otro suboficial explicó rápidamente a las gentes inmediatas la importancia del descubrimiento. «Sí que era un espía.» Esta afirmación despertó el regocijo de una buena presa y el deseo impulsivo de venganza que enloquece en ciertos momentos a las muchedumbres.

Los hombres de los buques eran los más furiosos, por lo mismo que arrostraban a todas horas la traidora asechanza submarina. «¡Ah, bandido!...» Muchos puños cayeron sobre él, haciéndole bambolear bajo sus golpes.

Cuando el preso quedó resguardado por los pechos de varios suboficiales, Ferragut pudo verle de cerca, con una sien manchada de sangre y una expresión fría y altiva en los ojos. Entonces se dio cuenta de que llevaba teñidos los cabellos.

Había huido por salvarse, se había mostrado humilde y medroso al ser alcanzado, creyendo que aún le era posible mentir. Pero el papel que deseaba hacer desaparecer dentro de su boca estaba en manos de los enemigos... ¡Resultaba inútil fingir más!...

Y se irguió orgulloso, como todo hombre de guerra que considera su muerte cierta. Reaparecía el oficial de casta, mirando con altivez a sus perseguidores anónimos, implorando únicamente protección de los kepis con galón de oro.

Sus ojos quedaron inmóviles al descubrir a Ferragut. Le contemplaron fijamente, con una insolencia glacial y desdeñosa. Sus labios se movieron con la misma expresión de menosprecio.

No decían nada, pero el capitán adivinó sus palabras sin sonido... Le insultaban. Era el insulto del hombre de jerarquía superior al siervo infiel; el orgullo del oficial noble que se acusa a sí mismo por haber fiado en la lealtad de un simple marino mercante.

—¡Traidor!... ¡traidor! —parecían decirle sus ojos insolentes, su boca murmurante y sin voz.

Ulises se encolerizó ante esta altivez. Pero su cólera fue glacial, una cólera que se contiene viendo al enemigo privado de defensa.

Avanzó hacia él como uno de los muchos que le insultaban mostrándole el puño. Su mirada sostuvo la mirada del alemán, y le habló en español con voz sorda.

—¡Mi hijo... mi único hijo murió hecho pedazos en el torpedeamiento del *Californian*!

Estas palabras hicieron cambiar el rostro del espía. Sus labios se separaron, lanzando una leve exclamación de sorpresa.

—¡Ah!...

Se apagó la luz arrogante de sus pupilas. Luego bajó los ojos, y poco después la cabeza.

La muchedumbre vociferante lo fue empujando y se lo llevó, sin que nadie se acordase del hombre que había dado la alarma e iniciado la persecución.

Aquella misma tarde el *Mare Nostrum* salió de Marsella.

X. En Barcelona

Cuatro meses después, el capitán Ferragut estaba en Barcelona.

Había hecho durante este tiempo tres viajes a Salónica, y en el segundo tuvo que comparecer ante un capitán de navío del ejército de Oriente. El marino francés estaba enterado de sus expediciones anteriores para el avituallamiento de las tropas aliadas; conocía su nombre, y le miró como un juez que se interesa por el acusado. Había recibido de Marsella un largo telegrama referente a Ferragut. Un espía sometido a la justicia militar le acusaba de haber trabajado en el aprovisionamiento de los submarinos alemanes.

—¿Qué hay de eso, capitán?...

Ulises quedó indeciso, mirando la cara grave del marino encuadrada por una barba gris. Este hombre inspiraba confianza. Podía responder negativamente a tales preguntas; le sería difícil al alemán probar sus afirmaciones; pero prefirió decir la verdad, con la sencillez del que no intenta disimular su culpa, describiéndose tal como había sido, ciego de torpe pasión, arrastrado por los artificios amorosos de una aventurera.

—¡Las mujeres!... ¡ah, las mujeres! —murmuró el jefe francés con sonrisa melancólica, como un magistrado que no pierde de vista las debilidades humanas y ha participado de ellas.

Sin embargo, el delito de Ferragut era de importancia. Había ayudado a la implantación del ataque submarino en el Mediterráneo... Pero cuando el capitán español contó cómo había sido él una de las primeras víctimas, cómo había muerto su hijo en el torpedeamiento del *Californian*, el juez pareció conmoverse, mirándolo con ojos menos severos.

Luego relató su encuentro con el espía en el puerto de Marsella.

—He jurado —dijo finalmente— dedicar mi buque y mi vida a causar todo el daño que pueda a los asesinos de mi hijo... Ese hombre me denuncia para vengarse. Reconozco que mi ceguera amorosa me arrastró a un delito que no olvidaré nunca. Bastante castigado estoy con la muerte de mi hijo... pero no importa: que me sentencien también los hombres.

El jefe quedó en profunda reflexión, con la frente en una mano y el codo en la mesa. Ferragut conocía la justicia militar, expedita, intuitiva, pasional, atenta a sentimientos que apenas tienen valor en otros tribunales, juzgando por los movimientos de la conciencia más que por la letra de las leyes, y capaz de fusilar a un hombre con la misma prontitud que emplea para dejarlo en libertad.

Cuando los ojos del juez volvieron a fijarse en él, tenían una luz afectuosa. Había sido culpable, no por dinero ni por traición, sino enloquecido por una mujer. ¿Quién no tenía en su historia algo semejante?... «¡Ah, las mujeres!», repitió el francés, como si lamentase la más terrible de las esclavitudes... Pero bastante pena había sufrido con la pérdida de su hijo. Además, a él le debían el descubrimiento y el arresto de un espía importante.

—La mano, capitán —acabó diciendo, mientras le tendía su diestra—. Todo lo que hemos hablado queda entre los dos: es como una confesión. Yo me entenderé con el Consejo de guerra... Siga usted prestando sus servicios a nuestra causa.

Y Ferragut no se vio inquietado más por el asunto de Marsella. Tal vez le vigilaban discretamente y no le perdían de vista hasta convencerse de su completa inocencia. Pero esta vigilancia que él presentía nunca se hizo sentir ni le acarreó molestia alguna.

En el tercer viaje a Salónica, el capitán de navío le vio una vez de lejos, saludándole con su grave sonrisa. Y no supo más del espía.

A la vuelta, el *Mare Nostrum* ancló en Barcelona para cargar paño destinado al ejército servio y otros artículos industriales que necesitaban las tropas de Oriente. Este viaje no lo hizo Ferragut por el deseo de ganancia. Un interés afectivo tiraba de él... Necesitaba ver a Cinta, sintiendo que en su alma retoñaba el pasado.

La imagen de la esposa surgía en su memoria vivaz y atrayente, como en los primeros tiempos de su matrimonio. No era una resurrección del antiguo amor: esto resultaba imposible... Pero el remordimiento se la hacía ver idealizada por la distancia, con todas sus cualidades de mujer dulce y modesta; y el continuo recuerdo iba tomando la forma de un deseo amoroso.

Quería restablecer las cordiales relaciones de otros tiempos; hacerse perdonar todo lo pasado; que ella no le mirase con odio, creyéndolo responsable de la muerte de su hijo.

En realidad era la única mujer que le había amado sinceramente, como ella podía amar, sin brusquedades y exageraciones pasionales, con la tranquilidad de una compañera. Las otras no existían. Eran un tropel de sombras que apenas si se marcaban en su memoria como espectros daltonianos, de visible contorno, pero sin color. En cuanto a la última, aquella Freya que la desgracia había puesto ante su paso... ¡cómo la odiaba el capitán! ¡Cómo deseaba encontrarse con ella para devolverle una parte del daño que le había hecho!...

Al ver a su esposa, se imaginó Ulises que no había transcurrido el tiempo. La encontró lo mismo que al partir, con las dos sobrinas sentadas a sus pies, fabricando blondas interminables y sutiles sobre los colchoncillos cilíndricos apoyados en sus rodillas.

La única novedad de la llegada del capitán a esta vivienda de monástica calma fue que don Pedro se abstuvo de sus visitas.

Cinta acogió a su marido con una sonrisa pálida. Se adivinaba en esta sonrisa la obra del tiempo. Seguía pensando en su hijo a todas horas, pero con una resignación que secaba sus lágrimas y le permitía continuar el pausado mecanismo de su existencia. Quiso borrar además sus malas palabras, inspiradas por el dolor: el recuerdo de aquella escena de rebelión en la que se había levantado como una acusadora iracunda contra el padre. Y Ferragut, durante algunos días, creyó vivir lo mismo que años atrás, cuando aún no había comprado el *Mare Nostrum* y proyectaba quedarse para siempre en tierra. Cinta le atendía y obedecía como debe hacerlo una esposa cristiana. Sus palabras y actos revelaban un deseo de olvidar, de hacerse agradable.

Pero algo faltaba que había hecho dulce el pasado. Ulises, varón impetuoso, incapaz de cordura al lado de una mujer, impuso en las noches el ejercicio de sus derechos. Un sentimiento de tristeza y de vergüenza fue el obligado final de sus caricias. Su esposa salía de ellas como de un suplicio: resignada porque así lo exigía su deber, pero con un gesto de repulsión mal disimulado.

La cordialidad de su juventud no podía resucitar. El recuerdo del hijo se incrustaba entre los dos, dejando apenas en el pensamiento un breve espacio para el deseo voluptuoso... ¡Y así sería siempre!

Volvió a esperar con impaciencia la hora de huir de Barcelona. En realidad, aquella casa ya no era suya. Por mucho que la esposa se esforzase, siempre se interpondría entre ambos el irremediable pasado. Su destino era vivir en un buque, pasar el resto de sus días sobre las olas, como el capitán maldito de la leyenda holandesa, hasta que viniese a redimirle una virgen pálida envuelta en velos negros: la muerte.

Mientras el vapor terminaba su carga paseó por la ciudad, visitando a sus primos los fabricantes o permaneciendo, como un desocupado, en los cafés. Seguía con los ojos la corriente humana de las Ramblas, en la que se confundían los hijos del país y los pintorescos y disparatados contingentes aportados por la guerra.

Lo primero que notó Ferragut fue la visible disminución de los refugiados alemanes.

Meses antes los había encontrado en todas partes, llenando los hoteles, apoderándose de los cafés, ostentando en las calles sus sombreros verdes y sus camisas de cuello abierto, que les hacían ser reconocidos inmediatamente. Las alemanas, con trajes vistosos y disparatados, se besaban al encontrarse, hablando a gritos. La lengua germánica, confundida con el catalán y el castellano, parecía pertenecer al país. En los caminos y las montañas se veían filas de mocetones despechugados, con la cabeza descubierta, un palo en la mano y una mochila alpestre a la espalda, entreteniendo sus ocios con excursiones de placer que tal vez eran al mismo tiempo de previsor estudio.

Todos ellos procedían del otro hemisferio. Eran alemanes de América, especialmente del Brasil, de Argentina y Chile, que habían pretendido volver a su país en los primeros momentos de la guerra, quedando aislados en Barcelona, sin poder continuar su viaje, por miedo a los cruceros franceses e ingleses que vigilaban el Mediterráneo.

Al principio ninguno había querido preocuparse de su instalación en esta tierra extraña. Todos se aglomeraban a la vista del mar, con la esperanza de ser los primeros en embarcarse apenas se abriese para ellos el camino de la navegación.

La guerra iba a ser muy corta, ¡cortísima! El káiser y sus irresistibles ejércitos solo necesitaban seis meses para imponer la ley a toda Europa. Las familias germánicas enriquecidas por el comercio se habían alojado en los hoteles. Los pobres que trabajaban en el Nuevo Mundo como agricultores o dependientes de tienda se acuartelaban en un matadero de las afueras. Algunos que eran músicos habían adquirido instrumentos viejos y formaban murgas vagabundas, implorando limosna con sus rugidos de pueblo en pueblo.

Pero transcurrían los meses, la guerra se prolongaba, y nadie podía columbrar su término. Cada vez era mayor el número de los que tomaban las armas contra el imperialismo medioeval de Berlín. Y los refugiados alemanes, convencidos finalmente de que la espera iba a ser larga, se esparcían por el interior de la nación, buscando una existencia más amplia y barata. Los que habitaban hoteles lujosos iban a instalarse en «villas» y *chalets* de los alrededores; los pobres, cansados del rancho del matadero, se enganchaban para trabajar en obras públicas del interior.

Aún quedaban muchos en Barcelona, reuniéndose en determinadas cervecerías para leer los periódicos de su patria y hablar misteriosamente de los trabajos de la guerra.

Ferragut los reconocía inmediatamente al encontrarlos en la Rambla. Eran mercaderes establecidos largos años en el país, que alardeaban de catalanes con la mentirosa facilidad de adaptación propia de su raza. Otros procedían de América y estaban ligados con los de Barcelona por la francmasonería del comercio y del interés patriótico. Pero todos eran germanos, y ello bastaba para que el capitán recordase inmediatamente a su hijo, imaginando sangrientas venganzas. Deseó a veces tener en su brazo las fuerzas ciegas de la

Naturaleza para borrar de un solo golpe a estos enemigos. Le molestaba verlos instalados en su tierra, tener que pasar junto a ellos diariamente, sin protesta y sin agresión, respetándolos porque así lo exigían las leyes.

Gustaba en las mañanas de circular por la Rambla ante los puestos de las floristas. Podía pasearse entre dos muros de flores recién cortadas que guardaban aún en sus corolas el rocío del amanecer. Cada mesa de hierro era una pirámide con todas las tintas del iris y todas las fragancias que puede elaborar la tierra.

Empezaba la buena estación. Los árboles añosos de la Rambla se cubrían de hojas, y en sus frondas nacientes chillaban miles de pájaros con la tenacidad ensordecedora de las cigarras, persiguiéndose de tronco en tronco, dejando caer sobre la muchedumbre que circulaba por abajo el olvido casi líquido de sus flojos intestinos.

El capitán, mirando a las señoras con mantilla que llegaban en busca de un ramo, creía percibir el perfume de su carne matinal recién salida del sueño y refrescada por este ambiente de jardín. En Ferragut, el deseo de la mujer predominaba sobre todas las emociones. Ninguna situación, por angustiosa que fuese, le dejaba insensible a los atractivos femeninos.

Una mañana, avanzando lentamente entre la muchedumbre, notó que le seguía una mujer. Varias veces le cortó el paso sonriéndole, buscando un pretexto para entablar conversación. Tal insistencia no podía enorgullecerle. Era una hembra cuarentona, de pecho prominente y sueltas ancas, una cocinera con la cesta en el brazo, igual a muchas otras que pasaban por la Rambla de las Flores para unir un ramo a la diaria compra de víveres.

Al darse cuenta de que el marino no se conmovía con sus sonrisas y las miradas de sus ojos claros, se plantó ante él, hablándole en catalán.

—¿Es usted, y perdone, un capitán de barco al que llaman don Ulises?...

Se entabló la conversación. La cocinera, convencida de que era él, siguió hablando con sonriente misterio. Una señora muy hermosa deseaba verle... Y le dio las señas de una «torre» situada al pie del Tibidabo, en una barriada de reciente construcción. Podía hacer su visita a las tres de la tarde.

—Venga, señor —añadió con una mirada de dulce promesa—. No se arrepentirá del viaje.

Fueron inútiles todas las preguntas. La mujer no quiso decir más. Lo único que pudo entrever en sus evasivas fue que la persona que la enviaba se había separado de ella al ver al capitán.

Cuando se alejó la mensajera quiso seguirla, pero la gorda comadre volvió repetidas veces la cabeza. Su astucia estaba habituada a burlar persecuciones, y sin que Ferragut pudiera darse cuenta de cómo fue su desaparición, se escabulló entre los grupos cerca de la plaza de Cataluña.

«No iré», fue lo primero que se dijo Ulises al quedar solo.

Sabía lo que significaba esta invitación. Recordó un sinnúmero de antiguas e inconfesables amistades que tenía en Barcelona: mujeres que había conocido en otros tiempos, entre dos viajes, sin pasión alguna, por su curiosidad de vagabundo ansioso de novedades. Tal vez una de ellas le había visto en la Rambla, enviándole a esta intermediaria para reanudar viejas relaciones. El capitán debía gozar fama de rico, ahora que todo el mundo hacía comentarios sobre los formidables negocios realizados por los dueños de buques.

«No iré», volvió a decirse con energía. Consideraba una molestia inútil acudir a esta entrevista, para encontrar la sonrisa mercenaria de un rostro conocido y olvidado.

Pero la insistencia del recuerdo y la misma tenacidad con que se repitió su promesa de no acudir a la cita empezaron a hacer sospechar a Ferragut que bien podría ser que fuese a ella.

Después del almuerzo su voluntad flaqueó. No sabía qué hacer durante la tarde. Su única distracción era visitar a sus primos en sus escritorios o pasear por la Rambla. ¿Por qué no ir?... Tal vez se engañaba, y la entrevista fuese interesante. De todos modos, tenía el recurso de retirarse después de una breve conversación sobre el pasado... Su curiosidad estaba excitada por el misterio.

Y a las tres de la tarde tomó un tranvía, que le condujo a los nuevos barrios surgidos al pie del Tibidabo.

La burguesía comercial había cubierto estos terrenos con una floración arquitectónica hija legítima de su fantasía. Tenderos y fabricantes querían tener una casa de placer —llamada «torre» tradicionalmente— para descansar los domingos y hacer alarde al mismo tiempo de su prosperidad. Las había góticas, árabes, griegas y persas. Los más patriotas se confiaban a la inspiración de ciertos arquitectos que habían inventado un arte catalán, con ojivas, almenas y coronas de conde. Estas coronas medioevales, que se repetían hasta en los remates de los reverberos, eran el eterno tema decorativo de una ciudad industrial poco dada a los ensueños y áspera para la ganancia.

Ferragut avanzó por una calle solitaria, entre dos filas de árboles de fresco trasplante, que empezaban a dar su primer estirón. Miraba las fachadas de las «torres», hechas de bloques de cemento imitando la piedra de las viejas fortalezas, o con azulejos que representaban paisajes de ensueño, flores absurdas, ninfas azuladas.

Al descender del tranvía había adoptado una resolución. Solo deseaba ver la casa exteriormente. Tal vez esto le ayudase a descubrir quién era la mujer. Luego seguiría adelante.

Pero al llegar a la «torre» cuyo número guardaba en su memoria y detenerse unos segundos ante su arquitectura de castillete feudal, que hacía presentir un interior semejante a los salones de las cervecerías, vio que se abría la puerta, apareciendo en ella la misma mujer que le había hablado en la Rambla de las Flores.

—Entre usted, capitán.

Y el capitán no pudo resistirse a los ojos maliciosos y la sonrisa terceril de la cocinera.

Se vio en una especie de *hall* semejante a la fachada, con chimenea gótica de alabastro imitando el roble, grandes jarros de porcelana, pipas de tamaño de bastones y armas viejas adornando las paredes. Varias estampas reproduciendo cuadros modernos de Múnich alternaban con estos adornos. Frente a la chimenea, Guillermo II lucía uno de sus innumerables uniformes entre las rutilancias del marco dorado y esplendoroso.

La casa parecía deshabitada. Gruesas cortinas, blandas alfombras, devoraban todos los ruidos. Había desaparecido la pesada introductora con la ligereza de un ser inmaterial, como tragada por la pared. El marino empezó a sentirse inquieto en esta soledad que le parecía hostil, mirando fijamente el retrato del káiser... ¡Y él que no llevaba armas!

Volvió a presentarse la sonriente mujer con el mismo deslizamiento silencioso.

—Pase usted, don Ulises.

Había abierto una puerta, y Ferragut, al avanzar, sintió que esta puerta se cerraba a sus espaldas.

Lo primero que pudo ver fue un ventanal, más ancho que alto, con vidrios de colores. Una Walkiria galopaba en él, con la lanza en alto y la cabellera flotante, sobre un caballo negro que expelía fuego por las narices. A la luz difusa de la vidriera columbró tapices en las paredes y un diván profundo con almohadones floreados.

Una mujer surgió de la hundida mullidez de este lecho, saltando hacia Ferragut con los brazos extendidos Su impulso fue tan violento que la hizo chocar contra el pecho del capitán. Antes de que el abrazo femenino se cerrase sobre él, vio una boca suspirante, de dientes ávidos; unos ojos lacrimosos por la emoción; una sonrisa que era un rictus, mezcla de amor y de inquietud dolorosa.

—¡Tú!... ¡tú! —balbuceó él, echándose atrás.

Le temblaron las piernas con el estremecimiento de la sorpresa; una ola de frío corrió por su espalda.

—¡Ulises! —suspiró la mujer, intentando abarcarlo de nuevo con sus brazos.

—¡Tú!... ¡tú! —volvió a repetir el marino con voz sorda.

Era Freya.

No supo ciertamente qué fuerza misteriosa le dictó su gesto. Fue tal vez la voz de los buenos consejos, que hablaba en su cerebro en los instantes críticos y ahora había perdido su cordura... Vio instantáneamente el mar, un buque que estallaba y su hijo hecho pedazos.

—¡Ah... *tal*!

Levantó el brazo robusto, con el puño cerrado como una maza. La voz de la prudencia seguía dándole órdenes: «¡Duro!... Nada de miramientos. Esta hembra es de revólver». Y pegó como si su enemigo fuese un hombre, sin vacilación, sin misericordia, concentrando en el puño toda su alma.

El odio que sentía y el recuerdo de los medios agresivos de la alemana le hicieron iniciar un segundo golpe, temiendo un ataque de ella, queriendo repelerlo antes de que lo realizase... Pero quedó con el brazo en alto.

—¡Ay!...

La mujer había lanzado un gemido infantil, bamboleándose, girando sobre sus pies, con los brazos a lo largo del cuerpo, sin intento alguno de defensa... Fue de un lado a otro, lo mismo que si estuviese ebria. Se doblaron sus rodillas, y cayó con la blandura de un paquete de ropas, chocando su cabeza primeramente con el duro brazo de un sitial de roble, yendo después, de rebote, a posarse sobre los almohadones del diván. El resto del cuerpo quedó como un andrajo sobre la alfombra.

Hubo un largo silencio, interrumpido de tarde en tarde por quejidos de dolor. Freya gemía con los ojos cerrados, sin salir de su inercia.

El marino, ceñudo, ajado por la cólera, con una fealdad trágica, siguió inmóvil, mirando torvamente a la hembra caída. Estaba satisfecho de su brutalidad; había sido un desahogo oportuno; respiraba mejor. Al mismo tiempo sentía vergüenza. «¿Qué has hecho, cobarde?...» Por primera vez en su existencia había pegado a una mujer.

Se llevó su diestra dolorida a la altura de los ojos. Uno de sus dedos sangraba. Tal vez se había enganchado en los pendientes de ella; tal vez se había rasgado en un alfiler perdido en su pecho. Chupó la sangre del profundo arañazo y luego olvidó esta herida, para seguir contemplando el cuerpo tendido a sus pies.

Poco a poco se habituó a la luz difusa de la habitación. Veía ya todos los objetos claramente. Sus ojos abarcaron a Freya con una mirada en la que se confundían el odio y el remordimiento.

La cabeza, hundida en el cojín, presentaba un perfil doloroso. Parecía mucho más vieja, como si su edad se hubiese doblado con las lágrimas. El golpe brutal había hecho huir con fúnebre aleteo su frescura y su maravillosa juventud. Sus ojos entreabiertos tenían una aureola de momentáneas arrugas; la nariz había tomado el lívido afilamiento de los moribundos. El casco de sus cabellos, roto bajo el puñetazo, se esparcía en mallas doradas y ondulantes. Algo negro serpenteaba formando hilillos sobre la seda del almohadón. Era sangre que corría un breve trecho entre las flores heráldicas del bordado; sangre que manaba de la sien oculta, para ser bebida por la sequedad del blando relleno.

Ferragut, al hacer este descubrimiento, sintió aumentarse su confusión. Dio un paso sobre el cuerpo tendido, buscando la puerta. ¿Por qué continuaba allí?... Todo lo que debía hacer ya estaba hecho, todo lo que podían decirse ya estaba dicho.

—¡No te vayas, Ulises! —suspiró una voz doliente—. ¡Óyeme!... Se trata de tu vida.

El miedo a que él huyese la hizo incorporarse con dolorosos gemidos, y este movimiento aceleró la salida de su sangre... El almohadón continuó abrevándose como un prado que tiene sed.

Una piedad irresistible, igual a la que podía sentir por una desconocida abandonada en mitad de la calle, hizo retroceder al marino. Sus ojos se fijaron en un alto tubo de cristal que subía desde el suelo con la boca repleta de flores. De un zarpazo esparció sobre la alfombra toda esta primavera arreglada poco antes por unas manos femeniles con la fiebre del que cuenta los minutos y vive esperando.

Mojó su pañuelo en el agua de las flores y se arrodilló junto a Freya, levantando su cabeza del cojín. Ella se dejó lavar la herida con un abandono de criatura enferma, fijando en su agresor unos ojos implorantes, que se abrían enteros por primera vez.

Cuando la sangre cesó de surgir, formándose en la sien una mancha roja de coágulo, Ferragut intentó levantarla.

—No, déjame así —murmuró ella—. Prefiero estar a tus pies. Soy tu esclava... tu cosa. Pégame más, si eso calma tu cólera.

Quiso afirmar su humildad avanzando hacia él los labios con un beso tímido, de sierva agradecida.

—¡Ah, no!... ¡no!

Ulises, para huir de esta caricia, se puso de pie con violencia.

Sintió otra vez odio contra la mujer que recobraba poco a poco sus sentidos. Al cesar el chorreo de la sangre se había extinguido su compasión.

Ella, adivinando sus pensamientos, sintió la necesidad de hablar.

—Haz de mí lo que quieras... no me quejaré. Tú eres el primer hombre que me ha pegado... ¡y no me he defendido! No me defenderé aunque vuelvas a golpearme... De ser otro, habría contestado a la agresión; ¡pero tú!... ¡te he hecho tanto daño!...

Calló unos momentos. Estaba arrodillada ante él en actitud suplicante, con el cuerpo descansando sobre los talones. Tendía los brazos al hablar con una voz doliente y monótona, igual a la de los espectros en las apariciones de teatro.

—He vacilado mucho antes de verte —continuó—. Temía tu cólera; estaba segura que en el primer momento te dejarías arrastrar por tu carácter, y me daba miedo la entrevista... Te he espiado desde que supe que estabas en Barcelona; he aguardado cerca de tu casa; muchas veces te he visto a la puerta de un café y he tomado la pluma para escribirte; pero temí que no acudieras al conocer mi letra, o que despreciaras una carta de otra mano... Esta mañana, en la Rambla, no pude contenerme por más tiempo, y te envié a esa mujer, y he pasado unas horas crueles sospechando que no vendrías... Al fin te veo, y nada me importan tus violencias... ¡Gracias, muchas gracias por haber venido!

Ferragut permaneció inmóvil, con la mirada perdida, como si no oyese su voz.

—Necesitaba verte —siguió diciendo ella—. Se trata de tu existencia. Te has colocado enfrente de un poder inmenso que puede aplastarte: tu pérdida está decidida. Eres un hombre solo, y desafías, sin saberlo, a una organización grande como el mundo... El golpe aún no ha caído sobre ti, pero caerá de un momento a otro; tal vez hoy mismo; yo no puedo saberlo todo... Por esto necesitaba verte, para que te pongas a la defensiva, para que huyas si es preciso.

El capitán levantó los hombros sonriendo con desprecio, como siempre que le hablaban de peligros aconsejándole prudencia. Además, no creía nada de aquella mujer.

—¡Mentira! —dijo sordamente—. ¡Todo mentira!...

—No, Ulises; óyeme. Tú no sabes el interés que me inspiras. Eres el único hombre que he amado... No sonrías así: me da miedo tu incredulidad... El remordimiento va unido a mi pobre amor; ¡te he hecho tanto daño!... Odio a los hombres, ansío causarles todo el mal que pueda, pero existe una excepción: ¡tú!... Todos mis deseos de felicidad son para ti; mis ensueños sobre el porvenir tienen siempre como centro tu persona... ¿Quieres que permanezca indiferente al verte en peligro?... No, no miento... Todo lo que te diga esta tarde es la verdad; ya no podré mentirte nunca. Bastante me pesan mis artificios y embustes que te atrajeron la desgracia... Vuelve a pegarme, trátame como a la peor de las mujeres, pero cree cuanto yo te diga; sigue mis consejos.

Continuó el marino en su actitud de indiferencia y menosprecio. Las manos le temblaban, impacientes. Iba a marcharse; no quería oírla más... ¿Le había buscado para infundirle miedo con sus peligros imaginarios?...

—¿Qué has hecho, Ulises?... ¿qué has hecho? —siguió diciendo Freya con desesperación.

Sabía todo lo ocurrido en el puerto de Marsella, e igualmente lo sabían los infinitos agentes que trabajaban por la mayor gloria de Alemania. El marino Von Kramer, desde su encierro, había hecho conocer el nombre de su delator. Ella se lamentó de la franqueza vehemente del capitán.

—Comprendo tu odio: no puedes olvidar el torpedeamiento del *Californian*... Pero debías haber denunciado a Von Kramer anónimamente, sin que él supiese de quién partía la acusación... Has procedido como un loco, como un meridional; eres un carácter arrebatado que no teme el mañana.

Ulises hizo un gesto de desprecio. Él no gustaba de tapujos y traiciones: su procedimiento era el mejor. Lo único que lamentaba era que este asesino del mar viviese aún; no haber podido matarlo por su propia mano.

—Tal vez no vive ya —prosiguió ella—. El Consejo de guerra lo ha condenado a muerte. Ignoramos si la sentencia se ha cumplido; pero lo van a fusilar de un momento a otro, y todos en nuestro mundo saben que eres tú el verdadero autor de su desgracia.

Se asustaba al pensar en el odio acumulado por este hecho y en la próxima venganza. El nombre de Ferragut era objeto en Berlín de una atención especial; en todas las naciones de la tierra lo repetían en aquellos momentos los batallones civiles de hombres y mujeres encargados de trabajar por el triunfo germánico. Los comandantes de los submarinos se pasaban informes acerca de su buque y su persona. Había osado atacar al Imperio más grande de la tierra, él, un hombre solo, un simple capitán mercante, privando al káiser de uno de sus más valiosos servidores.

—¿Qué has hecho, Ulises?... ¿qué has hecho? —dijo otra vez.

Y Ferragut acabó por reconocer en esta voz un verdadero interés por su persona, un miedo enorme ante los peligros de que le creía amenazado.

—Aquí mismo, en tu país, te alcanzará su venganza. ¡Huye! No sé adónde podrás ir para verte libre de ellos; pero créeme... ¡huye!

El marino salió de su despectiva indiferencia. La cólera dio un brillo hostil a su mirada. Se indignó al pensar que aquellos extranjeros podían perseguirle en su patria: era como si le atacasen dentro de su mismo hogar. El orgullo nacional aumentó su cólera.

—¡Que vengan! —dijo—. Me gustaría verlos hoy mismo.

Y miró en torno, cerrando los puños, como si fuesen a surgir de las paredes estos adversarios innumerables y desconocidos.

—También a mí empiezan a considerarme como a una enemiga —continuó la mujer—. No me lo dicen, porque entre nosotros es cosa corriente ocultar los pensamientos; pero lo adivino en la frialdad que me rodea... La doctora sabe que te amo lo mismo que antes, a pesar de la cólera que ella siente contra ti. Los otros hablan de tu «traición», y yo protesto, porque no puedo tolerar esta mentira... ¿Por qué traidor?... Tú no eres de los nuestros; tú eres un padre que ansía vengarse. Los traidores somos todos nosotros: yo, que te compliqué en una aventura fatal; ellos, que me empujaron hacia ti para aprovechar tus servicios.

La vida en Nápoles resurgía en su memoria, y sintió la necesidad de explicar sus actos.

—Tú no has podido comprenderme; ignorabas la verdad... Cuando te encontré en el camino de Pestum fuiste para mí un recuerdo del pasado, un fragmento de mi juventud, de la época en que solo conocía vagamente a la doctora y no me había comprometido aún en el servicio de «informaciones»... Al principio me entretuvo tu entusiasmo amoroso. Representabas una diversión interesante con tus galanteos a la española, esperándome fuera del hotel para asediarme con tus promesas y juramentos. Me aburría durante la espera forzosa en Nápoles. Tú, por tu parte, también te veías forzado a esperar, y buscabas en mi persona un recreo agradable... Un día comprendí que me interesabas verdaderamente, como ningún otro hombre me había interesado... Adiviné que iba a amarte.

—¡Mentira!... ¡mentira! —murmuró la voz de Ferragut descendiendo rencorosa hasta la mujer.

—Di lo que quieras, pero así fue... Amamos según el lugar y el momento. De encontrarnos en otra ocasión, nos habríamos visto por unas horas nada más, siguiendo cada cual su camino, sin ningún deseo amoroso. Pertenecemos a mundos distintos... Pero estábamos inmovilizados en el mismo país, poseídos del tedio de la espera, y lo que debía ser... fue. Te digo toda la verdad: ¡si supieses lo que me costaba rehuirte!... Por las mañanas, al levantarme en el cuarto del hotel, mi primer movimiento era mirar a través de las cortinas para convencerme de que me esperabas en la calle. «Allí está mi *flirt*; allí está mi novio.» Tal vez habías dormido mal pensando en mí. Y yo sentía mi alma rehecha, un alma de veinte años, de muchacha entusiasta y candorosa... Mi primer impulso era bajar para unirme a ti, yéndonos por las orillas del golfo, como dos enamorados de novela... Luego surgía la reflexión. Mi pasado se desplomaba en mi memoria como una campana vieja que se desprende de una torre.

Había olvidado este pasado, y al caer, me aturdía con su peso sonoro, vibrante de recuerdos. «¡Pobre hombre!... ¡En qué mundo de compromisos y enredos voy a meterle!... ¡No! ¡no!» Y huía de ti con astucias de colegiala traviesa, saliendo del hotel cuando tú te habías alejado por unos momentos, doblando otras veces una esquina en el preciso instante que ibas a volver los ojos... Solo me dejaba abordar, fría e irónica, cuando no me era posible librarme de tu encuentro; y después, en casa de la doctora, hablaba de ti a cada instante, riendo con ella de estos galanteos románticos.

Ferragut escuchaba sombrío, pero con una atención cada vez más concentrada. Presintió la explicación de muchos actos incomprensibles. Una cortina iba a correrse en su pasado, viéndolo todo bajo una nueva luz.

—La doctora reía, pero a continuación de mis burlas aseguraba lo mismo: «Te estás enamorando de ese hombre; ese *don José* te interesa. ¡Cuidado, *Carmen*!» Y lo raro era que no le pareciese mal mi enamoramiento, siendo enemiga de toda pasión que no sirve directamente a nuestros trabajos... Decía verdad: estaba enamorada. Lo reconocí la mañana en que tuve el deseo imperioso de ir al Acuario. Llevaba muchos días sin verte; vivía fuera del hotel, en casa de la doctora, para no tropezarme con mi *flirt*. Y esa mañana me levanté muy triste, con un pensamiento fijo: «¡Pobre capitán!... Vamos a darle un poco de felicidad». Estaba enferma aquel día... ¡enferma de ti! ahora lo comprendo. Nos vimos en el Acuario, y yo fui la que te besé, al mismo tiempo que deseaba el exterminio de los hombres... ¡de todos los hombres, menos tú!

Hizo una breve pausa, elevando sus ojos hacia él para apreciar el efecto de sus palabras.

—Acuérdate de nuestro almuerzo en el restorán del Vomero; acuérdate de cómo te rogué que te marchases, abandonándome a mi destino. Presentía el porvenir: adivinaba que iba a serte fatal. ¿Cómo podía unirse una vida recta y franca como la tuya con mi existencia de aventurera mezclada en tantos compromisos inconfesables?... Pero te amaba. Quise salvarte con mi alejamiento, y a la vez tuve miedo de no verte más. La noche en que me irritaste con la furia de tus deseos, y yo me defendí estúpidamente, como si fueses un extraño, concentrando en tu persona el odio que me inspiran todos los hombres, esa noche lloré al verme sola en mi cama. Lloré pensando en que te había perdido para siempre, y al mismo tiempo me sentí satisfecha, porque así te librabas de mi influencia... Luego llegó Von Kramer. Necesitábamos un barco y un hombre. La doctora habló, orgullosa de su penetración que le había hecho adivinar en ti una fuerza aprovechable. Me dieron la orden de ir en busca tuya, de apoderarme otra vez de tu voluntad. Mi primer impulso fue negarme, pensando en tu porvenir. Pero el sacrificio era dulce; el egoísmo dirige nuestras acciones... ¡y te busqué! Lo demás tú lo sabes.

Calló, quedando en actitud pensativa, como si paladease este período de sus recuerdos, el más grato de su existencia.

—Al irte en la goleta —continuó momentos después— comprendí lo que representabas en mi vida. ¡Qué falta me hiciste!... La doctora estaba preocupada por los sucesos italianos. Yo solo pensé en contar los días, encontrando que transcurrían con más lentitud que los otros. Uno... dos... tres. «Mi marino adorado, mi tiburón amoroso, va a llegar... ¡va a llegar!» Y lo que llegó de pronto, cuando aún lo creíamos lejos, fue el golpe de la guerra, separándonos rudamente. La doctora maldecía a los italianos pensando en Alemania; yo los maldije pensando en ti, viéndome obligada a seguir a mi amiga, a preparar la fuga en dos horas, por miedo a la indignación del populacho... Mi única satisfacción fue al enterarme de que veníamos a España. La doctora se prometía hacer aquí grandes cosas... Yo pensé que en ningún lugar me era más fácil volver a encontrarte...

Se había incorporado un poco. Sus manos tocaban las rodillas de Ferragut. Quería abrazarse a ellas, y no osaba hacerlo por miedo a que él la repeliese, desvaneciéndose su trágica inercia que le permitía escuchar.

—Estando en Bilbao supe lo del torpedeamiento del *Californian* y la muerte de tu hijo... No te hablaré de esto; lloré, lloré mucho, ocultándome de la doctora. Desde entonces la odio. Celebró el suceso, pasando indiferente sobre tu nombre. Tú no existías ya para ella: no podía utilizarte... Yo lloré por ti, por tu hijo, al que no conocía, y también por mí, pensando en mi culpabilidad. Desde aquel día soy otra mujer... Luego vinimos a Barcelona, y he pasado meses y meses esperando este momento.

La antigua pasión se reflejó en sus ojos. Un gesto de amor humilde embelleció su cara magullada por el golpe.

—Nos instalamos en esta casa, que es de un electricista alemán amigo de la doctora. Cuando ella salía de viaje, dejándome libre, mis paseos eran siempre hacia el puerto. Esperaba ver tu buque. Mis ojos seguían con simpatía a los marinos, creyendo ver en todos ellos algo de tu persona... «Algún día vendrá», me decía yo. Tú sabes que el amor es egoísta. Llegué a olvidar la muerte de tu hijo... Además, yo no soy la verdadera culpable: son los otros. Yo he sido engañada lo mismo que tú... «Vendrá, y seremos felices otra vez...» ¡Ay! ¡si pudiese hablarte esta habitación... este diván en el que he soñado tantas veces!... Siempre que arreglaba unas flores en ese vaso, me hacía la ilusión de que tú ibas a llegar; siempre que me embellecía con un poco de tocador, me imaginaba que era para ti... Vivía en tu país, y era natural que tú llegases. De pronto, el paraíso que llevaba en la cabeza se hizo humo. Recibimos la noticia, no sé cómo, de la prisión da Von Kramer y de que tú habías sido su delator. La doctora me increpó, haciéndome responsable de todo. Por mí te había conocido, y esto fue bastante para que me incluyese en su indignación. Todos los nuestros hablaron de tu muerte, deseándotela con los más atroces martirios...

Ferragut la interrumpió. Tenía el ceño fruncido, como si le dominase una idea tenaz... Tal vez no la escuchaba.

—¿Dónde está la doctora?...

El tono de su pregunta fue inquietante. Cerró los puños, mirando en torno de él como si aguardase la aparición de la imponente dama. Su gesto era igual al que había acompañado la agresión contra Freya.

—Viaja no sé dónde —dijo ésta—. Estará en Madrid, en San Sebastián o en Cádiz. Sale con mucha frecuencia; tiene amigos en todas partes... Si yo me he atrevido a llamarte, es porque estoy sola.

Y relató la vida que llevaba en este retiro. Por el momento, su antigua protectora la dejaba en la inacción. Se abstenía de ordenarle trabajo alguno: ella misma lo ejecutaba todo, evitando intermediarios. Lo ocurrido a Von Kramer la había hecho recelosa y suspicaz, y cuando necesitaba auxiliares solo admitía a sus compatriotas que vivían en Barcelona.

Una banda feroz y decidida se había agrupado en torno de ella. Eran refugiados procedentes de las repúblicas de América del Sur, parásitos de las ciudades de la costa o vagabundos de las selvas del interior. Al frente de ellos, como portaórdenes de la doctora, figuraba Karl, el escribiente que Ferragut había visto en el caserón del barrio de Chiaia.

Este hombre, a pesar de su aspecto meloso, tenía en su historia varios delitos de sangre. Era un digno capataz del grupo de aventureros enardecidos por el entusiasmo patriótico que se reunía todas las tardes en cierto café del puerto.

Freya tenía la certeza de que trabajaban en el aprovisionamiento de los submarinos existentes en el Mediterráneo español. Todos conocían al capitán Ferragut por el suceso de Marsella, y hablaban de su persona con lúgubres reticencias.

—Por ellos supe tu llegada —continuó—. Te espían, aguardan un momento favorable. ¿Quién sabe si te habrán seguido hasta aquí?... ¡Ulises, huye; tu vida está amenazada seriamente!

El capitán volvió a levantar los hombros con expresión de desprecio.

—¡Huye, te repito!... Y si puedes, si te inspiro un poco de compasión, si no te soy completamente indiferente... ¡llévame contigo!

Adivinó Ferragut que todo lo dicho era para llegar a este ruego final. La inesperada demanda le produjo una impresión de asombro y escándalo. ¿Huir con ella, que tanto daño le había causado?... ¿Unir otra vez su vida a la suya, conociéndola como la conocía?...

Era tan absurda la proposición, que el capitán sonrió de un modo lúgubre.

—Yo estoy en peligro lo mismo que tú —continuó Freya con acento desesperado—. No sé cuál es el peligro que me amenaza ni de qué parte vendrá, pero lo adivino, lo presiento sobre mi cabeza... De nada puedo servirles; ya no les inspiro confianza y sé muchas cosas. Poseo demasiados secretos para que me abandonen, dejándome en paz; han acordado suprimirme: estoy segura de ello. Lo leo en los ojos de la que fue mi amiga y protectora... Tú no puedes abandonarme, Ulises; tú no desearás mi muerte.

Se indignó Ferragut ante estas súplicas, rompiendo al fin su desdeñoso silencio.

—¡Comedianta!... ¡Todo mentira!... ¡Inventos para juntarte conmigo, haciéndome intervenir otra vez en los enredos de tu vida, mezclándome en tus trabajos de espionaje!...

Él marchaba ahora por la buena senda. Sus deseos de venganza le habían colocado entre los adversarios de Alemania. Lamentaba su antigua ceguera y estaba satisfecho de su nueva situación. No hacía secreto de su conducta: servía a los aliados.

—Y por eso me buscas, por eso has arreglado esta entrevista, tal vez de acuerdo con tu amiga la doctora. Queréis emplearme por segunda vez como instrumento estúpido de vuestro espionaje. «El capitán Ferragut es un tonto enamorado —os habéis dicho—. No hay mas que hacer un llamamiento a su caballerosidad...» Y tú quieres vivir conmigo, tal vez acompañarme en los viajes, seguir mi existencia, para revelar mis secretos a tus compatriotas y que aparezca yo de nuevo como un traidor. ¡Ah, perra!...

Esta supuesta traición despertaba otra vez su cólera homicida. Levantó un brazo y un pie; iba a golpear y aplastar a la mujer arrodillada. Pero su pasiva humildad, su falta de resistencia, le detuvieron.

—No, Ulises... ¡óyeme!

Hizo esfuerzos para demostrar su sinceridad. Tenía miedo a los suyos: los veía a una nueva luz y le inspiraban horror. Su modo de apreciar las cosas había cambiado radicalmente. La martirizaban los remordimientos al pensar en lo que llevaba hecho. Se estaba realizando en su conciencia la saludable transformación de las mujeres arrepentidas que fueron antes grandes pecadoras. ¿Cómo lavar su alma de los pasados crímenes?... Ni siquiera gozaba el consuelo de la fe patriótica, sanguinaria y feroz que enardecía a la doctora y a los suyos.

Había reflexionado mucho. Para ella no había ya alemanes, ni ingleses, ni franceses; solo existían hombres: hombres con madres, con esposas, con hijas; y su alma de mujer se horrorizaba al pensar en los combates y las matanzas. Odiaba la guerra. El primer remordimiento lo había experimentado al enterarse de la muerte del hijo de Ferragut.

—¡Llévame contigo! —repitió—. Si tu no me sacas de mi mundo, no sabré cómo salir de él... Soy pobre. En los últimos años me ha sostenido la doctora; ignoro el medio de ganar mi existencia y estoy habituada a vivir bien. La miseria me inspira más miedo que la muerte. Tú me mantendrás; contigo aceptaré lo que quieras darme; seré tu criada. En un buque deben necesitarse los cuidados y el buen orden de una mujer... La vida me cierra las puertas: estoy sola.

El capitán sonrió con una ironía cruel.

—Adivino tu sonrisa. Sé lo que quieres decirme... Puedo venderme; crees sin duda que esta ha sido mi vida anterior. No... ¡no! te equivocas; no sirvo para eso. Hay que tener una predisposición especial, cierto talento para fingir lo que no se siente... Yo he intentado venderme, y no puedo, no sirvo. Amargo la vida de los hombres cuando no me interesan; soy su adversario, los odio, y huyen de mí.

Pero el marino prolongaba su sonrisa atrozmente burlona.

—¡Mentira! —dijo otra vez—. ¡Todo mentira! No te esfuerces... No me convencerás.

Como si la animase de pronto una nueva fuerza, ella se puso de pie. Su rostro quedó a la altura de los ojos de Ferragut. Este vio su sien izquierda con la piel desgarrada: la mancha del golpe se extendía en torno de un ojo rojizo e hinchado. Al contemplar su bárbara obra, volvió a atormentarle el remordimiento.

—Escucha, Ulises; tú no conoces mi verdadera existencia. Te he mentido siempre; he escapado a todas tus averiguaciones en nuestra época feliz. Quería guardar en secreto mi vida anterior... ¡olvidarla! Ahora debo decir la verdad, la definitiva verdad, como si fuese a morir. Cuando la conozcas serás menos cruel.

Pero su oyente no quería escucharla. Protestó por anticipado, con una incredulidad feroz:

—¡Mentiras!... ¡Nuevas mentiras! ¿Cuándo terminarán tus invenciones?

—Yo no soy alemana —continuó ella sin oírle—. Tampoco me llamo Freya Talberg. Este es mi nombre de guerra, mi nombre de aventuras. Talberg fue el profesor a quien acompañé a los Andes, y que tampoco fue mi marido... Mi verdadero nombre es Beatriz... Mi madre fue italiana, una florentina; mi padre era de Trieste.

Esta revelación no interesó a Ferragut.

—¡Un embuste más! —dijo—. ¡Otra novela!... Sigue inventando.

La mujer se desesperó. Sus manos se elevaron sobre su cabeza, retorciéndose con los dedos entrecruzados. Nuevas lágrimas humedecieron sus ojos.

—¡Ay! ¿Cómo conseguiré que me creas?... ¿Qué juramento podré hacerte para que te convenzas de que digo verdad?...

El capitán dio a entender con su aire impasible la inutilidad de estos extremos. No había juramento que pudiese convencerle. Aunque dijera la verdad, no la creería.

Siguió ella adelante en su relato, no queriendo insistir contra esta muralla inconmovible.

—Mi padre también fue italiano de origen, pero por su nacimiento era austriaco... Además, le inspiraban un entusiasmo ciego los Imperios germánicos. Era de los que abominan de su origen y ven todas las virtudes en los pueblos del Norte.

Inventor de maravillosos negocios, financiero proyectista de empresas colosales, había pasado su existencia asediando a los directores de los grandes establecimientos bancarios y haciendo antesala en los ministerios. Eternamente en vísperas de combinaciones sorprendentes que debían proporcionarle docenas de millones, vivía en una pobreza lujosa, yendo de hotel en hotel, siempre los mejores, con su mujer y su hija única.

—Tú ignoras esa vida, Ulises; tú procedes de una familia tranquila y con dinero. Los tuyos no han conocido la existencia de aparato en los «Palace», ni tampoco los apuros para liquidar la nueva cuenta del mes, logrando que la incorporen a las de los meses anteriores un crédito sin límites.

Ella había visto de niña llorar a su madre en el lujoso departamento del hotel, mientras hablaba el padre con aspecto de iluminado, anunciando para la semana próxima una ganancia de un millón. La esposa, convencida por la facundia de su grande hombre, acababa secando sus lágrimas, empolvando su rostro y adornándose con sus perlas y sus blondas de problemático valor. Luego descendía al magnífico *hall*, lleno de perfumes, de susurros de conversaciones y gemidos discretos de violines, para tomar el té con sus amistades del hotel, formidables millonarias de los dos hemisferios, que sospechaban vagamente la existencia de una enfermedad llamada pobreza, pero eran incapaces de concebir que pudiese atacar a las personas de su mundo.

Mientras tanto, la niña jugaba en el jardín del «Palace» con otras niñas vestidas y adornadas como muñecas lujosas y frágiles, cada una de las cuales pesaba varios millones.

—Yo he sido compañera de infancia —continuó Freya— de mujeres que son célebres por su riqueza en Nueva York, en París, en Londres... Me he tuteado con grandes millonarias que hoy son, por sus casamientos, duquesas y hasta princesas de sangre real. Muchas han pasado junto a mí sin reconocerme, y yo no he dicho nada, sabiendo que la igualdad de la niñez no es mas que un vago recuerdo...

Así había llegado a ser mujer. Varios negocios casuales del padre les permitían continuar esta existencia de pobreza brillante y costosa. El proyectista consideraba necesario tal aparato para sus futuros negocios. La vida en los hoteles más caros, el automóvil por meses, los trajes de grandes costureros para la mujer y la niña, los veraneos en las playas de moda, el patinaje invernal en Suiza, eran para él una especie de uniforme de respetabilidad que le mantenía en el mundo de los poderosos, permitiéndole entrar en todas partes.

—Esta existencia me moldeó para siempre y ha influido en el resto de mi vida. El deshonor, la muerte, todo lo creo preferible a la miseria... Yo, que no temo los peligros, me siento cobarde al pensar en la pobreza.

Moría la madre, crédula y sensual, fatigada de esperar una fortuna sólida que no llegaba nunca. Ella seguía con su padre, siendo la señorita que vive entre hombres, de hotel en hotel, algo masculina en sus ademanes; la virgen a medias, que lo sabe todo, no se asusta de nada, guarda ferozmente la integridad de su sexo, calculando lo que puede valer, y adora la riqueza como la divinidad más poderosa de la tierra.

Al morir el padre, viéndose sin otra fortuna que sus trajes y unas cuantas joyas artísticas de escaso precio, decidía fríamente su destino.

—En nuestro mundo no hay más virtud que la del dinero. Las muchachas del populacho se dan con menos facilidad que una señorita habituada al lujo, teniendo por única fortuna el conocimiento del piano, del baile y de unos cuantos idiomas... Entregamos nuestro cuerpo como si cumpliésemos una función material, sin rubor y sin pena. Es un simple negocio. Lo único importante es conservar la antigua vida con todas sus comodidades... no descender.

Pasó con precipitación sobre los recuerdos de este período de su existencia. Un conocido de su padre, viejo negociante de Viena, había sido el primero. Luego sintió el aletazo romántico, al que no escapan las hembras más frías y positivas. Había creído enamorarse de un oficial holandés, un Apolo rubio que patinaba con ella en Saint-Moritz. Este había sido su único esposo. Al fin le aburría la modorra colonial de Batavia, y tornaba a Europa, rompiendo su matrimonio, para reanudar la existencia en los grandes hoteles, pasando de las estaciones invernales a las playas de lujo.

¡Ay, el dinero!... En ningún plano social se podía reconocer su poderío como en el que ella habitaba. Encontró en los «Palace» mujeres de ademanes soldadescos y manos groseras, fumando a todas horas, con los pies en el respaldo de una silla, mostrando la superficie posterior de sus muslos en alto y el triángulo blanco de sus enaguas tendidas sobre el asiento. Eran semejantes a las rameras de los grandes puertos que esperan a la puerta de sus tugurios. ¿Cómo las dejaban vivir allí?... Sin embargo, los hombres se inclinaban ante ellas como esclavos o las perseguían suplicantes. Hablaban con unción de los millones heredados de sus padres, de sus formidables riquezas de origen industrial, que les habían permitido comprar un marido noble, entregándose luego a sus gustos de maritornes andariegas.

—No he tenido suerte... Soy demasiado altiva para triunfar. Los hombres me encuentran de mal carácter, discutidora y nerviosa. Tal vez he nacido para ser una madre de familia... ¡Quién sabe si hubiese sido otra de vivir en tu país!

Su veneración religiosa por el dinero tomó al decir esto un acento de odio. Las jóvenes pobres y bien educadas, si sentían miedo a la miseria, no tenían otro recurso que la prostitución. Les faltaba la dote, requisito indispensable en muchos pueblos civilizados para ser mujer honrada y constituir un hogar.

¡Maldita pobreza!... Había pesado sobre su vida como una fatalidad. Los hombres que se mostraban buenos al principio se envenenaban después, volviéndose egoístas e ingratos. El doctor Talberg, a la vuelta de América, la había abandonado para casarse con una joven fea y rica, hija de un negociante, senador de Hamburgo. Otros habían explotado igualmente su juventud, tomando su parte de alegría y de belleza para unirse luego con mujeres que solo tenían el atractivo de una gran fortuna.

Ella había acabado por odiarlos a todos, deseando su exterminio, exasperándose al pensar que los necesitaba para vivir y nunca podría libertarse de esta esclavitud. Para ser independiente, se había dedicado al teatro.

—He bailado, he cantado; pero mis éxitos fueron siempre femeniles. Los hombres venían detrás de mí, deseando a la hembra y riéndose de la artista. Además, ¡la vida de los bastidores!... ¡El mercado de blancas con un nombre en el cartel!... ¡Qué explotación!...

El deseo de emanciparse la había arrastrado hacia su amiga la doctora, aceptando sus proposiciones. Le pareció más honorífico servir a un gran Estado, ser un funcionario secreto, laborando en la sombra por su grandeza. Además, le sedujo al principio lo novelesco del trabajo, las aventuras de las misiones arriesgadas, la orgullosa consideración de que con sus espionajes tejía la trama del porvenir, preparando la historia futura.

También aquí había tropezado desde los primeros pasos con la esclavitud sexual. Su belleza era un instrumento para sondear las conciencias, una llave para abrir secretos; y esta servidumbre resultaba peor que las anteriores, por ser irredimible. Había conseguido apartarse con facilidad de su vida de viajera amorosa y de mujer de teatro; pero el que entraba en el «servicio secreto» ya no podía salir de él. Se aprendían demasiadas cosas, se llegaba lentamente a la comprensión de importantes misterios. El agente quedaba prisionero de sus funciones: era un emparedado, y con cada acto nuevo añadía una nueva piedra al muro que le separaba de la libertad.

—Tú sabes el resto de mi vida —continuó—. La obligación de obedecer a la doctora, de seducir a los hombres para arrancarles sus secretos, me hizo odiarlos con una agresividad mortal... Pero llegaste tú, ¡tú, que eres bueno y generoso, que me buscaste con una simplicidad entusiasta, lo mismo que un adolescente, haciéndome retroceder en mi existencia, como si aún estuviese en los dieciocho años y me viera cortejada por primera vez!... Además, tú no eres egoísta. Te das con noble entusiasmo. Creo que, de conocernos en la primera juventud, no me habrías abandonado para ser rico casándote con otra... Me resistí a ser tuya porque te amaba y no quería hacerte daño... Después, el mandato de mis superiores y mi pasión me hicieron olvidar estos escrúpulos... Me entregué; fui la «mujer fatal» de siempre: te traje desgracia... ¡Ulises! ¡amor mío!... Olvidemos: de nada sirve recordar el pasado. Conozco bien tu alma, y al verme en peligro acudo a ella. ¡Sálvame! ¡llévame contigo!...

Como estaba de pie frente a él, le bastó levantar las manos para colocarlas sobre sus hombros, iniciando el principio de un abrazo.

Ferragut permaneció insensible a la caricia. Su inmovilidad repelía estas súplicas. Freya había rodado mucho por el mundo, a través de vergonzosas aventuras, y sabría librarse por su propio esfuerzo, sin necesidad de complicarle nuevamente en sus enredos. La historia que acababa de relatar no era para él mas que un tejido de engaños.

—¡Todo falso! —dijo con voz sorda—. No te creo, no te creeré nunca... Cada vez que nos vemos me cuentas una nueva historia... ¿Quién eres? ¿Cuándo dirás la verdad, toda la verdad de una vez?... ¡Embustera!

Ella, insensible a los insultos, siguió hablando de su porvenir angustiosamente, como si se viese rodeada de misteriosos peligros.

—¿Dónde iré si tú me abandonas?... Si me quedo en España, continúo bajo la dominación de la doctora. No puedo volver a los Imperios donde pasé mi vida; todos los caminos están cerrados, y en aquellas tierras renacería mi esclavitud... Tampoco puedo ir a Francia o Inglaterra: tengo miedo a mi pasado. Cualquiera de mis hazañas anteriores bastaría para que me fusilasen: no merezco menos... Además, me inspira temor la venganza de los míos. Conozco los procedimientos del «servicio» cuando necesita deshacerse de un agente incómodo que está en tierra enemiga. Él mismo lo denuncia: comete voluntariamente una torpeza, hace que se extravíen unos documentos, envía una carta comprometedora con falsa dirección, para que caiga en manos de las autoridades del país. ¿Qué haré si tú no me socorres?... ¿Dónde podré refugiarme?...

Ulises se decidió a contestar, apiadado de su desesperación. El mundo es grande: podía ir a vivir en una república de América.

Ella no aceptó el consejo. Había pensado lo mismo; pero le daba miedo el porvenir incierto.

—Soy pobre: apenas tengo con qué pagar mi viaje... El «servicio» retribuye bien al principio. Después, como nos tiene seguros a causa de nuestro pasado, solo da lo necesario para vivir con cierto desahogo. ¿Qué voy a, hacer en aquellas tierras?... ¿Debo pasar el resto de mi existencia vendiéndome a cambio del pan?... No quiero: ¡antes morir!

La desesperada afirmación de su pobreza hizo sonreír burlonamente a Ferragut. Miró el collar de perlas eternamente acostado en la admirable almohadilla de su pecho, las gruesas esmeraldas de sus orejas, los brillantes que chisporroteaban fríamente en sus manos. Ella adivinó su pensamiento, y la idea de vender estas joyas le produjo una inquietud mayor que los terrores que le infundía el porvenir.

—Tú no sabes lo que esto representa para mí —añadió—. Es mi uniforme, mi blasón, el salvoconducto que me permite sostenerme en el mundo de mi juventud. Las mujeres que vamos solas por la tierra necesitamos las alhajas para seguir nuestro camino sin obstáculos. Los gerentes del hotel se humanizan y sonríen ante su brillo. Quien las posee no inspira desconfianza, aunque tarde en pagar la cuenta de la semana... Los empleados de las fronteras se muestran galantes: no hay pasaporte más poderoso. Las señoras altivas se ablandan con su centelleo a la hora del té en los *halls* donde una no conoce a nadie... ¡Lo que yo he sufrido para conseguirlas!... Arrostraría el hambre antes de venderlas. Con ellas se es alguien: puede una persona no tener una moneda en el bolsillo y entrar donde entran los más ricos, viviendo como ellos...

No aceptaba el consejo. Era como si a un guerrero hambriento le propusiesen entregar sus armas en país enemigo a cambio de pan. Una vez la necesidad satisfecha, quedaría prisionero; se vería envilecido, igualándose con los miserables que horas antes recibían sus golpes. Ella arrostraba todos los peligros y sufrimientos antes que despojarse del casco y el escudo, símbolos de su estirpe superior. El traje de más de un año, las botinas fatigadas, la ropa interior con desgarrones mal compuestos, no le entristecían en los momentos difíciles. Lo importante era poseer un sombrero de moda y conservar el gabán de pieles, el collar de perlas,

las esmeraldas, los brillantes, toda la armadura honorífica y gloriosa, dentro de la cual quería morir.

Su mirada pareció apiadarse de la ignorancia del marino, que se atrevía a proponerle tales absurdos.

—Es imposible, Ulises... Llévame contigo. En el mar es donde puedo vivir más segura. Los submarinos no me dan miedo. Las gentes se los imaginan numerosos y apretados como las piedras de un pavimento, pero solo un buque entre mil recibe sus ataques... Además, contigo no temo nada: si nuestro destino es perecer en el mar, moriríamos juntos.

Se hizo insinuante y seductora, avanzando las manos sobre los hombros de él, tirando de su cuello con un apasionamiento que equivalía a un abrazo. Su boca, al hablar, se aproximó a la del marino. Los labios se arquearon iniciando la redonda caricia de un beso.

—¿Tan mal vivirías con Freya?... ¿No te acuerdas ya de nuestro pasado?... ¿Es que ahora soy otra?

Ulises se acordaba, efectivamente, del pasado, y empezó a reconocer que este recuerdo era demasiado vivo. Llegaron hasta él, como lejanas melodías voluptuosas y medio olvidadas, las ráfagas de una carne bien oliente, despertando su memoria sexual. El contacto de las ocultas redondeces, tibias y firmes, que se apretaban contra su pecho sin perder la turgente dureza, evocó en la imaginación de Ferragut una serie vertiginosa de escenas de amor. La castidad observada en los últimos tiempos a causa de sus dolorosas preocupaciones le atormentó ahora como un suplicio.

Ella, que seguía esta revolución con ojos astutos, adivinándola en las contracciones de su rostro, sonrió triunfadora, pegando su boca a la de él. Estaba segura de su poder... Y reprodujo el beso del Acuario, aquel beso que estremecía la espalda del marino, haciéndole vacilar sobre sus piernas.

Pero cuando se entregaba con más abandono a esta succión dominadora, se sintió repelida, disparada por un manotón brutal, semejante al puñetazo que la había lanzado sobre los almohadones al principio de la entrevista.

Alguien se había interpuesto entre los dos, a pesar de que estaban abrazados estrechamente.

El capitán, que empezaba a perder la conciencia de sus actos, lo mismo que un náufrago, descendiendo y descendiendo a través de las capas vibrantes de un placer sin límites, vio de pronto la cara de Esteban difunto, con los ojos vidriosos fijos en él. Más allá vio igualmente una imagen de triste esfumamiento: Cinta que lloraba, como si sus lágrimas fuesen las únicas que podían caer sobre el cadáver desgarrado del hijo.

—¡Ah, no!... ¡no!

Él mismo quedó sorprendido de su voz. Fue un rugido de bestia herida, un aullar seco de desesperado que se retuerce en el tormento.

Freya, tambaleándose bajo el rudo empujón, intentó aproximarse otra vez a él, enlazarse de nuevo en sus brazos, repetir su beso imperioso.

—¡Amor mío!... ¡amor mío!...

No pudo seguir. La tremenda mano volvió a repelerla, pero tan violentamente, que fue a dar de cabeza contra los cojines del diván.

Tembló la puerta con un rudo tirón que hizo abrir sus dos hojas a la vez, sacando el pestillo de la cerradura.

La mujer, tenaz en sus deseos, se levantó prontamente, sin reparar en el dolor de la caída. Su ligereza solo le pudo servir para ver cómo escapaba Ferragut después de recoger maquinalmente su sombrero.

—¡Ulises!... ¡Ulises!...

Ulises estaba ya en la calle, mientras en el pequeño *hall* acababan de bambolearse, rompiéndose luego en el suelo con ruidoso desmenuzamiento, varios objetos de loza que había enganchado y desplazado el fugitivo en su ciega salida.

Al sentir en la frente la sensación del aire libre, resurgieron en su memoria los peligros que le había anunciado Freya. Exploró la calle con una mirada hostil... «¡Nadie!» Su deseo era encontrarse con los enemigos de que hablaba aquella mujer, para desahogar la cólera que sentía contra sí mismo. Estaba avergonzado y furioso por su pasajera debilidad, que casi le había hecho reanudar la antigua existencia.

En los días sucesivos se acordó repetidas veces de la banda de refugiados que obedecía a la doctora. Al encontrar en las calles transeúntes de aspecto germánico, los miraba de frente con ojos de reto. ¿Sería alguno de ellos el encargado de matarle?... Luego seguía adelante, arrepentido de su provocación, seguro de que eran mercaderes de la América del Sur, boticarios o empleados de Banco, indecisos entre volver a sus casas al otro lado del Océano o esperar en Barcelona el triunfo siempre inmediato de su emperador.

Al fin, el capitán acabó por reírse de las recomendaciones de Freya.

«¡Mentiras suyas!... Invenciones para interesarme y que la lleve conmigo. ¡Ah, embustera!»

Una mañana, al pisar la cubierta de su vapor, Tòni se acercó a él con aire misterioso. Su rostro tenía una, palidez de ceniza.

Cuando estuvieron en el salón de popa, el segundo habló en voz baja, mirando en torno de él.

La noche anterior había bajado a tierra para ir al teatro. Todos los gustos literarios de Tòni y sus emociones estéticas se concentraban en la zarzuela. Los hombres de talento no habían podido inventar nada mejor. De ella iba sacando los canturreos con que animaba sus largas permanencias en el puente. Además, había el coro femenil, brillantemente vestido y con las piernas libres; las tiples abundantes en carnes y ligeras de ropa; un desfile de mallones rosados y voluptuosas redondeces que alegraba la imaginación del navegante, sin hacer olvidar los deberes de la fidelidad.

A la una de la madrugada, cuando volvía al buque por los muelles solitarios, habían intentado asesinarle. Creyó ver gentes que se ocultaban detrás de un montón de mercancías al oír sus pasos. Luego sonaron tres detonaciones, tres tiros de revólver. Una bala silbó en uno de sus oídos.

—Y como yo no llevaba armas, corrí. Afortunadamente, fue cerca del buque, casi junto a la proa. Solo tuve que dar unos cuantos saltos para meterme plancha adentro en el vapor... Y ya no dispararon más.

Ferragut quedó silencioso. También él había palidecido, pero de sorpresa y de cólera. ¡Luego eran ciertos los anuncios de Freya!...

No quiso fingir incredulidad ni mostrarse temerario y despreciador del peligro cuando Tòni siguió hablando.

—¡Ojo, Ulises!... Yo he reflexionado mucho sobre este suceso. Los tiros no eran para mí. ¿Qué enemigos tengo yo? ¿Quién puede querer mal a un pobre piloto que no ve a nadie?... ¡Guárdate! Tú sabrás tal vez de dónde viene eso: tú tratas muchas gentes.

El capitán adivinó que se acordaba de las aventuras de Nápoles y de aquella proposición vergonzosa guardada como un secreto, relacionándolo todo con la nocturna agresión. Pero ni su voz ni sus ojos justificaron tales sospechas, y Ferragut prefirió no darse por enterado de lo que pasaba.

—¿Sabe alguien lo ocurrido?

Tòni levantó los hombros. «Nadie...» Se había metido en el vapor, apaciguando al perro de a bordo, que ladraba furiosamente. El hombre de guardia había oído los tiros, imaginándose que eran de una pelea de marineros. Además, a él solo le interesaba lo que ocurriese a partir de la plancha que unía el muelle con el buque.

—¿No has dado parte a la autoridad?...

El segundo se indignó al oír esta pregunta, con la altivez de los mediterráneos, que nunca se acuerdan de la autoridad en momentos de peligro y solo confían su defensa a la destreza de su mano. «¿Le tenía acaso por un delator?...»

Pensaba hacer lo que hacen los hombres que son hombres. En adelante, iría armado a todas horas mientras estuviese en Barcelona. ¡Ay del que tirase sobre él, si es que no le hería!... Y guiñando un ojo, mostró a su capitán lo que él llamaba «la herramienta».

Al piloto le repugnaban las armas de fuego, juguetes locos y ruidosos, de problemático resultado. Amaba el golpe en silencio, el arma blanca, prolongación de la mano, con un cariño ancestral que parecía evocar el centelleo de las hachas de abordaje usadas por sus antepasados.

Con amorosa suavidad sacó de su cintura un cuchillo inglés adquirido en la época en que era patrón de barca: una hoja brillante que reproducía los rostros que la contemplaban, con punta aguda de estilete y filo de navaja de afeitar.

Tal vez no tardase en hacer uso de su «herramienta». Recordó a varios individuos que en los días anteriores paseaban lentamente por el muelle examinando el buque, espiando a los que entraban y salían. Si alcanzaba a verlos de nuevo, se echaría fuera del vapor para decirles dos palabras.

—No hagas nada —ordenó Ferragut—. Yo me ocuparé del asunto.

Todo el día estuvo preocupado por la noticia. Al pasear por Barcelona, miró con ojos provocativos a cuantos transeúntes le parecieron alemanes. Se unió a la acometividad de su carácter una indignación de propietario que se ve atropellado dentro de su casa. Los tres tiros eran para él, y él era un español y los *boches* se atrevían a atacarlo en su propia tierra. ¡Qué audacia!...

Varias veces se llevó la diestra a la parte trasera de su pantalón, tocando un bulto prolongado y metálico. Esperaba el anochecer para realizar cierta idea que se le había fijado entre las dos cejas como un clavo doloroso. Mientras no la realizase no estaría tranquilo.

La voz de los buenos consejos protestó: «No hagas locuras, Ferragut; no busques al enemigo, no lo provoques. Defiéndete nada más».

Pero su arrogancia temeraria, que le había hecho embarcarse en buques destinados al naufragio y le empujaba hacia el peligro por el gusto de vencerlo, gritó más alto que la prudencia.

«¡En mi patria!... —se dijo mentalmente—. ¡Querer asesinarme cuando estoy en mi tierra!... Yo les haré ver que soy un español...»

Conocía el *bar* del puerto mencionado por Freya. Dos hombres de su tripulación le habían dado nuevos informes. Sus parroquianos eran alemanes pobres, que bebían en abundancia. Alguien pagaba por ellos, y en días señalados hasta se permitían convidar a patrones de barcas de pesca y vagabundos del puerto. Un gramófono sonaba continuamente, lanzando cánticos chillones que los concurrentes coreaban a gritos. Cuando se recibían noticias de la guerra favorables a los Imperios germánicos, redoblaban las canciones y el copeo hasta medianoche y la caja de música agria no descansaba un instante. En las paredes se veían los retratos de Guillermo II y varios de sus generales. El dueño del *bar*, un alemán gordo de piernas, cuadrado de cabeza, con pelos duros de cepillo y mostachos colgantes, respondía al apodo de *Hindenburg*.

Sonrió el marino al pensar en la posibilidad de meter a *Hindenburg* debajo de su mostrador... Quería ver este establecimiento, donde muchas veces había sonado su nombre.

Al anochecer, sus pasos le llevaron hacia el *bar*, con un impulso irresistible que se burlaba de todos los consejos de la prudencia.

La puerta de cristales se resistió a su mano nerviosa, tal vez porque manejaba el picaporte con demasiada fuerza, y el capitán acabó por abrirla dando una patada en su parte baja, que era de madera.

Casi volaron los vidrios al impulso de este golpe, brutal. ¡Magnífica entrada!... Vio mucho humo, perforado por las estrellas rojas de tres lámparas eléctricas que acababan de encenderse, y hombres que estaban de espaldas o frente a él en torno de varias mesas. El gramófono gangueaba como una vieja sin dientes. Detrás del mostrador aparecía *Hindenburg*, despechugado, con la camisa arremangada sobre sus brazos voluminosos como piernas.

—Yo soy el capitán Ulises Ferragut.

La voz que dijo esto tuvo un poder semejante al de las palabras mágicas de los cuentos orientales, que dejan en suspenso la vida de una ciudad entera, quedando inmóviles personas y objetos, en la actitud que les sorprende el poderoso conjuro.

Se hizo un silencio de asombro. Los que empezaban a volver la cabeza atraídos por el estrépito de la puerta no continuaron su movimiento; los que estaban enfrente permanecieron con los ojos fijos en el que entraba: unos ojos agrandados por la sorpresa, como si no pudiesen creer lo que veían. El gramófono calló repentinamente. *Hindenburg*, que estaba limpiando un vaso, quedó con las manos inmóviles, sin sacar la servilleta de la cavidad de cristal.

Ferragut fue a sentarse junto a una mesa vacía, con la espalda apoyada en la pared. Un criado, el único del establecimiento, acudió para enterarse de lo que deseaba, el señor. Era un andaluz pequeño y vivaracho, que sus andanzas habían traído a Barcelona. Servía con indiferencia a la clientela, sin que le interesasen sus palabras y sus himnos. «Él no se metía en política.» Habituado a los establecimientos de gente alegre y batalladora, adivinó al hombre que viene a «armar bronca», y quiso amansarlo con su actitud sonriente y obsequiosa.

El marino le habló en alta voz. Sabía que en aquel cafetucho le nombraban frecuentemente y eran muchos los que deseaban verle. Podía darles el recado de que el capitán Ferragut estaba allí, a su disposición.

—Así se hará —dijo el andaluz.

Y se fue al mostrador, trayéndole al poco rato una botella y un vaso.

En vano se fijó Ulises en los que ocupaban las mesas inmediatas. Unos permanecían inmóviles, presentándole el dorso; otros tenían los ojos bajos y hablaban quedamente, con susurro de misterio.

Dos o tres de ellos cruzaron al fin sus miradas con la del capitán. Tenían en las pupilas un brillo de cólera naciente. Desvanecida la primera sorpresa, parecían dispuestos a levantarse, cayendo sobre el recién llegado. Pero alguien que estaba de espaldas parecía dominarlos con sus órdenes murmurantes, y le obedecieron al fin, bajando sus ojos para seguir en una actitud cohibida.

Ulises se cansó pronto de este silencio. Empezaba a encontrar algo ridícula su actitud de domador. No sabía a quién dirigirse en un local donde todos rehuían sus miradas y su contacto. En la mesa inmediata había un periódico con ilustraciones, y se apoderó de él, volviendo sus hojas. Estaba impreso en alemán, pero él fingió leerlo con gran interés.

Se había sentado de lado, dejando libre la cadera en la que descansaba el revólver. Su mano, fingiendo distracción, se paseó junto a la abertura del bolsillo, pronta a armarse en caso de ataque. Al poco rato estaba arrepentido de esta postura excesivamente confiada. Iban a caer sobre él, aprovechándose de su lectura. Pero el orgullo le hizo permanecer inmóvil, para que no pudiesen adivinar su inquietud.

Luego rió de un modo insolente, como si leyese en la ilustración germánica algo que provocaba sus burlas. Aún le pareció poco esto, y levantó sus ojos para contemplar con agresiva curiosidad los retratos que adornaban las paredes.

Entonces pudo darse cuenta de la gran transformación que acababa de realizarse en el *bar*. Casi todos los parroquianos habían desfilado silenciosamente durante su lectura. Solo quedaban cuatro ebrios, de ojos húmedos, que bebían con fruición, preocupándose únicamente del contenido de sus vasos. *Hindenburg*, volviendo el fuerte dorso a su clientela, leía en el mostrador un periódico de la noche. El andaluz, sentado en el fondo, sonrió mirando al capitán. «¡Vaya un tío!...» Celebraba interiormente que uno de la tierra hubiese puesto en fuga a los bebedores gritones y brutales que tanto le molestaban otras tardes.

Consultó Ulises su reloj: las siete y media. Ya había espantado a toda aquella gente que inspiraba terror a Freya. ¿Qué le quedaba que hacer allí?... Pagó y salió.

La noche había cerrado. Bajo la luz de los faros eléctricos pasaban tranvías y automóviles hacia el interior de la ciudad. Siguiendo las arcadas de los antiguos edificios vecinos al puerto desfilaban grupos de trabajadores de los establecimientos marítimos. Barcelona, deslumbrante de resplandor, atraía a la muchedumbre. La dársena, negra y solitaria, se poblaba de tenues lucecillas en lo alto de los mástiles.

Quedó indeciso Ferragut entre ir a comer a su casa o en un restorán de la Rambla. Luego sospechó que algunos de los fugitivos del cafetucho podían estar cerca de él, dispuestos a seguirle. En vano esparció sus miradas: no pudo reconocer a ninguno en los grupos que aguardaban el tranvía leyendo periódicos o conversando.

De pronto experimentó el deseo de ver a Tòni. El tío *Caragòl* le improvisaría algo que comer mientras relataba a su segundo la aventura del *bar*. Además, le pareció un digno final de su hazaña ofrecer a los enemigos, si es que le seguían, la ocasión favorable de atacarle en los muelles desiertos. El demonio de la soberbia soplaba en sus orejas: «Así verán que no les tienes miedo».

Y marchó resueltamente hacia el puerto, pasando sobre rieles de ferrocarril, contorneando los muros de largos almacenes, metiéndose entre montañas de mercancías. Primeramente encontró pequeños grupos que iban hacia la ciudad; luego parejas; después individuos sueltos; al final nadie: una soledad absoluta.

Los reverberos trazaban en el suelo amplios redondeles de púrpura. Más allá se extendían las tinieblas, cortadas por siluetas de ébano, que unas veces eran barcos y otras callejones de fardos, colinas de carbón. El agua negra reflejaba las serpientes rojas y verdes de las luces de los buques. Un trasatlántico prolongaba las operaciones de carga al resplandor de sus reflectores eléctricos, destacándose sobre esta lobreguez con la animación de una fiesta veneciana.

De tarde en tarde un hombre de lento paso entraba en el círculo de un reverbero, brillando el cañón de su fusil. Otros estaban como en acecho entre los montones de la descarga. Eran carabineros y guardianes del puerto.

Sintió repentinamente el capitán un aviso de su instinto. Le seguían... Se detuvo en la sombra, pegado a un montón de fardos, y vio a unos hombres que avanzaban en su misma dirección, pasando rápidamente por el borde de la mancha roja de un foco eléctrico para no quedar bajo su lluvia de luz.

Le fue imposible reconocerlos, y a pesar de ello, tuvo la certeza de que eran los enemigos vistos en el *bar*.

Su buque estaba lejos, junto al muelle más desierto a aquellas horas. «Has hecho una tontería», se dijo mentalmente.

Empezó a arrepentirse de su audacia; pero ya era tarde para volver atrás. La ciudad se hallaba más lejos que el vapor, y sus enemigos caerían sobre él tan pronto como le viesen retroceder. ¿Cuántos eran?... Esto le preocupaba únicamente.

«¡Adelante!... ¡adelante!», gritó su orgullo.

Había sacado el revólver: lo llevaba en su diestra, con el cañón por delante. En la soledad no había por qué guardar los miramientos y prudencias de la vida civilizada. La noche le envolvía con todas las asechanzas de una selva virgen, mientras brillaba ante sus ojos una gran ciudad coronada de diamantes eléctricos, esparciendo en la negrura del espacio un halo de incendio.

Tres veces pasó junto a los carabineros solitarios, pero no quiso hablarles. «¡Adelante! Solo las mujeres deben pedir apoyo...» Además, tal vez sufría una alucinación; en realidad, no podía afirmar que le persiguiesen.

A los pocos pasos se desvaneció esta duda: sí que le perseguían. Sus sentidos, aguzados por el peligro, tuvieron la misma percepción del jabalí que presiente la jauría intentando cerrarle el paso. A su derecha tenía el agua; a su izquierda trotaban hombres por detrás de los montones de la descarga queriendo salir a su encuentro; detrás avanzaban otros para impedir su retirada.

Podía correr, adelantándose a los que intentaban envolverle; pero ¿un hombre debe correr teniendo un revólver en la mano?... Los que venían detrás se lanzarían en su persecución. Una cacería humana iba a desarrollarse en la noche, y él, Ferragut, sería el gamo acosado por la canalla del *bar*. «¡Ah, no!...» El capitán se acordó de Von Kramer galopando míseramente en pleno día por los muelles de Marsella... Si lo habían de matar, que no fuese huyendo.

Continuó su avance con paso rápido. Adivinaba el plan de sus enemigos. No querían mostrarse en esta zona del puerto obstruida por montones de fardos, temiendo que se ocultase. Le esperaban cerca de su buque, en un espacio descubierto por el que forzosamente debía pasar.

«¡Adelante —volvió a repetirse—. Si he de morir, que sea a la vista del *Mare Nostrum*!»

El vapor estaba cerca. Reconoció su negra silueta pegada al muelle. En este momento el perro de a bordo empezó a ladrar furiosamente, anunciando la presencia del capitán y al mismo tiempo el peligro.

Abandonó el abrigo de una colina de carbón, avanzando por un terreno descubierto. Concentraba toda su voluntad en el deseo de llegar a su barco cuanto antes.

Brilló una corta llama, seguida de una detonación. Ya disparaban contra él. Otras lucecitas surgieron de diversos lados del muelle, seguidas de estampidos. Fue un tiroteo de combate; a sus espaldas tiraron igualmente. Sintió varios silbidos junto a sus orejas y recibió un golpe en un hombro, una sensación igual a la de una pedrada caliente.

Iban a matarle: sus enemigos eran demasiado numerosos. Y sin saber por qué lo hacía, cediendo al instinto, se arrojó al suelo lo mismo que un moribundo.

Todavía retumbaron unos cuantos disparos. Luego se hizo el silencio. Únicamente en el vapor inmediato seguía ladrando el perro.

Vio una sombra que avanzaba lentamente hacia él. Era un hombre, uno de sus enemigos, destacado del grupo para examinarle de cerca. Dejó que se aproximase, apretando con su diestra el revólver, todavía intacto.

De pronto levantó el brazo, rozando la cabeza que se inclinaba sobre él. Dos relámpagos salieron de su mano, separados por un breve intervalo. La primera llamarada fugaz le hizo ver un rostro conocido... ¿Era verdaderamente Karl, el dependiente de la doctora?... La segunda explosión ayudó a su memoria. Sí que era Karl, con las facciones desencajadas y un agujero negro en la sien... Se irguió con un estiramiento agónico; luego se derrumbó de espaldas, abriendo los brazos.

Esta visión fue instantánea. El capitán solo podía pensar en él, y se levantó de un salto. Después corrió y corrió, encorvándose para ofrecer a sus enemigos el menor blanco posible.

Presentía una descarga general, una granizada de balas. Pero los perseguidores dudaron unos segundos, desorientados por la oscuridad, no sabiendo si era el capitán el que había caído por segunda vez.

Solo al ver a un hombre que corría hacia el buque conocieron su error y reanudaron los disparos. Ferragut pasó entre las balas, por el borde del muelle, a lo largo del *Mare Nostrum*. Su salvación era obra de segundos, siempre que los tripulantes no hubiesen retirado la pasarela entre el vapor y la orilla.

Tropezó de pronto con el puente, viendo al mismo tiempo un hombre que avanzaba sobre él con algo reluciente en una mano. Era el segundo, que acababa de salir con el cuchillo por delante.

El capitán temió una equivocación.

—¡Tòni! ¡soy yo! —dijo con voz sofocada por la violencia de la carrera.

Al pisar la cubierta del buque recobró instantáneamente su tranquilidad.

Ya no hubo más disparos. El silencio era lúgubre. A lo lejos lo cortaron silbidos de pitos, voces de alarma, ruido de carreras. Los carabineros y guardianes se llamaban y agrupaban para dar una batida en la oscuridad, marchando hacia el lugar donde había sonado el tiroteo.

—¡Que quiten la plancha! —ordenó Ferragut.

El piloto dio ayuda a tres marineros que acababan de acudir, retirando apresuradamente la pasarela. Luego amenazó al perro para que cesase de aullar.

Ferragut, asomado a la borda, exploraba la lobreguez del muelle. Le pareció ver a unos hombres llevándose a otro en brazos. Un resto de su cólera le hizo levantar la diestra, armada todavía, apuntando al grupo. Luego volvió a bajarla... Pensó en los que se acercaban para averiguar lo ocurrido. Era mejor que encontrasen el buque silencioso.

Entró en el salón de popa jadeando todavía, y tomó asiento.

Al quedar bajo el ruedo de luz pálida que derramaba sobre la mesa una lámpara colgante, Tòni se fijó en su hombro izquierdo.

—¡Sangre!...

—No es nada... Un simple rasguño. La prueba es que puedo mover el brazo.

Y lo movió, aunque con cierta dificultad, sintiendo la pesadez de una hinchazón creciente.

—Luego te contaré cómo ha sido esto... Creo que no les quedarán ganas de repetir.

Quedó pensativo un instante.

—De todos modos, conviene que nos vayamos pronto de este puerto... Ve a ver a nuestra gente. ¡Que ninguno hable!... Llama a *Caragòl*.

Antes de que saliese Tòni, surgió de la oscuridad la cara esplendorosa del cocinero. Venía al salón sin que nadie le llamase, ansioso por saber lo ocurrido, temiendo encontrar moribundo a Ferragut.

Viendo la sangre, su desesperación se expresó con una vehemencia maternal.

«¡Cristo del Grao!... ¡Mi capitán va a morir!...» Quiso correr a la cocina en busca de algodones y vendas. Él era algo curandero, y guardaba lo necesario para el caso.

Ulises le detuvo. Aceptaba sus servicios, pero quería algo más.

—Deseo comer, tío *Caragòl* —dijo alegremente—. Me contentaré con lo que haya... El susto me ha dado hambre.

XI. «Adiós. Voy a morir»

Cuando Ferragut salió de Barcelona ya tenía casi cicatrizada la herida del hombro. Las negativas rotundas de él y su piloto a los interrogatorios de los carabineros le libraron de nuevas molestias. «No sabían nada; no habían visto nada.» El capitán acogió con fingida indiferencia la noticia de haber sido encontrado en la misma noche el cadáver de un hombre, al parecer alemán, pero sin papeles, sin nada que permitiese su identificación, en un muelle algo lejano del lugar que ocupaba el *Mare Nostrum*. Las autoridades no consideraron necesario averiguar más, clasificando el hecho como una simple pelea entre refugiados.

El servicio de aprovisionamiento de las tropas de Oriente hizo navegar a Ferragut en los meses sucesivos formando parte de un convoy. Un despacho cifrado le llamaba unas veces a Marsella, otras a un puerto atlántico: Saint-Nazaire, Quiberón o Brest.

Iban llegando con pocos días de separación vapores de diversas clases y nacionalidades. Los había que delataban su origen aristocrático en las líneas finas de la proa, la esbeltez de las chimeneas y el color todavía blanco de los pisos superiores. Eran iguales a los corceles de gran precio que la guerra había transformado en simples caballos de batalla. Antiguos buques-correos, veloces carreristas de las olas, se veían descendidos a la vil servidumbre de barcos de transporte. Otros, negros y sucios, con pegotes de apresurada reparación y una chimenea tísica sobre su casco enorme, avanzaban tosiendo humo, escupiendo ceniza, jadeando con ruidos de hierro viejo. Las banderas de los aliados y las de las marinas neutrales ondeaban en las diversas popas.

Se iba reuniendo el convoy en la amplia bahía. Eran quince o veinte vapores, a veces treinta, que habían de navegar juntos, ajustando sus diversas velocidades a una marcha común. Los barcos de carga, carracas a vapor que solo hacían unas millas por hora, sin llegar a la decena, obligaban al resto del convoy a una desesperante lentitud.

El *Mare Nostrum* tenía que marchar a media máquina, haciendo sufrir grandes impaciencias a su capitán en estas peregrinaciones monótonas y peligrosas a través de semanas y semanas.

Antes de partir, Ferragut recibía un pliego cerrado y sellado, lo mismo que los otros capitanes. Era del jefe del convoy, comandante de un contratorpedero o simple oficial de la reserva marítima, encargado de un buquecito de pesca con cañones de tiro rápido.

Los vapores empezaban a echar humo y a levar anclas, sin saber adónde iban. El pliego solo era abierto en el momento de partir. Ulises hacía saltar los sellos y examinaba el papel, entendiendo con facilidad su lenguaje convencional, escrito con arreglo a una cifra común. Lo primero que buscaba era el puerto de destino; luego, el orden de formación. Marchaban en fila única o en doble fila, según la cantidad de buques. El *Mare Nostrum*, representado por un número, navegaba entre otros dos números, que eran los de los vapores inmediatos. La distancia entre ellos debía mantenerse en quinientos metros: lo necesario para no abordarse en un momento de descuido y no prolongar la línea de modo que sus vigilantes la perdiesen de vista.

Al final se repetían las instrucciones de todos los viajes, con un laconismo que hubiese hecho palidecer a otros hombres no acostumbrados a mirar de frente a la muerte. En caso de ataque submarino, los transportes que llevaban cañones podían salirse de la fila y ayudar a la patrulla de buques armados, dando cara al enemigo. Los otros debían continuar su rumbo tranquilamente, sin preocuparse de la agresión. Si el buque de delante o el que seguía a popa era torpedeado, no había que detenerse para darle auxilio. Los torpederos y «chaluteros» se encargarían de salvar a los náufragos, si resultaba posible. El deber del transporte era ir siempre adelante, ciego y sordo, sin salirse de la formación, sin detenerse, hasta conducir al puerto terminal la fortuna que llevaba en sus entrañas.

Esta marcha en convoy, impuesta por la guerra submarina, representaba un salto atrás en la vida de los mares. Ferragut recordó las flotas a vela de otros siglos, escoltadas por navíos de línea, siguiendo su rumbo a través de incesantes batallas; los remotos viajes de los galeones de las Indias, saliendo de Sevilla para llegar en rebaño a las costas del Nuevo Mundo.

La doble fila de cascos negros con penachos de humo avanzaba mansamente en las jornadas de bonanza. Cuando el día era gris, el mar espumeante, el cielo bajo y la atmósfera brumosa, se esparcían y encabritaban como un tropel de corderos oscuros y asustados. Los guardianes del convoy, tres barcos pequeños que marchaban a toda máquina, eran los mastines vigilantes de este ganado marino, precediéndole para explorar el horizonte, quedándose detrás de él o marchando a sus costados para mantener intacta la formación. Su ligereza y su velocidad les hacía dar saltos prodigiosos sobre las olas. Una cinta de humo se enroscaba a continuación de sus dobles chimeneas. Su proa, cuando no estaba oculta, expelía cascadas de espuma, levantándose hasta mostrar el principio de la quilla.

De noche navegaban todos con pocas luces: un simple farol a proa para aviso del que marcha delante y otro a popa para indicar la ruta al siguiente. Estas luces macilentas apenas se veían. De pronto, el timonel tenía que torcer el rumbo y pedir máquina atrás, viendo que se agrandaba en la oscuridad la silueta del buque anterior. Unos cuantos minutos de descuido, y entraba por su popa con un espolonazo mortal. Al amenguar la marcha, el capitán miraba inquieto a sus espaldas, temiendo chocar a su vez con el que le seguía en la fila.

Todos pensaban en los submarinos invisibles. De tarde en tarde sonaban cañonazos. La escolta del convoy tiraba y tiraba, yendo de un lado a otro con ágiles evoluciones. El enemigo había huido, como los lobos ante el aullar de los perros vigilantes. En otras ocasiones era una falsa alarma, y los cañones herían con sus latigazos de acero el agua desierta.

Había un enemigo más molesto que la tormenta que desordena a los convoyes, más temible que los torpedos. Era la niebla espesa y blanca como la albúmina, que caía sobre los buques, haciéndolos navegar a ciegas en pleno día, poblando el espacio de inútiles rugidos de sirena, no dejando ver el agua que los sustentaba ni los otros barcos cercanos, que podían salir de un momento a otro de la borrosa atmósfera, anunciando su aparición con un choque y un crujido enorme, mortal. Así habían de marchar los marinos días enteros; y cuando al fin se libraban de este sudario, respirando con la satisfacción del que despierta de una pesadilla, otra muralla cenicienta y nebulosa avanzaba sobre las aguas, envolviéndolos de nuevo en su noche. Los hombres más valerosos y serenos juraban al ver la barra interminable de la bruma cerrando el horizonte.

Tales viajes no eran del gusto de Ferragut. Le irritaba la marcha en fila, como un soldado, teniendo que amoldarse a las velocidades de buques despreciables. Aún le encolerizaba más verse obligado a obedecer al comandante del convoy, que muchas veces era un viejo marino de carácter autoritario.

A causa de esto, en una de las arribadas a Marsella manifestó a las autoridades marítimas su firme voluntad de no navegar más de tal modo. Tenía bastante con cuatro expediciones. Resultaban buenas para los capitanes miedosos, incapaces de salir de los puertos si no llevaban a la vista una escolta de torpederos, y cuyas tripulaciones, al menor incidente, pretendían echar los botes al agua, refugiándose en la costa. Él se creía más seguro yendo solo, confiado a su pericia, sin otro auxilio que su profundo conocimiento de las rutas del Mediterráneo.

La petición fue atendida. Era dueño de buque, y temieron perder su cooperación cuando escaseaban tanto los medios de transporte. Además, el *Mare Nostrum*, por su velocidad, merecía ser empleado aparte, en servicios extraordinarios y rápidos.

Quedó en Marsella unas semanas esperando un cargamento de obuses, y callejeó como siempre por la capital mediterránea. Las tardes las pasaba en la terraza de un café de la Cannebière. El recuerdo de Von Kramer surgió algunas veces en su memoria. «¿Lo habrían fusilado?...» Quiso saber, pero sus averiguaciones no obtuvieron gran éxito. Los Consejos de guerra eludían la publicidad de sus actos de justicia. Un negociante marsellés amigo de Ferragut se acordaba de que, algunos meses antes, había sido ejecutado un espía alemán sorprendido en el puerto. Tres líneas en los periódicos nada más dando cuenta de su muerte. Se decía que era un oficial... Y el marsellés pasó a hablar de las noticias de la guerra, mientras Ulises pensaba que el ejecutado no podía ser otro que Von Kramer.

En la misma tarde tuvo un encuentro. Al marchar por la calle de Saint-Ferreol, mirando los escaparates de las tiendas, los gritos de varios conductores de coches y automóviles que no acertaban a hacer pasar sus vehículos en la angosta y repleta vía llamaron su atención. Vio en un carruaje a una dama rubia, de espaldas a él, acompañada por dos oficiales de la marina inglesa. Inmediatamente pensó en Freya... Su sombrero, su traje, todo lo que pudo distinguir de su persona, no le recordaban en nada a la otra. Y sin embargo, cuando se alejó el coche, sin que él llegase a ver el rostro de esta desconocida, la imagen de la aventurera persistió en su memoria.

Al fin acabó por irritarse contra él mismo, a causa de la semejanza absurda que había descubierto sin motivo alguno. ¿Cómo podía ser Freya esta inglesa que iba con dos oficiales?... ¿Cómo la alemana refugiada en Barcelona podía deslizarse en Francia, donde indudablemente era conocida de la policía militar?... Aún le irritó más la sospecha de que este parecido fuese un resto del antiguo amor, que le hacía ver a Freya en toda mujer rubia.

A las nueve de la mañana del día siguiente, cuando el capitán se vestía en su camarote para bajar a tierra, Tòni abrió la puerta.

Su gesto era fosco y tímido al mismo tiempo, como si fuese a dar una mala noticia.

—Esa está ahí —dijo lacónicamente.

Ferragut le miró con expresión interrogante... ¿Quién era «esa»?...

—¿Quién ha de ser?... ¡La de Nápoles! ¡La rubia del demonio que nos trae desgracia!... A ver si esa bruja nos deja inmóviles unas cuantas semanas, lo mismo que la otra vez.

Se excusó, como si acabase de cometer una falta en el servicio. El buque estaba unido al muelle por una pasarela y todos podían entrar en él. El piloto era enemigo de estos amarres, que dejaban libre el paso a los curiosos y los importunos. Cuando se había dado cuenta de la visita, la señora estaba ya en la cubierta, cerca de las cámaras. Recordaba bien el camino del salón: quería seguir adelante; pero él había hecho que *Caragòl* la detuviese mientras venía a avisar al capitán.

—¡Cristo! —murmuró éste—. ¡Cristo!...

Y su asombro, su sorpresa, no le permitieron lanzar otra exclamación.

Luego se encolerizó.

—¡Échala!... Que la agarren dos hombres y la pongan en el muelle, aunque sea a viva fuerza.

Pero Tòni vacilaba, no atreviéndose a cumplir tales órdenes, y el impetuoso Ferragut se lanzó fuera del camarote para realizar por sí mismo lo que había mandado.

Cuando pasó al salón, alguien entró al mismo tiempo por el lado de la cubierta. Era *Caragòl*, que intentaba cerrar el paso a una mujer; pero ésta, burlando sus ojos cegatos, iba deslizándose poco a poco entre su cuerpo y el tabique de madera.

Al ver al capitán, Freya corrió hacia él tendiendo sus brazos.

—¡Tú! —dijo con voz gozosa—. Bien sabía que estabas aquí, a pesar de que estos hombres aseguraban lo contrario... Me lo decía el corazón... ¡Buenos días, Ulises!

Caragòl volvió los ojos hacia el sitio donde adivinaba la presencia del segundo, como si implorase su perdón. Con las hembras no se podía cumplir ninguna orden... Tòni, por su parte, parecía avergonzado ante esta mujer que le miraba hostilmente.

Los dos desaparecieron. Ferragut no pudo darse cuenta de cómo fue la fuga, pero se alegró de ella. Temía que la recién llegada aludiese en su presencia a las cosas del pasado.

Quedó largo rato contemplándola. Había creído reconocerla de espaldas el día anterior, y ahora estaba seguro de que hubiera seguido adelante con indiferencia al verla de frente. En realidad, ¿era la misma que acompañaban los dos oficiales ingleses?... Parecía mucho más alta que la otra, con una delgadez que hacía clarear su cutis, dándole una transparencia enfermiza. La nariz era más prominente y afilada; los ojos brillaban hundidos en los círculos negruzcos de sus cuencas.

Estos ojos empezaron a mirar al capitán humildes y suplicantes.

—¡Tú! —exclamó Ulises con extrañeza—. ¡Tú!... ¿Qué vienes a hacer aquí?...

Freya habló con una timidez de sierva. Sí, era ella, que le había reconocido el día anterior mucho antes de que él la mirase, formando inmediatamente el propósito de venir en busca suya. Podía pegarle, como la última vez que se vieron; estaba dispuesta a sufrirlo todo... ¡pero con él!

—Sálvame, Ulises; llévame contigo... Te lo pido más angustiosamente que en Barcelona.

—¿Cómo estás aquí?...

Ella comprendió la extrañeza del capitán al encontrarla en país enemigo; la inquietud que sentía por él mismo al ver a una espía en su buque.

Miró en torno para convencerse de que estaban solos, y habló en voz baja. La doctora le había enviado a Francia para que «trabajase» en los puertos. A él solo podía revelar el secreto.

Ulises se indignó ante esta confidencia.

—¡Márchate! —dijo con voz colérica—. Nada quiero saber de ti... Lo tuyo no me interesa, no deseo conocerlo... ¡Fuera de aquí! ¿Por qué me buscas?

Pero ella no parecía dispuesta a cumplir sus órdenes. En vez de marcharse, se dejó caer con desaliento en uno de los divanes de la cámara.

—He venido —dijo— para rogarte que me salves. Te lo suplico por última vez... Voy a morir; adivino que mi fin está próximo si tú no me tiendes una mano; presiento la venganza de los míos... ¡Guárdame, Ulises! No me dejes volver a tierra: tengo miedo... ¡Tan segura que me sentiría aquí, a tu lado!...

El miedo, efectivamente, se reflejó en sus ojos al recordar los últimos meses de su vida en Barcelona.

—La doctora es mi enemiga... Ella, que me protegió tanto en otro tiempo, me abandona como algo viejo que es necesario suprimir. Tengo la certidumbre de que me han condenado en lo alto...

Se estremecía al recordar la cólera de la doctora cuando, a la vuelta de uno de sus viajes, se enteró de la muerte de su fiel Karl. El capitán Ferragut era para ella una especie de demonio invulnerable y victorioso, que escapaba a todos los peligros, matando a los servidores de la buena causa. Primeramente, Von Kramer; ahora, Karl... Como le era necesario desahogar en alguien su cólera, había hecho responsable a Freya de todas las desgracias. Por ella conocía al capitán y lo había mezclado en los asuntos del «servicio».

El ansia de venganza hizo sonreír a la imponente dama con una expresión feroz. El marino español estaba señalado en alto lugar. Ordenes precisas habían sido dadas contra él. «¡En cuanto a sus cómplices!...» Freya figuraba indudablemente entre estos cómplices, por haberse atrevido a defender a Ferragut recordando la muerte trágica de su hijo, por no haber hecho coro con los que deseaban su exterminio.

Semanas después, la iracunda doctora se había mostrado amable y sonriente, lo mismo que en otro tiempo. «Querida mía: conviene que dé usted un paseo por Francia. Hace falta un agente que nos entere del movimiento de los puertos, de la salida y entrada de los buques, para que nuestros sumergibles sepan dónde esperar. Los oficiales de marina son galantes, y una mujer hermosa puede ganarse su afecto.»

Ella había pretendido desobedecer. ¡Ir a Francia, donde eran conocidos sus trabajos de antes de la guerra!... ¡Volver al peligro cuando ya se había acostumbrado a la vida segura en los países neutrales!... Pero sus intentos de resistencia no llegaban a realizarse. Carecía de voluntad: el «servicio» la había convertido en un autómata.

—Y aquí estoy; sospechando que tal vez marcho a la muerte, pero cumpliendo los encargos que recibo; esforzándome por ser grata y retardar de este modo el cumplimiento de su venganza... Soy como un condenado que sabe que va a morir y procura hacerse necesario, para demorar unos meses su sentencia.

—¿Cómo has entrado en Francia? —preguntó él, sin hacer caso de su acento doloroso.

Freya levantó los hombros. En su oficio se cambiaba fácilmente de nacionalidad. Ahora era ciudadana de una república de América. La doctora le había proporcionado los papeles necesarios para pasar la frontera.

—Pero aquí —continuó— me tienen más segura que en una cárcel. Me han dado los medios para entrar, y solo ellos me pueden hacer salir. Estoy por completo en su poder. ¿Qué harán de mí?...

El terror le había sugerido en ciertos momentos desesperadas resoluciones. Quería denunciarse a sí misma, comparecer ante las autoridades francesas relatando su historia, haciendo saber los secretos de que era poseedora. Pero su pasado le infundía miedo: eran muchas las maldades que llevaba realizadas contra este país. Tal vez la perdonasen la vida teniendo en cuenta la espontaneidad de su acto; pero el presidio, la reclusión con el pelo cortado, vestida de ruda estameña, condenada al silencio, sufriendo tal vez hambre y frío, le inspiraban una repulsión invencible... No: antes la muerte.

Y continuaba su vida de espionaje, cerrando los ojos ante el porvenir, viviendo el momento presente, evitando el pensar, considerándose feliz cuando veía por delante unos cuantos días de seguridad.

El encuentro con Ferragut en una calle de Marsella la había reanimado, dándole nuevas esperanzas.

—Sácame de aquí; guárdame contigo. En tu buque puedo vivir olvidada del mundo, como si hubiese muerto... Y si mi presencia te disgusta, llévame lejos de Francia, déjame en un país lejano.

Deseaba salir de este aislamiento en tierra enemiga teniendo que obedecer a sus superiores, como una fiera enjaulada que recibe pinchazos a través de los hierros. La hacía temblar el presentimiento de su próxima muerte.

—¡Yo no quiero morir, Ulises!... No soy aún vieja para morir. Yo adoro mi cuerpo, soy el primero de mis enamorados, y me aterro al pensar que puedo ser fusilada.

Pasó por sus ojos un reflejo fosfórico; sus dientes chocaron con el castañeteo del terror.

—¡No quiero morir! —repitió—. Hay momentos en que adivino que me siguen y me cercan... Tal vez me han conocido y esperan el momento de sorprenderme en pleno trabajo... Ayúdame: hazme salir de aquí; mi muerte es segura. ¡He hecho tanto daño!...

Calló un momento, como si calculase todos los delitos de su vida anterior.

—La doctora —siguió diciendo— cuenta con el entusiasmo patriótico, que le enardece para continuar sus trabajos. Yo carezco de su fe: no soy alemana y me repugna ser espía... Siento vergüenza al considerar mi vida actual; pienso todas las noches en el resultado de mis abominables trabajos; calculo el empleo que pueden dar a mis avisos y mis informes; veo los buques torpedeados... ¿Cuántos seres habrán muerto por mi culpa? Tengo visiones: mi conciencia me atormenta. ¡Sálvame!... No puedo más. Siento un miedo horrible. ¡Tengo tanto que expiar!...

Se había levantado poco a poco del diván, y al pedir protección a Ferragut iba hacia él con los brazos extendidos, humilde y al mismo tiempo acariciadora, por una voluntad de seducción que predominaba sobre todos sus actos.

—¡Déjame! —gritó el marino—. No te acerques... ¡no me toques!

Sintió la misma cólera que le había hecho ser brutal fin su entrevista de Barcelona. Le irritó la tenacidad de esta aventurera, que, luego de ejercer una influencia trágica en su vida, deseaba comprometerle de nuevo.

Pero un sentimiento de fría compasión le hizo contenerse y hablar con cierta bondad.

Si necesitaba dinero para huir, él se lo daría sin regateo alguno. Podía fijar la cifra; el capitán estaba dispuesto a satisfacer todos sus deseos; pero nada de vivir juntos. Le daría una suma importante para asegurar su porvenir y no verla más.

Freya hizo un ademán de protesta, al mismo tiempo que el marino se arrepentía de su generosidad... ¿Por qué favorecer a una mujer que le recordaba la muerte de su hijo?... ¿Qué había de común entre los dos?... Los viles amores de Nápoles harto los había pagado con su desgracia... Que cada uno siguiese su destino; pertenecían a mundos distintos... ¿Iba a tener que defenderse toda su vida de esta hembra pegajosa?

Aparte de esto, no estaba seguro de que ahora dijese verdad... Todo en ella era falso. Ni siquiera conocía con certeza su verdadero nombre y su existencia pasada...

—¡Márchate! —rugió con tono amenazador—. ¡Déjame en paz!

Tendió sus poderosas manazas hacia ella viendo que se resistía a obedecer. Iba a levantarla del suelo con rudo tirón, a llevarla como un fardo leve fuera de la cámara, fuera del barco, arrojándola lejos lo mismo que si fuese un remordimiento.

Pero le inspiró una repugnancia invencible este cuerpo abundante en seducciones: tuvo miedo a su contacto; quiso huir de las sorpresas eléctricas de su carne... Además, él no iba a maltratarla a cada encuentro, como un bellaco profesional de los que mezclan el amor y los golpes. Recordaba con tristeza sus violencias de Barcelona.

Y como Freya, en vez de marcharse, se dejaba caer de nuevo en el diván con un desaliento que parecía desafiar su cólera, fue él quien huyó para dar fin a la entrevista.

Se introdujo en su camarote, cerrando la puerta de golpe. Esta fuga la sacó a ella de su inercia. Quiso seguirle con un salto de pantera joven, pero sus manos chocaron contra el obstáculo que acababa de inmovilizarse, mientras seguían sonando en su interior llaves y cerrojos.

Golpeó desesperadamente la puerta. Sus puños se lastimaron en infructuosos empujones.

—¡Ulises, abre!... ¡Óyeme!

En vano gritó como si diese una orden, exasperándose al no verla obedecida. Su cólera se revolvió impotente contra la solidez inconmovible de la madera. De pronto empezó a llorar. Se había ablandado su voluntad al sentirse débil e indefensa como una criatura abandonada. Toda su vida pareció concentrarla en sus lágrimas y su voz suplicante.

Paseó los dedos por la puerta, palpando las molduras, deslizándolos por las superficies barnizadas, como si buscase a tientas una rendija, un agujero, algo que le permitiese llegar hasta el hombre que estaba al otro lado.

Instintivamente dobló sus rodillas, pegando la boca al orificio de la cerradura.

—¡Dueño mío! —murmuró con una voz de pordiosera—. ¡Abre!... No me abandones. Piensa que voy hacia la muerte si tú no me salvas.

Ferragut la oyó, y para huir de su gemido fue alejándose hasta el fondo del camarote. Luego abrió el ventano redondo que daba sobre la cubierta, ordenando a un marinero que buscase al segundo.

—¡*Don Antòni! ¡don Antòni!* —gritaron varias voces a lo largo del buque.

Llegó Tòni, pegando su cara al redondel para recibir las quejas furiosas de su capitán. «¿Por qué le habían dejado solo con aquella mujer?... Debían sacarla del buque inmediatamente, aunque fuese a viva fuerza... Él lo mandaba.»

El piloto se alejó con aire azorado, rascándose la barba lo mismo que si acabase de recibir una orden de difícil ejecución.

—¡Sálvame, amor mío! —seguía gimiendo el susurro implorante—. Olvida quién soy... Piensa únicamente en la de Nápoles... en la que conociste en Pompeya... Acuérdate de nuestra felicidad a solas, de las veces que me juraste no abandonarme nunca... ¡Tú eres un caballero!

Calló un momento la voz. Ferragut oyó pasos al otro lado de la puerta. Tòni cumplía sus órdenes.

Pero la súplica volvió a reanudarse a los pocos instantes, reconcentrada, tenaz, atenta únicamente a su deseo, despreciando los nuevos obstáculos que venían a interponerse entre ella y el capitán.

—¿Tanto me odias?... Acuérdate de la felicidad que te di: tú mismo me juraste que nunca habías sido tan dichoso.

Puedo resucitar otra vez el pasado. Tú no sabes de lo que soy capaz por hacerte dulce la existencia... ¡Y quieres perderme!...

Sonó un choque en la puerta, un roce de cuerpos que se empujaban, una frotación de lucha contra la madera.

Tòni había entrado, seguido de *Caragòl*.

—Ya hay bastante, señora —dijo con voz torva, para disimular su emoción—. ¿No se da cuenta de que el capitán no quiere verla?... ¿no comprende que está estorbando?... Vamos... ¡arriba!

Intentó ayudarla a incorporarse, separando su boca de la cerradura; pero Freya repelió con facilidad al vigoroso marino. Parecía falto de fuerzas, sin valor para repetir su ruda acción. Le inspiraba miedo la hermosura de esta mujer; estaba estremecido aún por el contacto de las firmes redondeces que acababa de rozar durante la corta lucha. Su virtud soñolienta había sufrido el tormento de una resurrección sin objeto. «¡Ah, no!... Que se encargasen otros de expulsarla.»

—¡Ulises, me echan! —gritó ella pegando otra vez su boca a la cerradura—. ¿Y tú, amor mío, lo permites?... ¿tú que tanto me amabas?...

Después de este llamamiento desesperado permaneció silenciosa unos instantes. La puerta se mantuvo inmóvil: detrás de ella no parecía existir ningún ser viviente.

—¡Adiós! —continuó en voz baja, con la garganta hinchada de sollozos—. Ya no me verás... Voy a morir pronto: me lo dice el corazón... ¡Moriré por ti!... Tal vez llores algún día pensando que pudiste salvarme.

Alguien había intervenido para arrancar a Freya de su rebelde inmovilidad. Era *Caragòl*, solicitado por los ojos implorantes del piloto.

Sus manazas la ayudaron a levantarse, sin que ella repitiese la protesta que había repetido a Tòni. Vencida y derramando lágrimas, pareció someterse a la ayuda paternal y los consejos del cocinero.

—¡Arriba, buena señora! —dijo *Caragòl*—. Un poco de ánimo y no llore... Para todo hay consuelo en este mundo.

Encerró en su abultada diestra las dos manos de ella, y pasando el otro brazo por su talle, la fue dirigiendo poco a poco hacia la salida del salón.

—Crea en Dios —añadió—. ¿Por qué busca al capitán, que tiene allá en su tierra a su mujer propia?... Otros hombres existen que están libres, y puede usted entenderse con ellos sin caer en pecado mortal.

Freya no le escuchaba. Cerca de la puerta volvió todavía la cabeza, iniciando un retroceso hacia el camarote del capitán.

—¡Ulises!... ¡Ulises! —gritó.

—Crea en Dios, señora —dijo otra vez *Caragòl*, mientras la empujaba con su vientre flácido y su pecho velludo.

Un propósito caritativo llenó su pensamiento. Tenía el remedio para el dolor de esta mujer hermosa, que la desesperación había hecho más interesante.

—Venga usted, señora... Hágame caso, hija mía.

Al llegar a la cubierta, la fue guiando hacia sus dominios. Freya se sentó en la cocina, sin saber con certeza dónde estaba. Vio a través de sus lágrimas a este viejo obeso, de una bondad sacerdotal, yendo de un lado a otro para reunir botellas y mezclar líquidos, agitando una cuchara en un vaso con alegre retintín.

—Beba sin miedo... No hay disgusto que resista a esta medicina.

El cocinero le ofreció un vaso; y ella, anonadada, bebió y bebió, contrayendo su rostro por la intensidad alcohólica del líquido. Seguía llorando, al mismo tiempo que su boca paladeaba una espesa dulzura. Sus lágrimas fueron cayendo en el brebaje que se deslizaba entre sus labios.

Un plácido calor emergió de su estómago, secando la humedad de los ojos, dando nuevos colores a sus mejillas. *Caragòl* continuaba la charla, satisfecho del éxito de su obra, haciendo señas de alejamiento al sombrío Tòni, que pasaba y repasaba ante la puerta con el deseo vehemente de ver marcharse a la intrusa.

—No llore más, hija mía... ¡Cristo del Grao! ¡llorar una señora tan guapa, que puede encontrar los novios a docenas!... Créame: busque a otro; el mundo está lleno de hombres sin ocupación... Y siempre que sufra un disgusto, acuda a mi cordial... Voy a darle la receta.

Iba a apuntar en un pedazo de papel las dosis de aguardiente de caña y de azúcar, cuando ella se levantó, súbitamente vigorizada, mirando en torno con extrañeza... ¿Por qué estaba allí? ¿Qué tenía que ver con aquel buen hombre medio desnudo que le hablaba como si fuese su padre?...

—¡Gracias! ¡muchas gracias! —dijo al salir de la cocina.

Luego, en la cubierta, se detuvo, abriendo su bolso de oro para sacar el espejito y el bote de polvos. Vio en el óvalo biselado del cristal el rostro faunesco de Tòni asomando detrás de su espalda con miradas de impaciencia.

—Dígale al capitán Ferragut que ya no le molestaré más... Todo terminó... Tal vez oiga hablar de mí alguna vez, pero no me verá nunca.

Y salió del buque sin volver la cabeza, con paso acelerado, como si corriese a la realización de algo que llenaba su pensamiento.

Tòni corrió también hacia el ventano del camarote de Ulises.

—¿Ya se ha ido? —preguntó éste con impaciencia.

El piloto asintió con la cabeza. Se había ido prometiendo no volver.

—Así sea —dijo Ferragut.

Manifestó Tòni el mismo deseo. ¡Ojalá no viesen más a esta rubia, que traía la desgracia!...

En los días siguientes, el capitán apenas abandonó su buque. No quería encontrarse con ella en las calles de la ciudad: dudaba de la dureza de su carácter; temía ceder a sus ruegos al verla otra vez llorando y suplicando.

Se desvaneció la inquietud de Ulises al quedar terminada la carga del buque. Este viaje iba a ser más corto que los anteriores. El *Mare Nostrum* fue a Corfú con material de guerra para los servios, que reorganizaban sus batallones destinados a Salónica.

En el viaje de vuelta, Ferragut fue atacado por el enemigo. Un amanecer, cuando subía al puente para reemplazar a Tòni, los dos vieron al mismo tiempo en forma tangible lo que llevaban a todas horas en su imaginación. Se marcó a lo lejos, en el redondel de sus gemelos, el extremo de un palo negro y derecho que cortaba las aguas, sonrosadas por el alba, dejando un rastro de espuma.

—¡Submarino! —gritó el capitán.

Tòni no dijo nada, pero apartando de un zarpazo al timonel, agarró la rueda, dando al buque otra dirección. El movimiento fue oportuno. Solo iban transcurridos unos segundos, cuando empezó a marcarse sobre el agua un dorso oscuro, de vertiginosa carrera, que venía rectamente hacia el vapor.

—¡Torpedo! —gritó Ferragut.

La angustiosa espera duró unos instantes. El proyectil, oculto en las aguas, pasó a unos seis metros de la popa, perdiéndose en la inmensidad. Sin la rápida virada de Tòni, habría herido al buque en pleno flanco.

El capitán, por el tubo acústico que descendía a las máquinas, gritó órdenes enérgicas para que desarrollasen toda la velocidad. Mientras tanto, el piloto, agarrado a la rueda, dispuesto a morir sin soltarla, dirigía el buque en zigzags para no ofrecer una puntería fija al submarino.

Todos los tripulantes contemplaban desde las bordas el bastón lejano e insignificante del periscopio. El tercer oficial había salido de su camarote casi desnudo, restregándose los ojos soñolientos. *Caragòl* estaba en la popa, mostrando su abdomen bajo el revoloteo de la suelta camisa y llevándose una mano a las cejas a guisa de visera.

—Lo veo... lo veo perfectamente... ¡Ah, bandido! ¡hereje!

Y tendía su puño amenazador hacia un punto del horizonte, precisamente el opuesto al lugar donde emergía el periscopio.

Vio Ferragut en el redondel azul de las lentes cómo este tubo subía y subía, engrosándose. Ya no era un palo, era una torre, y a continuación de esta torre iba surgiendo del mar un basamento de acero que chorreaba cascadas de espuma, un lomo gris de cetáceo, que poco a poco tomaba la forma de un vaso navegante largo y afilado.

Una bandera flotó de pronto sobre el submarino. Ulises la conocía.

—¡Nos van a atacar a cañonazos! —gritó a Tòni—. Es inútil que naveguemos en zigzags. Lo que importa es ganar distancia, marchar en línea recta.

El segundo, hábil timonel, obedeció al capitán. Tembló todo el casco a impulsos de una velocidad extraordinaria. La proa cortaba las aguas con un rumor creciente. El sumergible enemigo, al aumentar su volumen con la emersión, pareció, sin embargo, retroceder en el horizonte. Dos vedijas de espuma empezaron a amontonarse en ambas caras de su proa. Corría con todo el ímpetu de su marcha de superficie;

pero el *Mare Nostrum* navegaba igualmente con el impulso forzado de sus máquinas a gran presión, y la distancia entre ambos buques se fue dilatando.

—¡Tiran! —dijo Ferragut con los gemelos en los ojos.

Una columna de agua se levantó cerca de la proa. Esto fue lo único que *Caragòl* pudo ver claramente, y rompió a aplaudir con una alegría infantil. Luego agitó en alto su sombrero de palma. «¡Viva el Santo Cristo del Grao!...»

Otros proyectiles fueron cayendo en torno del *Mare Nostrum*, salpicándolo con sus enormes surtidores de espuma. De pronto tembló de popa a proa: se estremecieron sus planchas con una vibración de estallido.

—¡No es nada! —gritó el capitán echando medio cuerpo fuera del puente para ver mejor el casco de su buque—. Un cañonazo en la popa. ¡Firme, Tòni!...

El segundo, agarrado a la rueda, volvía la cabeza de vez en cuando para apreciar la distancia que les separaba del submarino. Cada vez que veía levantarse una columna acuática a impulsos de un proyectil, repetía el mismo consejo:

—¡Tiéndete, Ulises!... ¡Van tirar contra el puente!

Era un recuerdo de su lejana juventud de contrabandista, cuando se acostaba en la cubierta de su barca manejando el timón y la vela bajo los tiros de los vigilantes del resguardo. Temía por la vida de su capitán, mientras él continuaba de pie, ofreciéndose a los disparos de los enemigos.

Ferragut marchó de un lado a otro, maldiciendo su falta de medios para responder a la agresión. «¡No le ocurriría otra vez!... ¡No se divertirían más dándole caza!»

Un segundo proyectil abrió otra brecha en la popa... «¡Mientras no sea en las máquinas!», pensaba el capitán. Después de esto, el *Mare Nostrum* no sufrió más destrozos. Los disparos siguientes fueron levantando columnas de agua en la estela que dejaba el vapor. Cada vez surgían más lejanos estos fantasmas blancos. El buque salió de la zona del cañón enemigo, que seguía tirando y tirando inútilmente. Al fin cesaron los disparos y el submarino se borró del campo de visión de los anteojos, hasta sumergirse enteramente, cansado de una persecución inútil.

—¡No me ocurrirá más! —volvió a repetir el capitán—. ¡No me atacarán otra vez impunemente!

Luego pensó que este submarino había marchado contra él sabiendo quién era. Llevaba pintado en los costados de su buque los colores de España. Al primer cañonazo, el tercer oficial había izado la bandera, sin que cesasen por esto los disparos. Querían echarle a pique sin intimación alguna, «sin dejar rastro». Pensó que Freya, en relación con los directores de la campaña submarina, podía haber denunciado su viaje.

—¡Ah... *tal*! ¡Si te encuentro otra vez!...

Tuvo que descansar en Marsella varias semanas mientras reparaban las averías del vapor.

Como Tòni carecía de ocupación durante esta inmovilidad forzosa, le acompañó muchas veces en sus paseos. Gustaban de sentarse en la terraza de un café de la Cannebière para comentar las diferencias pintorescas de la muchedumbre cosmopolita.

—Mira: gentes de nuestro país —dijo el capitán una tarde.

Y señaló a tres hombres de mar confundidos en la corriente de uniformes diversos y tipos de distintas razas que pasaba rozando las mesas del café.

Los había reconocido por sus gorras de seda con visera, sus chaquetas azules y su obesidad grave de marineros mediterráneos que han conseguido cierto bienestar. Debían ser patrones de barca.

Como si la mirada y el gesto de Ferragut les hubiesen avisado con misteriosa sensación, los tres volvieron los ojos, fijándolos en el capitán. Luego empezaron a discutir entre ellos con una vehemencia que hacía adivinar sus palabras.

«¡Es él!...» «¡No es!...» Aquellos hombres le conocían, pero dudaban al verle.

Se alejaron con marcada indecisión, volviendo repetidas veces el rostro para examinarle una vez más. A los pocos minutos regresó uno de ellos, el más viejo, aproximándose con timidez a la mesa.

—¿Es usted, y perdone, el capitán Ferragut?...

Hizo esta pregunta en valenciano, al mismo tiempo que se llevaba la diestra a su gorra para quitársela. Ulises detuvo el saludo y le ofreció una silla. Él era Ferragut: ¿qué deseaba?...

Se negó a sentarse. Quería decirle dos «razones» aparte, con cierto secreto... Cuando el capitán hubo presentado a su segundo como hombre de toda confianza, entonces se sentó. Los dos compañeros, rompiendo la humana corriente, habían retrocedido también y estaban en el borde de la acera, volviendo sus espaldas al café.

Era un patrón de barca: no se había equivocado Ferragut. Hablaba lentamente, como si le preocupase la revelación final, a la que servía de exordio todo lo que estaba diciendo.

—Los tiempos no son malos. Se gana dinero en el mar: más que nunca. Yo soy de Valencia. Hemos venido tres barcas de allá con vino y arroz. Viaje bueno, pero hay que navegar pegados a la costa, siguiendo la curva de los golfos, sin atreverse a pasar de cabo a cabo por miedo a los submarinos... Yo he encontrado a un submarino.

Ulises adivinó que las últimas palabras del patrón contenían el móvil que le había hecho aproximarse, venciendo su timidez.

—No fue en este viaje ni en el anterior —continuó el hombre de mar—. Me encontré con él dos días antes de la última Navidad. Yo, en invierno, me dedico a la pesca: soy propietario de una pareja de barcas del *bòu*... Estábamos cerca de las islas Columbretas, cuando de pronto vimos aparecer un submarino cerca de nosotros. Los alemanes no nos hicieron daño; lo único enojoso fue que tuvimos que entregarles una parte de nuestra pesca por lo que quisieron darnos. Luego me ordenaron que saltase a la cubierta del submarino para responder al comandante. Era un joven que hablaba el castellano como yo lo he oído hablar allá en las Américas, cuando de chico navegaba en un bergantín.

Se detuvo el patrón, algo cohibido, como si dudase en seguir su relato.

—¿Y qué dijo el alemán? —preguntó Ferragut para incitarle a continuar.

—Al enterarse de que yo era valenciano, me dijo si lo conocía a usted. Me preguntó por su vapor, queriendo saber si navegaba frente a la costa española. Yo le contesté que la conocía de nombre nada más, y él, entonces...

El capitán le animó con su sonrisa al ver que vacilaba de nuevo.

—Le habló mal de mí, ¿no es cierto?

—Sí, señor; muy mal, con palabras muy feas. Dijo que tenía una cuenta que arreglar con usted y que deseaba ser el primero en encontrarle. Según dio a entender, los otros submarinos también le buscan... Sin duda es una orden.

Se cruzó una larga mirada entre Ferragut y su segundo. Mientras tanto, el patrón seguía sus explicaciones.

Los dos amigos que le esperaban a pocos pasos habían visto muchas veces al capitán en Barcelona y en Valencia. Uno de ellos lo había reconocido inmediatamente; otro dudaba que fuese él; y por deber de conciencia, el viejo patrón volvía atrás para darle este aviso.

—Entre paisanos debemos ayudarnos... ¡Los tiempos son malos!

Al verle de pie, sus dos camaradas se aproximaron sonriendo a Ferragut. «¿Qué deseaban tomar?» Les invitó a sentarse en torno de su mesa; pero tenían prisa: iban a ver al consignatario de sus barcas.

—Ya lo sabe, capitán —dijo el patrón al despedirse—. Esos demonios le buscan para jugarle una mala pasada. Usted sabrá por qué... ¡Mucho ojo!

En el resto de la tarde hablaron poco Ferragut y Tòni. Los dos tenían en el cerebro iguales pensamientos, pero evitaban su exteriorización por un pudor de hombres enérgicos, temiendo que fuesen interpretados como preocupaciones del miedo.

Al cerrar la noche, cuando se retiraban al vapor, el piloto se atrevió a romper este silencio.

—¿Por qué no abandonas la navegación?... Eres rico; además, te darán por tu buque lo que pidas. Hoy se pagan los barcos como si fuesen de oro.

Ulises levantó los hombros. No pensaba en el dinero: ¿de qué podía servirle?... El resto de su vida deseaba pasarlo en el mar, dando ayuda a los enemigos de sus enemigos. Tenía una venganza que cumplir; viviendo en tierra abandonaba esta venganza y sentiría con más intensidad el recuerdo de su hijo.

El segundo calló unos instantes.

—¡Son tantos los enemigos!... —dijo luego con desaliento—. ¡Somos nosotros tan poca cosa!... Por unos cuantos metros no nos han echado a pique en el último viaje. Lo que no ha sido ahora será cualquier día... *Ellos* han jurado acabar contigo; y son muchos... y son de guerra. ¿Qué podemos nosotros, pobres marinos de paz?...

Tòni no añadió nada, pero sus ideas silenciosas fueron adivinadas por Ulises.

Pensaba en su familia, que vivía allá en la Marina una existencia de continua ansiedad viéndole a bordo de un buque acechado por irresistibles amenazas. Pensaba también en las esposas y las madres de todos los hombres de la tripulación, que sufrían idénticas angustias. Y Tòni se preguntaba por primera vez si el capitán Ferragut tenía derecho a arrastrarlos a todos a una muerte segura, por su testarudez vengativa y loca.

«No, no tengo derecho», se dijo Ulises mentalmente.

Pero al mismo tiempo, el segundo, arrepentido de sus anteriores reflexiones, afirmaba en voz alta, con una sencillez heroica:

—Si te aconsejo que te retires, es por tu bien; no creas que es por miedo... Yo te seguiré mientras navegues. Alguna vez he de morir, y mejor es que sea en el mar. Únicamente me preocupa la suerte de mi mujer y mis hijos.

El capitán siguió marchando silenciosamente, y al llegar al buque habló con brevedad. «Pensaba hacer algo que tal vez gustase a todos. Antes de una semana habría decidido su porvenir.»

Los días siguientes los pasó en tierra. Dos veces volvió con unos señores que examinaron el vapor minuciosamente, bajando a las máquinas y a las bodegas. Algunos de estos visitantes parecían expertos en las cosas del mar.

«Quiere vender el barco», se dijo Tòni.

Y el piloto empezó a arrepentirse de sus consejos. ¡Abandonar el *Mare Nostrum*, que era el mejor de todos los buques en que había servido!... Se acusó de cobardía, creyendo que era él quien había impulsado al capitán a tomar esta decisión. ¿Qué iban a hacer en tierra los dos cuando el vapor fuese de otros?... ¿No tendría él que embarcarse en un buque inferior, corriendo los mismos riesgos?...

Estaba decidido a deshacer su obra, a aconsejar de nuevo a Ferragut, declarando que sus ideas eran las más acertadas y que debían seguir viviendo como hasta el presente, cuando el capitán dio la orden de partir. Aún no estaban terminadas del todo las reparaciones.

—Vamos a Brest —dijo lacónicamente—. Es el último viaje.

Y el vapor salió sin carga, como si fuese a cumplir una misión especial.

¡El último viaje!... Tòni admiró su barco como si lo viese bajo una nueva luz, descubriéndole bellezas nunca sospechadas, lamentando como un enamorado la rapidez con que transcurrían los días y se aproximaba el momento doloroso de la separación.

Nunca había sido el piloto tan activo en su vigilancia. Sus supersticiones de navegante le infundían cierto pavor. Por lo mismo que era el último viaje, les podía ocurrir algo malo. Pasó en el puente días enteros, examinando el mar, temiendo la aparición de un periscopio, variando el rumbo de acuerdo con el capitán, en busca de las aguas más solitarias, donde los submarinos no podían esperar caza alguna.

Respiró al entrar por uno de los tres pasos del semicírculo de escollos que cierra la rada de Brest. Cuando quedaron anclados en este pedazo de mar gris, brumoso y poco seguro, rodeado de negras montañas, Tòni esperó con ansiedad el resultado de los viajes que el capitán hacía a tierra.

En todo el curso de la navegación, Ferragut no se había prestado a confidencias. El piloto solo sabía que este viaje a Brest era el último. ¿Quién iba a ser el nuevo dueño del *Mare Nostrum*?

Una tarde lluviosa, Ulises, al volver al buque, dio orden de que buscasen al segundo, mientras sacudía su impermeable en la entrada de las cámaras.

La rada estaba oscura, con olas espumosas, cortas y gruesas, que saltaban como carneros. Los acorazados echaban humo por sus triples chimeneas, prontos a hacer frente al mal tiempo con las máquinas encendidas.

El vapor, anclado en el puerto comercial, danzaba inquieto, tirando de sus amarras con lúgubre quejido. Todos los baques cercanos se movían igualmente, lo mismo que si estuviesen en alta mar.

Tòni entró en la gran cámara, y al ver el rostro de su capitán adivinó que había llegado el momento de conocer la verdad. Ulises le habló rehuyendo su mirada, deseando evitar con el laconismo de su lenguaje todo motivo de emoción.

Había vendido el buque a los franceses: un negocio rápido y magnífico... ¡Quién le hubiese dicho al comprar *Mare Nostrum* que algún día le darían por él una cantidad tan enorme!... En ningún país se encontraban barcos a la venta. Los inválidos del mar amarrados en los puertos como hierro viejo obtenían precios fabulosos. Buques encallados y olvidados en costas remotas eran puestos a flote por empresas que ganaban millones con esta resurrección. Otros sumergidos en los mares tropicales se veían devueltos a la superficie después de una permanencia de diez años debajo del agua, reanudando sus viajes. Todos los meses surgía un astillero nuevo, pero la guerra mundial no encontraba nunca bastantes naves para el transporte de los víveres y los instrumentos de muerte.

Sin regateo alguno habían dado a Ferragut el precio de venta que él exigía: mil quinientos francos por tonelada: cuatro millones y medio por el buque. Y a esto había que añadir cerca de dos millones que llevaba ganados con sus viajes desde el principio de la guerra.

—¡Estoy podrido de dinero! —dijo el capitán.

Y lo dijo tristemente, recordando con nostalgia los tiempos de paz, cuando sufría la preocupación de los negocios mediocres... pero vivía su hijo. ¿De qué iba a servirle esta riqueza que le asaltaba por todos lados como si pretendiese aplastarle con su peso?... Su esposa podría derramar el dinero a manos llenas en obras de caridad; podría dotar a sus sobrinas como si fuesen hijas de un prócer... ¡y nada más! Ni ella ni él conseguirían resucitar por un momento su pasado. Esta riqueza inútil solo le proporcionaba cierta tranquilidad al pensar en el porvenir de la mujer que constituía toda su familia. Le era lícito en adelante disponer libremente de su existencia. Cinta, al morir él, iba a heredar millones.

Para evitarse la emoción de la despedida, habló a Tòni autoritariamente. Una carta del Atlántico estaba sobre la mesa, y con el índice fue marcando un rumbo a su piloto; pero este rumbo no era a través del mar, sino lejos de él, siguiendo el interior de las naciones costerizas.

—Mañana —dijo— vienen los franceses a posesionarse del vapor. Puedes irte cuando gustes, pero convendrá que sea lo más pronto posible...

Lo mismo que si diese una lección geográfica, explicó a Tòni su viaje de regreso. Este corre-mares se encogía tímidamente cuando le hablaban de itinerarios de ferrocarril y cambios de tren.

—Aquí está Brest... Sigues por esta línea a Burdeos; de Burdeos a la frontera; y una vez allí, tuerces a Barcelona o te vas a Madrid, y de Madrid a Valencia.

El segundo contempló el mapa silenciosamente, rascándose la barba. Luego fue elevando sus ojos caninos, hasta fijarlos en Ulises.

—¿Y tú? —preguntó.

—Yo me quedo. El capitán del *Mare Nostrum* se ha vendido con su buque.

Tòni hizo un gesto doloroso. Creyó por un momento que Ferragut quería librarse de su presencia y estaba descontento de sus servicios. Pero el capitán se apresuró a darle explicaciones.

Por pertenecer el *Mare Nostrum* a un país neutral, no podía ser vendido a una de las naciones beligerantes mientras durasen las hostilidades. A causa de esto, él lo había enajenado de un modo que no hacía necesario el cambio de bandera. Ya no era su dueño, pero continuaba a bordo como capitán, y el vapor seguiría siendo español lo mismo que antes.

—¿Y por qué debo irme? —dijo Tòni con voz trémula, creyéndose víctima de una preterición.

—Vamos a navegar armados —contestó Ulises con energía—. Por eso he hecho la venta, más que por el dinero. Llevaremos un cañón a popa, telegrafía sin hilos, una tripulación de hombres de la reserva marítima, todo lo necesario para defenderse. Haremos nuestros viajes sin buscar al enemigo, llevando cargamentos lo mismo que antes; pero si el enemigo nos sale al paso, encontrará quien le conteste.

Estaba dispuesto a morir, si tal era su destino, pero agrediendo al que le atacase.

—¿Y no puedo ir yo también? —insistió el piloto.

—No; detrás de ti existe una familia que te necesita. Tú no eres de una nación en guerra, ni tienes nada que vengar... Yo soy el único de los antiguos tripulantes que permanece a bordo. Todos os vais. El capitán tiene una razón para exponer su vida y no quiere cargar con la responsabilidad de arrastraros a todos en su última aventura.

Tòni comprendió que era inútil insistir. Sus ojos se humedecieron... ¿Era posible que se despidiesen para siempre dentro de unas horas?... ¿No vería más a Ulises y a su buque, que se llevaban la mejor parte de su pasado?...

El capitán deseó terminar pronto esta entrevista para mantener su serenidad.

—Mañana a primera hora —dijo— llamarás a la gente. Ajusta las cuentas de todos. Cada uno debe recibir como gratificación extraordinaria la paga de un año entero. Quiero que guarden buena memoria del capitán Ferragut.

Intentó el piloto oponerse a esta generosidad por un resto del áspero interés que le habían inspirado siempre los negocios del buque, pero su superior no quiso dejarle seguir.

—¡Estoy podrido de dinero! —repitió como si se quejase—. Tengo más de lo que necesito... Puedo hacer locuras, si es mi gusto.

Luego miró por primera vez a su segundo frente a frente.

—En cuanto a ti —siguió diciendo—, he pensado lo que debes hacer... ¡Toma!

Le dio un sobre cerrado, y el piloto, maquinalmente, intentó abrirlo.

—No; no lo abras por ahora. Te enterarás de lo que contiene cuando estés en España. Ahí va encerrado el porvenir de los tuyos.

Miró Tòni con ojos asombrados el leve envoltorio de papel que tenía entre los dedos.

—Te conozco —continuó Ferragut—; protestarías al ver la cantidad. Para mí es insignificante, y a ti te parecería excesiva... No abras el sobre hasta que estés en nuestra tierra. En él encontrarás el nombre del Banco al que debes dirigirte. Quiero que seas el más rico de tu pueblo; que tus hijos se acuerden del capitán Ferragut cuando yo haya muerto.

El piloto hizo un gesto de protesta ante esta muerte posible, y al mismo tiempo se restregó los ojos como si sintiera en ellos un cosquilleo intolerable.

Ulises continuó sus instrucciones. Había vendido atropelladamente la casa de sus abuelos allá en la Marina, las viñas, toda la herencia del *Tritón*, cuando adquirió el *Mare Nostrum*. Su deseo era que Tòni rescatase estos bienes, instalándose en el antiguo domicilio de los Ferragut.

—Tienes dinero de sobra para eso y mucho más. Yo carezco de hijos, y me gustará que los tuyos ocupen la casa que fue mía... Tal vez cuando llegue a viejo (si es que no me matan) iré a pasar los veranos con vosotros. ¡Animo, Tòni!... Aún pescaremos juntos, como pescaba mi tío el médico.

Pero el segundo no se reanimó con estas afirmaciones optimistas. Tenía los ojos hinchados por una humedad lacrimosa que hacía brillar sus córneas. Juraba entre dientes, protestando contra la próxima separación... ¡No verse más, después de tantos años de fraternidad!... ¡Cristo!...

El capitán tuvo miedo también a que saltasen sus lágrimas, y le ordenó que fuese a hacer las cuentas de los hombres a bordo.

Una hora después, Tòni volvía a entrar en la gran cámara, llevando en una mano la carta abierta. No había podido resistirse a la tentación de violar su secreto, temiendo que la generosidad de Ferragut resultase excesiva, inadmisible.

Protestó, tendiendo hacia Ulises el cheque extraído del sobre.

—¡No puedo aceptar!... ¡Es una locura!...

Había leído con espanto la cantidad consignada en el documento de crédito: primeramente en cifras, luego en letras. ¡Doscientas cincuenta mil pesetas!... ¡Cincuenta mil duros!

—Eso no es para mí —volvió a decir—. No lo merezco... ¿Qué puedo hacer con tanto dinero?

Fingió irritarse el capitán por su desobediencia.

—¡Guarda ese papel, bruto!... Ya me temía yo tus protestas... Es para tus hijos y para que tú descanses. No hablemos más, o me enfado.

Luego, para vencer sus escrúpulos, abandonó el tono violento y dijo con tristeza:

—Carezco de herederos... No sé que hacer de mi fortuna inútil.

Y repitió una vez más, como una queja contra el destino:

—¡Estoy podrido de dinero!...

A la mañana siguiente, mientras Tòni ajustaba en su camarote las cuentas de los tripulantes, asombrados de la munificencia de esta despedida, el tío *Caragòl* entró en el salón de popa, pidiendo hablar a Ferragut.

Se había puesto un viejo capote sobre sus ropas flácidas y escasas, más por decoro de la visita que porque realmente le hiciese sufrir el frío de Bretaña.

Despojó su esquilada cabeza del eterno sombrero de palma, fijando sus ojos rojizos en el capitán, que seguía escribiendo después de contestar a su saludo.

«¿Qué significaba cierta orden que había recibido de prepararse para dejar el buque dentro de unas horas?...» Debía ser una burla de Tòni, excelente sujeto, pero enemigo de las cosas santas, que gustaba de irritarle a causa de su piedad...

Ferragut abandonó la pluma, volviéndose hacia el cocinero, cuya suerte le había preocupado lo mismo que la del piloto.

—Tío *Caragòl*, nos hacemos viejos, y hay que pensar en el retiro... Voy a darle un papel; lo guardará lo mismo que si fuese una estampa bendita, y cuando lo presente en Valencia, le entregarán diez mil duros. ¿Usted sabe lo que son diez mil duros?...

Colocando su mentalidad al nivel de la de este hombre sencillo, se gozó en trazarle un plan de vida. Podía emplear su capital en cualquiera empresa modesta del puerto de Valencia: podía establecer un restorán, que pronto se haría célebre por sus olímpicos arroces. Sus sobrinos, que eran pescadores, lo recibirían como a un dios. Podía igualmente ser consocio en una pareja de barcas dedicadas a la pesca del *bòu*. Le esperaba una vejez feliz y honrosa; sus antiguos compañeros de navegación iban a envidiarle. Se levantaría a media mañana, iría al café, figuraría como devoto rico en todas las fiestas religiosas del Grao y del Cabañal: tendría en las procesiones un puesto de honor...

Siempre que hablaba Ferragut, le interrumpía el tío *Caragòl* maquinalmente para decir: «Así es, mi capitán». Por primera vez dejó de mover la cabeza y de sonreír con su cara de Sol. Estaba pálido y sombrío. Hizo con su redonda testa un signo enérgico y dijo lacónicamente:

—No, mi capitán.

Ante la mirada de asombro de Ulises, creyó necesario explicarse.

—¿Qué voy a hacer desembarcado?... ¿Quién me espera?... ¿Qué negocios ni qué familia pueden interesarme?...

Ferragut creyó escuchar un eco de sus propios pensamientos. Él, como su cocinero, nada tenía que hacer en tierra... Se aburría mortalmente lejos del mar como durante los meses pasados en Barcelona cuando aún era joven y podía crearse una nueva profesión. Además, le resultaba imposible volver a su casa, reanudando la vida con su esposa: equivalía a perder sus últimas ilusiones. Era mejor contemplar de lejos todo lo que restaba en pie de su antigua existencia.

Caragòl, mientras tanto, seguía hablando. Los sobrinos no se acordaban del pobre cocinero, y él no tenía por qué preocuparse de su suerte, enriqueciéndolos. Prefería quedarse donde estaba, sin dinero y feliz.

—¡Que se vayan los otros! —dijo con un egoísmo pueril—. ¡Que se vaya Tòni!... Yo me quedo... debo quedarme. Cuando el capitán se marche, se marchará el tío *Caragòl.*

Ulises enumeró los grandes peligros que iba a arrostrar el buque. Los submarinos alemanes lo acechaban con mortal predilección: sostendrían combates... serían torpedeados...

La sonrisa del viejo despreció estos peligros. Tenía, la certidumbre de que nada malo podía ocurrirle al *Mare Nostrum.* Las furias del mar resultaban impotentes contra él, y menos conseguiría aún la maldad de los hombres.

—Yo sé por qué lo digo, capitán... Estoy seguro de que saldremos sanos y salvos de todos los peligros.

Pensó en sus milagrosos amuletos, en sus estampas benditas, en la protección sobrenatural que le proporcionaban sus piadosas invocaciones. Además, tenía en cuenta el nombre latino del buque, que le había inspirado siempre un respeto religioso. Pertenecía a la lengua usada por la Iglesia, al idioma en que se ordenan los milagros y que expulsa al demonio, haciéndolo correr despavorido.

—El *Mare Nostrum* no sufrirá desgracia. Si le cambiasen el título... tal vez. Pero mientras se llame así, ¿cómo puede ocurrirle nada malo?...

Sonriendo ante esta fe, empleó Ferragut su último argumento. Toda la tripulación iba a componerse de franceses: ¿cómo se entendería con ellos si ignoraba su idioma?...

—Yo lo sé todo —afirmó el viejo soberbiamente.

Se había entendido con los hombres en los puertos más diversos del mundo. Contaba con algo más que la lengua: con los ojos, con las manos, con su malicia expresiva de meridional exuberante y gesticulador.

—Yo soy como San Vicente Ferrer —añadió con orgullo.

Su santo solo hablaba la lengua de Valencia, y había corrido media Europa predicando a muchedumbres de idiomas diversos, haciéndolas llorar de mística emoción y arrepentirse de sus pecados.

Mientras Ferragut tuviese el mando, él se quedaba. Si no le quería de cocinero, sería marmitón, fregaría las ollas. Lo importante era seguir pisando la cubierta del buque.

El capitán tuvo que acceder. Este viejo representaba para él un resto del pasado. Podría asomarse de tarde en tarde a la cocina para hablar de los lejanos tiempos en que se vieron por primera vez.

Y *Caragòl* se retiró, satisfecho de su éxito.

—En cuanto a esos franceses —dijo antes de salir—, déjelos a mi cargo. Deben ser buenas personas... Veremos qué dicen de mis arroces.

En el curso de una semana, el *Mare Nostrum* se despobló y volvió a poblarse. Fueron marchándose en grupos sus antiguos tripulantes. Tòni salió el último, y Ulises no quiso verle, por temor a una emoción inútil. Ya se escribirían.

Una curiosidad simpática impulsó al cocinero hacia la nueva marinería. Saludaba afablemente a los oficiales, sintiendo no poseer su idioma para entablar con ellos amistosas conversaciones. El capitán le tenía acostumbrado a tal familiaridad.

Eran dos pilotos que la movilización había convertido en tenientes auxiliares de la marina de guerra. Los primeros días se presentaron a bordo vistiendo su uniforme; luego volvieron con traje civil, para habituarse a ser simples oficiales mercantes de un vapor neutral. Los dos conocían por referencias los viajes anteriores de Ferragut, sus servicios a los aliados, y se entendieron simpáticamente, sin ningún prejuicio de nacionalidad.

Caragòl consiguió igual éxito entre los cuarenta y cinco hombres que se fueron posesionando de las máquinas y los ranchos de proa. Llegaban vestidos de marineros de la flota, con amplio cuello azul y una gorra rematada por un pompón rojo. Algunos ostentaban en el pecho medallas militares y la reciente Cruz de Guerra. De los sacos de lona que les servían de maletas sacaban sus trajes del tiempo de paz, cuando trabajaban en los vapores de carga, en los veleros que van a Terranova o en simples barcas de pesca costera.

La cocina estaba repleta a ciertas horas de hombres que escuchaban al viejo. Algunos conocían la lengua española por haber navegado en *bricks* de Saint-Malo y Saint-Nazaire, yendo a los puertos de Argentina, Chile y Perú. Los que no podían entender las palabras del cocinero las adivinaban a través de sus gesticulaciones. Todos reían, encontrándolo bizarro e interesante, y esta alegría general la atizaba *Caragòl* sacando a luz los tesoros líquidos que había amontonado en los viajes anteriores, bajo la administración descuidada y generosa de Ferragut.

El vino fuerte y alcohólico de las costas de Levante caía en los vasos como tinta, coronado de un círculo de rubíes. El viejo lo derramaba con mano pródiga. «Bebed, muchachos; en vuestra tierra no tenéis de esto...» Otras veces confeccionaba sus famosos «refrescos», sonriendo con una satisfacción de artista al ver el mohín de voluptuosidad que alteraba los rostros.

—¿Cuándo habéis bebido nada semejante? —decía con orgullo—. ¿Qué sería de vosotros sin el tío *Caragòl*?...

Estos bretones, acostumbrados a la disciplina y la sobriedad de otros buques, admiraban los fueros extraordinarios del cocinero, que podía mostrarse generoso lo mismo que un capitán.

Con frecuencia comunicaba a Ferragut sus opiniones sobre los nuevos camaradas. ¡Por algo había dicho que se entendería con ellos!... Eran hombres serios y religiosos, y los prefería a los antiguos tripulantes mediterráneos, juradores e incapaces de resignación, que a la menor contrariedad sacaban a Dios al ruedo para afrentarlo con malas palabras.

Todos ellos, musculosos y bien plantados, con ojos azules y bigotes rubios, llevaban medallas ocultas. Uno le había regalado la suya, comprada en una peregrinación a Santa Ana de Auray. *Caragòl* la mostró sobre su pecho velludo. Sentía una fe reciente en los prodigios de esta imagen «extranjera».

—Van a miles los peregrinos a su santuario, capitán. Todos los días hace un milagro... Hay una escala santa que los devotos suben de rodillas, y muchos de esos chicos la han subido. Yo quisiera...

En otro de los viajes a Brest, esperaba que Ferragut le permitiese ir a Auray el tiempo necesario para subir la escalera de rodillas, ver a Santa Ana y volver a bordo.

Ya no estaba el buque en el puerto comercial. Había pasado al puerto militar, estrecha ría que se retuerce por el interior de la ciudad, partiéndola en dos. Un gran puente giratorio ponía en comunicación ambas orillas, orladas de vastas construcciones y altas chimeneas: talleres de la marina, depósitos, arsenales, diques secos para la limpieza de los buques. Los remolcadores movían continuamente su agua verde y fangosa. Los vapores en reparación se alineaban a lo largo de los malecones, bajo un continuo martilleo que hacía resonar sus planchas. Las gabarras rematadas por colinas de hulla iban lentamente a situarse en los flancos de los buques. Bajo el puente giratorio llegaban y partían las lanchas de los acorazados, dejando en los muelles flotantes las tripulaciones libres de servicio, que saludaban con escandaloso griterío el salto a tierra.

Permaneció aislado el *Mare Nostrum* mientras los obreros del arsenal instalaban en su popa un cañón de tiro rápido y los aparatos de telegrafía sin hilos. Nadie podía entrar en él que no perteneciese a su tripulación.

Las familias de los marineros esperaban a éstos en el muelle, y *Caragòl* tuvo ocasión de conocer a muchas bretonas, madres, hermanas o prometidas de sus nuevos amigos. Le gustaban estas mujeres: iban vestidas de negro, con amplias sayas y gorros blancos y rígidos que traían a su memoria las tocas de las monjas... Algunas muchachas, altas, carnudas, de ojos azules y cándidos, reían con el español sin entenderle una palabra. Las viejas, de cara fruncida y oscura como las manzanas invernizas, chocaban su vaso con el de *Caragòl* en los cafetuchos vecinos al puerto. Todos hacían honor a una copa en momento oportuno y tenían gran fe en los santos. El cocinero no necesitaba más... ¡gentes excelentes y simpáticas!

Ciertos mozos condecorados con la Cruz de Guerra le contaban sus hazañas. Eran supervivientes de los batallones de fusileros marinos que defendieron a Dixmude. Después de la batalla del Marne los habían enviado a cortar el paso del enemigo por el lado de Flandes. No pasaban de seis mil, y ayudados por una división belga sostenían el empuje de todo un ejército. Su resistencia había durado semanas: un combate de barricadas en las calles, de peleas a lo largo de un canal, con el encarnizamiento de los antiguos abordajes. Los oficiales gritaban sus órdenes con el sable roto y la cabeza vendada; los hombres se batían sin pensar en sus heridas, cubiertos de sangre, hasta que se desplomaban muertos.

Caragòl, poco aficionado a las empresas militares, se entusiasmaba relatando a Ferragut esta lucha heroica, solo porque habían figurado en ella sus nuevos amigos.

—Murieron muchos, capitán; casi la mitad... pero los alemanes no pudieron seguir adelante... Luego, al enterarse de que los marinos no habían sido mas que seis mil, los generales *boches* se tiraban de los pelos: ¡tanta era su rabia! Creían haber tenido enfrente docenas de miles... Da gusto oír contar eso a los chicos que estuvieron allá.

Entre estos «chicos» heridos en la guerra, que habían pasado a la reserva naval y tripulaban el *Mare Nostrum*, uno era distinguido por la predilección del viejo. Podía hablarle en español, a causa de sus navegaciones trasatlánticas, y además había nacido en Vannes.

Apenas se aproximaba a sus dominios, salía a su encuentro con una sonrisa de invitación: «¿Un refresco... Vicente?». La mejor silla era para él. *Caragòl* había olvidado su nombre por innecesario. Al ser de Vannes, solo podía llamarse Vicente.

El primer día que se hablaron, el marino, enamorado de su país, le describió las bellezas del Morbihán, extenso mar interior rodeado de bosques, con islas cubiertas de pinos; las antigüedades venerables de la ciudad; su catedral gótica, abundante en tumbas, entre ellas la de un santo español: San Vicente Ferrer.

A *Caragòl* le dio un vuelco el corazón. Nunca se había preocupado de averiguar dónde estaba la sepultura del famoso apóstol de Valencia. Recordó de pronto una estrofa de los «gozos» que cantaban ante los altares del santo los devotos de su tierra. Efectivamente, había ido a morir «en Vannes de Bretaña», nombre geográfico que hasta entonces carecía de significado para él... ¡Y este muchacho era de Vannes! No fue necesario más para que lo mirase con el mismo respeto que si hubiese nacido en un país de maravillas.

Le hizo describir muchas veces cómo era la tumba del santo en el crucero de la catedral, las apolilladas tapicerías que perpetuaban sus milagros, el busto de plata que guardaba su corazón... Además, la puerta principal de Vannes se llamaba de San Vicente, y los recuerdos del santo estaban aún vivos en sus crónicas.

También se propuso visitar esta ciudad cuando el buque volviese a Brest. Muy santa debía ser la tierra bretona, la más santa del mundo, cuando el valenciano milagroso, después de correr tantas naciones, había querido morir en ella.

Ya no le produjo asombro que a este mocetón le hubiesen recogido en Dixmude cubierto de heridas y se mostrase ahora sano y vigoroso... A bordo del *Mare Nostrum* era artillero: él y dos camaradas estaban encargados del cañón. Para *Caragòl* no ofrecía dudas la suerte de todo submarino que les saliese al encuentro: el «chico de Vannes» iba a hacerlo añicos al primer disparo. Una tarjeta postal, obsequio del bretón, representando la tumba del santo, figuraba en el sitio de honor de la cocina. El viejo le rezaba como si fuese una estampa milagrosa, y el Cristo del Grao iba quedando en segundo término.

Una mañana, *Caragòl* fue en busca del capitán, que estaba escribiendo en su camarote. Venía de tierra, de hacer sus compras en el mercado. Al pasar por la *rue de Siam*, la vía más importante de Brest, donde están los cafés, los teatros y los cinemas, había tenido un encuentro.

—Un encuentro —continuó con sonrisa misteriosa—. ¿A que no adivina usted quién es?...

Levantó los hombros Ferragut, y en vista de su indiferencia, el viejo no quiso guardar por más tiempo el secreto.

—¡La pájara! —añadió—. Aquella pájara guapetona y perfumada que venía a verle... La de Nápoles... la de Barcelona...

El capitán palideció, primeramente de sorpresa, luego de cólera. ¿Freya en Brest?... ¿Hasta aquí llegaba su espionaje?...

Caragòl continuó su relato. Volvía hacia el buque, y ella, que marchaba por una acera de la calle de Siam, le había reconocido, hablándole cariñosamente.

—Me ha dado recuerdos para usted... Está enterada de que ningún extraño puede entrar en el barco. Me dijo que había intentado venir a verle.

Hizo una rebusca el cocinero en sus bolsillos, sacando un pedazo de papel arrugado, una hoja en blanco arrancada de una carta vieja.

—También me dio este papel, escrito en la misma calle con un lápiz. Usted sabrá lo que dice. Yo no he querido mirarlo.

Ferragut, al tomar el papel, reconoció inmediatamente la letra de ella, pero desigual, nerviosa, trazada con precipitación. Cuatro palabras nada más: «Adiós. Voy a morir».

«¡Mentiras! ¡Siempre mentiras!», dijo en su cerebro la voz de la cordura.

Rompió el papel, y pasó el resto de la mañana preocupado... Su deber era perseguir este espionaje que venía a realizar su labor en un puerto de guerra... Todos los buques anclados cerca del *Mare Nostrum* estaban bajo la amenaza de sus avisos. ¡Quién podía saber si sus comunicaciones misteriosas servirían para que él también se viese atacado por un submarino al salir de la rada de Brest!...

Su primer impulso fue denunciarla. Luego se arrepintió, por los escrúpulos de una caballerosidad absurda... Además, tendría que explicar su pasado a los jefes de Brest, que apenas le conocían. Estaba lejos aquel marino de Salónica que sabía comprender los errores pasionales.

Quiso vigilar por sí mismo, y en la tarde se fue a tierra. Detestaba a Brest, como una de las ciudades más aburridas del Atlántico. Llovía en ella incesantemente y no se encontraba otra distracción que el eterno paseo por la calle de Siam o la permanencia aburrida en los cafés, llenos de marinos y de oficiales de tierra ingleses y portugueses.

Recorrió los establecimientos públicos de día y de noche; hizo averiguaciones en los hoteles; tomó carruajes para visitar las afueras más pintorescas. Durante cuatro días insistió en sus pesquisas, sin resultado alguno.

Llegó a dudar de la veracidad del tío *Caragòl*. Tal vez estaba ebrio al volver al buque y había inventado aquel encuentro. Pero el recuerdo del papel escrito por ella desmentía tal suposición... Freya estaba en Brest.

El cocinero lo explicó todo simplemente al asediarle el capitán con nuevas preguntas.

—La pájara debía ir de paso. Tal vez se marchó en la tarde... ¡Pura casualidad el encuentro!

Tuvo que desistir de sus averiguaciones. Los trabajos defensivos del buque estaban terminados; las bodegas contenían un cargamento de proyectiles para el ejército de Oriente y varios cañones sin montar. Recibió la orden de partida, y una mañana gris y lluviosa salieron de la rada de Brest. La bruma hizo aún más dificultoso el tránsito entre los escollos que obstruyen este puerto. Pasaron ante la lúgubre bahía de los Difuntos, antiguo cementerio de buques de vela, y siguieron la navegación hacia el Sur, en busca del estrecho, para entrar en el Mediterráneo.

Ferragut sintió orgullo al examinar el nuevo aspecto del *Mare Nostrum*. La telegrafía sin hilos le mantenía en contacto con el mundo. Ya no era el capitán mercante siervo del destino, confiado a su buena suerte e incapaz de repeler un ataque. Las estaciones radiográficas velaban por él a lo largo de las costas, aconsejando cambios de rumbo para evitar al enemigo en acecho. Chirriaban los aparatos sosteniendo invisibles diálogos. Además, en la popa estaba el cañón, resguardado por una caperuza de lona, pronto a entrar en funciones.

Vio casi realizados los ensueños de su niñez, cuando devoraba historias de corsarios y novelas de aventuras marítimas. Le era lícito titularse capitán «de mar y guerra», como los antiguos navegantes. Si el submarino pasaba ante él, lo atacaría con la proa; si intentaba perseguirle, podría responderle con el cañón.

Su humor aventurero le hizo ansiar uno de estos encuentros. Faltaba en su vida un combate marítimo. Quiso ver cómo se portaban estos hombres silenciosos y modestos que habían hecho la guerra en tierra y contemplado la muerte de cerca.

No tardó en realizarse su deseo. Un amanecer, a la altura de Lisboa, cuando acababa de dormirse después de haber pasado la noche en el puente, le despertaron los gritos y correteos de la tripulación.

Un submarino había surgido a mil quinientos metros y marchaba hacia el *Mare Nostrum* a gran velocidad, temiendo sin duda que el buque mercante intentase escapar. Para obligarle a detenerse, su cañón le envió dos proyectiles, que cayeron en el agua.

El vapor moderó su marcha, pero fue para colocarse en mejor posición y que maniobrase con desahogo su pieza de popa. A los primeros tiros el submarino empezó a retroceder, guardando una prudente distancia, sorprendido de que contestasen a su agresión.

Duró el combate una media hora, repitiéndose los disparos por ambas partes con la velocidad de la artillería de tiro rápido. Ferragut estaba cerca del cañón, admirando la fría calma con que lo manejaban sus servidores. Uno tenía siempre un proyectil en los brazos, pronto a dárselo al compañero, que lo introducía con rapidez en la recámara humeante. El apuntador concentraba toda su vida en los ojos, e inclinado sobre la pieza la movía, buscando la parte sensible de aquel cuerpo gris y prolongado que asomaba a flor de agua lo mismo que un cetáceo.

De pronto, una nube de astillas voló cerca de la proa del vapor. Un proyectil enemigo acababa de chocar con el borde de los techos que cubrían la cocina y los ranchos de la tripulación. *Caragòl*, que estaba en la puerta de sus dominios, se llevó las manos al sombrero. Al disolverse la nube amarilla y maloliente, le vieron todos de pie, rascándose la cúspide de la cabeza, descubierta y roja.

—¡No es nada! —dijo—. Un pedazo de madera que me ha hecho una sangría. ¡Fuego!... ¡fuego!

Aullaba, enardecido por los cañonazos. El olor de droguería de la pólvora sin humo, el estrépito seco de las detonaciones, parecían embriagarle. Saltaba y manoteaba con el ardor de una danza guerrera.

Los artilleros de popa redoblaron su actividad: los disparos eran continuos.

—¡Ya está! —gritó *Caragòl*—. Lo han tocado... ¡lo han tocado!

En todo el buque era él quien menos podía apreciar los efectos del tiro. Apenas si alcanzaba a distinguir la silueta del sumergible. Pero a pesar de esto, siguió bramando con toda la fuerza de su fe:

—Está tocado... ¡Viva! ¡viva!...

Y lo extraño fue que el enemigo desapareció instantáneamente de la superficie azul. Los artilleros dirigieron aún algunos tiros contra su periscopio. Después solo quedó en el lugar ocupado por él una lámina blanca y brillante.

El vapor marchó hacia esta mancha enorme de aceite, que tomaba al moverse unos reflejos tornasolados.

Los marineros dieron gritos de entusiasmo. Estaban seguros de haber echado a pique al sumergible. Los oficiales eran menos optimistas: «¡Quién sabe!». No le habían visto levantarse verticalmente para hundirse luego por uno de sus extremos como un huso, de punta. Tal vez había sufrido una simple avería que le obligaba a ocultarse.

Para *Caragòl* era indiscutible la pérdida del submarino. Consideraba innecesario preguntar el nombre del que lo había hecho pedazos.

—Ha sido el de Vannes... Solo él puede ser.

Los otros artilleros no existían. Y enardecido por su entusiasmo, se escapaba de las manos de dos marineros que habían empezado a vendarle la cabeza con una pulcritud aprendida en los combates terrestres.

Ferragut quedó satisfecho del encuentro. No estaba seguro de la destrucción del enemigo; pero si se había salvado podía llevar la noticia a los otros de que el *Mare Nostrum* era capaz de defenderse.

Su alegría le llevó al lado de *Caragòl*.

—Muy bien, veterano. Escribiremos al ministro de Marina para que le dé la Cruz de Guerra.

El cocinero, tomando en serio estas palabras, declinó la oferta. Si daban alguna recompensa, que fuese para el «chico de Vannes». Luego añadió, como si reflejase los pensamientos de su capitán:

—Da gusto navegar así... A nuestro vapor le han salido dientes, y ya no tendrá que huir como una liebre asustada... Que lo dejen hacer su camino en paz, porque ahora muerde.

Todo el resto del viaje hasta Salónica fue sin incidentes. El telégrafo lo mantuvo en contacto con las instrucciones llegadas de tierra. Gibraltar le aconsejó que navegase pegado a la costa de África; Malta y Bizerta le indicaron que podía seguir adelante, por estar el paso entre Túnez y Sicilia limpio de enemigos. Del lejano Egipto vinieron a su alcance avisos tranquilizadores mientras navegaba entre las islas griegas con la proa hacia Salónica.

Al regreso fue a tomar carga en el puerto de Marsella.

No tenía Ferragut que preocuparse del buque cuando estaba anclado. Eran los oficiales franceses los que se entendían con las autoridades de los puertos. Él se limitaba a ser una justificación de la bandera, un capitán de país neutral que hacía valer con su presencia la nacionalidad del buque. Solo en el mar recobraba el marido, haciéndose obedecer de todos sobre el puente.

Vagó por Marsella como otras veces, pasando las primeras horas de la tarde en las terrazas de los cafés de la Cannebière.

Un viejo capitán marsellés dedicado al comercio conversaba con él antes de volver a su oficina. Una tarde, Ferragut fijó los ojos distraídamente en cierto diario de París que llevaba su amigo.

Atrajo de pronto su atención un nombre impreso a la cabeza de un breve artículo. La sorpresa le hizo palidecer, al mismo tiempo que se contraía algo dentro de su pecho. Volvió a deletrear el nombre, temiendo haber sufrido una alucinación. No era posible la duda; estaba bien claro: *Freya Talberg*.

Tomó el diario de las manos de su contertulio, disfrazando su impaciencia con un gesto de curiosidad.

—¿Qué dicen hoy de la guerra?...

Y mientras el viejo marino le daba noticias, él leyó febrilmente las líneas agrupadas a continuación de dicha nombre.

Quedó desorientado. Eran poca cosa para él, que ignoraba los hechos anteriores aludidos por el periódico. Significaban estas líneas una simple protesta contra el gobierno porque no hacía sufrir a la famosa Freya Talberg la pena a que la habían sentenciado. El artículo terminaba mencionando la belleza y la elegancia de la delincuente, como si atribuyese a tales cualidades la demora en el castigo.

Se esforzó Ferragut por dar a su voz un tono de indiferencia.

—¿Quién es esta individua? —dijo señalando el título del artículo.

Su compañero tuvo que hacer memoria. ¡Ocurrían tantas cosas con motivo de la guerra!

—Es una *boche*, una espía, sentenciada a muerte... Parece que trabajó mucho aquí y en otros puertos dando aviso a los submarinos alemanes de la salida de nuestros transportes... La prendieron en París hace dos meses, cuando regresaba de Brest.

Dijo esto el amigo con cierta indiferencia. ¡Eran tan numerosos los espías!... Con frecuencia publicaban los periódicos noticias de fusilamientos: dos líneas nada más, como si se tratase de un accidente ordinario.

—Esa Freya Talberg —continuó— ha hecho hablar bastante de su persona. Parece que es una mujer *chic*: una especie de dama de novela. Muchos protestan de que no la hayan ejecutado aún. Es triste tener que matar a una persona de su sexo. ¡Matar a una mujer, y además una mujer hermosa!... Pero sin embargo, resulta preciso... Creo que la fusilarán de un momento a otro.

XII. ¡Anfitrita!... ¡Anfitrita!

El *Mare Nostrum* hizo otro viaje de Marsella a Salónica.

Buscó en vano Ferragut antes de partir nuevas noticias de Freya en los periódicos de París. Varios sucesos distrajeron por unos días la atención pública, y la espía quedó momentáneamente olvidada.

Al llegar a Salónica hizo discretas preguntas a sus amigos militares y marinos en los cafés del puerto. Casi todos desconocían el nombre de Freya Talberg. Los que lo habían leído en los diarios contestaban con indiferencia.

—Sé quién es: una espía que fue artista; una mujer de cierto *chic*. Creo que la han fusilado... No lo sé cierto, pero deben haberla fusilado.

Tenían cosas más importantes en que pensar. ¡Una espía!... Por todos lados se tropezaba con los manejos del espionaje alemán. Había que fusilar mucho... Y olvidaban inmediatamente este asunto para hablar de los azares de la guerra, que les amenazaban a ellos y a sus compañeros de armas.

Cuando Ferragut volvió a Marsella, dos meses después, ignoraba si su antigua amante estaba aún entre los vivos.

La primera tarde que encontró en el café de la Cannebière a su contertulio el viejo capitán, fue encaminando la conversación hábilmente hasta poder formular con naturalidad la pregunta que llevaba en su pensamiento: «¿Qué había sido de aquella Freya Talberg que tanto preocupaba a los periódicos antes de salir él para Salónica?...».

El marsellés tuvo que hacer un esfuerzo para acordarse.

—¡Ah, sí!... ¡la espía *boche*! —dijo tras de una larga pausa—. La fusilaron hace unas semanas. Los periódicos han hablado poco de su muerte. Unas cuantas líneas; esas gentes no merecen más...

Tenía el amigo de Ferragut dos hijos en el ejército; un sobrino suyo había muerto en las trincheras; otro, piloto a bordo de un transporte, acababa de perecer en un torpedeamiento. Pasaba muchas noches sin dormir, pensando en la suerte de sus hijos que luchaban en el frente, y esta inquietud daba un tono duro y feroz a sus entusiasmos patrióticos.

—Bien muerta está... Era una mujer, y los fusilamientos de mujeres resultan penosos. Siempre causa repugnancia tratarlas como a los hombres... Pero, según me han contado, esta individua, con los avisos de su espionaje, contribuyó al torpedeamiento de dieciséis buques... ¡Ah, mala bestia!...

Y no dijo más, pasando a hablar de otra cosa. Todos mostraban igual repulsión al hacer memoria de la espía.

Ferragut acabó por participar del mismo sentimiento. Su cerebro se había partido con la dualidad contradictoria de todos los momentos críticos de su existencia. Odió a Freya pensando en sus crímenes. Recordaba como hombre de mar a los compañeros anónimos muertos en los torpedeamientos. Esta mujer había sido la preparadora inconsciente de muchos asesinatos... Y al mismo tiempo evocaba la imagen de la otra, de la amante que sabía retenerle con sus artificios en el viejo palacio de Nápoles, haciendo de la voluptuosa prisión el mejor de sus recuerdos.

«No pensemos más en ella —se dijo con energía—. Ha muerto... No existe.»

Pero ni aun después de muerta le dejaba en paz. Su recuerdo no tardó en resurgir, adhiriéndose a él con un interés trágico.

La misma tarde que habló con su amigo en el café de la Cannebière fue a la Casa de Correos para recoger la correspondencia, que se hacía enviar a Marsella. Le entregaron un grueso paquete de cartas y periódicos. Por la letra de los sobres y los timbres postales fue adivinando quiénes le escribían: una carta única de su mujer, compuesta de un solo pliego, a juzgar por su flexible delgadez; tres muy abultadas de Tòni, especie de dietarios, en los que iba relatando sus compras, sus cultivos, sus esperanzas de ver llegar al capitán; todo ello mezclado con abundantes noticias sobre la guerra y el malestar de las gentes. Además, varios pliegos de establecimientos bancarios de Barcelona dando cuenta a Ferragut del empleo de sus capitales.

De pie en la escalinata del palacio, acabó de examinar su correspondencia por la cara exterior. Era semejante a la que encontraba a la vuelta de todos sus viajes.

Iba a guardarla en los bolsillos y seguir su camino, cuando atrajo su atención un sobre voluminoso, de letra desconocida, certificado en París...

La curiosidad le hizo abrirlo inmediatamente, y vio en sus manos un verdadero fajo de hojas sueltas, un relato extenso que iba más allá de los límites de una carta. Miró el membrete impreso y luego la firma. El que le escribía era un abogado de París, y Ferragut presintió por el papel lujoso y las señas de su domicilio que debía ser un *maître* célebre. Hasta recordaba haber encontrado alguna vez su nombre en los periódicos.

Empezó la lectura de la primera página allí mismo, ansiando saber por qué causa le escribía el grave personaje. Pero apenas hubo pasado los ojos por algunos renglones, detuvo su lectura. Tropezó con el nombre de Freya Talberg. Este abogado había sido su defensor ante el Consejo de guerra.

Se apresuró a guardar la carta, dominando su impaciencia. Sintió la necesidad de silencioso apartamiento y soledad absoluta que experimenta un lector apasionado al adquirir un libro nuevo. Este manojo de papeles contenía para él la más interesante de las historias.

Al dirigirse a su buque, le pareció el camino más largo que otras veces. Ansiaba verse encerrado en su camarote, lejos de toda curiosidad, como si fuese a realizar una operación misteriosa.

Freya no existía. Había desaparecido del mundo de un modo infamante, como desaparecen los criminales, doblemente sentenciada, pues hasta su recuerdo era repelido por las gentes; y Ferragut, dentro de unos momentos, iba a hacerla resurgir como un fantasma en la casa flotante que ella había visitado en dos ocasiones. Podía conocer las últimas horas de su existencia, envueltas en un misterio de desprecio; podía violentar la voluntad de sus jueces, que la habían condenado a perder la vida y a perecer después de muerta en la memoria de todos.

Con verdadera avidez se sentó ante la mesa de su camarote, poniendo en orden el contenido del sobre: más de doce hojas escritas por ambas caras y varios recortes de periódicos. En estos recortes vio el retrato de Freya, una imagen dura y confusa. La reconoció únicamente por su nombre puesto al pie: ella había sido otra mujer. Vio también el retrato de su defensor: un abogado viejo, de aspecto pulcro, con melenas blancas finamente peinadas y ojos juveniles.

Adivinó Ferragut desde las primeras líneas que el *maître* no podía escribir ni hablar sin hacer literatura. Su carta era un relato mesurado y correcto, en el que la emoción, por viva que fuese, se contenía discretamente, no queriendo desordenar los pliegues de un estilo majestuoso.

Empezaba explicando cómo su deber profesional le había decidido a defender a una espía. Necesitaba un abogado: era extranjera; la opinión pública, influenciada por los exagerados relatos de los periódicos sobre su belleza y sus joyas, mostraba una animosidad feroz, pidiendo su pronto castigo.

Nadie quería encargarse de su defensa, y por eso mismo él la había aceptado, sin miedo a la impopularidad.

Ferragut creyó adivinar en este sacrificio un impulso de viejo galanteador, que le había hecho ir hacia Freya porque era hermosa. Además, este proceso representaba un acontecimiento parisién y podía dar cierta notoriedad novelesca a los que interviniesen en sus actuaciones.

Unos cuantos párrafos más allá, el marino se convenció de que el *maître* había acabado por enamorarse de su patrocinada. Esta mujer hasta en el momento de morir esparcía en torno de ella su poder de seducción.

El éxito profesional entrevisto por el abogado se disolvía a las primeras gestiones. La defensa de Freya era imposible. Lloraba por toda respuesta cuando le hacían preguntas sobre los hechos de su vida anterior, o permanecía silenciosa, inmóvil, con la mirada perdida, lo mismo que si se tratase de la suerte de otra mujer.

No necesitaban los jueces militares de sus confesiones: sabían detalle por detalle toda su existencia durante la guerra y en los últimos años de la paz. Nunca los agentes de la policía en el extranjero habían trabajado con tanta rapidez y éxito. Una buena suerte misteriosa y omnipotente los empujaba en sus pesquisas. Conocían todos los trabajos de Freya; hasta habían proporcionado datos exactos sobre su personalidad de agente secreto, el número de orden con que figuraba en la oficina directora de Berlín, el dinero que cobraba, sus informes en los últimos meses. Documentos escritos por ella misma, con una culpabilidad irrefutable, habían venido a unirse a su proceso, sin que nadie supiese de dónde eran enviados ni por quién.

Cada vez que el juez instructor ponía ante los ojos de Freya una de estas pruebas, ella miraba a su abogado desesperadamente.

—¡Son ellos! —gemía—. ¡Ellos, que desean mi muerte!

El defensor era de la misma opinión. La policía había conocido su presencia en Francia por una carta que le dirigían sus jefes desde Barcelona, torpemente desfigurada, escrita con arreglo a una clave cuyo misterio estaba descubierto por el contraespionaje francés mucho tiempo antes. Para el *maître*, era indudable que un poder misterioso había querido deshacerse de esta mujer, enviándola a un país enemigo como si la enviase a la muerte.

Ulises adivinó en el defensor un estado de alma semejante al suyo, la misma dualidad que le había atormentado en todas sus relaciones con Freya.

«Yo, señor —escribía el abogado—, he sufrido mucho. Un hijo mío, oficial, murió en la batalla del Aisne; otros allegados a mí, sobrinos y discípulos, han muerto luego en Verdún y en el ejército expedicionario de Oriente...»

Había sentido, como francés, una repulsión irresistible al convencerse de que Freya era una espía que llevaba causados grandes daños a su patria... Luego, como hombre, se apiadaba de su inconsciencia, de su carácter contradictorio y ligero hasta llegar al crimen, de su egoísmo de mujer hermosa y amiga del lujo, que la había hecho admitir la vileza moral a cambio del bienestar.

Atraía su historia al abogado con el interés palpitante de una novela de aventuras. La conmiseración iba tomando en él una vehemencia de enamoramiento. Además, la idea de que eran los explotadores de esta mujer los que la habían denunciado le infundía un entusiasmo caballeresco para la defensa de su causa insostenible.

La comparecencia ante el Consejo de guerra había resultado penosa y dramática. Freya, que hasta entonces parecía embrutecida por el régimen de la prisión, despertaba al verse enfrente de una docena de hombres uniformados y graves.

Su primer movimiento fue el de toda hembra hermosa y coqueta. Conocía su influencia física. Estos militares convertidos en jueces le recordaban los que ella había visto en los tés y los grandes bailes de los hoteles... ¿Qué francés puede resistirse a la atracción femenina?...

Había sonreído, había contestado a las primeras preguntas con una modestia graciosa, fijando sus ojos malignamente cándidos en los oficiales sentados detrás de la mesa presidencial y en los otros hombres con uniforme azul encargados de acusarla o de leer los documentos de su proceso.

Pero algo frío y hostil existía en el ambiente que paralizaba sus sonrisas, dejaba sin eco sus palabras y hacía opacos los resplandores de ojos. Todas las frentes se inclinaban bajo el peso de severos pensamientos; todos los hombres parecían tener en aquel instante treinta años más. No la verían tal como era por más esfuerzos que hiciese. Sus admiraciones y deseos yacían abandonados al otro lado de la puerta.

Freya adivinó que había dejado de ser una mujer y no era mas que una acusada. Otra de su sexo, una rival irresistible, lo llenaba todo, encadenando a estos hombres con un amor profundo y austero. Su instinto la hizo fijarse en la matrona blanca, de rostro grave, que avanzaba su busto vigoroso sobre la cabeza del presidente. Era la Patria, la Justicia, la República, contemplando con sus ojos vagos y sin pupila a la hembra de carne y hueso que empezaba a temblar, dándose cuenta de su situación.

—¡Yo no quiero morir!... —gritó de pronto, abandonando sus seducciones, pasando a ser una pobre criatura enloquecida por el miedo—. ¡Yo soy inocente!

Mintió con el ilogismo absurdo y descarado del que se ve en peligro de muerte; hubo necesidad de releer sus primeras declaraciones, que negaba ahora; de presentar nuevamente las pruebas materiales, cuya existencia no quería admitir;

de hacer desfilar su pasado entero con el apoyo de aquellos datos irrefutables de origen anónimo.

—¡Son *ellos* los que lo han hecho todo!... ¡Han abusado de mí!... Ya que desean mi pérdida, voy a contar lo que sé.

El abogado pasaba ligeramente en su relato sobre lo ocurrido en el Consejo de guerra. El secreto profesional y el interés patriótico le impedían ser más explícito. Había durado el Consejo de la mañana a la noche, revelando Freya a sus jueces todo cuanto sabía... Luego, su defensor hablaba durante cinco horas, intentando establecer una especie de intercambio en la aplicación de la pena. La culpabilidad de esta mujer era indiscutible y muy grandes los males que llevaba causados. Pero debían concederle la vida a trueque de sus confesiones importantes... Además, había que tener en cuenta la inconsciencia de su carácter... la venganza de que la hacían objeto los enemigos del país...

Esperó hasta bien entrada la noche, al lado de Freya, la decisión del tribunal. Su defendida parecía animada por la esperanza. Había vuelto a ser mujer: hablaba plácidamente con él, sonreía a los gendarmes encargados de su custodia, hacía elogios del ejército... «Unos franceses, unos caballeros, eran incapaces de matar a una mujer...»

El *maître* no se sorprendió al ver el gesto triste y enfurruñado de los militares al salir de su deliberación. Parecían descontentos de su voto reciente y mostraban a la vez la serenidad de una conciencia tranquila. Eran soldados que acababan de cumplir su austero deber, suprimiendo todo lo que había en ellos de simples hombres. El encargado de leer la sentencia hinchó su voz con una energía ficticia... «¡A muerte!...» Freya era condenada al fusilamiento, después de una larga enumeración de crímenes: informes dados al enemigo, que representaban la pérdida de miles de hombres; buques torpedeados a consecuencia de sus avisos, en los que habían perecido familias indefensas.

La espía agitaba la cabeza al escuchar sus propios actos, apreciando por primera vez toda su enormidad, reconociendo la justicia del tremendo castigo. Pero al mismo tiempo confiaba en un bondadoso perdón a cambio de todo lo que había revelado, en una misericordia galante... por ser ella.

Al sonar la palabra fatal, dio un grito, pálida, con una palidez de ceniza, y se apoyó en su abogado.

—¡Yo no quiero morir!... ¡No debo morir!... ¡Soy inocente!

Siguió gritando su inocencia, sin dar otra prueba que el desesperado instinto de su conservación. Con la credulidad del que desea salvarse, aceptó todos los consuelos problemáticos de su defensor. Quedaba el recurso de apelar a la gracia del presidente de la República: tal vez la indultase... Y firmó esta apelación con repentina esperanza.

Consiguió el abogado suspender por dos meses el cumplimiento de la sentencia visitando a muchos de sus colegas que eran personajes políticos. El deseo de salvar la vida de su cliente le atormentaba como una obsesión. Había dedicado a este asunto toda su actividad y sus influencias personales.

«¡Enamorado!... ¡enamorado como tú!», dijo con acento de burla en el cerebro de Ferragut la voz de los consejos prudentes.

Los periódicos protestaban de este retardo en la ejecución de la sentencia. Empezó a sonar en las conversaciones el nombre de Freya Talberg como un argumento contra la debilidad del gobierno. Las mujeres eran las que se mostraban más implacables.

Un día, en el Palacio de Justicia, había podido convencerse de esta animosidad general, que empujaba a su defendida hacia los fusiles de la ejecución. La mujer encargada de guardar las togas, verbosa comadre familiarizada con el trato de los abogados ilustres, le había hecho conocer sus opiniones rudamente.

—¿Cuándo matarán a esa espía?... Si fuese una pobre mujer con hijos, de las que necesitan ganar su pan, ya la habrían fusilado... Pero es una cocota elegante y con joyas; tal vez se ha acostado con los ministros. Cualquier día vamos a verla en la calle... ¡Y mi hijo que murió en Verdún!...

La prisionera, como si adivinase esta indignación pública, empezó a considerar inmediata su muerte, perdiendo poco a poco el amor a la existencia, que le hacía prorrumpir en mentiras y delirantes protestas. En vano el *maître* fingía esperanzas en el indulto.

—Es inútil: debo morir... Tengo derecho a que me fusilen... He causado muchos daños... Me horrorizo de mí misma al recordar todos los delitos consignados en la sentencia... ¡Y aún hay otros que ignoran!... La soledad me ha hecho conocerme tal como soy. ¡Qué vergüenza!... Debo irme: todo lo he perdido... ¿Qué me queda que hacer en el mundo?...

«Y fue entonces, querido señor —continuaba el abogado en su carta—, cuando me habló de usted, del modo como se conocieron, del daño que le hizo inconscientemente.»

Convencido de la inutilidad de sus gestiones, el *maître* había solicitado un último favor. Freya deseaba que la acompañase en el momento de la ejecución: esto mantendría su serenidad. Y los del gobierno prometían a su colega en el foro un aviso oportuno para que asistiese al cumplimiento de la sentencia.

Eran las tres de la madrugada y estaba en lo mejor de su sueño, cuando le despertaron unos enviados de la Prefectura de Policía. El fusilamiento iba a realizarse al amanecer: era una decisión tomada a última hora, para que los periodistas se enterasen tarde del suceso.

Un automóvil le llevó con sus acompañantes a la prisión de San Lázaro, a través de París silencioso y lóbrego. Solo unos cuantos reverberos encapuchados cortaban con su luz macilenta la oscuridad de las calles. En la prisión se reunió con otros funcionarios de policía y muchos jefes y oficiales que representaban a la justicia militar. La sentenciada dormía aún en su celda, ignorando lo que iba a ocurrir.

Marcharon en fila por los corredores de la cárcel los encargados de despertarla, sombríos y tímidos, empujándose con su nerviosa precipitación.

Se abrió una puerta. Bajo la luz reglamentaria estaba Freya en su lecho con los ojos cerrados. Al abrirlos y verse rodeada de hombres, su cara se dilató con un gesto de espanto.

—¡Valor, Freya! —dijo el director de la prisión—. El recurso de gracia ha sido denegado.

—¡Ánimo, hija mía! —añadió el cura del establecimiento, iniciando el principio de una plática.

Su terror solo duró unos segundos. Fue la ruda sorpresa del despertar, con el cerebro todavía paralizado. Al reunir sus recuerdos, la serenidad volvió a su rostro.

—¿Debo morir? —preguntó—, ¿ha llegado ya la hora?... Pues bien; que me fusilen. Aquí estoy.

Algunos hombres volvieron la cabeza para ocultar sus ojos...

Tuvo que saltar de la cama en presencia de dos vigilantes. Esta precaución era para que no atentase contra su vida. Ella misma rogó al abogado que permaneciese en la celda, como si de este modo quisiera aminorar la molestia de vestirse ante unos desconocidos.

Ferragut adivinó la piedad y la admiración del *maître* al llegar a este pasaje de su carta. La había visto medio desnuda, preparando el último tocado de su existencia.

«¡Adorable criatura! ¡Tan hermosa!... Había nacido para el amor y el lujo, e iba a morir desgarrada por las balas, como un rudo soldado...»

Le parecían admirables las precauciones adoptadas por su coquetería para este último instante. Deseaba morir como había vivido, echando sobre su persona todo lo mejor que poseía. Por esto, al presentir la proximidad de la ejecución, había reclamado días antes sus joyas y el traje que llevaba en el momento que la detuvieron a la vuelta de Brest.

El defensor la describía con un «vestido de seda gris perla, zapatos y medias de doradillo, gabán de pieles y en la cabeza gran sombrero con plumas. Además, el collar de perlas estaba sobre su pecho, las esmeraldas en las orejas y todos sus brillantes en los dedos».

Una sonrisa triste crispó sus labios al intentar mirarse en los cristales de la ventana, negros aún por la lobreguez de la noche, y que le servían de espejo.

—Muero como un militar: dentro de mi uniforme —dijo a su abogado.

Luego, en el recibidor de la cárcel, bajo la cruda luz artificial, esta mujer empenachada, cubierta de alhajas, exhalando sus ropas un lejano perfume, recuerdo de los tiempos felices, se movió con desembarazo entre los hombres vestidos de negro y los uniformes azules.

Dos religiosas que le habían acompañado en los días anteriores parecían más impresionadas que ella. Intentaban exhortarla, y al mismo tiempo movían los párpados para repeler sus lágrimas... El cura no estaba menos emocionado. Había asistido a otros reos, pero eran hombres... ¡Ayudar a bien morir a una mujer hermosa, perfumada, centelleante de piedras finas, como si fuese a montar en su automóvil para ir a un té de moda!...

Ella había dudado una semana antes entre recibir a un pastor calvinista o un sacerdote católico. En su vida cosmopolita, de incierta nacionalidad, no había tenido tiempo para decidirse por una religión. Al fin, escogía al último, por parecerle más simple de intelecto, más comunicativo...

Varias veces interrumpió al sacerdote cuando intentaba consolarla. Parecía que fuese ella la encargada de infundir ánimo.

—Morir no es tan horrible como parece cuando se ve de lejos... Siento vergüenza al pensar en los miedos que he pasado, en las lágrimas que llevo derramadas... Resulta más simple de lo que yo creía... ¡Todos hemos de morir!

Le leyeron la sentencia, con la denegación del recurso de gracia. Después le ofrecieron una pluma para que firmase.

Un coronel le dijo que aún podía disponer de unos minutos para escribir a su familia, a sus amigos, o consignar su última voluntad...

—¿A quién escribir? —dijo Freya—. No tengo ningún amigo en el mundo...

«Entonces fue —continuaba el abogado— cuando tomó la pluma, como si la acometiese un recuerdo, y trazó unas cuantas líneas... Luego rompió el papel y vino hacia mí. Pensaba en usted, capitán: su última carta era para usted, y la dejó sin terminar, temiendo que nunca llegase a sus manos. Además, no estaba para escribir: su pulso era nervioso; prefería hablar... Me pidió que enviase a usted una carta larga, muy larga, relatando sus últimos momentos, y yo tuve que jurarle que cumpliría su encargo.»

A partir de este instante, el *maître* había visto las cosas mal. La emoción perturbaba sus sentidos, pero vivían aún en su memoria las últimas palabras de Freya al salir de la cárcel.

—Yo no soy alemana —había dicho repetidas veces a los hombres con uniforme—. ¡No soy alemana!

Para ella, lo menos importante era morir. Únicamente le preocupaba que pudiesen creerla de dicha nacionalidad.

El abogado se vio en un automóvil con varios hombres a los que apenas conocía. Otros vehículos marchaban delante y detrás del suyo. En uno de ellos iba Freya con las monjas y el sacerdote.

Una débil claridad blanqueaba el cielo, marcando las aristas de los tejados. Abajo, en el lóbrego fondo de las calles, empezaba lentamente la circulación del amanecer. Los primeros obreros que iban hacia su trabajo con las manos en los bolsillos, las verduleras que regresaban de los mercados empujando sus carretones, volvían la cabeza con interés, siguiendo este desfile de carruajes veloces, casi todos ellos con hombres en los pescantes al lado del conductor. Pensaban en la posibilidad de una boda matinal... Tal vez eran gentes alegres que venían de una fiesta nocturna... Varias veces el cortejo detuvo su marcha, viéndose cortado por un desfile de pesadas carretas con montañas de hortalizas.

El *maître*, a pesar de sus emociones, fue reconociendo el camino que seguía el automóvil. En la plaza de la Nación entrevió el grupo escultórico que representa el triunfo de la República surgiendo húmedo y brillante de la bruma del amanecer; luego, la verja de la barrera; a continuación, la larga avenida de Vincennes y su histórica fortaleza.

Todavía fueron más lejos, hasta llegar al campo de tiro.

Al bajar del automóvil vio una extensa llanura cubierta de hierba y formadas en ella dos compañías de soldados. Otros vehículos habían llegado antes. Del grupo de personas descendidas se despegó Freya, dejando atrás a las monjas y los agentes que la escoltaban.

La luz del amanecer, azul y fría como los reflejos del acero, iluminaba las dos masas de hombres armados formando ancha calle. En el fondo de esta calle había un poste clavado en la tierra; más allá un furgón oscuro tirado por dos caballos, y varios hombres vestidos de negro.

El avance de la mujer fue acogido por una voz de mando, e inmediatamente empezaron a sonar tambores y trompetas en la cabeza de las dos formaciones. Hubo un ruido de fusiles: los soldados presentaban las armas. Los bélicos instrumentos lanzaron una música de gloria, el mismo toque que saluda la presencia del jefe del Estado, de un general, de la bandera desplegada... Era un homenaje a la justicia majestuosa y severa; un himno a la patria implacable en su defensa.

Pensó la espía un momento que todo este aparato era para otra. Se acordó de la mujer blanca, de fuertes pechos y ojos sin pupila, que había visto sobre la cabeza del presidente del Consejo. Pero a continuación quiso creer que el recibimiento triunfal era para ella... Marchaba entre fusiles, acompañada de trompetas y tambores, como una reina.

Su defensor la vio más alta que nunca. Parecía haber crecido un palmo, con prodigioso estiramiento. Su alma de mujer de teatro se emocionó lo mismo que cuando se presentaba en las tablas a recibir aplausos. Todos estos hombres se habían levantado en plena noche y estaban allí por ella; los cobres y los parches sonaban para saludarla. La disciplina mantenía los rostros graves y fríos, pero tenía la certeza de que la encontraban hermosa y que detrás de muchas pupilas inmóviles se agitaba el deseo.

Si algún temor le quedaba de perder la vida, desapareció bajo la caricia de esta falsa gloria... ¡Morir contemplada por tantos hombres valerosos que le rendían el mayor de los honores!... Sintió la necesidad de ser admirable, de caer en postura artística, como si estuviese en un escenario.

Fue pasando entre las dos masas varoniles, alta la cabeza, pisando fuerte, con su arrogante andar de diosa cazadora, deteniendo a veces la mirada en algunos de los centenares de ojos fijos en ella. La ilusión de su triunfo le hacía avanzar erguida y serena, lo mismo que si pasase revista a las tropas.

—¡Nombre de Dios!... ¡Qué empaque! —dijo detrás del abogado un oficial joven, admirando la serenidad de Freya.

Al llegar junto al poste, alguien leyó un breve documento: el extracto de la sentencia, tres líneas, para hacerla saber que la justicia iba a cumplirse.

Lo único que la molestó de esta rápida notificación fue el temor de que cesasen las trompetas y los tambores. Pero siguieron sonando, y su estrépito belicoso entró por sus oídos con la misma impresión reconfortante y cálida que si un vino de generosa embriaguez se deslizase por su boca.

Un pelotón de cabos y soldados —doce fusiles— se había destacado de la doble masa militar. Lo mandaba un suboficial de bigote rubio, pequeño, delicado, con el sable desnudo. Freya lo contempló un momento, encontrándolo interesante, mientras el joven evitaba su mirada.

Con un ademán de reina de escenario repelió el pañuelo blanco que le ofrecían para vendarse los ojos. No lo necesitaba. Las monjas se apartaron de ella para siempre. Al quedar sola, dos gendarmes comenzaron a atarla con la espalda apoyada en el poste.

«Dicen —seguía escribiendo el defensor— que me saludó por última vez con una de sus manos antes de que la inmovilizasen las ligaduras... Yo no vi nada. ¡No podía ver!... ¡Era demasiado para mí!...»

El resto de la ejecución lo conocía de oídas. Continuaron sonando trompetas y tambores. Freya, atada e intensamente pálida, sonrió como si estuviese ebria. El vientecillo del amanecer hacía ondear los penachos de su sombrero.

Cuando avanzaron los doce fusiles, colocándose horizontalmente a una distancia de ocho metros, todos apuntando al corazón, ella pareció despertar. Chilló con los ojos desencajados por el horror de la realidad, que se imponía de pronto. Sus mejillas se cubrieron de lágrimas. Tiró de las ligaduras con un vigor de epiléptica.

—¡Perdón!... ¡perdón!... ¡No quiero morir!

El suboficial levantó el sable y volvió a bajarlo rápidamente... Una descarga.

Freya se dobló, resbalando su cuerpo a lo largo del poste hasta quedar tendida en el suelo. Las balas cortaron las cuerdas que la sujetaban.

Su sombrero, como si adquiriese una vida repentina, había saltado de la cabeza, yendo a caer unos cuantos metros más allá.

Del piquete de fusilamiento se destacó un cabo con un revólver en la diestra. «El golpe de gracia.» Sus pies se detuvieron al borde del charco de sangre que se iba formando en torno de la ejecutada. Frunciendo los labios, entornando los ojos, se inclinó sobre ella, al mismo tiempo que con el extremo del cañón levantaba los rizos caídos sobre una de sus orejas. Todavía respiraba... Un tiro en la sien. Se contrajo el cuerpo bajo un estremecimiento final. Luego quedó inmóvil, con la rigidez del cadáver.

Sonaron voces, formaron las dos compañías en columna, y al ritmo de sus instrumentos fueron desfilando ante el cuerpo de la muerta. Del lúgubre carruaje sacaron los hombres enlutados un féretro de madera blanca.

Volviendo las espaldas a su obra, la doble masa militar marchó hacia su campamento. Quedaba servida la justicia. Trompetas y tambores se perdieron en el horizonte, agrandados sus sonidos por el fresco eco de la mañana naciente. El cadáver fue depositado en aquel ataúd pobre, que más bien parecía una caja de embalaje, despojándolo antes de sus alhajas. Las dos monjas las recogieron con timidez: la muerta se las había dado para sus obras de caridad. Luego quedó cerrada la tapa, desapareciendo para siempre la que minutos antes era una mujer hermosa que los hombres no podían ver sin estremecimientos de deseo. Las cuatro tablas solo guardaban harapos rojizos, carnes agujereadas, huesos rotos.

Marchó el vehículo al cementerio de Vincennes para que la enterrasen en el rincón de los ajusticiados... Ni una flor, ni una inscripción, ni una cruz. El mismo abogado no estaba seguro de encontrar su sepultura si alguna vez necesitaba buscarla... ¡Y así había sido el final de esta criatura de lujo y de placer!... ¡Así había ido a consumirse aquel cuerpo en un agujero anónimo de la tierra, lo mismo que una bestia abandonada!...

«Era buena —decía el defensor—, y sin embargo fue criminal. Su educación tuvo la culpa. ¡Pobre mujer!... La habían criado para vivir en la riqueza, y la riqueza huyó siempre de ella.»

Luego, en sus últimas líneas, el viejo *maître* afirmaba melancólicamente:

«Murió pensando en usted y un poco en mí... Nosotros hemos sido los últimos hombres de su existencia.»

Esta lectura dejó a Ulises en dolorosa estupefacción. ¡Ya no vivía Freya!... ¡Ya no corría el peligro de verla aparecer en su buque al tocar en cualquier puerto!...

La dualidad de sus sentimientos volvió a surgir con violenta contradicción.

«Muy bien —pensó el marino—. ¡Cuántos hombres han muerto por su culpa!... Era inevitable su fusilamiento. Hay que limpiar el mar de bandidos.»

Y a la vez, el recuerdo de las delicias de Nápoles, de aquel largo encierro de harén poblado de exasperadas voluptuosidades, renació en su memoria. La veía sin ropas, con toda la majestad de su desnudez marfileña, tal como iba danzando o saltando de un lado a otro del viejo salón. ¡Y este cuerpo moldeado por la Naturaleza en un momento de entusiasmo ya no existía!... ¡Solo era un amasijo de carnes líquidas y pestilentes jugos!...

Recordó su beso, aquel beso que espeluznaba su dorso y doblaba sus piernas, haciéndolo descender como un náufrago contento de su suerte a través de un océano de delicias... ¡Y no lo recibiría más!... ¡Y su boca, que tenía un sabor a canela, a incienso, a selva asiática poblada de voluptuosidades y asechanzas, no era en aquellos momentos mas que un orificio negro que empezaba a servir de puerta a toda la gusanería de la putrefacción!... ¡Ah, miseria!

Vio de pronto el rostro de la muerta puesto de perfil, con un ojo que se torcía hacia él graciosa y malignamente, lo mismo que *Ojo de la mañana* debía mirar a su dueña mientras desarrollaba sus danzas misteriosas en la vivienda asiática.

Ulises concentró su atención en la sien pálida del fantasma, cosquilleada por la caricia sedosa de sus bucles. Allí había puesto él sus mejores besos: los besos de ternura y gratitud... Pero la suave piel, que parecía hecha de pétalos de camelia, se ensombrecía ante sus ojos. Era verde oscura y manaba sangre... Así la había visto él otra vez... Y se acordó con remordimiento de su puñetazo de Barcelona... Luego se partía con un agujero profundo, de contorno anguloso, igual al de una estrella. Era el balazo de revólver, el tiro de gracia que daba fin a sus angustias de ejecutada.

¡Pobre Freya, guerrera implacable y loca de la batalla de los sexos!... Había pasado su existencia odiando a los hombres y necesitándolos para vivir, haciéndoles todo el mal posible y recibiéndolo de ellos con triste reciprocidad, hasta que al fin venía a perecer a sus manos.

No podía terminar de otro modo. Una diestra varonil había abierto este orificio por el que escapaba la última burbuja de su existencia... Y el capitán, viendo el perfil doloroso, con su sien purpúrea, pensó horrorizado que nunca conseguiría borrar de su memoria la fúnebre visión. El fantasma se achicaría, haciéndose invisible, para engañarle y resurgir luego en todas sus horas de pensativa soledad; iba a amargar sus noches en vela, a perseguirle a través de los años lo mismo que un remordimiento.

Afortunadamente, las imposiciones de la vida real fueron repeliendo en los días sucesivos estos recuerdos tristes.

«Bien fusilada está —afirmaba interiormente su autoritarismo de hombre enérgico acostumbrado a mandar hombres—. ¿Qué hubieses hecho tú al formar parte del tribunal que la condenó?... Lo mismo que los otros. ¡Piensa en los que han muerto por ella!... ¡Recuerda lo que dice Tòni!»

Una carta de su antiguo segundo, recibida al mismo tiempo que la del defensor de Freya, hablaba de los grandes crímenes que la agresión submarina estaba realizando en el Mediterráneo.

Algunos de ellos llegaban a conocerse por los náufragos que conseguían alcanzar la costa después de largas horas de lucha o eran recogidos por otros buques. Los más quedaban ignorados en el misterio de las olas. Eran torpedeamientos «sin dejar rastro», barcos que se iban a fondo con todos sus tripulantes y pasajeros, y solo meses después dejaban entrever una parte de la tragedia, cuando la resaca depositaba en la costa muchos cuerpos de imposible identificación, sin papeles, sin rostro humano.

Casi todas las semanas contemplaba Tòni algunos de estos hallazgos fúnebres. Los pescadores veían al amanecer cadáveres que volteaban en la playa, donde el agua muere sobre la arena, descansando unos segundos en el suelo húmedo, para ser arrebatados a continuación por una ola más fuerte. Al fin, incrustaban sus espaldas en la tierra, manteniéndose inmóviles, mientras huían de sus ropas y sus carnes enjambres de peces pequeños volviendo al mar en busca de nuevo pasto. Los carabineros descubrían entre las rocas cuerpos destrozados en actitudes trágicas, con los ojos vidriosos casi fuera de sus órbitas.

Muchos de ellos eran reconocidos como soldados por los andrajos que revelaban un antiguo uniforme o las chapas de identidad fijas en sus muñecas. Pertenecían a Francia. Las gentes de la costa hablaban de un transporte que había sido torpedeado viniendo de Argel... Y revueltos con los hombres se iban encontrando cadáveres de mujeres desfiguradas por la hinchazón, hasta el punto de que solo por algunos detalles era posible adivinar su edad: madres que tenían arqueados sus brazos como si guardasen con un último esfuerzo el hijo desaparecido; muchachas cuyo pudor virginal había sido violado por el mar, mostrando sus piernas desnudas, tumefactas, verdosas, con profundos mordiscos de peces carniceros. La marina dilatación hasta había arrojado el cuerpo de un niño de pocos años sin cabeza.

Era más horrible, según Tòni, contemplar este espectáculo desde tierra que yendo en un buque. Los que navegan no pueden ver las últimas consecuencias de los torpedeamientos lo mismo que los que viven en la orilla, recibiendo como un regalo de las olas este continuo envío de víctimas.

Terminaba el piloto su carta con las súplicas de siempre: «¿Por qué te empeñas en seguir en el mar?... Deseas una venganza que es imposible. Eres un hombre solo, y tus enemigos son millones... Vas a morir si persistes en desafiarlos. Ya sabes que te buscan hace tiempo, y no siempre conseguirás librarte de ellos. Recuerda lo que dice la gente: "¡Quien ama el peligro...!". Desembarca; vuelve con tu mujer o ven con nosotros. ¡Tan rica vida que podrías llevar en tierra!...».

Por unas cuantas horas, Ferragut fue de la opinión de Tòni. Su empeño temerario forzosamente había de terminar mal. Los enemigos le conocían, le acechaban; eran muchos frente a él, que vivía solo en su buque, con una tripulación de hombres de distinta nacionalidad. Nadie lloraría su muerte, aparte de los pocos que le amaban. No pertenecía a ninguno de los pueblos en guerra: era una especie de corsario imposibilitado de atacar. Menos aún: un mercante que hacía transportes al amparo de una bandera neutra. Esta bandera no engañaba a nadie. Sus enemigos conocían el buque, buscándolo con más empeño que si procediese de las marinas aliadas. En su mismo país, muchas gentes que simpatizaban con los Imperios germánicos celebrarían alegremente la desaparición del *Mare Nostrum* y su capitán.

La muerte de Freya había influido en su ánimo más de lo que él se imaginaba. Tuvo fúnebres presentimientos: tal vez su próximo viaje fuese el último.

«¡Vas a morir! —gritó en su cerebro una voz angustiosa—. Morirás muy pronto si no te retiras del mar.»

Y lo más raro para Ferragut fue que este consejo se lo dio la voz de las locas aventuras, la que le lanzaba en los peligros por el gusto de desafiarlos, la que le había hecho seguir a Freya aun después de conocer su vil profesión.

En cambio, la voz de la cordura, siempre prudente y mesurada, mostró ahora una tranquilidad heroica, hablando lo mismo que un hombre de paz que estima sus compromisos superiores a su vida.

«Calma, Ferragut; has vendido tu buque con tu persona y te han dado millones. Debes cumplir lo que prometiste, aunque en ello te vaya la existencia... El *Mare Nostrum* no puede navegar sin un capitán español. Si tú lo abandonas, tendrás que buscar otro capitán. Huirás por miedo y pondrás en tu sitio a un hombre que desafíe a la muerte por mantener a su familia. ¡Gloriosa hazaña!... Tú, mientras tanto, estarás en tierra, rico y seguro... ¿Y qué vas a hacer en tierra, cobarde?»

Su egoísmo no supo qué contestar a tal pregunta. Recordaba con antipatía su existencia de burgués allá en Barcelona, antes de adquirir el vapor. Él era un hombre de acción, y solo podía vivir ocupado en empresas arriesgadas.

Iba a aburrirse en tierra, y al mismo tiempo se consideraría disminuido, exonerado, lo mismo que el que desciende a una situación inferior en un país de jerarquías. El capitán de vida novelesca iba a quedar convertido en un propietario de casas, sin conocer otras luchas que las que sostuviese con sus inquilinos. Tal vez, por huir de una existencia vulgar, dedicase su fortuna a la navegación, único negocio que conocía bien. Se haría naviero, adquiriendo nuevos barcos, y poco a poco, por la necesidad de vigilarlos de cerca, acabaría reanudando sus viajes... ¿Para qué abandonar, pues, el *Mare Nostrum*?

Sintió que se realizaba en su interior una profunda revolución moral al preguntarse con angustia qué es lo que había hecho hasta entonces.

Le pareció un desierto toda su existencia anterior. Había vivido sin saber por qué ni para qué, amontonando peligros y aventuras solo por el gusto de salir victorioso. Tampoco sabía con certeza qué es lo que había deseado hasta entonces. Si era dinero, había afluido a sus manos en los últimos meses con una abundancia exorbitante... Ya lo tenía, y no por ello era feliz. En cuanto a gloria profesional, no podía desearla mayor. Su nombre era célebre en todo el Mediterráneo español; hasta los hombres de mar más rudos e intratables confesaban su mérito.

«¡Quedaba el amor!...» Pero Ferragut torció el gesto al pensar en él. Lo había conocido, y no deseaba encontrarlo otra vez. El amor suave de una buena compañera, capaz de iluminar la última parte de su existencia con una luz discreta, acababa de perderlo para siempre. El otro, apasionado, voluptuoso, novelesco, que da a la vida el rudo interés de los conflictos y los contrastes, le había dejado sin deseos de recomenzar.

La paternidad, más fuerte y duradera que el amor, podía haber llenado el resto de sus días, de no haber muerto su hijo... Le quedaba la venganza, la dura tarea de devolver el mal a los que tanto mal le habían hecho; pero ¡era tan débil para luchar con todos ellos!... ¡Resultaba tan pequeña y egoísta esta finalidad comparada con otros entusiasmos que arrastraban al sacrificio en aquellos momentos a grandes masas de hombres!...

Mientras pensaba esto, una frase oída por él no recordaba dónde, formada tal vez con los residuos de antiguas lecturas, empezó a cantar en su cerebro: «Una vida sin ideal no vale la pena de ser vivida».

Ferragut asintió mudamente. Era verdad: para vivir se necesita un ideal. Pero ¿dónde encontrarlo?...

Vio de pronto en su memoria a Tòni lo mismo que cuando pretendía expresar sus confusos pensamientos. Con todas sus credulidades y simplezas, lo consideraba ahora superior a él. Tenía un ideal a su modo; se preocupaba de algo más que sus egoísmos: quería para los otros hombres lo que consideraba bueno. Y defendía sus convicciones con el entusiasmo místico de todos los que en la Historia intentaron imponer una creencia; con la fe de los guerreros de la Cruz y los del Profeta; con la tenacidad de los inquisidores y de los jacobinos.

Él, hombre de razón, solo había sabido burlarse de los entusiasmos generosos y desinteresados de los otros hombres, encontrando inmediatamente su parte flaca, su falta de adaptación a las realidades del momento... ¿Con qué derecho reía de su piloto, que era un creyente y soñaba, con la pureza de un niño, en una humanidad libre y feliz?... ¿Qué podía oponer él a esta fe, aparte de sus burlas estúpidas?...

La vida se le apareció bajo una nueva luz, como algo serio y misterioso que exigía un peaje, un tributo de esfuerzo a todos los seres que transitan por ella, dejando a sus espaldas la cuna y teniendo la fosa como posada terminal.

Nada importaba que los ideales pareciesen falsos. ¿Dónde está la verdad verdadera y única?... ¿Quién puede demostrar que existe y no es una ilusión?...

Lo necesario era creer en algo, tener esperanza. Las multitudes no se habían movido nunca al impulso de razonamientos y críticas. Solo se lanzaban adelante cuando alguien hacía nacer en ellas ilusiones y esperanzas. Podían los filósofos buscar inútilmente la verdad a la luz de sus razonamientos. El resto de los hombres preferiría siempre las quimeras ideales, que se transforman en poderosos móviles de acción.

Todas las religiones se desmenuzaban al sufrir un frío examen, y sin embargo producían santos y mártires, verdaderos superhombres de la moral. Todas las revoluciones resultaban defectuosas e ineficaces al quedar sometidas a una revisión científica, y no obstante habían engendrado los mayores héroes individuales, los más asombrosos movimientos colectivos de la Historia.

«¡Creer!... ¡Soñar! —seguía cantando en su cerebro la voz misteriosa—. ¡Tener un ideal!...»

No se podía vivir, como los cadáveres de los magnates faraónicos, en una tumba lujosa, ungidos de perfumes, rodeados de todo lo que sirve para el alimento y el sueño. Nacer, crecer, procrearse y morir no bastaba para formar una historia: todos los animales hacían lo mismo. El hombre debe añadir algo más que solo él posee: la facultad de imaginarse el porvenir... ¡soñar! Al patrimonio de ilusiones legado por los hombres anteriores había que agregar una nueva ilusión o un esfuerzo para realizarla.

Reconoció Ferragut que en tiempos normales habría llegado a la muerte tal como había vivido, siguiendo una existencia monótona y uniforme. Pero los cambios violentos de ambiente resucitan las personalidades dormidas que todos llevamos dentro, como recuerdo de nuestros antepasados, en torno de una personalidad central y despierta, que es la única que ha existido hasta entonces.

El mundo estaba en guerra. Los hombres de media Europa chocaban con los de la otra media en los campos de batalla. Unos y otros tenían un ideal místico, afirmándolo con violencias y matanzas, lo mismo que habían hecho todas las muchedumbres movidas por una certidumbre religiosa o revolucionaria aceptada como única verdad...

Pero el marino reconoció una profunda diferencia en las dos masas luchadoras del presente. Una colocaba su ilusión en el pasado, queriendo rejuvenecer la soberanía de la fuerza, la divinidad de la guerra, y adaptarlas a la vida actual. Lo otra muchedumbre preparaba el porvenir, soñando un mundo de democracias libres, de naciones en paz, tolerantes y sin celos.

Al acoplarse a este nuevo ambiente, Ferragut sintió nacer en su interior ideas y aspiraciones que tal vez procedían de una herencia ancestral. Creyó estar oyendo a su tío el *Tritón* cuando describía los choques de los hombres del Norte con los hombres del Sur por hacerse dueños de la capa azul de Anfitrita. Él era un mediterráneo, y porque la nación en cuyo borde había nacido se desinteresase de la suerte del mundo no iba a permanecer indiferente.

Debía continuar donde estaba. Cuanto decía Tòni de latinismo y civilización mediterránea lo aceptó ahora como grandes verdades. Tal vez no fuesen exactas al ser examinadas por la razón, pero valían tanto como las certidumbres de los otros.

Iba a continuar su vida de navegante con nuevos entusiasmos. Tenía la fe, el ideal, las ilusiones que forman a los héroes. Mientras durase la guerra, la haría a su modo, sirviendo de auxiliar a los que peleaban, transportando todo lo necesario para la lucha. Miró con mayor respeto a los marineros sometidos a sus órdenes, gente simple que había dado su sangre sin frases y sin razonamientos.

Cuando llegase la paz, no por esto se retiraría del mar. Quedaba mucho que hacer. Empezaría entonces la guerra comercial, la áspera rivalidad por conquistar los mercados de las naciones jóvenes de América. Planes audaces y enormes se esbozaron en su cerebro. En esta guerra tal vez fuese caudillo. Soñó con la creación de una flota de vapores que llegasen hasta las costas del Pacífico; quería aportar su concurso al renacimiento victorioso de la raza que había descubierto la mayor parte del planeta.

Su nueva fe le hizo ser más amigo del cocinero del buque, sintiendo la atracción de sus inconmovibles ilusiones. De vez en cuando se divertía consultándole sobre la suerte futura del vapor; quería saber si los submarinos le inspiraban miedo.

—No hay cuidado —afirmaba *Caragòl*—. Tenemos buenos protectores. El que se ponga ante nosotros está perdido.

Y mostraba a su capitán las estampas y tarjetas postales clavadas en las paredes de la cocina.

Recibió Ferragut una mañana la orden de partir. Por el momento, iban a Gibraltar para recoger la carga de un vapor que no había podido seguir su navegación. Del estrecho tal vez hiciesen rumbo a Salónica una vez más.

Nunca emprendió un viaje con tanta alegría el capitán del *Mare Nostrum*. Creyó dejar en tierra para siempre el recuerdo de aquella mujer ejecutada, cuyo cadáver veía en sueños muchas noches. De todo el pasado, lo único que deseaba trasplantar a su nueva existencia era la imagen de su hijo. Iba a vivir en adelante concentrando sus entusiasmos y sus ilusiones en la misión que se había impuesto.

Llevó el buque directamente de Marsella al cabo de San Antonio, lejos de toda costa, por las soledades del Mediterráneo, sin pasar el golfo del León.

Un día, al atardecer, vieron los tripulantes unas montañas azuladas por la distancia: la isla de Mallorca. Durante la noche se deslizaron a lo largo del oscuro horizonte los faros de Ibiza y Formentera. Al salir el Sol, una mancha vertical de color de rosa, igual a una lengua de fuego, apareció sobre la línea del mar. Era la alta montaña del Mongó, el promontorio Ferrario de los antiguos. Al pie de sus abruptos acantilados estaba el pueblo de los abuelos de Ulises, la casa en la que había transcurrido la mejor época de su niñez. Así debieron verlo de lejos los griegos de Marsilia, exploradores del Mediterráneo desierto, al llegar sobre sus naves que saltaban la espuma como caballos de madera.

Todo el resto del día marchó el *Mare Nostrum* casi pegado a la costa. El capitán conocía este mar como si fuese un lago de su propiedad. Llevó el vapor por fondos escasos, viéndose los escollos tan cerca de la superficie, que parecía un milagro que el buque no chocase en ellos. Solo un par de metros quedaban entre la quilla y las rocas sumergidas. Luego, el agua dorada tomaba un tono oscuro, y el vapor seguía su avance sobre enormes profundidades.

El Sol del otoño enrojecía las amarillentas montañas del litoral, secas y olorosas, cubiertas de hierbas de bravos perfumes que se esparcían a largas distancias. En todos los repliegues de la costa —pequeñas ensenadas, lechos de torrentes secos o escotaduras entre dos cumbres— surgían blancas agrupaciones de caserío.

Ferragut contempló el pueblo de sus abuelos. Allí estaba Tòni; tal vez les veía pasar desde la puerta de su vivienda; tal vez reconocía el buque con sorpresa y emoción.

Un oficial francés, inmóvil junto a Ulises en el puente, admiró la belleza del día y del mar. Ni una nube en el cielo; todo era azul arriba y abajo, sin otra alteración que las franjas de espuma peinándose en los salientes de la costa y los inquietos oros del Sol formando un ancho camino sobre las aguas. Un rebaño de delfines triscó en torno del buque como en los cortejos de las divinidades oceánicas.

—¡Si siempre estuviese así el mar —dijo el capitán—, qué delicia ser marino!

Los tripulantes veían desde la borda a las gentes de tierra correr y agruparse, atraídas por la novedad de un vapor que pasaba al alcance de sus voces. En todos los puntos salientes del litoral surgía una torre chata y rojiza, último vestigio de la guerra milenaria del Mediterráneo.

Acostumbrados a las rudas orillas del Océano y sus eternas rompientes, los marinos bretones admiraban esta navegación fácil casi tocando la costa, viendo a sus habitantes del tamaño de hormigas. Dirigido el buque por otro capitán, hubiese resultado peligroso navegar tan cerca. Pero Ferragut reía, haciendo indicaciones lúgubres a los oficiales que estaban en el puente, para que resaltase mejor su seguridad profesional. Indicaba los escollos ocultos en el fondo. Aquí se había perdido un trasatlántico italiano que iba a Buenos Aires... más allá un velero de cuatro palos había encallado, perdiendo su cargamento... Él sabía por centímetros el agua que podía quedar entre los peñascos traidores y la quilla de su buque.

Buscó con predilección los fondos más inquietantes. Estaban en la zona peligrosa del Mediterráneo, donde los submarinos alemanes se mantenían a la espera de los convoyes franceses e ingleses que iban navegando al abrigo del litoral español. Los obstáculos de la costa sumergida eran para él la mejor defensa contra los invisibles ataques.

Fue esfumándose a sus espaldas el promontorio Ferrario, hasta no ser mas que una sombra en el horizonte. Desfiló ante el vapor toda la costa de la Marina; luego, el cabo Huertas, el lejano puerto de Alicante y el cabo de Santa Pola. A la caída de la tarde, el *Mare Nostrum* estaba frente al cabo Palos, y tuvo que navegar aguas afuera para doblarlo, dejando Cartagena a lo lejos. Desde aquí haría rumbo Sudoeste hasta el cabo de Gata, donde empieza a angostarse el Mediterráneo, formando el embudo del estrecho. Luego pasarían ante Almería y Málaga, llegando a Gibraltar al día siguiente.

—Aquí es donde esperan muchas veces los enemigos —dijo Ferragut a uno de los oficiales—. Si no tenemos un mal encuentro antes de la noche, habremos terminado perfectamente nuestro viaje.

El buque se había despegado del litoral; ya no se alcanzaba a distinguir la costa baja. Solo a proa se mantenía visible el dorso saliente del cabo, emergiendo como una isla.

Caragòl apareció con una bandeja en la que humeaban dos vasos de café. No quería ceder a ningún marmitón el honor de servir al capitán cuando estaba en el puente.

—¿Qué opina usted del viaje? —preguntó Ferragut alegremente antes de beber—. ¿Llegaremos bien?...

El cocinero hizo un gesto de desprecio, como si los alemanes pudiesen verle.

—No pasará nada; estoy seguro de ello... Tenemos quien vela por nosotros, y...

Se vio interrumpido en estas afirmaciones. La bandeja escapó de sus manos, y fue tambaleándose como un ebrio, hasta aplastar su abdomen contra la barandilla del puente. «¡Cristo del Grao!...»

A Ferragut también se le cayó el vaso que llevaba a su boca, y el oficial francés, sentado en un banco, casi se dobló sobre las rodillas. El timonel tuvo que agarrarse a la rueda con un crispamiento de sorpresa y de terror.

Todo el buque tembló de la quilla al extremo de los topes, de la proa al timón, con un estremecimiento mortal, como si unas tenazas invisibles acabasen de inmovilizarlo en plena carrera.

El capitán quiso explicarse este accidente. «Hemos encallado —se dijo—; un escollo que no conozco; algo que no figura en las cartas...»

Pero aún no había transcurrido un segundo cuando algo vino a añadirse a este choque, desmintiendo las suposiciones de Ferragut. El aire azul y luminoso se arrugó bajo el zarpazo de un trueno. Cerca de la proa se produjo una columna de humo, de gases en expansión, de vapores amarillentos y fulminantes, subiendo por su centro en forma de abanico un chorro de objetos negros, maderas rotas, pedazos de plancha metálica, cuerdas inflamadas que se disolvían en ceniza.

Ulises ya no dudó. Acababan de recibir un torpedazo. Su mirada ansiosa se esparcía sobre las aguas.

—¡Allí!... ¡allí! —dijo tendiendo una mano.

Sus ojos de marino acababan de descubrir la leve traza de un periscopio que nadie conseguía ver.

Bajó del puente, o más bien, se dejó rodar por la escalerilla, corriendo hacia la popa.

—¡Allí!... ¡allí!

Los tres artilleros estaban junto al cañón, tranquilos y flemáticos, llevándose una mano a los ojos para ver mejor el punto casi invisible que les señalaba su capitán...

Ninguno de ellos reparó en la inclinación que empezaba a tomar la cubierta lentamente. Introdujeron el primer proyectil en la recámara, mientras el apuntador se esforzaba por distinguir aquel pequeño bastón negro perdido en las ondulaciones del agua.

El buque volvió a sufrir otro choque tan rudo como el anterior. Todo él gimió con un estremecimiento agónico. Las planchas temblaban, perdiendo la cohesión que hacía de ellas una sola pieza. Los tornillos y bulones saltaron a impulsos del sacudimiento general. Un segundo cráter se abrió en mitad del buque, llevándose esta vez en el abanico de su explosión miembros humanos destrozados.

Adivinó el capitán que era inútil la resistencia. Sus pies parecían avisarle el cataclismo que se desarrollaba debajo de ellos: la tromba líquida invadiendo con espumoso mugido el espacio entre la quilla y la cubierta, destrozando las mamparas metálicas, derribando los portones de seguridad, desordenando los objetos, arrastrándolo todo con la violencia de una inundación, con el mazazo de un dique que se rompe. La cavidad llena de aire, flotante y ligera, iba a convertirse en un ataúd de agua y plomo, yéndose a fondo.

El cañón de popa lanzó el primer disparo. A Ferragut le pareció irónico su estampido. Nadie como él se daba cuenta del estado del buque.

—¡A los botes! —gritó—. ¡Todo el mundo a los botes!

Fue inclinándose el vapor de un modo alarmante, mientras los hombres obedecían esta orden sin perder su serenidad.

Una trepidación desesperada conmovió la cubierta. Eran las máquinas, que lanzaban estertores agónicos, al mismo tiempo que huía por la chimenea un torrente de humo denso como tinta. Los fogoneros volvieron a la luz con los ojos dilatados por el espanto sobre sus caras negruzcas. La inundación había empezado a invadir sus dominios, rompiendo las compuertas de acero.

—¡A los botes!... ¡Al agua los botes!

El capitán repitió sus gritos de mando, ansioso de ver embarcada la tripulación, sin pensar por un momento en la propia seguridad.

No se le ocurrió que su suerte pudiera ser distinta a la de su buque. Además, oculto en el mar estaba el enemigo, que surgiría oportunamente para apreciar su obra... Tal vez buscase en las embarcaciones de salvamento al capitán Ferragut, queriendo llevárselo como un despojo de su triunfo... «¡No! Prefería renunciar a la existencia.»

Los marineros habían desamarrado dos botes y empezaban a descenderlos, cuando ocurrió algo repentino, brutal, con la rapidez anonadadora de los cataclismos de la Naturaleza.

Sonó una explosión inmensa, como si el mundo se abriese en pedazos, y Ferragut sintió que el piso se escapaba de sus pies. Miró en torno de él. La proa ya no existía: había desaparecido debajo del agua, y una ola mugidora iba avanzando sobre la cubierta, aplastándolo todo bajo su rodillo de espuma. En cambio la popa subía y subía, perdiendo su horizontalidad. Fue de pronto una cuesta, una ladera de montaña, en cuya cumbre se erguía como una veleta el mástil blanco del pabellón.

Para no caer, quiso agarrarse a una cuerda, a un madero, a cualquier objeto fijo; pero su movimiento fue inútil: se sintió arrastrado, volteado, golpeado en una oscuridad mugidora y giratoria. Un frío mortal paralizó sus miembros. Sus ojos cerrados vieron un cielo rojo, un cielo de sangre con estrellas negras. Los oídos le zumbaron con un glu-glu inmenso mientras su cuerpo daba cabriolas en la oscuridad. Su cerebro confuso imaginó que se había abierto un agujero infinito en el fondo del mar, que todas las aguas de los océanos se escapaban por él formando un gigantesco remolino, y que él volteaba en el centro de esta tempestad giratoria.

«Voy a morir... ¡Ya he muerto!», decía su pensamiento.

Y a pesar de que estaba resignado a morir, agitó las piernas desesperadamente, queriendo elevarse sobre las traidoras blanduras. En vez de seguir descendiendo, notó que subía, y al poco rato pudo abrir los ojos y respirar, avisado por el contacto atmosférico de que había llegado a la superficie.

No estaba seguro del tiempo que había pasado en el abismo. Minutos nada más, pues su respiración de nadador solo podía alcanzar este límite... Por eso experimentó asombro al ver los grandes cambios realizados en un paréntesis tan breve.

Creyó que ya era de noche. Tal vez en las capas superiores de la atmósfera brillaban aún las últimas luces del Sol, pero a ras del agua no había mas que una claridad crepuscular, un débil resplandor de bodega.

La superficie casi plana vista minutos antes desde lo alto del puente estaba movida ahora por amplias ondulaciones que le sumían en momentánea oscuridad. Cada una de ellas era una colina que se interponía ante sus ojos, dejando libre solamente un espacio de unos cuantos metros. Cuando se elevaba hasta sus cumbres podía abarcar con rápida visión el mar solitario, sin la gallarda montaña del buque y moteado de objetos oscuros. Estos objetos se deslizaban inertes o se movían agitando un par de antenas negras. Tal vez imploraban socorro, pero el desierto húmedo absorbía los gritos más furiosos, convirtiéndolos en lejanos balidos.

Del *Mare Nostrum* no quedaba visible ni la boca de la chimenea ni una punta de mástil: todo se lo había tragado el abismo... Ferragut llegó a dudar si realmente había existido su buque alguna vez.

Nadó hacia un madero que flotaba cerca, apoyando los brazos en él. Era capaz de permanecer horas enteras en el mar, pero desnudo, a la vista de la costa, con la seguridad de volver a tierra firme cuando lo desease... Pero ahora tenía que sostenerse vestido; los zapatos tiraban de él cada vez con más fuerza, como si fuesen de hierro... ¡y agua por todos lados! ¡ni un buque en el horizonte que pudiese venir a socorrerle!... El telegrafista de a bordo, sorprendido por la rapidez de la catástrofe, no había podido lanzar la señal de auxilio.

Tuvo que defenderse de los restos del naufragio. Después de haber buscado el apoyo del madero como última salvación, evitó los toneles flotantes que rodaban a impulsos de la marejada y podían enviarle a fondo con uno de sus golpes.

De pronto surgió entre dos olas una especie de monstruo ciego, que avanzaba agitando las aguas furiosamente con los paletazos de sus nadaderas. Al estar cerca de él, vio que era un hombre; al alejarse, reconoció al tío *Caragòl*.

Nadaba lo mismo que los locos y los ebrios, con un esfuerzo sobrehumano que hacía salir fuera del agua la mitad de su cuerpo a cada uno de los braceos. Miraba ante él como si pudiese ver, como si tuviera una dirección fija, sin vacilar un instante, avanzando mar adentro cuando se imaginaba ir hacia la costa.

—¡Padre San Vicente! —mugía—. ¡Cristo del Grao!...

En vano le llamó el capitán. No podía oírle. Siguió nadando con toda la fuerza de su fe, repitiendo sus piadosas invocaciones entre bufidos ruidosos.

Un tonel remontó la cresta de una ola, rodando por la ladera contraria. La cabeza del ciego nadador se interpuso en su camino... Un choque. «¡Padre San Vicente!...» Y *Caragòl* desapareció con la cabeza roja y la boca llena de sal.

Ferragut no quiso imitar esta natación. La tierra estaba muy lejos para los brazos de un hombre: imposible llegar a ella. Del vapor no había quedado un solo bote flotando sobre las aguas... Su única esperanza, remota y quimérica, era que un buque descubriese a los náufragos, salvándolos.

Esta ilusión casi se realizó al poco rato. Desde la cresta de una ola pudo ver un barco negro, largo y bajo de borda, sin chimenea ni mástiles, que navegaba lentamente por entre los restos de la catástrofe. Reconoció a un submarino. Las oscuras siluetas de varios hombres se destacaban sobre su lomo... Creyó oír gritos.

—¡Ferragut!... ¿Dónde está el capitán Ferragut?

«¡Ah, no!... Mejor era morir.» Y se mantuvo asido al madero, inclinando la cabeza como si estuviese ahogado.

Luego, al cerrar la noche, oyó otros gritos, pero eran de socorro, de angustia, de muerte. Aquellos salvadores solo le buscaban a él, abandonando a los demás.

Perdió la noción del tiempo. Un frío agónico fue paralizando su organismo. Las manos ateridas y ganchudas se soltaban del madero, volviendo a agarrarse a él con esfuerzos supremos de voluntad.

Los otros náufragos habían tenido la precaución de ponerse sus chalecos flotantes al iniciarse el hundimiento. Iban a prolongar su agonía, gracias a ellos, por unas horas. Tal vez si llegaban hasta el amanecer podrían ser descubiertos por algún buque. ¡Pero él!...

De repente se acordó del *Tritón*... Su tío también había muerto en el mar: todos los más vigorosos de la familia venían a perderse en su seno. Durante siglos y siglos había sido la tumba de los Ferragut; por algo le llamaban «mar nuestro».

Pensó que las corrientes podían haber arrastrado su cadáver desde el otro promontorio al lugar en que flotaba él. Tal vez lo tenía debajo de sus pies... Una fuerza irresistible tiró de ellos: sus manos paralizadas se soltaron del madero.

—¡Tío!... ¡tío!

Lo gritó en su pensamiento con el mismo balido miedoso que cuando era pequeño y hacía las primeras nataciones. Pero sus manos angustiosas volvieron a encontrar el frío y débil sostén cuando buscaban aquella isla de duros músculos coronada por una cabeza hirsuta y sonriente.

Siguió en su tenaz flotación, luchando con el sopor que le aconsejaba soltar el apoyo flotante, dejarse ir a fondo, dormir... ¡dormir para siempre! Los zapatos y los pantalones continuaban tirando de él cada vez con mayor fuerza. Eran como una mortaja que se dilataba, ondulante y pesadísima, hasta tocar el fondo. Su desesperación le hizo levantar los ojos y mirar las estrellas... ¡Tan altas!... ¡Poder agarrarse a una de ellas así como sus manos se agarraban al madero!...

Creyó despertar al mismo tiempo que hacía instintivamente un movimiento de repulsión. Su cabeza se había hundido en el agua sin que él lo sintiese. Un líquido amargo empezaba a introducirse por su boca...

Realizó un penoso esfuerzo para mantenerse en posición vertical, mirando de nuevo el cielo... Ya no era azul oscuro: era de tinta negra, y todas las estrellas rojas como gotas de sangre.

Tuvo de pronto la certeza de que no estaba solo, y bajó los ojos... Sí; alguien estaba junto a él. ¡Era una mujer!...

Una mujer blanca como la nube, blanca como la vela, blanca como la espuma. Su cabellera verde estaba adornada con perlas y corales fosforescentes; su sonrisa altiva, de soberana, de diosa, venía a completar la majestad de esta diadema.

Tendió los brazos en torno de él, apretándolo contra sus pechos nutridores y eternamente virginales, contra su vientre de nacarada tersura, en el que se borraban las huellas de la maternidad con la misma rapidez que los círculos en el agua azul.

Una atmósfera densa y verdosa daba a su blancura un reflejo semejante al de la luz en las cuevas del mar...

Su boca pálida acabó por pegarse a la del náufrago con un beso imperioso. Y el agua de esta boca, subiendo al filo de los dientes, se desbordó en la suya con una inundación salada, interminable... Sintió hincharse su interior, como si toda la vida de la blanca aparición se liquidase, pasando a su cuerpo a través del beso impelente.

Ya no podía ver, ya no podía hablar. Sus ojos se habían cerrado para no abrirse nunca; un río de amarga sal rodaba por su garganta.

Sin embargo, la siguió contemplando, cada vez más apretada a él, más luminosa, con una expresión triste de amor en sus ojos glaucos... Y así fue descendiendo y descendiendo las infinitas capas del abismo, inerte, sin voluntad, mientras una voz gritaba dentro de su cráneo, como si acabase de reconocerla:

—¡Anfitrita!... ¡Anfitrita!

Fin

Libros a la carta

A la carta es un servicio especializado para
empresas,
librerías,
bibliotecas,
editoriales
y centros de enseñanza;
y permite confeccionar libros que, por su formato y concepción, sirven a los propósitos más específicos de estas instituciones.

Las empresas nos encargan ediciones personalizadas para marketing editorial o para regalos institucionales. Y los interesados solicitan, a título personal, ediciones antiguas, o no disponibles en el mercado; y las acompañan con notas y comentarios críticos.

Las ediciones tienen como apoyo un libro de estilo con todo tipo de referencias sobre los criterios de tratamiento tipográfico aplicados a nuestros libros que puede ser consultado en Linkgua-ediciones.com.

Linkgua edita por encargo diferentes versiones de una misma obra con distintos tratamientos ortotipográficos (actualizaciones de carácter divulgativo de un clásico, o versiones estrictamente fieles a la edición original de referencia).

Este servicio de ediciones a la carta le permitirá, si usted se dedica a la enseñanza, tener una forma de hacer pública su interpretación de un texto y, sobre una versión digitalizada «base», usted podrá introducir interpretaciones del texto fuente. Es un tópico que los profesores denuncien en clase los desmanes de una edición, o vayan comentando errores de interpretación de un texto y esta es una solución útil a esa necesidad del mundo académico.

Asimismo publicamos de manera sistemática, en un mismo catálogo, tesis doctorales y actas de congresos académicos, que son distribuidas a través de nuestra Web.

El servicio de «libros a la carta» funciona de dos formas.

1. Tenemos un fondo de libros digitalizados que usted puede personalizar en tiradas de al menos cinco ejemplares. Estas personalizaciones pueden ser de todo tipo: añadir notas de clase para uso de un grupo de estudiantes, introducir logos corporativos para uso con fines de marketing empresarial, etc. etc.

2. Buscamos libros descatalogados de otras editoriales y los reeditamos en tiradas cortas a petición de un cliente.

www.ingramcontent.com/pod-product-compliance
Lightning Source LLC
Chambersburg PA
CBHW021026130626
46552CB00005B/1707